人口の世界史

マッシモ・リヴィ-バッチ 著

速水 融／斎藤 修 訳

東洋経済新報社

A Concise History of World Population, Fifth Edition
by Massimo Livi-Bacci

This fifth edition first published in English 2012
English translation ⓒJohn Wiley & Sons, Ltd
Originally published in Italian as *Storia minima della popolazione del mondo* ⓒ2011 Massimo Livi-Bacci
All Rights Reserved.

Japanese translation rights arranged with John Wiley & Sons Limited through Japan UNI Agency, Inc., Tokyo

日本の読者に

　本書の日本語版が出版されるという栄誉は，ひとえに二人の卓抜した学者，速水融（慶應義塾大学）と斎藤修（一橋大学）両教授のご厚意と友情とに負っている．この翻訳のきっかけをつくってくださったのは速水教授——私の旧くからの友人で，もう40年にわたり学術上のやりとりを続けてきている——であり，それは斎藤教授との共同作業として進められた．お二人に対して私の心からの感謝を述べたい．お二人の学識と経験のおかげで，この翻訳は日本の読者に，原著よりもずっと改良されたテクストを提供することになろう．

　本書は，四半世紀も前にフィレンツェ大学政治学部の学生を対象に行った連続講義に端を発している．そのとき考えたのは，行政職についたり外交官となったり，あるいは国際機関でのキャリアを考えている学生も，人口動向と社会の変容との関係を広い歴史的視野からみることができるべきだということであった．ただ，この類の本はすぐに歳をとる．その結果，著者にはたえず内容を若返らせることが求められ，一方では新たな知見を取り込み，他方では世界における現在進行形の社会的変化についてゆく努力をすることとなった．本書の初版以来，地球の人口は20億人も増加し，今世紀末までにはさらに30億人が付け加わると予想されている．世界は驚異的なまでに結びつきを強め，経済は規模を拡大し，人口地理が大きく変容している．他方，新たな歴史的研究は私たちの過去についての知識を豊かなものとし，ときには革新的な解釈をもたらしてくれた．

　近代にはいってからの大変化は，日本についても，私の母国イタリアについても明らかである．1950年において，両国はそれぞれ地球上で5番目と10番目に人口稠密な国であった．それが2013年には10番目と23番目に低下した．国連の最近の予測によれば，2050年には16番目と31番目というランキングになる．人口学的なプロフィールという点では，両国の現状（2012年）はよく似ている．寿命は長く伸長しており（出生時平均余命は男女計で83.2年と81.8年，日本は

世界一で，イタリアは最も長い国々に入る）．出生力はきわめて低く（女性が産むであろう子ども数は両国とも1.41人），そして高齢化が進んでいる（65歳以上の人口割合は，日本23%，イタリア21%）．両国は第2次世界大戦で甚大な損害を被ったが，戦後に目立った経済成長を遂げ，農業国から工業国へと変貌を遂げた．国土もほぼ同じ大きさで，人口に比して小さめである．気候も類似していて，自然資源に乏しい．両国とも歴史は長く，豊かで，世界水準を上回る文化遺産を有している．グローバル化・高齢化・労働力縮小の最前線では重要な役割を担っており，財政負担の大きい，また多くの対価を払わなければならない社会経済の改革が要求されている国でもある．

　日本とイタリアは，それぞれの経験や失敗と成功から多くを学ぶことができる．有能で練達のイタリア人，アレッサンドロ・ヴァリニャーノは信長や秀吉との交渉をまとめあげたイエズス会の司祭であるが，彼は［イエズス会本部への報告書のなかで］こう書いている．「ヨーロッパよりここへ来たものは，まるで，食事の仕方，座り方，話し方，礼儀にかなった立ちふるまいを覚えなければならない子どもになったような感覚に陥る．インドにおいてもヨーロッパにおいても，［イエズス会が］日本の案件について評価し決定するのが困難な理由はここにある．ここで物事がどうなっているのか，理解したり想像したりすることすら難しい．ここには別の世界，別の生活様式，異なった習慣，異なった法があるからである」［C.R. Boxer, *The Christian Century in Japan*, University of California Press, Berkeley, 1951, pp. 75-76所引］．秀吉とヴァリニャーノの時代に，必要性はあったにしても，経済や文化的な，また社会的な架橋を試みるということは不可能ともいえる事業であった．今日，その橋はすでに築かれている．速水教授と斎藤教授のご尽力によって，この橋の上を，私のささやかな貢献ともいえる本書を携えて渡ることができるのは無上の喜びである．

マッシモ・リヴィ-バッチ

はしがき

　現在の世界人口はなぜ70億人で，それより数桁多くも少なくもないのはどうしてなのであろうか．農業が始まる以前の数千年間，人類の総数は現在の1000分の1程度であったにちがいない．また，私たちの地球は，その限りある資源でもって現在の10倍もの人口を楽々と収容することができると主張するひともいる．これまでの時代を通じて，人口増加を決定してきた要因は何だったのであろうか．資源や環境とのむずかしいバランスはどのようにして維持されてきたのであろうか．これはかなり旧くからの，しかし近代的なかたちではマルサスが初めて対峙した問題であった．ダーウィンの仕事が彼から感化を受けたのは偶然ではない．

　本書において私が意図したのは，これらの本質的な問題を正面から取り上げ，基本的な前提，提起されてきた解決法について論じ，すでに明らかにされたことを論じ，いまだ検討さるべき事柄として残っているものを吟味することである．ここで読者に提供されるのは，人口がどう変容していくかについての一般的考察であり，人口が時間を通して増加，停滞，縮小する際のメカニズムを理解するうえでの手引となれば幸いである．

　火を発見して以来，人類は環境を改変し，利用できる資源を豊かなものとしてきた．千年紀という超長期をとれば，人間は利用可能な資源とある程度は調和をとりながらその数を増やしてきた．たしかに，狩猟採集システムが数百万以上の人びとを生存させることはできなかったであろうし，産業革命以前のヨーロッパ大陸では，その農業体系が苦労しながらも扶養してきた人口は1億人を超えることはなかった．しかし，世紀や世代を単位とした短い期間においては，この均衡は二つの理由からそれほど自明のことではなかった．その第1は度重なる壊滅的被害をもたらした出来事——感染症の流行，気象ないしは自然災害——で，それは人口と資源の等式関係の様相を一変させてしまうものだからである．第2には，再生産力を規定し，人口増加を決定する人口学的メカニ

ズムはゆっくりとしか変わらず，環境条件の急速な展開には簡単に「適応」できないという事実がある．しばしば，人類は「自己調節」機構を有しており，それが人口数と資源のバランスを迅速に回復させることを可能としていると論じられている．けれども，これは部分的にしか正しくない．その機構は，作動しているとしても不完全なので（またその効率も，人口によって時代によって異なるので），全人口が消滅してしまった——調節のすべての努力が失敗に終わったことの現れである——というようなことが起こりえるからである．

　以下では，人口と資源の間にたえずみられた不安定な関係を規定してきたメカニズムが，さまざまな時代や状況下においてどう機能したのかに特段の注意を向けたいと思う．そのためには，当初の取組み計画を拡張して——生物学から経済学まで——人口学の仕事ではめったに触れられることのない種々の問題とトピックを盛り込んだ．結果として，間口を拡げすぎて学問上の深さを失ってしまうのではないかという危惧を抱いているが，これはもちろん熟慮のうえで意識してとられたリスクである．学際的な試みはしばしば失敗に終わることが多いので，安全な専門領域内に閉じこもろうとする誘惑は大きい．けれども事象は複雑なので，個別に特定化し，個々に論じたのでは，問題の解明にはほど遠い．ときには，事象全体の再構成を試みてみる価値はあるものである．

凡　例

1. 翻訳の底本は，Massimo Livi-Bacci, *A Concise History of World Population*（Wiley-Blackwell, Chichester, UK, 2012）である．原書における誤記や誤植の類は著者に照会のうえ，とくに注記することなく訂正して訳出をした．
2. 引用されている文章に日本語訳がある場合は，可能なかぎり訳文を尊重した．しかし，本文の文章との整合性をとるためなどの理由で，若干の変更をしたこともある．とくに注記をしていないが，ご了解をいただければ幸いである．
3. 国名表記は現地語読みを優先したが，慣例に従ったこともある．England, Britain (Great Britain), UK はそれぞれ，イングランド，イギリス，連合王国と訳し分けた．USA (US) はとくに混乱が起きないと思われる場合は，慣用にならってアメリカ合衆国と表記した．
4. 引用文献に日本語訳があるときは [　] 内に示したが，イタリア語版ないしはフランス語版に英語訳があるときも，読者の便宜を考えて，わかるかぎりにおいてその旨を記した．
5. 人口学用語のほとんどは，専門家の間で定着をした訳語に従った．ただ，total fertility rate (TFR) には合計特殊出生率と合計出生率の二つが併用されているが，ここでは合計出生率で統一をし，また nuptiality には結婚性向の訳語を当てたことが多いことを付記しておく．

目　　次

日本の読者に
はしがき
凡　例

第1章　人口成長の空間と戦略 ―――――――――――――1
1　人類と動物　*1*
2　割り算と掛け算　*6*
3　ジャコポ・ビッキとドメニカ・デル・ブオノ，ジャン・ギュイヨンとマテュリーヌ・ロバン　*8*
4　再生産と生存　*11*
5　成長の空間　*20*
6　環境制約　*23*
7　若干の数値例　*29*
　参考文献　*34*

第2章　人口成長：選択と制約の間で ――――――――― 35
1　制約・選択・適応　*35*
2　狩猟から農耕へ：新石器時代の人口転換　*37*
3　ヨーロッパの黒死病と人口減少　*47*
4　インディオの悲劇：旧くからの微生物と新たな人口　*54*
5　アフリカ，アメリカと奴隷貿易　*63*
6　フランス系カナダ人：人口学的成功例　*68*
7　アイルランドと日本：二つの島国，二つの歴史　*74*
8　現代世界の入口で：中国とヨーロッパ　*81*

参考文献　*89*

第3章　土地・労働・人口 ————————————— 91

1　収穫逓減と人口増加　*91*

2　歴史的確証　*96*

3　人口圧力と経済発展　*103*

4　さらに人口圧力と発展について：石器時代から現代にかけての諸事例　*107*

5　空間・土地・発展　*112*

6　人口規模と繁栄　*120*

7　収穫逓増か収穫逓減か　*125*

参考文献　*127*

第4章　秩序と効率をめざして：近現代ヨーロッパと先進国の人口学 ————————————— 129

1　不経済から節約へ　*129*

2　無秩序から秩序へ：寿命の伸長　*134*

3　高出生率から低出生率へ　*142*

4　ヨーロッパからの移民：独特の現象　*151*

5　まとめ：人口転換の帰結　*158*

6　人口増加と経済成長の関係についての理論的考察　*161*

7　さらに人口増加と経済成長の関係について：経験的観察　*167*

参考文献　*176*

第5章　貧困国の人口 ————————————— 177

1　驚くべき増加の過程　*177*

2　死亡率改善の条件　*183*

3　出生力の地理学概観　*192*

4　出生力低下と人口政策：諸条件と展望　*197*

5　インドと中国　*208*

6　ファティリアとステリリア　*220*

7　パラドクスの解明　*225*

　　参考文献　*234*

第6章　将　来　展　望 ―――――――――――――――**235**

　　　1　人口と自己制御　*235*

　　　2　将来の人口　*237*

　　　3　南北格差と国際人口移動　*244*

　　　4　寿命延伸の持続性　*251*

　　　5　変化する限界点　*261*

　　　6　忍び寄る限界　*268*

　　　7　忍び寄る限界：再生不能資源と食糧　*271*

　　　8　忍び寄る限界：空間と環境　*276*

　　　9　数値計算と価値観　*282*

　　参考文献　*287*

人口論関係の主要学術雑誌　*289*

訳者あとがき　*291*

索　　引　*295*

図 表 目 次

〈図〉

図1.1　r 戦略と K 戦略　4
図1.2　再生産時の体長と世代の長さの関係（両対数表示）　5
図1.3　フランス系カナダ人の増加（17世紀）：開拓者とその子どもたち　10
図1.4　出生力の構成要素が標準値から最大値および最小値まで変動した場合に，女性1人当たり平均子ども数に与える影響（正方形一つが，子ども1人を表している）　14
図1.5　出生力モデル　16
図1.6　出生時平均余命の水準の違いに特徴づけられた三つの女性人口集団の生存曲線　18
図1.7　生存モデル　19
図1.8　過去および現在の人口集団における女性1人当たり子ども数（TFR）と出生時平均余命（e_0）の関係　22
図1.9　世界の生物群系における降雨量と第1次生産力の関係　25
図1.10　年降雨量と人口密度の関係（オーストラリア・アボリジニ）　25
図1.11　人口増加のサイクル　29
図2.1　個々の集団の成功と失敗：一つのモデル　40
図2.2　狩猟採集から農業への移行に伴う人口学的影響の推定　46
図2.3　ヨーロッパにおけるペストの伝播：1347-53年　49
図3.1　人口の増加と減少の局面に作用する積極的制限と予防的制限に関するマルサス的システム　95
図3.2　シエナにおける死亡数と穀物価格の指数：16〜17世紀　98
図3.3　ヨーロッパにおける人口と穀物価格（1721-45年＝100）：1200-1800年　100
図3.4　イングランドにおける人口と実質賃金：1551-1871年　100
図3.5　イングランドにおける実質賃金，出生率（TFR）および出生時平均余命（e_0）：1551-1851年　101
図3.6　人口と農業集約化　107
図4.1　ヨーロッパ17カ国の人口増加の戦略空間：19〜20世紀　131
図4.2　人口転換モデル　132

図4.3 スウェーデンにおける死亡率の変動幅の減衰：1735-1920年　*136*

図4.4 先進16カ国における1人当たりGDPと平均寿命（e_0）の関係：1870年，1913年，1950年，1980年，2000年　*141*

図4.5 各国における平均結婚年齢と再生産期間終了時における女性の既婚率の関係（19世紀末に生まれた世代）　*143*

図4.6 ヨーロッパ16カ国における総合出生率指標（I_f），嫡出出生率指標（I_g）および結婚水準指標（I_m）の関係：1870年，1900年，1930年，1960年　*144*

図4.7 嫡出出生率指標（I_g）の10％低下を経験したヨーロッパの地域数の時期別分布　*147*

図4.8 先進16カ国における1人当たり実質国内総生産(GDP)と女性1人当たり子ども数（TFR）の関係　*150*

図4.9 ヨーロッパ大陸における移民と自然増加　*154*

図4.10 製造業従事者の農業従事者に対する比率（1870-1987年）：(a) 連合王国，ベルギー，ドイツ，フランス，イタリア；(b) スペイン，デンマーク，オランダ，スウェーデン，スイス　*157*

図4.11 ヨーロッパ16カ国における平均寿命（e_0）と女性1人当たり子ども数（合計出生率）の関係：1870年，1913年，1950年，1980年，2000年　*160*

図4.12 先進16カ国における人口と1人当たり国内総生産の年増加率：1870-2000年　*171*

図4.13 アメリカ合衆国における人口増加（10年遅行）の変化と国内総生産（総額および1人当たり，1929年価格）の変化の比較：1875-1955年　*173*

図5.1 人口転換の比較──貧困国と富裕国の人口増加率：1700-2000年　*179*

図5.2 低開発国28カ国の平均寿命（e_0）と女性1人当たり平均子ども数（TFR）との関係：1950-55年，1980-85年，2005-10年　*181*

図5.3 貧困国53カ国の下水処理設備充足率と乳幼児死亡率との関係：2000年　*186*

図5.4 貧困国28カ国における1人当たりGDPと平均寿命（e_0）：1950-55年，1980-85年，2005-10年　*186*

図5.5 スリランカにおけるマラリア感染率の最も高い地域（アヌラダプラ）と最も低い地域（カルタラ）における死亡率：1930-60年　*188*

図5.6 自然出生力から人口置換出生率水準への削減要因貢献度モデル　*196*

図5.7 低開発国28カ国における1人当たりGDPと女性1人当たり平均子ども数（TFR）：1950-55年，1980-85年，2000-05年　*197*

図5.8 発展水準（1985年）と家族計画プログラム充実度（1982-89年）に対応する合計出生率の減少幅：1960-65年から1990年　*202*

図5.9 40カ国における女性1人当たり平均子ども数（TFR）と希望および非希望

図表目次　xv

　　　　出生率と避妊との関係：2005-09年　　204-205
図5.10　中国とインドの年齢構造：(a)1950年，(b)2025年　　219
図5.11　低開発国28ヵ国の1人当たりGDPと人口の年成長率：1950-2000年　　224
図5.12　労働力人口成長の過去と未来：アジア（a）とサハラ以南アフリカ（b）　　228
図6.1　1970-80年代におけるエイズの拡散　　254
図6.2　1人当たり健康支出と出生時平均余命：2002年　　260
図6.3　人口の収容力への接近パターン　　262
図6.4　食糧価格指数（1990年＝100）：1961-2010年　　267
図6.5　総合資源価格指数（固定価格）：1900-2010年　　268
図6.6　穀物生産，肥料投入，耕作地（1961年＝100）：1960-2010年　　273
図6.7　世界の農村人口と都市人口：1950-2025年　　278
図6.8　ヨーロッパの人口密度と住居・公共施設・商工業用地割合：2009年　　279

〈表〉

表1.1　世界の異なる生物群系における人口密度と集水地域（314km^2）当たり人口数の推計　　26
表1.2　人口，出生数および生存年数：紀元前1万年から西暦2000年まで　　31
表1.3　大陸別人口：紀元前400年から西暦2000年まで　　31
表2.1　中央メキシコの人口：1532-1608年　　58
表2.2　アメリカへの移入奴隷（1500-1800年）とアメリカにおけるアフリカ起源の人口（1800年）　　65
表2.3　フランス系カナダ人開拓者と同時代のフランス人の人口行動の比較　　71
表2.4　フランス系カナダ人の移民と人口：1608-1949年　　73
表2.5　アイルランドと日本の人口：17〜19世紀　　75
表2.6　ヨーロッパ諸国の人口増加の事例：1600-1850年　　85
表4.1　各国における人口転換の開始，終了，期間および「乗数」　　133
表4.2　フランスとスウェーデンにおける死亡率（1,000人当たり）の最大値と最小値：18〜20世紀　　137
表4.3　主要西側諸国における平均寿命：1750-2009年　　138
表4.4　イングランド（1871-1951年）とイタリア（1881-1951年）における平均寿命の伸長（死因別寄与度）　　138
表4.5　西側諸国の数世代についての女性1人当たり子ども数（TFR）：1750-1965年　　148
表4.6　人口転換の結果：イタリアの人口指標（1881年と1981年）　　159

表4.7　連合王国における人口，雇用者数，生産および生産性：1785-2000年　*168*
表4.8　先進16カ国における人口，国内総生産および生産性（1990年国際ドル）：1870年と2000年　*169*
表5.1　富裕国・貧困国別の世界人口：1900-2010年　*178*
表5.2　世界の人口指標：1950-2010年　*180*
表5.3　乳幼児死亡率と健康指標：2005-08年　*185*
表5.4　疾病負荷の推計：2004年　*191*
表5.5　インドと中国の人口指標：1950-2010年　*209*
表5.6　総投資額と生産年齢人口：2009-10年　*227*
表6.1　世界と大陸地域別の人口──国連推計と予測：1950-2050年　*240*
表6.2　世界の人口大国上位10カ国：1950年，2000年，2050年，2100年　*241*
表6.3　2000年と2100年の地域別人口と移動・出生・死亡・モメンタムの成長寄与率　*243*
表6.4　世界の10年当たりの地域別純移動：1950-2010年　*245*
表6.5　世界の移民ストック：1960-2010年　*246*
表6.6　2009年のHIVエイズ感染状況　*255*

第1章
人口成長の空間と戦略

1　人類と動物

　人間の歴史を通して，人口は繁栄，安定，安全と同義だった．家屋，農場と村落に満ちた流域や平野は，つねに安寧のしるしだった．ヴェロナからヴィチェンツァまで旅をしながら，ゲーテは嬉々として次のようにいっている．「その山々を形作っている丘陵の上には，村落，城郭，家屋が点在している．……まっすぐな手入れの行き届いた大道が豊饒な野原の中を貫いている．……道路はあらゆる種類の，そして職業の人たちでいっぱいだ」．[1] ロレンツェッティ兄弟によって整備されたシエナの14世紀の景観のように，長く続くよき統治の歴史の影響は明白である．同じように，コルテスは，メキシコの谷の上に来て，沼沢を囲む村々，カヌーが往来する大きな都市，市場を見，その市場（サラマンカ全市域の2倍以上）は，「毎日6万人以上の人が集まって売り買いし，……国中で産するあらゆる種類の商品が」あるのを知ったとき，自分が夢中になるのを制止できなかった」．[2]

　これは，とくに驚くべきことではない．人口稠密な地域は，安定した社会組織，友好的な人間関係，十分な天然資源の利用の明白な証拠なのである．人口規模が大きくなってはじめて，家屋，都市，道路，橋梁，港湾，運河を建設するために必要な人的資源を動員することができる．歴史上旅行者を驚かせてきたのは，何かあったとすれば，人口の豊富さよりも村落の放棄や荒廃であった．

　それゆえ人口は，繁栄の大まかな指標とみていい．旧石器時代の100万人，新石器時代の1,000万人，青銅器時代の1億人，産業革命期の10億人，21世紀

---

1) J. W. Goethe, *Italian Journey*, trans. W. H. Auden and E. Mayer (North Point Press, San Francisco, 1982), p. 46 ［相良守峯訳『イタリア紀行』上，岩波文庫，1942年，73頁］．
2) H. Cortés, *Cartas de Relación* (Editorial Porrúa, Mexico, 1982), p. 62 ［「第二報告書翰」伊藤昌輝ほか訳『征服者と新世界』岩波書店，1980年，200頁］．

の終わりに到達するであろう100億人という数字は,確かに単なる人口成長以上の意味を物語っている.これらのごくわずかの数字ですら,人口増加が,時代を通して均一でなかったことを示している.拡大の時期は,停滞と減少さえした時期と交互に現れ,その解明は,ごく最近の時代に生じたことですら簡単ではない.われわれは,実際には複雑であるが,見かけ上は単純にみえる質問に答えなければならない.なぜ,今日の人口は70億人で,それ以上でも以下でも,つまり1兆人でも1億人でもないのか.なぜ,有史以前から現在まで,人口成長は,多数の他の可能性ではなく,実際に歩んできた軌跡をたどったのか.これらの質問は答えるのにむずかしいが,以下の理由から,考慮するのに十分価値をもっている.すなわち,人口の数的増大は,幾多の促進要因や阻害要因によって,決定されたわけではないにしても制約を受け,その軌跡の基本的な方向が定められてきたからである.第1に,これらの促進要因および阻害要因は生物学的なものと環境によるものとに分類することができる.生物学的条件は,人口学的成長率を決定する死亡や再生産の法則と関係している.環境上の条件は,これらの法則が作用する場の摩擦的要因となり,増加率を規制する.さらに,生物学的および環境上の要因は相互に影響しあい,互いに独立ではない.

　生物集団はみな,生存と再生産のための独自の戦略を発達させる.この戦略は潜在的および実際の増加速度の変化として捉えることができる.これらの戦略を手短に分析することは,人類という種の特性を考えるうえで格好の手引となろう.生物学者は,生存戦略を r 型と K 型の二つに大別した.もちろん,実際には連続的な現象の単純化である.[3] 昆虫,魚,小哺乳動物は r 戦略をとる.これら生命体は一般に不安定な環境に住んでいて,再生産を多産で行うた

---

3) 以下の叙述はメイ(R.M. May)とルビンスタイン(D.I. Rubinstein)が導入した議論によっている. "Reproductive Strategies," in C.R. Austin and R.V. Short, eds., *Reproductive Fitness* (Cambridge University Press, London, 1984). 同書中の R.V. Short, "Species Differences in Reproductive Mechanisms" も参照. より広い視野をもつのは,S.C. Stearns, "Life History Tactics: A Review of the Ideas," *Quarterly Review of Biology* 51 (1976)である. r 戦略と K 戦略が人口学にも妥当性をもつことはコール(A. J. Coale)によって支持されている. A. J. Coale and S. Cotts Watkins, eds., *The Decline of Fertility in Europe* (Princeton University Press, Princeton, NJ, 1986), chapter 1, p. 7.

めに有利な期間（毎年あるいは季節）を利用しているが，個体の生存確率は低い．「生命は宝クジのようなもので，たくさん買うことにこそ意味がある」のであり，数に依存するのは不安定な環境に生きているからである．[4] r 戦略をとる生命体は，急激な増大や減少という局面をもつ，激しいサイクルを何度もくぐり抜けてきたのである．

これと大いに異なる戦略は，K 型の生物――とくに中型以上の哺乳類や鳥類――によってとられている．彼らは競争種，捕食動物，寄生生物と共住しつつも，相対的には安定した環境に生きている．K 戦略の生物は，生存のため，選択と環境の諸力によって，競争することを余儀なくされ，そのことは，結果として，子どもの養育にかなりの時間とエネルギーを投下することになる．この投資は，子ども数が少ないときにのみ可能なのである．

r 戦略と K 戦略は，二つの明瞭な差異をもつ生物集団（図1.1）を特徴づける．第1の r 戦略は，寿命の短い小動物で，世代間隔が短く，妊娠期間が短く，出生間隔が短く，一度の出産で多数が生まれる．他方，K 戦略は，より大きい動物に適し，寿命が長く，世代間隔や出生間隔が長く，単産である．

図1.2は，さまざまな生物について身体の規模（体長）と世代間隔の関係を示したものである．前者が大きいほど，後者も大きくなっている．それはまた，（哺乳類に限定すれば）種の成長率が世代間隔や身体の大きさとほぼ逆比例していることを示している．[5] 巨視的な次元での一般化をあえてすれば，大型動物の潜在的個体数増加率の低さは環境変動に脆弱ではないことを含意し，それはまた，身体の大きさと関連している．生きることが宝クジではなく，生存の確率も高いので，大型動物は種の永続のため再生産を高水準に保つ必要はない．その結果，子どもの保護と保育へ多くの時間を振り向けなくても，子孫が脆弱

---

4) May and Rubinstein, "Reproductive Strategies," p. 2.
5) メイとルビンスタインは "Reproductive Strategies" で，哺乳類では体重と性的成熟年齢の間に密接な関係があると記している．以下に述べるように，個体数の増加率はロトカの方程式から，$r=\ln R_0/T$ と書くことができる．ここで T は世代の平均的な長さで，R_0 は一世代の雌が生涯に産む平均女児（雌）数（純再生産率）である．ここから，r は T（性的成熟年齢と強く関連する）の変化にかなり敏感であるが，$\ln R_0$ と関連させられているので R_0 自体の変化にはそれほど敏感ではない．したがって T 値の変化は，どの種においても，r 値に強い影響を与えるのである．

図 1.1　r 戦略と K 戦略

r 戦略
・環境との不安定な均衡
・増加率高
・激しく，そして規則的な場合も
　ある増減のサイクル

K 戦略
・環境との安定した均衡
・環境と調和した増加率
・緩やかで，不規則なサイクル

再生産の特徴

・体長小
・寿命短
・妊娠期間短
・多産
・出生間隔短
・世代間隔短
・潜在的な増加率高

・体長大
・寿命長
・妊娠期間長
・単産
・出生間隔長
・世代間隔長
・潜在的な増加率低

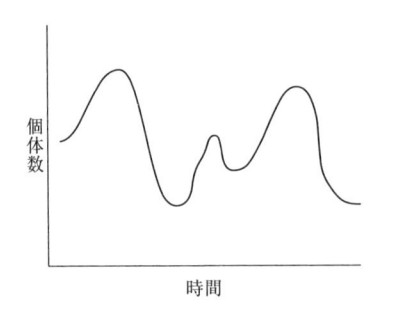

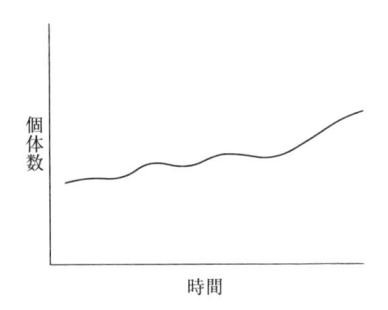

さに悩まされず死亡率も低く保てるのである．

　こういった考えは，自然淘汰論の創始者であるダーウィンとウォレスの時代からよく知られているが，人類の人口増加要因の議論に役立つ手がかりも提供してくれる．人類は明らかに K 戦略をとっており，環境変動をうまく制御し，年少者の養育に非常に大きな投資をしている．

　以下の議論に対して役立つ二つの原理がある．第 1 は，人口と環境の関係に

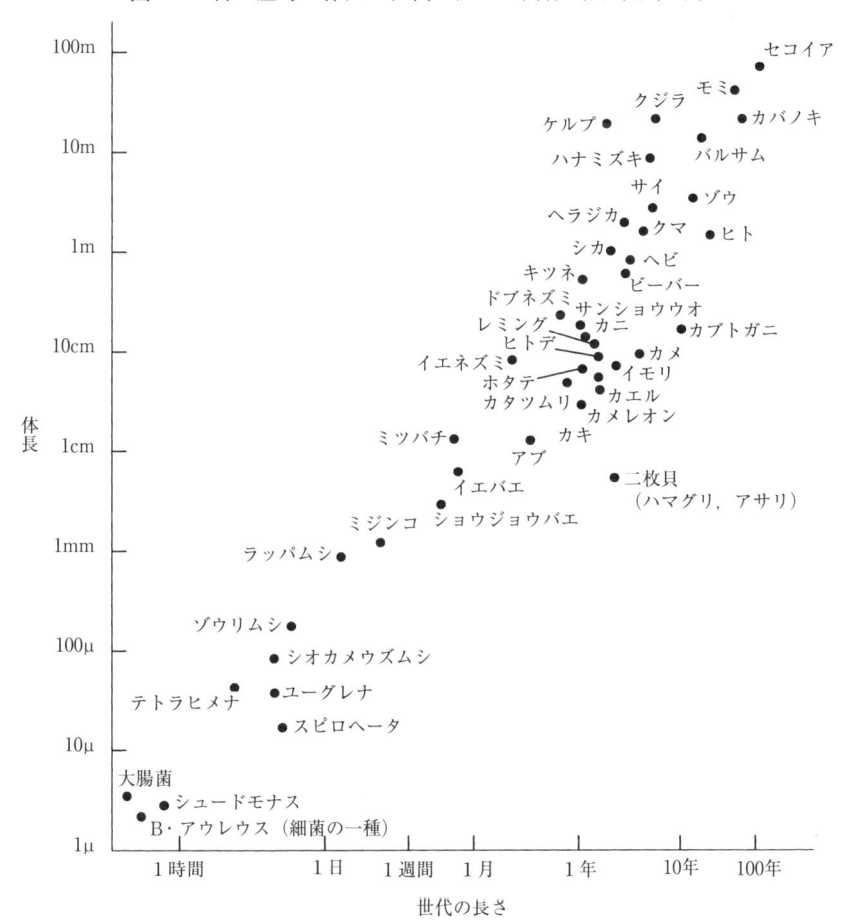

図1.2　再生産時の体長と世代の長さの関係（両対数表示）

(出所)　J. T. Bonner, *Size and Cycle: An Essay on the Structure of Biology* (Princeton University Press, Princeton, NJ, 1965), p.17. Princeton University Press の許可を得て転載.

かかわり，生存を決定する広くすべての要因——自然環境，気候，食糧の獲得可能性，等々——を含むと解釈されなければならない．第2は，再生産と死亡の関係である．後者は親の子どもへの投資の関数であり，したがって再生産の程度には逆比例をする．

2 割り算と掛け算

多くの種の動物は急激な増減のサイクルにさらされており，百，千，万，あるいはそれ以上の幅でその数を増やしたり減らしたりする．4年周期で発生するスカンジナビアのレミングはよく知られた例である．このことは，カナダの肉食動物（10年周期）や温帯林を荒らす多くの昆虫類（4～12年周期）についてもいえる．オーストラリアでは，「ある年にイエネズミが異常に繁殖し，とり入れた作物や干草の山の中にむらがり，一晩のうちに文字どおりかごいっぱい捕えることができるようになる．タカ，フクロウ，ネコなどは餌が豊富なために繁栄する．……しかしこれらの天敵もネズミの数を減らすためにはほとんど効果がない．しかし事態は突然，終わりになるのがふつうである．2，3匹の死んだネズミが地上に発見されると，ネズミの数は急速に減少しはじめ，ときにはふつうの状態を下まわるようになることさえある」.[6] 種によっては，平衡を維持するものもある．ギルバート・ホワイトは，2世紀前，8対のアマツバメがセルボーン村の教会の鐘楼のまわりを飛んでいることに気がついたが，これは今日でも変わらない.[7] すなわち，個体数が急速に成長したり低下したりする種もあれば，多かれ少なかれ安定している種もあるのである．

種としてのヒトの数は，これらと比べてゆっくりと変化してきた．それでもなお，以下にみるように，長期変動の中で増加サイクルは減少サイクルに変わり，絶滅に至った人口集団もあった．たとえば，スペイン人による征服（16世紀初めに始まった）に続く1世紀間に，アメリカ先住民の人口は元の規模に比べて何分の1かにまで減り，一方，征服者スペイン人の人口は5割も増えたのである．完全に，またはほとんど消滅してしまった人口もある．コロンブス上陸後のサント・ドミンゴや，最初の探検家と植民者がやってきた後のタスマニアの人口がそれで，その間に近隣の人口は増加し，繁栄していた．最近では，

---

6) F. MacFarlane Burnet, *Natural History of Infectious Diseases* (Cambridge University Press, London, 1962), p. 14 [新井浩訳『伝染病の生態学』紀伊國屋書店，1966年，12頁］．
7) May and Rubinstein, "Reproductive Strategies," p. 1.

イングランドとウェールズの人口が1750年から1900年にかけて6倍になったのに対し，同じ期間にフランスの人口はかろうじて50％増加したにすぎない．将来予測によると，コンゴ民主主義共和国の人口は，1950年から2040年に10倍増となるのに対し，同じ期間にドイツでは15％しか増加しないとされている．

これらのわずかな例からでも，ヒトの人口が（フランスとイングランドのように）似た状況のもとにあったとしても，長期にはいかに異なった率で成長するかがわかる．成長を測定し，そのメカニズムを分析し，原因を理解することにこそ，科学としての人口学の核心があるのは明白である．

人口増加（プラスであれマイナスであれ，急速であれ緩慢であれ）は，単純な計算式によって記述することができる．任意の期間内に，人口（P）は数値上，更新か流入（出生 B および移入 I）と，消去か流出（死亡 D および移出 E）の結果として変化する．人口移動を無視するならば（地球全体のように「封鎖」人口を考えるならば），任意の期間 t ——慣例上また便宜上，人口学者は年を使っている——における人口変化 dP は次の式によって記述できる．

$$dP = B - D$$

そして，増加率 r（$=dP/P$）は，出生率 b（$=B/P$）と死亡率 d（$=D/P$）の差に等しい．

$$r = dP/P = b - d$$

出生率と死亡率の変動の幅はかなり広い．最小値は，5から10‰（今日の死亡率と出生抑制のもとで可能となった），最大値は40から50‰である．死亡率と出生率は相互に独立ではないので，両極端が同時に現れることはまずない．長期間の現実的な成長率は，年率で－1％と，＋3％の範囲内で変化している．

人類史の大半で，人口成長率が非常に低かったことを考えれば，出生率と死亡率は事実上均衡していたにちがいない．もし，紀元0年に，2億5,200万人，産業革命の始まる1750年に7億7,100万人という推計を信ずるなら（後掲の表1.2），この間の年増加率は0.06％になる．もしこの間の死亡率が40‰であったとするなら，出生率は40.6‰で，死亡率より1.5％しか高くなかった．1960年代以降は状況が大きく変わり，出生率は死亡率を200％も上回ることとなった．

しかし，出生率と死亡率は数値計算上のものにすぎず，概念上の内容についてはほとんど何もない．人口成長を規定する再生産と生存という現象を叙述するにはまだ不十分である．

3　ジャコポ・ビッキとドメニカ・デル・ブオノ，ジャン・ギュイヨンとマテュリーヌ・ロバン

ジャコポ・ビッキは，フィエゾーレ（フィレンツェ近傍）に生まれた貧しい分益小作人であった．[8] 彼は，1667年11月12日，ドメニカ・デル・ブオノと結婚した．彼らの結婚は，ジャコポの死によってまもなく終わってしまったが，それでも3人の子どもが生まれた．アンドレア，フィリッポ，そしてマリア・マダレナである．マリア・マダレナは，数カ月の命しかなかったが，アンドレアとフィリッポは生き長らえ，結婚した．ある意味で，ジャコポとドメニカは，彼らの人口学的負債を返済したといえる．2人が親から受けた養育，自身の抵抗力と幸運とが2人を再生産年齢に到達することを成功させた．彼らは，同じ成熟の段階（再生産年齢と結婚）に達する2人をもうけたので，命を次世代へとつなげるうえでは，ある意味で正確に再生産を行ったのである．この家族の話を続けると，アンドレアはカテリナ・フォッシと結婚し，4人の子どもをもうけ，そのうち2人が結婚した．アンドレアもカテリナも，その負債を返済したことになる．しかし，マダレナ・カリと結婚したフィリッポの場合はそうはいかなかった．マダレナはすぐ死んでしまい，女子を1人生んだが，この子も早く死んでいる．アンドレアの生き残った2人の息子は，第3世代を構成する．彼らのうちジョヴァン・バティスタは，カテリナ・アンジョラと結婚し，6人の子どもをもうけたが，1人を除いて結婚前に早死にしている．もう1人のジャコポは，ロザと結婚し，8人の子どもをもうけ，そのうち4人は結婚した．ここで，これらの5組の結婚（10人の配偶者）の結果を要約しておこう．

---

[8] フィエゾーレ教区の家族復元から得られた以下の事例を提供してくれたカルロ・コルシーニに感謝する．

2組の夫婦（ジャコポとドメニカ，アンドレアとカテリナ）は，彼らの負債を返済し，それぞれ結婚に至る2人の子どもをもうけた．1組（ジャコポとロザ）は，利息付きで負債を返済し，2人の子どもは，4組の子孫を残した．

1組の夫婦（ジョヴァン・バティスタとカテリナ・アンジョラ）は，6人の子どもをもうけたにもかかわらず，結婚したのは1人だけだったので，負債の返済は完了せずに終わった．

1組の夫婦（フィリッポとマダレナ）は返済能力がなく，どの子も結婚せずに終わった．

この3世代で，5組の夫婦（10人の配偶者）は全体として，結婚に至る9人の子どもをもうけた．生物学的にいえば，10人の親は再生産可能な状態に達する9人の子孫をもち，10％減少した．もしこの状態がずっと続くと，この家族は途絶えてしまうだろう．

しかし人口は，それぞれ異なる多くの家族と多くの履歴とから成り立っている．同じ期間に，同じ論理を適用すると，パトリアルキ家の6夫婦は15人の子どもを，パラジ家の5組の夫婦は10人の子どもを残した．パラジ家がその義務をちょうど果たす一方で，パトリアルキ家は利息付きで負債を返済した．これら個々の経験の組合わせは，その収支がプラスか，マイナスか，均衡しているかによって，人口が長期的に成長するか，減少するか，停滞するかを決定する．

1608年にケベックが創設され，イロコイ族が事実上放棄したセントローレンス川流域にフランス人の入植が始まった．[9] 次の世紀にはノルマンディ，パリ周辺，中西部フランスから，1万5,000人の移民がこれら処女地に到着した．彼らのうち3分の2は，滞在期間に差はあるものの，それぞれフランスに戻った．現在の600万のフランス系カナダ人は，大部分，残った5,000人の移民の子孫で，その後の移民は人口成長にほとんど寄与していない．カナダの学者グループによって実施された系図学による人口復元のおかげで，これらの人びとの人口上の出来事について数多くの情報を得ることができるようになった．たと

---

9) 以下の議論は，H. Charbonneau *et al., Naissance d'une Population: Les Français Établis au Canada au XVIIe Siècle* (Presses de l'Université de Montréal, Montréal, 1987)によっている．

図1.3 フランス系カナダ人の増加（17世紀）：開拓者とその子どもたち

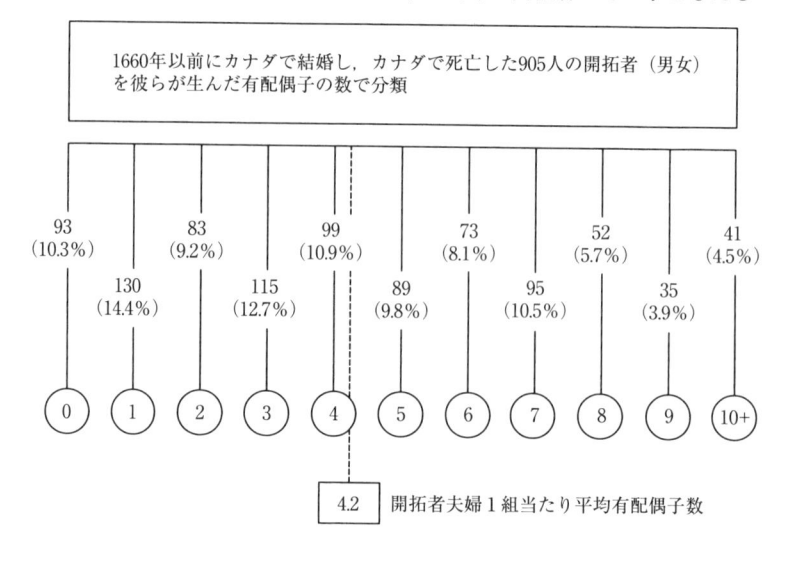

```
┌─────────────────────────────────────────────┐
│ 1660年以前にカナダで結婚し，カナダで死亡した905人の開拓者（男女）│
│ を彼らが生んだ有配偶子の数で分類                │
└─────────────────────────────────────────────┘
```

| 93 (10.3%) | 83 (9.2%) | 99 (10.9%) | 73 (8.1%) | 52 (5.7%) | 41 (4.5%) |
| 130 (14.4%) | 115 (12.7%) | 89 (9.8%) | 95 (10.5%) | 35 (3.9%) |

0　1　2　3　4　5　6　7　8　9　10+

4.2　開拓者夫婦1組当たり平均有配偶子数

えば，2人の開拓者，ジャン・ギュイヨンとマテュリーヌ・ロバンは，1730年までに2,150人の子孫をもつに至った．当然，何代かの間に，他の家系に生まれた妻や夫が含まれており，この数字に寄与しているが，そのこと自体は人口学的にあまり重要でない．他方，もう1人の開拓者，有名な探検家サミュエル・ド・シャンプランの運命は非常に異なっており，彼は子孫をまったく残さなかった．これら特筆すべきカナダの資料は人口学にとって興味深い数字を示してくれる．たとえば，フランスで生まれ，1660年以前にカナダに移り，結婚して，カナダで死んだ905人の開拓者（男女計）は平均して，結婚に至った4.2人の子どもを生んだ（図1.3）．その出生率は，1世代のうちに元の人口を倍にする高さであった（2人の有配偶者から，4人の有配偶子）．フランス系カナダ人植民者の高い再生産能力は，状況の例外的な組合わせの結果であった．移民過程で身体的強さにもとづく淘汰があったこと，彼らの高出生率と低死亡率，豊富な利用可能空間，低い人口密度と伝染病の欠如がそれである．

これまでの議論はすでに人口成長のメカニズムの核心に触れている．上述のように，ある世代から次の世代へ人口が増加するのは（あるいは減少したり，停滞したりするのは），次の世代で再生産への切符を得ること（ここでは，結

婚という行為として定義される)ができた場合で,それが成功すれば多くの(または少ない,あるいは同数の)結婚に至る数の男女をもたらすことになる.最終結果が増減どちらであれ,基本的には二つの要因によって決定される.第1は,1人あるいは夫婦当たりの出生数であり,それは生物学的能力,欲求,結婚年齢,同居期間の長さによって決定される.第2は,出生から出産可能期間の最後までにおける死亡リスクの強度である.以下で論ずるこれらのメカニズムに精通することが,人口変動の要因を理解するのに不可欠となる.

4 再生産と生存

潜在的な人口成長力は,直観的に明らかであろうが,以下の二つの尺度の関数として表現できる.(1)女性1人当たり出生数または子ども数,(2)出生時平均余命(平均寿命),である.それぞれ,再生産と生存を総合的に表現する数値である.第1の尺度は,ある世代の女性が再生産可能年齢内に生んだ平均子ども数を意味し,仮定上,死亡率を考慮していない.[10] 以下では,この数値の水準を決定する生物学的,社会的,文化的な要因を検討する.第2の平均寿命は,新生児世代についての平均生存期間(または生きていた平均年数)を意味し,各年齢における死亡率の関数である.そして死亡率は,種の生物学的特性および周囲の環境との関係に規定されている.基本的に農村社会で,近代的産児調節と効果的な医学知識が不足していた昔の時代では,両者の尺度とも相当に大きな変動を示していたであろう.女性1人当たり子ども数は5人未満の水準から8人以上までの幅があり(今日,高度の産児調節によって特徴づけられた西洋社会には,1人未満にまで低下したところもある),平均寿命は20~40年の間にあった(今日では80年を超えている国もある).

女性1人当たり子ども数は,上述のように,生物学的および社会的な要因によって規定されるが,それによって以下のことが決定される.(1)女性の出産

---

[10] 女性の1人当たり平均子ども数,あるいは合計出生率(Total Fertility Rate, *TFR*)は,再生産可能期間の女性の(下限年齢と上限年齢間の)年齢別出生率を合計したものである.年齢別出生率は,$f_x = B_x/P_x$(B_xはx歳の女性の出生数,P_xはx歳の女性数)で表される.

可能年齢内での出生頻度，（2）生殖可能期間——思春期から閉経期まで——に再生産に実際に活用される割合とである.[11]

出 生 頻 度

これは，出生間隔の逆関数である．自然出生力——出生数や時期を調節するための意識的な避妊が行われなかった，近代以前の社会における出生力を記述する人口学用語——の条件のもとで，出生間隔は以下の4期に分けることができる．

1. 出産後2，3カ月間，排卵停止となることによる不妊期間．この無排卵期間はすべての出産に伴うもので，その間は妊娠不可能である．母乳哺育期間とともに長くなる傾向がある．母乳哺育はしばしば，生後2年目，時には3年目まで続くことがありうるが，しかしその期間は，文化によって大きく異なり，不妊期間の最短と最長の幅は3カ月から24カ月にも及ぶ．
2. 通常の排卵回復から妊娠までの平均月数からなる待機期間．女性によっては，偶然あるいは自然的な理由にせよ，最初の排卵周期中に妊娠するものもいれば，規則的な性関係をもったとしても，何周期にもわたって妊娠しないものもいる．その期間の上限と下限は，5カ月と10カ月とみてよい．
3. 平均妊娠期間．周知のように約9カ月である．
4. 胎児死亡率．妊娠が認められても，5回に1回は流産のため出産には至らない．いくつかの研究によれば，この頻度には人口による違いはあまりないように思われる．流産後の新たな妊娠は，通常の待機期間（5カ月から10カ月）を経て生ずる．5回の妊娠のうち1回だけが出生間隔に影響を与えることになるので，平均追加期間は1～2カ月である．

以上，1から4の最小値と最大値を足し合わせると，出生間隔は18カ月から45カ月（約1.5年から3.5年）の間にあるが，最大値と最小値の組合わせはあり

---

11) 以下の議論は，J. Bongaarts and J. Menken, "The Supply of Children: A Critical Essay," in R. A. Bulatao and R. D. Lee, eds., *Determinants of Fertility in Developing Countries* (Academic Press, New York, 1983), vol. 1. に多くを負っている．出生力を規定する構成要素を評価するにあたって，出生はすべて安定した結合（婚姻）関係の産物であると前提されているが，多くの文化や多くの時期の実態に近いものであろう．

そうにないので，実際の間隔は通常，2年から3年となる．この分析が当てはまるのは，出生抑制の行われていない自然出生力人口である．もちろん，産児調節が導入されているなら，出産を伴わない再生産期間は意図的に長くされることになろう．

再生産のための妊娠可能期間

再生産へ参加し，再生産のために安定した結合（結婚）を始める年齢は，主として文化的要因によって決まる．その一方で，再生産期間が終了する年齢は，基本的には生物学的要因によって決定されている．

1. 結婚年齢は，最低で初潮年齢——15歳としよう——に最も近いところから，多くのヨーロッパ社会がそうであったように25歳を超える最高値まで，幅がある．
2. 妊娠可能期間が終了する年齢は，50歳に達することもあるが，平均はそれよりはるかに低い．出生抑制を伴わない人口における末子出産時の母親の平均年齢はよい指標で，変化の幅は38歳と41歳の間でかなり安定する．

ここでふたたび最小値と最大値をとり，数字を丸めれば，再生産目的での結合（婚姻）の平均期間は，死亡や離婚がなければ，15年から25年の間となるであろう．

さらに単純化すると，死亡率に影響されない人口を仮定して，出産の最小限と最大限の水準がどれだけかを推計することができる．その最小値は，最短再生産期間（15年）と最長出生間隔（3.5年）を組み合わせ，以下のようになる．

$$\frac{再生産期間15年}{出生間隔3.5年} = 子ども数4.3人$$

最大水準を得るためには，最長再生産期間（25年）と最短出生間隔（1.5年）を組み合わせればよい．

$$\frac{再生産期間25年}{出生間隔1.5年} = 子ども数16.7人$$

もちろん，種々の構成要素は互いに独立ではないので，これら極端な組合わ

図1.4 出生力の構成要素が標準値から最大値および最小値まで変動した場合に，女性1人当たり平均子ども数に与える影響（正方形一つが，子ども1人を表している）

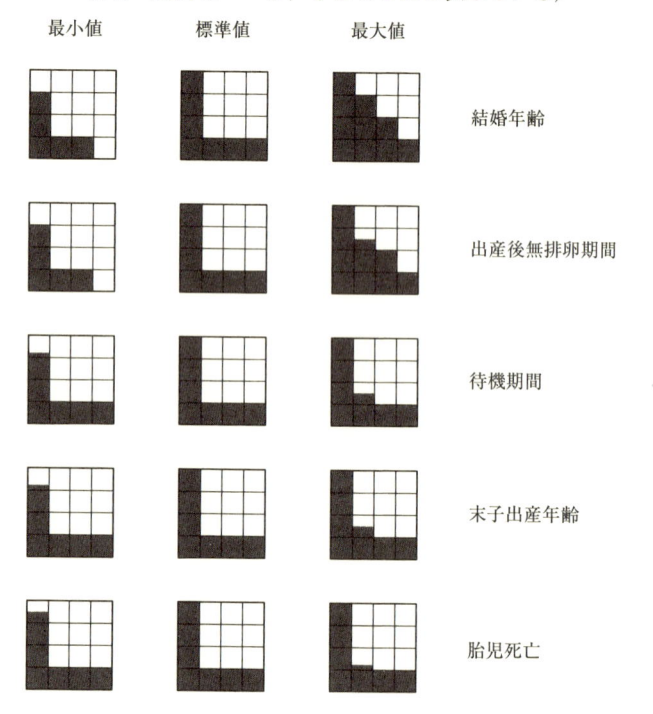

せ（とくに後者）は起こりえない．たとえば，早婚に加えて出産を繰り返すと，妊孕力(にんよう)の低下や性行動の早期減退をもたらし，出生間隔の拡大に至るような病理学的状態を招くことがありうる．安定した歴史状況においては，女性1人当たり平均出生数が5人以下，あるいは8人以上となることは稀であった．

女性1人当たりの子ども数は，主に結婚年齢（再生産期間を決定する第一義的要因）と母乳哺育期間の長さ（出生間隔の主要な決定因）に依存する．図1.4は，ここでの議論の土台としたボンガーツとメンケンの論文から引用したもので，女性1人当たり出生数が，それぞれの構成要素の（最大値と最小値の間での）変動によっていかに異なるかを示している．標準的な子ども数は7人とするが，これはいろいろな構成要素がいずれも平均値をとるときの値である．また，一つの構成要素が変化しても，他の要素は固定されている．[12)]

図1.5では，上記のモデルをいくつかの歴史上の事例（および理論的に想定された事例）に適用している．生物学的上限（1）に加え，早婚（18歳）と短い出生間隔（早い離乳）の組合わせの結果として得られる現実的な上限（2）がある一方で，晩婚（25歳）と長い母乳哺育期間による，出生制限のない状況下で実現可能な下限（6），それに中間水準の（3），（4），（5）がある．そして最後は，中程度の出産制限と高程度の産児調節を行っている（7）と（8）の例で，子ども数はそれぞれ3人と1人である．これらの事例を年代順もしくは進化の継起に対応するものと考えてはいけない．どのケースも歴史上の同じ時代に併存する人口にみることができる（ただし，出生力が強く抑制されている最後の2例は，近代にしか見出すことができない）．

　出生率を決定する生物社会学的要素に加えて，人間の再生産は，ここまでは無視してきた死亡という厳しい制約とも取り組まなくてはならない．再生産と死亡とは，ヒトを含むあらゆる種にとって互いに独立なものとはいえない．子どもの数が多すぎるとき，生まれたばかりで死亡する危険は増加し，家族内での資源配分をめぐる競争は，すべての年齢での抵抗力を低下させる恐れがある．他方，高出生率が低死亡率，あるいは近年になって低く押し下げられた死亡率と併存することは，その結果が過度の人口増加につながることを考えれば，ありえないものである．とはいえ，大部分の場合，死亡率はヒューマン・バイオロジーに根ざすもので，出生率水準からは独立とみてよい．

　人間の死亡率を記述する単純な方法に生存関数 l_x がある．これは，10の n 乗の人びとについて順次発生する死亡を，出生時点から最後の成員が死ぬ年齢までをたどるものである．[13]　図1.6は，二つの生存曲線を示している．一番下の曲線は出生時平均余命（e_0）20年に対応する．この非常に低い値は，人口が持続し得る最低限に近い，敵対的な環境に住む未開人口を特徴づける．一番上

---

[12]　このようなさまざまな仮定は，ボンガーツとメンケンのモデルに適合している．すなわち子ども数（合計出生率，したがって死亡を無視している）は，再生産期間（末子出産年齢マイナス平均結婚年齢）を出生間隔で割って得ている．モデルにおいては，結婚年齢の範囲は15歳から27.5歳（標準モデルでは22.5歳），末子出産年齢の範囲は38.5歳から41歳（標準は40歳）である．出生間隔を計算するにあたっての各構成要素の最小値，最大値，標準値（年）は，出産後の無排卵期間（0.25, 2.0, 1.0），待機期間（0.4, 0.85, 0.6），胎児死亡（0.1, 0.2, 0.15）である．

図 1.5 出生力モデル

女性1人当たり 子ども数 (TFR)	再生産空間の 占有状態	特徴	人口集団	歴史的事例 (人口集団)
(1) 16		生物学的上限	理論上	なし 個別事例のみ
(2) 11.4		超早婚 出生間隔 最短	閉鎖的集団	1660年以前 生まれの フランス系 カナダ人
(3) 9		晩婚 出生間隔 最短	閉鎖的集団	カナダの ハテライト (1926-30年,8.5人)
(4) 7.5		早婚 出生間隔 長	多くの 発展途上国	エジプト (1960-05年,7.1人)
(5) 7	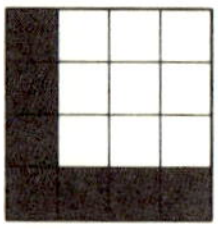	標準		
(6) 5		晩婚 出生間隔 長	多くの ヨーロッパ諸国 (18-19世紀)	イングランド (1751-1800年,5.1人)
(7) 3		自発的 出生抑制 (普及度中)	ヨーロッパ (20世紀前半)	イタリア (1937年,3.0人)
(8) 1		自発的 出生抑制 (普及度高)	今日の若干の ヨーロッパの 人口集団	リグリア (イタリア) (1990年,1.0人)

の曲線は，e_0が83年の，ずっと発展した国々が到達しつつある水準である．第3の，中間の曲線（$e_0 = 50$）は，近代の医学の進歩から限られた範囲内での恩恵しか得ていない国々に対応する水準である．図1.6では，三つすべての場合の到達年齢は100歳であるが，これは人間の寿命限界をそう仮定したからである．この仮定は，出生時点の人口の1%を大きく下回る割合しかこの年齢まで達しないので，現実からそうかけ離れたものではないだろう．[14] 図1.6の説明を続けると，全人口が100歳まで生き，全員が100番目の誕生日に死ぬとすると，l_x曲線は矩形になり（100歳までは横軸と平行になり，そこで垂直に0に落ちる），e_0は100年に等しくなる．他の曲線に対応する出生時平均余命はそれぞれ，曲線より下の部分の面積に比例し，生存曲線の形状は各年齢における死亡率の強さに依存する．ヒトの人口においては，出生直後と乳児期に高い死亡率の期間がある．これは身体的な虚弱さゆえに外的な環境要因の影響を受けやすいためである．死亡の危険は，幼児期の終了から青年期にかけて最低点に達し，その後，成熟期からは身体の組織が次第に衰える結果，指数関数的に上昇する．

---

13) これから頻繁に生命表について言及するので，ここでその作成法について簡単に説明し，より詳細な取扱いについては専門的出版物を参照するようお願いする．生命表は，1世代の新生児（あるいは仮説的なコウホート）は時間の経過とともに徐々に死亡していくことを描いている．このコウホートは，慣例により10^n人からなっている．ここでは1,000人としよう．

l_xの値（xは年齢を表す）は，誕生日時点で最初の1,000人のうち，何人が生存しているかを，全員が死亡するまで表しているものである．生命表についてのもう一つの基本的な関数はq_x（慣例上，1,000人当たり，あるいは他の10^n人で示される）で，x歳の誕生日時点での生存者が$x+1$歳の誕生日までに死亡する確率を表している．この確率は1年以上の期間を表すこともでき，添字1，4，5（あるいは他の値）はその確率が示す年齢間隔を表している．さらに頻繁に使用される関数は，平均余命e_x（ここでもxは特定の誕生時点を示している）．これは生命表上の死亡率水準を所与として，x年時に生存している人々（l_x）に残されている生存年数を平均したものである．「出生時平均余命」はe_0で示される．平均余命についてはパラドックスのように見えるものがある．過去の人口様式の高死亡率を反映した生命表においては，平均余命は誕生後数年間増加する（$e_0 < e_1 < \cdots < e_5$，それ以降も続く場合さえある）．このようなことが生じるのは，人生の最初の数年間に多くの乳幼児が死亡し，その世代の生存年数の総計にほとんど寄与せず，したがって平均余命によって表される平均値を低くするからである．死亡率の水準によって異なるが，この影響は数年後になくなり，平均余命は自然なかたちで年とともに減少していく．しかし，高死亡率の人口様式においては，たとえばe_{20}がe_0よりも高いことがありうることを念頭に置いておくべきである．

図 1.6 出生時平均余命の水準の違いに特徴づけられた三つの女性人口集団の生存曲線

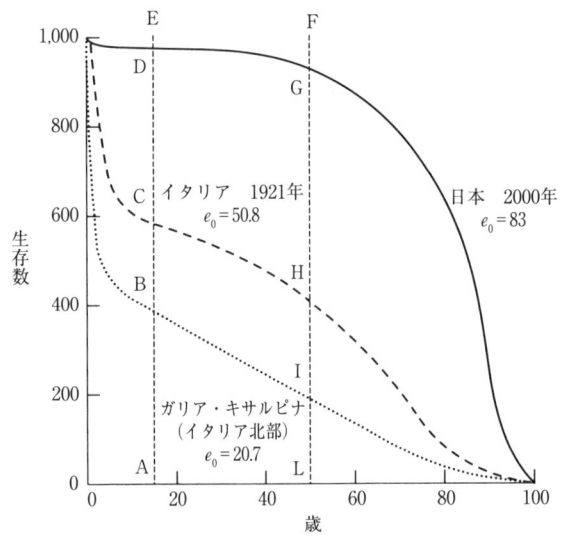

(註) 生存曲線は出生数1000人からなる世代が年とともに減少する数値を跡付けている。出生時平均余命は縦座標、横座標そして生存曲線によって区切られた空間に対応している。AEFL は35年に等しいが、再生産期間の長さを表している。ADGL, ACHL, ABIL は三つの世代において新たに生まれた1000人の女児の実際の再生産可能期間の平均を示したもので、それぞれ34.4, 24.8, 10.2年に等しい。比 ADGL/AEFL, ACHL/AEFL, ABIL/AEFL はそれぞれ98.2%, 70.8%, 29.2%であるが、三つの世代のうち再生産期間に生存した割合を表している。

高死亡率（$e_0=20$の曲線を参照）のもとでは、曲線は上へ凹となる。死亡率が改善されると、乳児死亡率の影響は小さくなり、曲線の形状は次第に下へ凹となっていく。純粋に遺伝学的に――すなわち遺伝子によって決定される形質の継承という観点から――みると、再生産期間（単純化のために50歳としよう）を超えての生存はもちろん無関係である。それがどんなに高かろうと低かろう

---

14) 1970年代以降、低死亡率の国々における高齢者（80歳以上）死亡率の低下が加速している（年1～2%）。もしこの趨勢が続くならば、100歳まで生存する割合が無視できないものとなり、生存曲線 l_x 全体が徐々に右にシフトするので、生存曲線の「矩形化」が生ずるであろう。V. Kannisto, J. Lauritsen, A. R. Thatcher, and J. W. Vaupel, "Reductions in Mortality at Advanced Ages: Several Decades of Evidence from 27 Countries," *Population and Development Review* 20 (1994) を参照。また J. R. Wilmoth, "The Future of Human Longevity: A Demographer's Perspective," *Science* 280 (Apr. 1998), pp. 395-97 もみよ。

図1.7　生存モデル

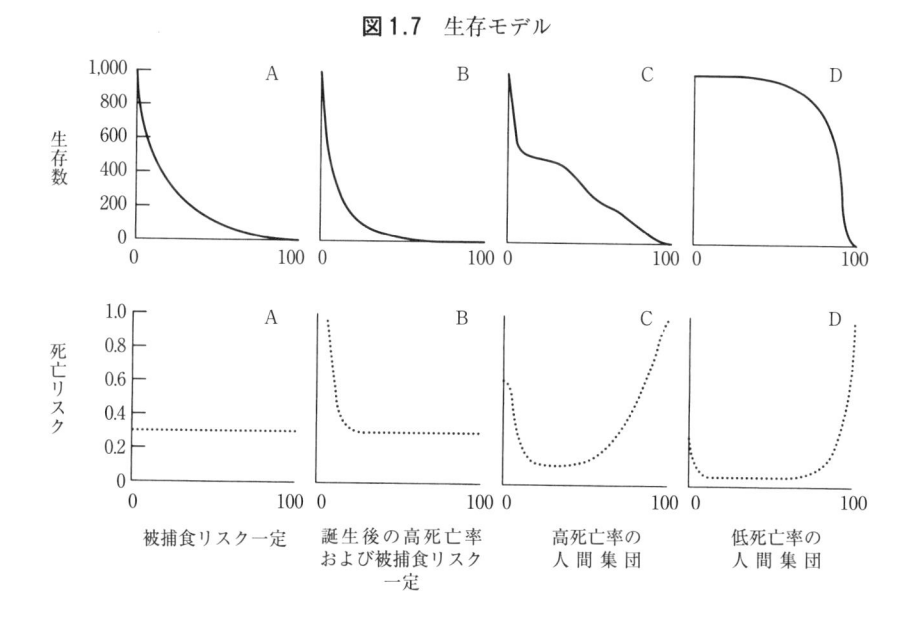

（グラフ：上段は生存数、下段は死亡リスク。A：被捕食リスク一定、B：誕生後の高死亡率および被捕食リスク一定、C：高死亡率の人間集団、D：低死亡率の人間集団）

と，50歳以上の死亡率は人口の遺伝的継承に影響を及ぼさない．他方，再生産年齢以前またはその最中の死亡率が高ければ高いほど，淘汰の影響は強くなる．生存に適さない個体は除去され，その形質が次の世代に継がれることがなくなるからである．

それでも，再生産年齢を超えた生存者数が増えることは間接的な生物学的影響をもつ．高齢者は，知識の蓄積，組織化，伝達に貢献するし，親からの投資は次世代の生存の改善に寄与しうるのである．

図1.7は，高低二つの生存率を有するモデルと，高低二つの死亡率をもつモデルとを併せて示したものである．モデルAは，他の肉食動物からたえず死亡リスクにさらされている生物種に典型的なものであり，これに対しモデルBは，種の保存のために多産型の繁殖を行い，それゆえ出生後の死亡率がきわめて高くなる（すなわちr戦略をとる）種の代表例である．

ここでヒトに話を戻そう．その再生産能力を知るためには，再生産の期間の終わりまでの生存法則を理解しなければならない．それ以降個々人が生存しているかどうかは，理論上は重要でなくなる．[15] 図1.6から，出生時平均余命が

20年の場合，その世代の多くが半ばで死亡し，29.2％しか潜在的な妊娠可能期間に達しないことがわかる．この割合は，出生時平均余命の上昇（そして l_x カーブの上方移動）が大きくなるにつれて徐々に増加する．上述の事例のうち e_0 が50の場合には70.8％となり，e_0 が80となると98.2％にまで達する．

　人口再生産の成功，そして人口成長もまた，再生産可能年齢にまで生き残る女性が産む子どもの数に依存することが明らかとなった．仮に死亡が生じないとして，女性1人当たり6人という出生力水準を考えてみよう．$e_0 = 20$ の場合には，再生産空間の30％しか利用できないので，女性1人当たり子ども数は $6 \times 0.3 = 1.8$ となる．$e_0 = 50$，すなわち再生産空間の70％が使われるときは，子ども数は，$6 \times 0.7 = 4.2$ となる．$e_0 = 83$ では，99％が利用され，子ども数は，$6 \times 0.99 = 5.94$ に達する．1人の子どもに2人の親がいるので，上記の計算の結果が2以上になれば，その人口学的負債は返済できたことになる（そして，両親の数と子どもの数がほぼ等しくなる）．数値が2より大きくなると，増加を意味する．もし生存する子ども数が4人であるすると，人口は1世代（約30年）の間に2倍となり，年平均増加率は2.3％となる．[16]

5　成長の空間

　出生率と死亡率は一組となって，人口成長のパターンに客観的な制約を課す．ある人口において，それらの率が長期にわたって固定されているとすると，[17] いくつかの単純化したモデルに従って，増加率は女性1人当たりの子ども数（TFR）と出生時平均余命（e_0）の関数として表現できる．

　図1.8は，複数の「等成長」曲線を示している．各々の曲線は，同じ増加率 r となる，平均寿命（横軸）と女性1人当たり子ども数（縦軸）の組合わせの軌跡である［図の左側に示された％がその増加率である］．このグラフには，歴史上の人口と現代の人口が示されている．前者では，平均寿命が人口の持続

---

15)　これはあくまでも理論上のものである．なぜなら再生産期間を超えての個々人の生存は，再生産に直接寄与しないが，それでも子どもの生存のチャンスを改善するかもしれないからである．

的維持が成り立ち難い15年以下でもなければ，歴史人口では到達し得なかった45年以上でもない．同様の理由で，女性1人当たり子ども数は，8人（通常の人口構成ではこれ以上ということはまずない）と4人（出生抑制を実行していない人口だからである）の間にある．図1.8では，左から右に向かって三つの楕円と一つの円からなる四つの領域が示されている．領域のそれぞれが異なる時代の人口集団の軌跡を表している．第1の楕円は，産業革命および近代的な産児調節の普及以前の時代の人口集団の軌跡である．この集団の人口増加率は，近代以前の成長空間の典型である0〜1％の範囲におさまる．しかし資源と知識の症候群的な不足によって制約されていたとはいえ，この狭い幅の中で，出

---

16) これまでの議論には，簡単なかたちでいくつかの基本的な人口学的関係が含まれていたが，ここで丁寧に説明しておくのが有用であろう．安定人口（死亡率および出生率の水準が不変の状態にある人口）においては，年齢構造と増加率もまた以下の方程式に従って一定である．

$$R_0 = e^{rT}$$

上の式で R_0 は，純再生産率，すなわち女性が再生産期間中に産む平均女児数である．それを以下のように表すこともできるだろう

$$R_0 = \Sigma f_x l_x$$

ここで，f_x は年齢別出生率，すなわち x 歳時の女性1人当たりが出産した平均女児数である．そして l_x は生存関数（x 歳時での生存数とその世代の出生人数の割合）である．最初の方程式に戻ると，T は平均世代間隔であり，平均出産年齢でよく近似でき，人間集団の場合には狭い範囲でしか変動しない（27〜33年）．r は安定人口における増加率である．この理想上の安定人口においては，増加率 r は女性1人当たり女児数 R_0 と正比例し，T とは逆比例する．付け加えておくべきは，純再生産率は総再生産率 R と密接な関係にあるということである．総再生産率は f_x の総計であり，死亡を考慮しない場合の女性1人当たりの女児数を示すものである．R_0 と R の関係 g は方程式 $R_0 = R l_a$ でよく近似される（l_a は出生から平均出産年齢 a までの生存確率）．ここから最初の式は以下のように書き換えられる．

$$R l_a = e^{rT}$$

T を一定とすると（実際あまり変化しない），増加率 r は，死亡率の指標である l_a と出生率の指標である R の関数として表すことができる．l_a は図1.6で計算された利用された再生産年数の割合の値とほぼ同じであることが証明できる．さらに l_a は，出生時平均余命 e_0 と強い相関関係にあるので，結果 r は R と e_0 の関数として表すことができる．最後に，R と合計出生率 TFR（死亡率を考慮しない場合の女性1人当たり平均子ども数）とには密接な関係がある．R に2.06（総出生数と女児出生数の比率を表す定数）を掛けると TFR を得ることができる．図1.8では，$T = 29$ 年として r を TFR と e_0 の関数として表している．

17) 註16を参照．

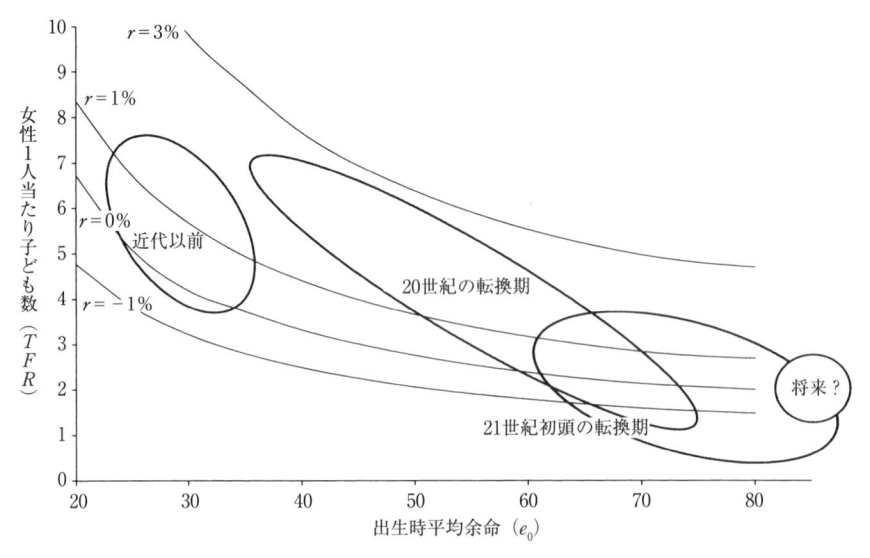

図1.8 過去および現在の人口集団における女性1人当たり子ども数（TFR）と出生時平均余命（e_0）の関係

生率と死亡率の組合わせには大きな違いがあった．たとえば，18世紀末のデンマークとそれから100年後のインドでは，増加率は同じであるが，それぞれ上記戦略空間内の異なる地点で生じたものである．デンマークでは，高い平均余命（約40年）が少ない子ども数（4人を上回る程度）と結びつき，インドでは，低い平均余命（約25年）が多い子ども数（7人を下回る程度）と結びついていたのである．

また，増加率が同じであったと想定されているけれども，旧石器時代と新石器時代の人口では，これらの組合わせはまったく異なっていたと考えられる．有力な見解（第2章参照）によると，狩猟採集人口からなる旧石器時代は，流行性の疾病にかかったり，蔓延したりすることを妨げる要因となる低人口密度を反映した低い死亡率と，狩猟行動に伴う中位の出生率とによって特徴づけられていた．新石器時代になると，定住農業が始まり，高人口密度と低移動率のため，死亡率と出生率はともに以前より高くなったのである．

第2の楕円には，20世紀の人口転換過程にあった集団が含まれている．以前には狭い範囲に限定されていた利用可能な戦略空間が劇的に拡大した．医療，

衛生面の進歩によって，平均余命は歴史人口の上限であった40年から，現在の80年にまで引き上げられ，女性1人当たり子ども数は，産児制限の導入によって1人台の水準にまで低下した．第3の楕円は，21世紀初頭の状況を描いている．ここでは非常に高い出生率の国々（サハラ砂漠以南のアフリカの多く）と女性1人当たり子ども数が1人に近づいている異常に低い出生率の国々（ヨーロッパと南・東アジア）が共存している．注目すべきは，20世紀と21世紀に大きく拡大された空間において，潜在的増加率が4％の人口集団と−2％の人口集団が存在していることである．人口増加率4％の集団では17〜18年で人口は2倍になり，他方−2％の集団では35年で半減することとなる．[18] 同規模の二つの人口が，これらの異なる成長率を経験するとすれば，35年（ほぼ一世代）の後，人口は8対1になっているのである！ しかしこの空間は転換過程にある人口集団のものであり，不安定で，持続できそうにない増加ペースのものである．第4の円空間は，仮定上の将来の領域であり，転換と収斂の過程が終了した後，平均寿命が80歳を超え，出生率は女性1人当たり1〜3人，そして潜在的増加率は−1から＋1％である．ここに属する人口集団では，増加と減少の局面が交互に現れ，また集団相互の局面は同方向には動かず，変化の程度は小さくなっていくであろう．

6 環 境 制 約

　成長の戦略空間が広いといっても，ある人口が永続的に占有できるのはそのわずかな部分でしかない．持続的減少では明らかに人間集団の生存が成り立たないが，持続的成長でも，長期的には利用可能な資源賦存と両立しなくなる．したがって成長のメカニズムは，たえず環境条件（環境摩擦と呼ぶことができる）に適応しなければならず，その条件は相互に作用し合うと同時に，成長の

---

18) 人口の倍増期間を計算するための簡便な方法を思い起こすのが役に立つであろう．つまり年増加率（％表示）で70を割ると倍増期間の近似となるのである．1％の増加率では70年で2倍に，2％だと35年，3％だと23年となる．同様に，もし増加率がマイナスならば，人口が半減する期間を同じ方法で得ることができる．人口減少率が1％ならば70年で半分に，2％だと35年で，といったようになる．

障害ともなる．このことは，数千年の歴史で人口増加率が非常に低かったことからも明らかであろう．ここでは，人口増加に対するこれら障害の巨視的な面に限定し，それら作用の詳細な議論は後にすることとしよう．

　カルロ・チポラは，よく知られた，そして事実名著である著作において，「産業革命に至るまで人類は，主に植物と動物にエネルギー（植物には食糧と燃料，動物には食糧と物理的エネルギー）を依存し続けてきたといってよい」という．[19] 人口増加を抑制してきたのは，この自然環境とそれが提供する資源への依存関係であり，この状況はとくに狩猟採集社会で明白である．居住地が徒歩で1日のうちに往復できる範囲に限られた人口を想定しよう．獲得可能な食糧の量は，その範囲の生態，資源確保の容易さ，そして（いわば）調理のコストに依存し，このことが居住人数を制約するのである．最も単純化していえば，単位面積当たりの植物生成量（第1次生産力）は降雨量の関数であり，動物発生量（草食動物と肉食動物——第2次生産力）は植物生成量の関数であるので，結局のところ，降雨量が，狩猟採集人口が利用可能な資源量と彼らの人口増加を制約する主要因となっているのである．[20] 図1.9は，世界各地における植物生成量と降雨量の関係を示し，図1.10は，オーストラリア・アボリジニの人口密度が降雨量の多寡に依存していることをグラフ化したものである．

　表1.1は，異なる生態系のもとで狩猟採集社会の取り得る人口密度値を，生物生成量と降雨量に関する仮説から算出したものである．これはモデルにすぎないが，人口増大に対する二重の制約を効果的に叙述している．第1の制約は，扶養し得る人数の最高値を決定する，植物および動物生成量の自然的限界である．半径10kmの範囲で持続可能な人口は，北極圏で3人，亜熱帯のサヴァンナでは136人と幅がある．第2の制約は，非常に低い人口密度（たとえば北極や半砂漠地帯）が安定した人口集団の生存に不適合なことに由来する．妥当な

---

[19] C. M Cipolla, *The Economic History of World Population* (Penguin, Harmondsworth, 1962), pp. 45-46 ［川久保公夫・堀内一徳訳『経済発展と世界人口』ミネルヴァ書房，1972年（翻訳は1969年刊行の第5版からであり，引用文は対応していないが，44-45頁参照）］．

[20] F. A. Hassan, *Demographic Archaeology* (Academic Press, New York, 1981), pp. 7-12.

第1章 人口成長の空間と戦略

図1.9 世界の生物群系における降雨量と第1次生産力の関係

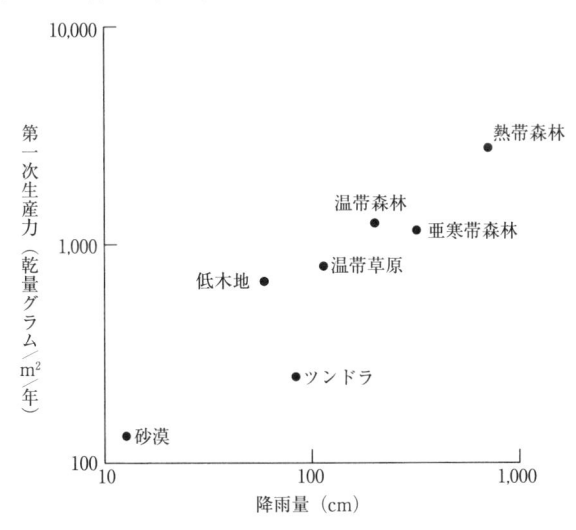

(出所) F. A. Hassan, *Demographic Archaeology* (Academic Press, New York, 1981), p. 12. Elsevier UK の許可を得て転載.

図1.10 年降雨量と人口密度の関係(オーストラリア・アボリジニ)

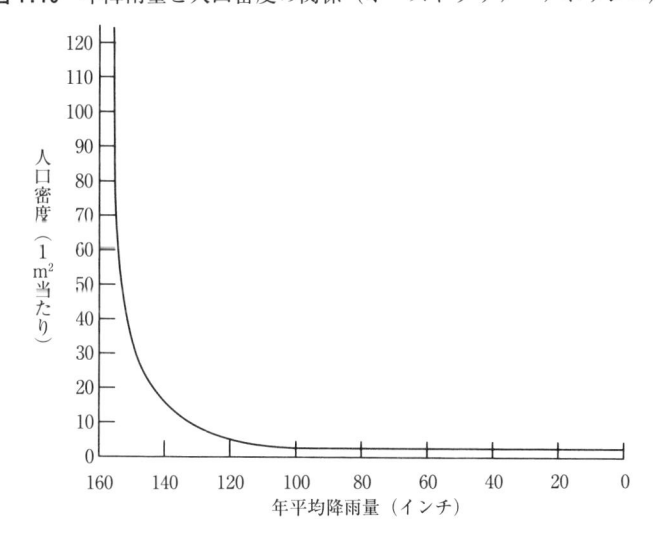

表 1.1 世界の異なる生物群系における人口密度と集水地域（314km²）当たり人口数の推計

生物群系	生物生成量 (kg/km²)	人口密度 (人／km²)	人数
北極	200	0.0086	3
亜熱帯サヴァンナ	10,000	0.43	136
草原	4,000	0.17	54
半砂漠	800	0.035	11

（出所） F. A. Hassan, *Demographic Archaeology* (Academic Press, New York, 1981), p. 57. Elsevier UK の許可を得て転載.

配偶者選択が保障され，壊滅的な事件を耐えぬくためには，集団はあまり小さくてはいけないのである.

考古学の調査と現代の観察では，狩猟採集民の人口密度は 1 km²当たり0.1人から1人の間である.[21] 高い人口密度は，海，湖，河川に近いところで見出される. そこでは漁撈が土地の産物を補完できるからであろう. 明らかに，この文化的次元では，制約要因は本質的に降雨量，土地の耕作可能性と利用しやすさにある.

新石器時代への移行とともに起きた土地の安定的耕作と家畜飼養は，たしかに生産能力の劇的な拡大を意味していた. この移行は多くの研究者によって「革命」と呼ばれているが，多様な経路と方法で数千年以上かけて発達し拡がったものである. 焼畑農耕から3年周期の輪作（今日まで他の多くの農法と共存している）に至る技術の進歩は，種子の選択改良，新しい作物や家畜の導入，そして畜力，風力，水力の利用は，すべて食糧とエネルギーの獲得可能性を大いに増加させた.[22] この結果，人口密度も上昇し，18世紀中頃のヨーロッパ主要国（フランス，イタリア，ドイツ，イギリス，低地諸邦）では 1 km²当たり40人から60人ほどと，狩猟採集時代よりも100倍高まった. もちろん生産力は，技術および社会進化の関数であり，時代によって大きく異なる. このことは，ポー川河流域や低地諸邦の農業を，ヨーロッパ大陸の一部では用いられていた

---

21) Hassan, *Demographic Archaeology*, p. 7.
22) V. G. Childe, *Man Makes Himself* (Mentor, New York, 1951)［ねずまさし訳『文明の起源』上・下，岩波書店，1951年］.

かなり原始的な農法と比べればはっきりする．地球上どこでも，技術革新は投下エネルギー1単位当たり生産性の顕著な拡大となってきた．たとえば，ティオティワカン（メキシコ）における1ha当たりの生産性は，紀元前3000年から同2000年にかけて新種穀類の導入によって3倍となったし，[23] 近代においてもヨーロッパ各地で，農業生産高の対播種量比は新たな穀物のおかげで増加した．[24]

それでも，その環境を制御できるかどうかは，つねにエネルギーの獲得可能性に依存する．チポラがいうように，「人間の肉体労働以外の主なエネルギー源が主として植物と動物にあるという事実は，過去のいかなる農業社会においてもエネルギー供給の拡大可能性に制約を与えざるをえなかったし，この意味における制約要因とは，最終的に土地の供給なのである」．[25] 工業化前のヨーロッパ人口も，環境や利用可能技術の許容限界に何度も達したようである．これらの限界は1人当たり利用可能エネルギー量で表現することができる．ふたたびチポラによれば，それは1万5,000カロリー以下，おそらく1万カロリー程度でさえあった（今日最も豊かな国ではその水準の20倍から30倍に達している）．しかもその大部分は，栄養摂取と暖房とに費やされていた．[26]

人口成長に対する環境制約は，18世紀後半に生じた産業・技術上の革命，および非生物的素材をエネルギーに転換するための効率的な機械の発明によって，利用可能エネルギーが膨大に増加したことからふたたび取り除かれた．1820年から1860年にかけて世界の石炭生産は10倍になり，1860年から1950年の間にふたたび10倍となった．全世界の第1次エネルギー消費量は1800-1900年の間でほぼ3倍となり，1900-2000年の間に9倍になったと計算されている．そして1人当たり消費量は過去200年間に4倍に拡大し，欠乏の状態から相対的にみ

---

23) Hassan, *Demographic Archaeology*, p. 42.
24) B. H. Slicher van Bath, *The Agrarian History of Western Europe, A.D. 500-1850* (Edward Arnold, London, 1963), appendix ［速水融訳『西ヨーロッパ農業発達史』日本評論社，1969年，付表］．
25) C. M. Cipolla, *Economic History*, p. 46 ［『経済発展と世界人口』46頁］．
26) C. M. Cipolla, *Economic History*, p. 47 ［『経済発展と世界人口』47頁］．本書を通じて，食物のカロリーとは正確にはキロカロリーのことである．1カロリー＝4,184キロジュール．

て豊富な状態へと変化した.[27] エネルギーの獲得可能性が土地の利用可能性へ依存していた状況はふたたび(そしておそらく決定的に)打ち破られ,人口の量的成長に対する障害は取り払われた.このような複雑な発展をまとめて説明したのがアール・クックである.彼によると,狩猟採集民は1人1日当たり5,000カロリーを必要とした.農民はたぶん1万2,000カロリーの消費水準を超えることはなかった.そして産業革命以前は,最も発展し組織化された人口集団でも2万6,000カロリー以下の消費水準であった.産業革命の初期段階で1人当たり消費量——大部分化石燃料から得られた——は7万カロリー程度であったのが,現在では20万カロリーを超える社会も存在している.[28]

図1.11は,ディーヴィからとったものだが,[29] 人口数の進展を図式的に三つの技術的かつ文化的位相の関数として描いたものである(両対数目盛を用い,複雑な歴史を単純化している).狩猟採集(旧石器時代まで),農業(新石器時代以降),工業(産業革命以後)である.これら三つの局面(われわれはその最後の中にいる)を通じて,人口は,時間の経過とともにその増加が次第に逓減するような増大をみせ,ついには成長の限界に到達している.この概念図は,動物生物学とマルサス流人口学に共通する概念を適用しただけのもので,その概念とは,ある環境制約のもとでは種(ブヨ,ネズミ,ヒト,あるいは象)の成長は,その密度に反比例するというものである.この考えが成り立つのも,利用可能一定という仮定のもとでは人口成長自体が制約を生み出すからである.もちろん,人類にとって環境と利用可能な資源はけっして一定ではなく,技術

---

27) W. S. Woytinsky and E. S. Woytinsky, *World Population and Production: Trends and Outlook* (Twentieth Century Fund, New York, 1953), pp. 924-30 [直井武夫ほか訳『世界の経済:人口・資源・産業』日本経済新聞社,1956年,843-48頁]; J. H. Gibbons, P. D. Blair, and H. L. Gwin, "Strategies for Energy Use," *Scientific American* (Sept. 1988), p. 86; M. Höök, W. Zittel, J. Schindler, and K. Aleklett, "Global Coal Production Outlooks Based on a Logistic Model," *Fuel* 89 (2010); A. Gruber, "Energy Transitions," in *Encyclopedia of Earth* http://www.ecoearth.org/article/Energy_transitions (2011年3月17日検索).

28) E. Cook, "The Flow of Energy in Industrial Society," *Scientific American* (Sept. 1971); J. H. Bodley, *Anthropology and Contemporary Human Problems* (AltaMira Press, Lanham, MD, 2008), pp. 91-92.

29) E. S. Deevy, "The Human Population," *Scientific American* (Sept. 1960).

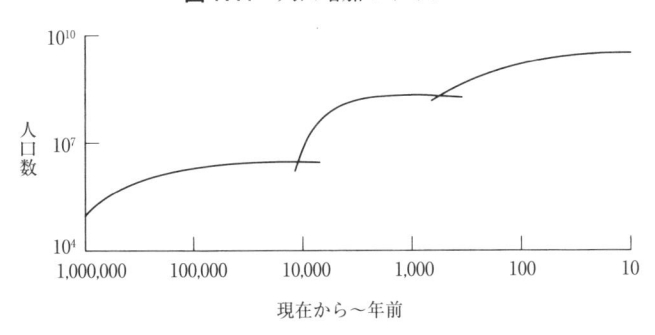

図 1.11　人口増加のサイクル

革新によって拡大を続けてきた．ディーヴィの概念図では，1 万年前まで続いた人類史の最初の長き期間において，人口成長はバイオマスによって制約されていた．栄養と暖房のためのエネルギーは 1 人 1 日数千カロリーしか得られないからである．新石器時代から産業革命に至る第 2 局面においての制約要因は，土地供給と，動植物・水・風とからもたらされる限られたエネルギー量とであった．現在の局面においては，成長に対する制約要因をうまく定義できないのであるが，人口増加と技術的発達の環境への複合的負荷と，それと併せてみられる文化選択の問題とに関連したものであろう．

7　若干の数値例

2010年11月1日，中華人民共和国は革命以降では 6 回目となる国勢調査を実施し，1,000万人もの十分に訓練された調査員を動員して13億4,000万人の現住者を数え上げた．これは有史以来最も大規模な社会的調査であった．20世紀の半ばにおいても，ごくわずかの発展途上国について部分的で，不完全な人口推計があったにすぎない．一方，西洋諸国では，近代的な統計調査の時代は19世紀に始まった．すでに以前より始まっていた定期的な人口の悉皆調査が一般化したところもあった．スペイン王国では，1787年夏にカルロスⅢ世の宰相フロリダブランカの命令による調査を通じて，人口は1,040万人であることが計測されたし，アメリカ合衆国では，その 3 年前にフィラデルフィアで承認された憲法第 1 条によって，1790年になされた調査の結果が390万人であったが，こ

れらは大国における近代国勢調査の最初の例である.[30] もちろんそれ以前の世紀にも，人口調査や推計――しばしば財政上の目的で――が限られた地域や限られた範囲内で行われていた．前者の中には，漢から清に至る中国の（19世紀末までででほぼ2000年にわたる）戸口調査がある.[31] これらを評価するためには，統計学者の作業は，史料を評価・復元・解釈できる歴史家の仕事によって補足されなければならない．今世紀以前の世界の多くの地域で，ヨーロッパでは中世末期以前，中国では現代以前における人口規模は，質的な情報――都市や農村，その他の居住地，耕地の存在や拡大――によるか，生態系との関連で可能な人口密度，技術水準，社会組織をもとに推計するしかなかった．古生物学者，考古学者，人類学者の貢献もすべて必要なのである．

　表1.2と表1.3の世界の人口成長に関するデータは，主に非数量的な情報から得られた推測と推論にもとづくもので，表1.2がその全体的な趨勢(トレンド)を示している．長期間の成長率は，もちろん抽象の結果である．その率は，各時代において人口動態が一定であった場合の値で，実際の人口は周期的な増減をしながら変化する．ビラバンの仮説によると，旧石器時代盛期（紀元前3万5000年から同3万年）以前の人口は数十万人を超えることはなく，新石器時代に至る3万年間の成長は年率0.1‰以下で，人口倍増期間は8000～9000年を要していた.[32] キリスト生誕前1万年の間，新石器文明が近東および上エジプトから拡がるにつれて成長率は0.4‰となり（人口倍増に2000年はかからない），人口は数百万から2億5,000万人にまで増えた．周期的に訪れた大幅な増減にもかかわらず，それ以降17世紀半の間，この増加率が維持・強化された．人口は3倍に増え，産業革命前夜には約7億5,000万人になった（全期間の成長率0.6‰）．

---

30) M. Livi-Bacci, "Il Censimento di Floridablanca nel Contesto dei Censimenti Europei," *Genus* 43(1987).

31) J. Lee, C. Campbell, and Wang Feng, "The Last Emperors: An Introduction to the Demography of the Qing Imperial Lineage," in R. S. Schofield and D. Reher, eds., *Old and New Methods in Historical Demography* (Oxford University Press, Oxford, 1993).

32) 表1.2および1.3の推計については，J. N. Biraben, "Essai sur l'Évolution du Nombre des Hommes," *Population* 34 (1979) からとられた．また J. D. Durand, "Historical Estimates of World Population: An Evaluation," *Population and Development Review* 3 (1977)；A. J. Coale, "The History of the Human Population," *Scientific American* (Sept. 1974) も参照せよ．

第1章 人口成長の空間と戦略　31

表1.2　人口，出生数および生存年数：紀元前1万年から西暦2000年まで

人口指標	紀元前10000年	0年	1750年	1950年	2000年
人口（100万人）	6	252	771	2,529	6,115
年成長率（％）	0.008	0.037	0.064	0.594	1.766
倍増期間（年）	8,369	1,854	1,083	116	40
累積出生数（10億）	9.29	33.6	22.64	10.42	5.97
同割合（％）	11.4	41.0	27.6	12.7	7.3
平均寿命（e_0）	20	22	27	35	56
累積生存年数（10億年）	185.8	739.2	611.3	364.7	334.3
同割合（％）	8.3	33.1	27.3	16.3	18.0

表1.3　大陸別人口：紀元前400年から西暦2000年まで

（単位：100万人）

年	アジア	ヨーロッパ	アフリカ	アメリカ	オセアニア	世界
400 BC	97	30	17	8	1	153
0	172	41	26	12	1	252
200	160	55	30	11	1	257
600	136	31	24	16	1	208
1000	154	41	39	18	1	253
1200	260	64	48	26	2	400
1340	240	88	80	32	2	442
1400	203	63	68	39	2	375
1500	247	82	87	42	3	461
1600	341	108	113	13	3	578
1700	437	121	107	12	3	680
1750	505	141	104	18	3	771
1800	638	188	102	24	2	954
1850	801	277	102	59	2	1,241
1900	92	404	138	165	6	1,634
1950	1,403	547	224	332	13	2,529
2000	3,698	727	784	829	30	6,115
増加率（％）						
0-1750	0.06	0.07	0.08	0.02	0.06	0.06
1750-1950	0.51	0.68	0.38	1.46	0.74	0.59
1950-2000	1.94	0.57	2.51	1.83	1.67	1.77

（註）［表1.2の］出生数，平均寿命，生存年数についてのデータは，欄の見出しの時点とその前の時点の間を表している（第1欄の間隔は，仮定上の人類の起源から紀元前10000年までである）．
（出所）［表1.2，表1.3ともに］J. N. Biraben, "Essai sur l'Évolution du Nombre des Hommes," *Population* 34(1979), p. 16. 1950年と2000年については，United Nations, *World Population Prospects: The 2010 Revision* (New York, 2011)［原書房編集部訳『国際連合　世界人口予測　1960→2060』原書房，2011年］．

しかし，持続的な成長を決定づけたのは産業革命であった．続く2世紀の間，人口は10倍に増加，年増加率は6‰となった（人口倍増期間は118年）．この増加過程は，資源の急速な蓄積と環境の制御，そして死亡率の低下の結果であって，20世紀後半に頂点に達した．1950年以降の40年間に人口はふたたび2倍となり，成長率も3倍の18‰になった．成長鈍化の徴候にもかかわらず，現在の勢いでは，世界人口は2025年には80億人，21世紀の末には100億人に達するだろう．成長率の加速と倍増期間の短縮（産業革命以前には数千年かかったのが，現在では数十年で到達してしまう）は，歴史上の人口増加制限要因が緩和されていく速度を表す指標となっている．

　表1.2は，一瞥しただけでは単に統計上の好奇心を満たすだけにみえるもう一つの疑問に答えてくれる．この地球上にはこれまで何人の人が生きてきたのか．答えは時代別総出生数の算出によって求められる．ブルジョワ-ピシャの大胆な仮説によれば，[33] 人類誕生から今日に至るまでの総出生数は820億人，そのうち60億人が1950年以降のものであるが，これは人類が誕生してから新石器時代に至るまでの数十万年間の出生数より30億人少ない．西暦2000年現在で地球上に暮らしている人口60億はこれまでに存在した全人類の累積人口の7.3％にあたる．視点を変え，今日の人類の存在が過去において祖先が経験したことの蓄積——選別され，妥協がなされ，修正され，そして今日へと継承されてきた——の体現であることに注目すると，これら経験の11％が新石器時代以前に蓄積され，さらに80％以上が産業革命以前の1750年までのものであることがわかる．

　もし各時代に生きた人びとに出生時平均余命を割り当てると（これら推計値のうち統計的に有意なのは最後の時代のもののみで，その直前の時代は断片的な証拠に，それ以前は推測による），人類の各時代における総生存年数（人年）を計算できる．1950年から2000年に生まれたものは（死ぬまでに）約3,340億人年生きることになり，これは新石器時代以前に生まれたものの2倍に達する．

---

33) J. Bourgeois-Pichat, "Du XXe au XXIe Siècle: l' Europe et sa Population après l'An 2000," *Population* 43 (1988); J. E. Cohen, *Is the Fraction of People Ever Born Who Are Now Alive Rising or Falling?*, manuscript, 2011.

2000年現在生きている人びとの総生存年数は，たぶん4,200億人年になるだろうが，これは人類発祥以来の総生存年数の5分の1を若干下回る程度にあたる．

最後に，これまで消費されてきたエネルギー資源をも考慮するならば，さらに踏み込んだ観察をすることができる．2008年時点で世界の年間エネルギー消費量はほぼ47万4,000ペタジュール［10の15乗ジュール］に達した．[34] また，1980年代の消費量は，新石器時代まで遡る何十万年もの，人類の全エネルギー消費にほぼ等しいと推計されるほどである．これらの数字はその大きさに意味があるのではなく，以前の農業社会と比較して，人間が利用する資源がいかに異常な拡大をしてきたかを示すためのものである．

もちろん，人口は連続的に成長したわけではなく，表1.3と前掲の図1.11に要約されているように，長期にわたって増大と減少の循環を経験してきた．ヨーロッパに限定すると，キリスト生誕と18世紀の間における人口の3倍増は徐々に生じたことではなく，何度にもわたる発展と危機の波の連続の結果であった．ローマ帝国末期からユスティニアヌス帝期に至る蛮族侵入と疾病がもたらした危機の時代，12世紀と13世紀の拡大，14世紀中頃に始まるペストの頻発と荒廃の結果生じた再度の危機，15世紀半ばから16世紀末まで続いた力強い回復，そして18世紀の初めまでの危機と停滞へと続くが，近代の発展が開始されたのはようやくその頃であった．これらの循環は他の地域でも並行して起きるわけではないので，相対的な人口分布は時代とともに変化した．世界人口におけるヨーロッパの比重は，1500年から1900年の間に17.8％から24.7％に上昇したが，2000年にはふたたび11.9％へと低下している．これに対してアメリカ大陸の全人口は，17世紀初めには2％以下でしかなかったが，今日では13.3％に達しているのである．

---

34) World Resources Institute, *World Resources 1987* (Basic Books, New York, 1987), p. 300; "Orders of Magnitude (Energy)," in *Wikipedia* http://en.wikipedia.org/wiki/World_energy_resources_and_consumption（2011年6月23日検索）．1ペタジュールは34.140国連石炭換算標準トンと等しい．計算をするにあたって仮定したのは（チポラと同様に），表1.2の計算により，1750年以前の総生存年数に対して1人1日当たり平均1万カロリーを消費するということである．

参 考 文 献

F. Macfarlane Burnet and D. O. White, *Natural History of Infectious Diseases* (Cambridge University Press, Cambridge, 1972) ［新井浩訳『伝染病の生態学』紀伊國屋書店，1966年（原著第3版の翻訳）］．

C. M. Cipolla, *The Economic History of World Population* (Penguin, Harmondsworth, 1978) ［川久保公夫・堀内一徳訳『経済発展と世界人口』ミネルヴァ書房，1972年（原著第5版の翻訳）］．

P. Demeny, G. McNicoll, eds., *Encyclopedia of Population* (Macmillan Reference, New York, 2003).

J. D. Durand, "Historical Estimates of World Population: An Evaluation," *Population and Development Review* 3 (1977).

F. A. Hassan, *Demographic Archaeology* (Academic Press, New York, 1981).

M. P. Hassell and R.M. May, eds., *Population Regulation and Dynamics* (Royal Society, London, 1990).

H. Léridon, *Human Fertility: The Basic Components* (University of Chicago Press, Chicago, 1977).

C. McEvedy and R. Jones, *Atlas of World Population History* (Penguin, Harmondsworth, 1978).

B. Slicher van Bath, *The Agrarian History of Western Europe, A. D. 500-1850* (Edward Arnold, London, 1963) ［速水融訳『西ヨーロッパ農業発達史』日本評論社，1969年］．

E. A. Wrigley, *Population and History* (Weidenfeld & Nicolson, London, 1969) ［速水融訳『人口と歴史』筑摩書房，1982年］．

第2章

人口成長：選択と制約の間で

1　制約・選択・適応

　前章からわかったことは，人口成長の程度には相当の幅があり，かなり大きな戦略空間内で起こるということである．そのため，増加率や減少率の違いから人口の急速な増大や低下が生じ得るのである．この戦略空間の上限は，再生産能力と生存率によって，すなわちヒトの生物学的特質によって規定される．長期的にみれば人口成長は利用可能な資源とともに変化し，後者が前者の越すことのできない限度となる．もちろん，これらの資源は静的ではなく，たえ間ない人間の活動に応えて拡がる．新しい土地にひとが住み，利用されるようになるし，知識は増加し，新しい技術が開発される．後の章では，資源と人口のどちらが機関車であるか，どちらが最後尾の車掌車であるか，すなわち前者が後者を牽引したのか，あるいはその逆なのかをみることになる．また，食糧とエネルギーの追加取得の可能性が，より多くのひとの生存を可能にするのか，または，より多くが生存することによって，余分の生産単位の取得が可能になったのかを議論し，最後には，歴史の状況に応じて，ある程度は機関車の，また同時に車掌車としての機能を果たしたかどうかをも検討することにしたい．

　当面は，すでに前章で言及したもう一つの問題に注目する．三つの大きな人口サイクルが確認された．最初に人類が登場してから新石器時代へ，新石器時代から産業革命へ，そして産業革命から現在までのサイクルである．それぞれの移行局面では，人口と資源の間でなんとか保たれていた均衡が破壊された．しかし，ヨーロッパの人口についてみたように，人口増大はサイクル内でも不規則的に生じた．成長の時期は停滞・低下の時期と交互にやってきた．その原因は何であったか．

　理論的見通しを提供するために，人口の増加は，制約と選択という二つの大きな作動システム内で起こると考えてみよう．制約の力には気候，病気，土地，

エネルギー，食糧，空間，定住パターンが含まれる．これらの力は，それぞれ程度は異なるが，相互依存の関係にある．しかし，人口変化との関連で重要という点では共通しており，これらの力自体の変化がゆったりとしたものだという点でも同様である．人口変化についてのメカニズムは理解しやすく，明確に示すことができる．人間の定住パターン（密度と移動）は地理空間に依存し，土地の取得可能性も同様である．食糧，原料，エネルギー資源はみな土地の産物で，人間の生存にとって重要な決定要因となる．一方，気候は土壌の生産性を決定し，定住の限界を定め，疾病パターンと結びつく．疾病は，栄養との関連で再生産と生存に直接影響する．そして，空間と定住パターンは，人口密度と疾病の伝染とに関連する．これらの若干のコメントからもわかるように，制約の力はそれぞれ人口増加に影響しているけれども，そのカテゴリー相互がどのように関連し合っているかは複雑なのである．

　制約にかんする第2の共通の特徴は，人口分析上の時間軸（世代と人間の生命の平均的長さ）に関連し，永続性（空間と気候）ないしは緩慢な変化（土地，エネルギー，食糧，病気，定住パターン）をあげることができる．これらの作動は比較的固定されており，人間の介在による修正には時間がかかる．もちろん，食糧とエネルギー供給は土地開発や新しい工夫と技術によって増加し得る．衣類や住宅の改善は気候の影響をやわらげることができ，感染や伝染予防法の発達はその影響を限定的なものとすることができる．しかし，以前に未耕作であった土地の開発，新しい科学技術の発達，よりよきスタイルの住居の拡大，それに病気制御法の普及は，1日にしてなるものではなく，長期間にわたって生ずるものである．短中期的に（そして長期的にも），人口は制約の諸力に適応し，折り合いをつけていかねばならなかった．

　適応の過程において，人口がその規模と増加率を上記の制約の諸力に調節させるためには，ある種の行動上の柔軟性が要求される．こういった行動上の変化は，部分的には自動的あるいは社会的に決定され，他方では明白な選択の結果であった．たとえば，食糧不足に直面すれば体位（身長や体重）の発達は減速し，成人の栄養必要量は減るけれども，彼らの能力には影響ないであろう．この種の利用可能資源に対する適応は，中央アメリカのインディオの体格が小さいといった例で説明することができよう．この不足が深刻になれば当然，死

亡率が上昇し，人口は減少するか消滅する．その場合，もはや適応は可能ではない．他の種類の適応——ほとんど自動的で，人間行動とは独立といってよい——もある．それは永続的か半永続的な免疫の獲得で，天然痘や麻疹(はしか)のような病原体に感染した場合に生ずる．

しかし適応は，何にもまして前章で詳細に議論されたメカニズムによって作用するものである．再生産への関与（すなわち結婚）の年齢とこの状態に入る男女の割合は，人類史のほとんどの期間において人口成長を抑制する主要手段であった．出産の自発的制限が主な抑制手段となる18世紀以前にも，他の多くの要因が夫婦の出生力や生まれた子どもの生存に影響を与えた．性的タブー，母乳哺育期間，堕胎・間引き——直接的であれ，遺棄，捨て子のように陰湿な方法によってであれ——の頻度がその要因となった．環境と資源への最後の要因は移住である．いつの時代，どのような気候条件のもとでもみられた形態で，既存の状態からの脱出という場合もあれば，新天地を求める場合もあった．

環境は，制約の諸力を介して成長を抑制する．これらの抑制は，長期的には人間の行為によって緩和することができるし，その影響を中短期的に緩和させることもできた．均衡を再建するためのメカニズムは一部は自動的である．しかし，大半は選択（結婚率，出生率，移動）の結果である．このことは，しばしば喧伝されるように，人口には，その規模と成長を利用可能な資源と両立できる範囲内で維持しようとする神の摂理のような装置が備えられている，と主張しようとするものではない．事実，多くの人口は消滅し，均衡が回復できなくなる程度にまで増加したこともあったのである．

2　狩猟から農耕へ：新石器時代の人口転換

紀元前1万年に始まった新石器時代は，「人類の経済を変え，……人類は自分の食料供給を支配するようになった．人類は栽培と耕作をおこない，また食用の雑草，根茎および木をえらびだして，改良をはじめた．また，できるかぎり，ある種の動物に飼料をやり，保護をくわえ，めんどうをみてやった結果，その動物をならして，密接に，自分にむすびつけることに成功した」[1] 簡単にいえば，狩猟採集民は農耕民となり，やがて遊牧から定住へと生活様式を変え

た．いうまでもなくこの転換は，一挙に起こったものでも，同じような経路をたどった変化でもなかった．今日でも，いまだに狩猟・採集によって生活している孤立した集団は存在する．この変化は，数千年も数千キロも離れたところ，すなわち近東，中国，中央アメリカで独立に起こった．[2] 転換の原因は複雑で，その人口に関わる側面については後に述べることとする．数量的画定は困難だとしても，人類の拡がりからみても人口の増大があったことは確かで，人口密度が増大した．[3] ビラバンは，農業の導入以前の人類は約600万人で，第二千年紀が始まる頃には2億5,000万人になったと推計している．[4] その年増加率は0.37‰で，最近の発展途上国でみられる年1％には満たないが，人類の誕生から紀元前1万年ころまでの推測値に比べればずっと高い．[5] 明白なことは（その解釈には議論があるが），農業の普及に伴い，人口は着実に，桁違いに増大し，生態系から狩猟採集民に課せられていた制約の上限が劇的に引き上げられ

---

1) V. G. Childe, *Man Makes Himself* (Mentor, New York, 1951), p. 51 ［ねずまさし訳『文明の起源』上，岩波書店，1951年，111頁］; L. Cavalli-Sforza and F. Cavalli-Sforza, "Moderni da Centomila Anni," *Il Sole 24 Ore* (July 9, 2000).
2) J. R. Harlan, "Agricultural Origins: Centers and Noncenters," *Science* 174 (Oct. 1971).
3) およそ紀元前8000年頃の近東で，動植物の栽培・家畜化と同時に人口増加が生じたことを間接的に示すのは，北東へ向かう人口移動の波が次々と起こったことである．このことが農業技術の普及の主な原因であっただろう．「農業の導入の一つの帰結は，もちろんのこと所与の面積で暮らしていくことのできる人数が増えたことである．人口が増えたことに伴ってしばしば拡大の波が生じた．初期の農業それ自体が，旧い耕地から新しい耕地へと頻繁に移動していく形態であった．」1年当たり平均拡大距離はおよそ1kmであった．このような理論を展開したのは，カヴァーリ-スフォルツァとアママンで，彼らはヨーロッパのさまざまな地域における農業の始まりを炭素14年代測定法によって，栽培植物の最古の痕跡で同定した．上記引用文の出所である L. L. Cavalli-Sforza, "The Genetics of Human Population," *Scientific American* (Sept. 1974) を参照．また A. J. Ammerman and L. L. Cavalli-Sforza, "A Population Model for the Diffusion of Early Farming in Europe," in C. Renfrew, ed., *The Explanation of Culture Change* (Duckworth, London, 1973) も参照．
4) J. N. Biraben, "Essai sur l'Évolution du Nombre des Hommes," *Population* 34 (1979). また表1.2も参照．
5) 不確かなデータによって，長期間かつ広大な領域を対象とするこのような比較の意義は，純粋に抽象的なものである．増加率が高まったのは，人口増加率のノーマルな水準が高くなったのではなく，以前に属していた集団から離脱し，よそへ移動することによる集団の消滅の頻度が低下した結果かもしれない．

たことである.

　先史時代に人口が数量的な増大をみたという一般的な合意にもかかわらず，人類学者や人口学者は，長い間その原因やメカニズムについて論争を続けてきた．ある説明では，その原因よりも，その後の加速のあり方が問題だという．たしかに，旧石器時代に世界全体や大地域の人口について論じても意味はない．代わりに，小規模で，相対的に独立した，脆弱な人口集団をみることになろう．その集団は数百人程度の人口で，環境との関係において不安定な存在であった．このような集団にとって，その規模がある水準（100～200人であろうか）以下に下がることは，集団の再生産や生存上の危険にさらされることであった．逆に人口が増えることは，分裂や新しい集団の生成となった．そこで，総人口の増大や減少は，これら核となる集団における「出生」と「死亡」の関数ということになる．うまくいくときには，出生と死亡の差は正の値をとり，人口は増大し，うまくいかないときには負となって，人口は減少する．図2.1a（x軸は成功の程度に，y軸は核となる集団数に対応する）は，あり得る三つのモデルを示している．曲線Aは成功が主な場合，曲線Cはその反対，曲線Bは均衡状態にある．これらに対応する総人口変化率は，それぞれ正，負，ゼロである．気候や環境の変化，疾病が曲線を左にも右にもシフトさせる．図2.1bは，旧石器時代から新石器時代に起こったと考えられる転換で，生存条件の安定化が曲線を左から右に変位させ，人口増加率は加速する.[6]

　このような「技術的」仮説に加え，人口増大の加速の背後にある原因を説明する少なくとも二つの対立する学説がある．「古典」学説は，農業システムによって可能となった栄養改善の結果，生存条件が好転し，人口増加が加速したとする.[7] しかし近年の考え方はこれとは異なっていて，むしろ，種類の少な

---

[6] 同様の議論に関しては，A. J. Ammerman, "Late Pleistocene Population Dynamics: An Alternative View," *Human Ecology* 3 (1975)を参照．また E. A. Hammel and N. Howell, "Research in Population and Climate: An Evolutionary Framework," *Current Anthropology* 28 (1987)も参照．

[7] 適当とはいえないが「古典」と私が呼んでいる学説について，コーエンはその起源をチャイルドの *Man Makes Himself* としている．M. N. Cohen, "An Introduction to the Symposium," in M. N. Cohen and G. J. Armelagos, eds., *Paleopathology and the Origins of Agriculture* (Academic Press, Orlando, FL, 1984)参照．

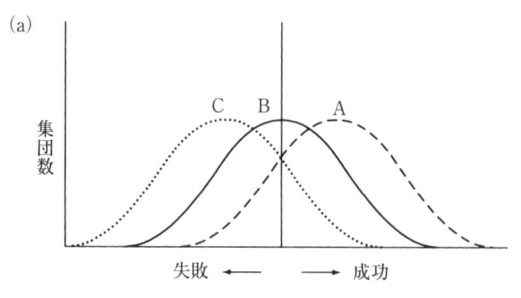

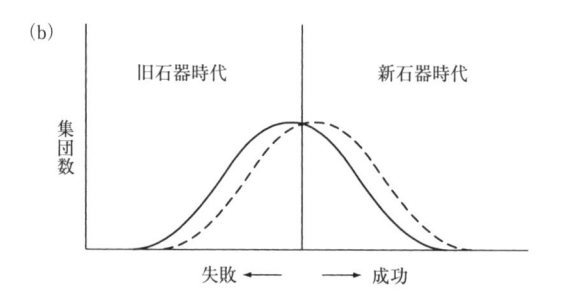

図2.1　個々の集団の成功と失敗：一つのモデル

(a) 集団数　C　B　A　失敗 ←　→ 成功

(b) 集団数　旧石器時代　新石器時代　失敗 ←　→ 成功

い穀物に依存することは栄養の質を低下させ，定住様式と高い人口密度が感染症伝播の危険とその頻度を増加させた一方で，子どもの養育「コスト」の低下が高出生率をもたらした，と示唆する．言い換えれば，農業の導入は死亡率を上昇させたが，それ以上に出生率を上昇させ，結果として人口増大が加速したというのである．[8] これらが，極端にまとめていえば二つの議論のよって立つ基盤である．そこで，それぞれに有利な主張を要約してみたい．

　古典学説は単純だが説得力ある議論の上に成り立っている．定住，農耕と家畜飼育の開始は，生態系に依存する人口によって安定した食糧供給をもたらし，不安定な気候や季節の変化から生ずる栄養摂取上の圧迫から護ることを可能にした．小麦，大麦，キビ，トウモロコシ，コメ——栄養分が多く貯蔵も容易な

---

8) このような新しい学説の主張は，B. Spooner, ed., *Population Growth: Anthropological Implications* (MIT Press, Cambridge, MA, 1972) にみることができる．Cohen, "An Introduction" も参照．人口学による定式化については，A. J. Coale, "The History of the Human Population," *Scientific American* 231 (Sept. 1974) を参照．

穀物類は，食糧基盤を大いに拡充させ，欠乏の期間を克服するのに役立った.[9] 健康と生存は改善され，死亡率は低下し，人口増加の潜在力は増大し，安定した.

ここ数十年の間に，この説は疑問視されるようになった．問題自体が新たなかたちに書き換えられたのである．定住農業を営む人口においては，死亡率も出生率もともに上昇をした．ただ，出生率のほうが死亡率以上に上昇し，これが人口増加を説明する.[10] この仮説に同意する研究者もいるが，人口増加への影響はごくわずかであったと考えている.[11] しかし図2.1のモデルに従えば，増加率がほんの少し高まっただけで，定住集団はより安定的になり，消滅の危険が少なくなるということもありうる．では，なぜ農耕民の死亡率は狩猟民よりも高かったのだろうか．この疑問に対して通常いわれているのは二つの要因群である．第1は，農耕への移行に伴って栄養水準上の質的（ある場合には量的）な悪化があったという主張に立脚する．狩猟採集民の場合，その食物は根菜，野菜，漿果類（ベリー），果物，鳥獣類からなっており，カロリー上は，おそらく過度の穀類依存によって貧弱で単調になった定住農耕民の食物よりも十分であった.[12] その証拠は，古人骨の研究が示している．体格，身長，骨密度のすべてが，狩猟民の定住農耕化によって低下したらしい.[13] アルメラゴスと彼の共同研究者は，以下の結論に達した．「先史時代のヌビアでは，生存様式の転換が住民の生物学的適応に顕著な影響を与えた．農業の発達は顔面積を減少させ，頭蓋形態上にも変化をもたらした．加えて，農業の集約化は栄養不足に導いた．骨の成長と発達のパターン，鉄分不足による貧血状態の発生（多孔性骨肥大症

---

9) Childe, *Man Makes Himself*, p. 66 [『文明の起源』上，137-38頁].
10) 明らかに私は，この論争を極端に図式的な形で提示している．農業への移行は漸進的なものであったはずだし，長期間にわたって新旧の生活様式が共存していた．たとえば，牧畜社会は，両局面の多くの要素を特徴としているようにみえる.
11) M. N. Cohen, "Introduction: Rethinking the Origins of Agriculture," *Current Anthropology* 50 (2009), p. 594.
12) Spooner, *Population Growth* 中の彼による序論のxxiv-xxvページを参照.
13) G. J. Armelagos and M. N. Cohen, "Editors' Summation," in G. J. Armelagos and M. N. Cohen, eds., *Paleopathology*. しかし発掘された古人骨の解釈は論争の的である．J. W. Wood, G. R. Milner, H. C. Harpending, and K. M. Weiss, "The Osteological Paradox," *Current Anthropology* 33 (1992)参照.

の例で証明される），歯の欠陥，少年や若い成人女性に見られる若年性骨粗鬆症，これらはすべて，後期ヌビア人の間に広がった集約農業が栄養障害をもたらしたことを物語っている」.[14] 筆者がこれを引用したのは，ヌビア人の経験が他のすべてのタイプの転換に適用できるからではない（発掘人骨の代表性，移住の問題，測定エラーの問題も考えるべきであろう）．栄養上の仮説にとってどのような性質のデータが証拠となるかを教えてくれるからである．

　この説に賛成する第2の議論は，これとは異なり，もう少し信憑性の高い性格をもっている．人口の定住によってつくり出されたのは，寄生虫や感染症を発生・拡散・生存させるために好都合な条件であった．これらは，移動する，密度の低い人口にはみられないか，稀な条件であった.[15] 高度に密集した人口は病原体にとって「貯水池」となり，好機を待ってふたたび姿を現す潜在状態を提供する．身体的接触による疾病の伝播は人口密度の増大によって促進され，この高密度は，めぐりめぐって土壌と水を汚染し，2次感染を容易にした．遊牧民の移動式で一時的な住まいが，永久的なものに取って代わったことは，寄生虫や感染症の媒介体との接触を容易にした．加えて定住は，そうでなければ人間の頻繁な移動によってその生存周期が中断された媒介体によって，感染症の伝染可能性を増加させた．たとえばノミの幼虫は，動物や人間の身体よりも，巣，寝床，住居で育つ．定住とともに，家畜化されたものもそうでないものも，多くの動物が，人間が環境の中で占有した小空間に安定的な居所を見出すよう

---

14) G. J. Armelagos, D. P. van Gerven, D. L. Martin, and R. Huss Hushmore, "Effects of Nutritional Change on the Skeletal Biology of Northeast African (Sudanese Nubian) Population," in J. D. Clark and S. A. Brandt, eds., *From Hunters to Farmers* (University of California Press, Berkeley, 1984), p. 146.

15) 感染症の一般理論については，F. MacFarlane Burnet, *Natural History of Infectious Diseases* (Cambridge University Press, London, 1962) ［新井浩訳『伝染病の生態学』紀伊國屋書店, 1966年］; T. A. Cockburn, *Infectious Diseases: Their Evolution and Eradication* (C. G. Thomas, Springfield, IL, 1967)を参照．先史時代における感染症については，T. A. Cockburn, "Infectious Diseases in Ancient Populations," *Current Anthropology* 12(1971). 理論とデータの見事な総合については，M. N. Cohen, *Health and the Rise of Civilization* (Yale University Press, New Haven, CT, and London, 1989)［中元藤茂・戸沢由美子訳『健康と文明の人類史――狩猟，農耕，都市文明と感染症』人文書院, 1994年］参照．

になった．このことは，とくに動物病原体からの感染の可能性や，寄生虫の発生を増大させた．農業技術の発達は，たとえば灌漑や溜池の造成のおかげで，マラリアのような病気の伝播をもたらしたのかもしれない．[16] 農耕以前の人口に急性感染症が少なかったことは，たとえば，白人との接触のなかったオーストラリア・アボリジニの研究で証明されている．[17] 今日の狩猟採集民の規模が一般に小さく，移動性も低いのは，あたかもその相対的孤立性が疫病の蔓延を抑制したように，寄生虫に対する防御となっているようにみえる．[18] ただ，生態系の生物学上の複雑度（熱帯では複雑で，砂漠や極地では単純）は人口に影響を及ぼす感染病の種類や発生に直接関係している，と多くの研究者は考えている．[19]

全体として，貧弱で変化に乏しい食事や感染症に都合のいい条件は，農民の死亡率を狩猟に頼っていた先祖よりも高くしたという仮説は正当化されるように思われる．[20] しかし，もし農民の死亡率が高かったとすれば，その急速な人口増大は高出生率の結果としかいえない．この仮説は，狩猟から農耕への転換に伴う社会変化に説明を求めることができる．狩猟採集民の高い移動性は，広大な面積をたえず動くことにより，子どもを養育中の母親にとっては負担となり，危険でもあった．この理由から出産間隔はかなり長くなり，次の出産は，

---

16) Cockburn, "Infectious Diseases," p. 49.
17) Cockburn, "Infectious Diseases," p. 50.
18) Cohen, *Health*, p. 104 ［『健康と文明の人類史』172頁］．
19) F. L. Dunn, "Epidemiological Factors: Health and Disease in Hunter-Gatherers," in R. B. Lee and I. de Vore, eds., *Man the Hunter* (Aldine, Chicago, 1968).
20) このような理論についての近年の再評価については，Cohen, *Health* ［前掲『健康と文明の人類史』］を参照せよ．彼は慎重に以下のように要約している．「狩猟採集民と後世の農民を同じ地域で比較すると，農民は罹患率，寄生虫保有率が高く，栄養は低下していると推定される．……資料は少ないが，このデータによると，狩猟採集民が子供を成人まで養育する比率は高く，この割合はその後の先史時代の人口集団に匹敵するか，それより良いことを思わせる．またこのデータを見ると，先史時代における狩猟採集民の成人の死亡時平均年齢は，歴史的基準では低いけれども，初期の農民よりはしばしば高かったと考えられるのである」（*Health*, p. 122 ［『健康と文明の人類史』201頁］）．さらに，旧石器時代から新石器時代への移行中の狩猟採集民にも同様な傾向を見出すことができるかもしれない．その時期に大型の被捕食動物が絶滅したことにより，肉類を少なくするような食習慣が必要とされるようになった（Cohen, *Health*, p. 113 ［『健康と文明の人類史』185頁］．

前の子どもが自分で自分のことができるようになってからのことであった．定住社会では，この必要は小さくなり，親が負担する子どもの「コスト」は低下し，子どもが家族内の仕事，野良仕事，家畜の世話などのかたちで経済的に寄与するようになった．ヨーロッパ，北アフリカおよび北アメリカの墓所に埋葬されている人骨の古生物学的分析が明らかにしているのは，出生率の上昇と整合的な農業社会へと移行しつつある人口集団の年齢構造には規則的な変化があったということである．[21]

狩猟から農耕への転換に伴う出生率上昇の仮説は，単なる推測以上のものである．実際，そのことは今日の人口について証拠にもとづき証明されている．1963年から73年にかけて，R. B. リーが率いる研究グループは，北ボツワナ（アフリカ南部）に住む狩猟採集民で当時徐々に定住化しつつあったクンサン族の研究を行った．[22] リーらは，クン族の食用野菜の約半分は，年に何千キロも移動する過程で女性によって採取されていることを見出した．移動に際して，女性は4歳以下の子どもを背負っていた．クン族の女性における思春期の到来は遅く，15歳から17歳であり，その後もしばらく不妊が続くので，第1子の出産は18歳から22歳の間で，出生間隔は3年から5年である．この間隔は，[23] 近代的な避妊を行っていない人口としては非常に長く，子どもが3～4歳になるまで続く母乳哺育の結果である．子どもの身体的成長は遅く，母親の毎日続く長距離移動には好都合であった．その結果，女性1人当たり子ども数（4.7）

---

21) R. B. Lee, "Lactation, Ovulation, Infanticide and Women's Work: A Study of Hunter-Gatherer Population Regulations," in M. N. Cohen, R. S. Malpass, and H. G. Klein, eds., *Biosocial Mechanisms of Population Regulation* (Yale University Press, New Haven, CT, 1980). クン族の非常に詳細な研究は，N. Howell, *Demography of the Dobe !Kung* (Academic Press, New York, 1979) でみることができる．Coale, "History of Human Population"; J.-P. Bocquet-Appel, "Paleoanthropological Traces of a Neolithic Demographic Transition," *Current Anthropology* 43 (2002); J.-P. Bocquet-Appel and S. Naji, "Testing the Hypothesis of a Worldwide Neolithic Demographic Transition: Corroboration from American Cemeteries," *Current Anthropology* 47 (2006); M. N. Cohen, "Implications of the Neolithic Demographic Transition for World-Wide Health and Mortality Pre-History," in J.-P. Bocquet-Appel and O. Bar-Yosef, eds., *The Neolithic Demographic Transition and its Consequences* (Springer, New York, 2008).

22) 以下の叙述は，Lee, "Lactation, Ovulation, Infanticide" による．

23) 出生間隔については，第1章第4節を参照．

はかなり少ない．狩猟採集人口の習性に規定されたこの種の低出生力は，アフリカ・ピグミーのような他のグループの特徴でもある．[24] さらに興味深いことは，定住によってクンサン族の出生率が上昇したように思われることである．事実，定住した女性の出産間隔は36カ月で，狩猟採集民の44カ月に比べてかなり短い．[25] これが，狩猟採集から農耕への転換に伴って出生率が上昇したとする研究者のいっていることであり，歴史人口と今日の人口の比較は同様の結果を示している．最近の二つの研究によれば，狩猟採集民（採食遊動民）の合計出生率（TFR）が5.7と5.6であるのに対し，農耕民は6.3と6.6と差が明らかである．[26]

二つの学説の主張を図2.2に要約してみた．それらを支持する証拠は多くの場合推測であり，データ収集はなかなか進まず，ときには矛盾している．二説とも栄養水準の変化があったと主張しているが，方向は反対である．狩猟採集民が多彩な食事をとっていたとしても（今日の狩猟採集民に栄養不足は稀にしかないが），農業への転換に伴って栄養水準が低下したと考えるのはむずかしい．心にとめておかねばならないことは，耕作拡大の可能性，貯蔵蓄積の可能性，狩猟や漁猟と大地の恵みの補完性，食事の準備や保存技術の改善可能性である．他方，栄養水準の死亡率に対する影響は，これら二説がともに示唆しているより低かったかもしれない．というのは，感染症にかかったり倒れたりする危険が増大するのは，極端な欠乏や栄養不足の場合においてである．[27] 感染

---

24) L. L. Cavalli-Sforza, "The Transition to Agriculture and Some of its Consequences," in D. J. Ortner, ed., *How Humans Adapt* (Smithsonian Institution Press, Washington, DC, 1983).

25) Lee, "Lactation, Ovulation, Infanticide." しかし，ローズ・フリッシュの仮説にも言及すべきだろう．その仮説によると，クン族女性の低出生率は臨界値以下の栄養不良の結果ということになる．

26) K. L. Campbell and J. W. Wood, "Fertility in Traditional Societies," in P. Diggory, S. Teper, and M. Potts, eds., *Natural Human Fertility: Social and Biological Determinants* (Macmillan, London, 1988); G. R. Bentley, G. Jasienska, and T. Goldberg, "Is the Fertility of Agriculturalists Higher than That of Nonagriculturalists?" *Current Anthropology* 34 (1993)を参照．

27) これは，M. Livi-Bacci, *Population and Nutrition: An Essay on European Demographic History* (Cambridge University Press, Cambridge, 1991) で私がとった立場である．この点は以下（本章第7節）で取り上げる．

図 2.2 狩猟採集から農業への移行に伴う人口学的影響の推定

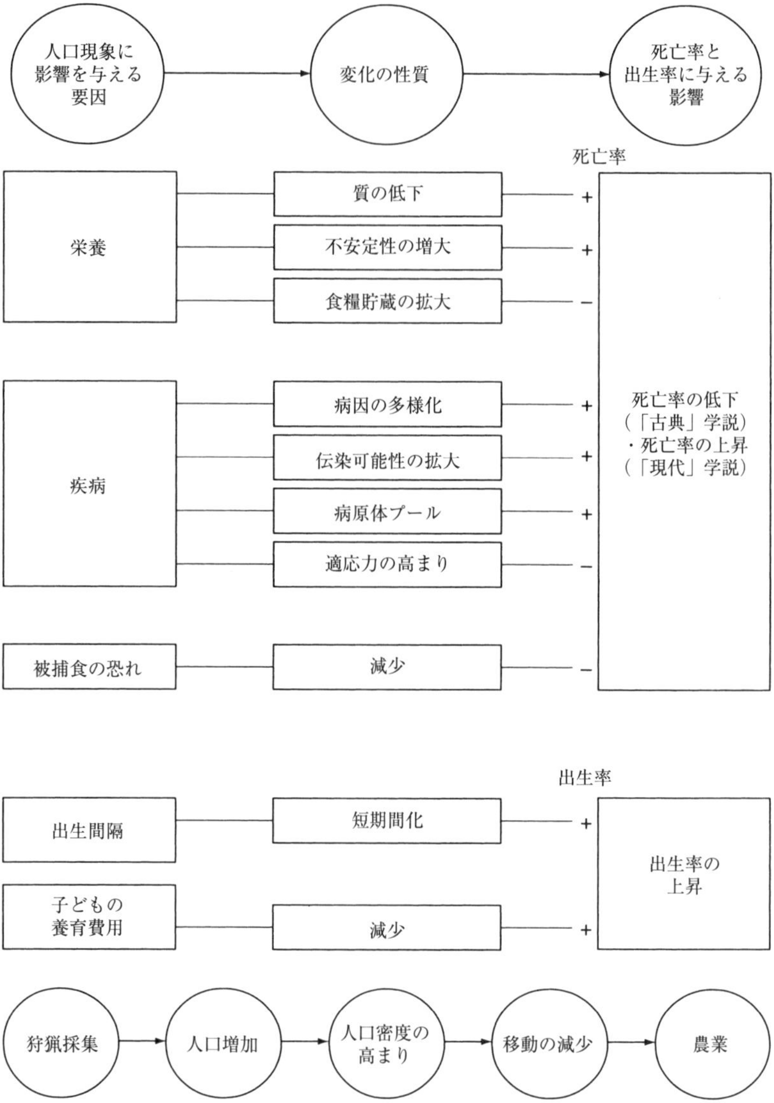

人口現象に影響を与える要因	変化の性質	死亡率と出生率に与える影響

死亡率

栄養	質の低下	+
	不安定性の増大	+
	食糧貯蔵の拡大	−

疾病	病因の多様化	+
	伝染可能性の拡大	+
	病原体プール	+
	適応力の高まり	−

| 被捕食の恐れ | 減少 | − |

死亡率の低下（「古典」学説）・死亡率の上昇（「現代」学説）

出生率

| 出生間隔 | 短期間化 | + |
| 子どもの養育費用 | 減少 | + |

出生率の上昇

狩猟採集 → 人口増加 → 人口密度の高まり → 移動の減少 → 農業

症の頻度や伝染が高密度で定住度の高い人口で増大するという仮説には証拠が多いが，問題が複雑すぎて，単純化は許されない.[28]

出生率については，今日の農業以前の社会にかんする証拠は定住農耕への転換が出生力の増大を伴っていたことを強く支持している．さらに，古典学説の支持者チャイルドがいうように，農業社会では「子どもも経済的に役にたつようになる．狩人には，子供はじゃまになりやすい」のである.[29]

3 ヨーロッパの黒死病と人口減少

紀元1000年ごろから，ヨーロッパの人口は3世紀間続く増大局面に入った．データは少なく断片的であるが，人口増大の証拠は確実にある．定住地が増え，都市が新たに建設され，放棄されていた土地にひとが住むようになり，耕作は次第に肥沃とはいえない土地にまで拡がっていった．この3世紀間でヨーロッパの人口は2倍ないし3倍となったが，それは頻発する危機によっては抑制することができない潜在成長力があったということである．13世紀末および14世紀になると，増加のサイクルは明らかにその勢いを失った．危機はさらに頻繁となり，定住地は増えなくなり，人口はあちこちで停滞した．このような停滞

---

[28] 注意を喚起する主張は数多い．先史時代の農耕民の大半の人口密度は非常に低く，都市への集中は稀であった．病原体が農民の間でより伝播しやすかったとしても，病原体と宿主生物との間の相互の適応により，危険が少なくなることもある．50年以上前に感染症と伝染病の歴史について書かれた，古典的で比類のない著書のなかで，ハンス・ジンサーは次のように述べている．「生物の世界では，その姿を永久に固定して維持できるものはひとつもない．……それ故に，純粋に生物学的な立場に立って考えてみると，伝染病も絶えず変化しつつあるのであって，一方では新しい伝染病が誕生しはじめており，そして他方では古い伝染病がその姿を変えたり，あるいは消滅しかけていると考えたりしても，十分納得できることなのである．……したがって，記録が残されている数世紀の間においてさえ，感染という形で新しい寄生状態が絶えず発生し，また現在見られる形の生物の間でも，寄生生物と宿主が相互に調整し合う仕組みになんらかの変化が生じたとしても，別に驚くに当たらないことであると言ってよかろう」．Hans Zinsser, *Rats, Lice, and History* (Little Brown, Boston, 1963), pp. 57-59［橋本雅一訳『ねずみ・しらみ・文明：伝染病の歴史的伝記』みすず書房，1966年，65-68頁］．最後に忘れてならないのは，先史時代の人口病理学的データは少なく，断片的であり，したがってこれらの仮説はまったくの推測にすぎないということである．

[29] Childe, *Man Makes Himself*, pp. 53-54［『文明の起源』上，116頁］．

は複雑な原因の結果であろうが，おそらく，肥沃地の枯渇，技術進歩の停止，気候条件悪化による不作の頻発によって農業経済が活力を失ったことと無関係ではない．[30] それは，人口が資源とのよりよいバランスを求め，次の成長サイクルへ向かう調整期だったのかもしれない．ところが逆に，14世紀中葉に突然の，しかし影響が長期に及ぶ激変が起きた．前掲の表1.3に示した推計によると，1340年と1400年の間に人口はほぼ3分の1も減少し，次の世紀の前半期も減り続け，その後にようやく回復が始まった．ただこれによっても，16世紀中頃までは人口を危機以前の水準にまで引き戻すことはなかった．

　激変の原因はペスト［黒死病］であった．1347年，最初にシチリアで出現してから，1352年にロシアへと到達するまで，ペストはヨーロッパ大陸全土を横断した．図2.3はその伝播を示している．1348年の末には，ペストはイタリア，イベリア半島，フランスの一部とイングランド南部に達していた．1349年末には，ノルウェー，フランスの他の地方，ライン川流域，スイス，オーストリアとダルマティアの沿岸部に拡がり，1350年から52年にはドイツからポーランド，ロシアへと東方に向かった．人口が約8,000万人であったヨーロッパにおいて，この伝染病の死者はその何分の1かに達した．ペストについては，その出現，続いて起こった波状的流行について多くのことが書かれている（詳しくは以下に述べる）．[31] ここではポイントを絞って，その性質と激しさと経緯とにかぎり，個々の記述よりは問題の核心に注意を集中したい．すなわち，ペストが人口増加に及ぼした長期的影響の評価であり，その極端で壊滅的な形態が人口増加に対する最も激しい制限の一つとなったことの確認，そして壊滅から立ちあがった際の反応および回復メカニズムの識別である．

---

30) B. H. Slicher van Bath, *The Agrarian History of Western Europe, A.D. 500-1850* (Edward Arnold, London, 1963), appendix［速水融訳『西ヨーロッパ農業発達史』日本評論社，1969年，付表］; E. Sereni, "Agricoltura e Mondo Rurale," in *Storia d'Italia* (Einaudi, Turin, 1972), vol. 1.

31) 多くの文献から以下のものだけを引用する．J.-N. Biraben, *Les Hommes et la Peste en France et dans Les Pays Européens et Mediterranéens* (Mouton, Paris, 1974-6), vol. 1 : *La Peste dans l'Histoire*; vol. 2 : *Les Hommes Face à la Peste*; L. Del Panta, *Le Epidemie nella Storia Demografica Italiana* (*Secoli XIV-XIX*) (Loescher, Turin, 1980); M. Livi-Bacci, *The Population of Europe: A History* (Blackwell, Oxford, 2000), pp. 70-84も参照．

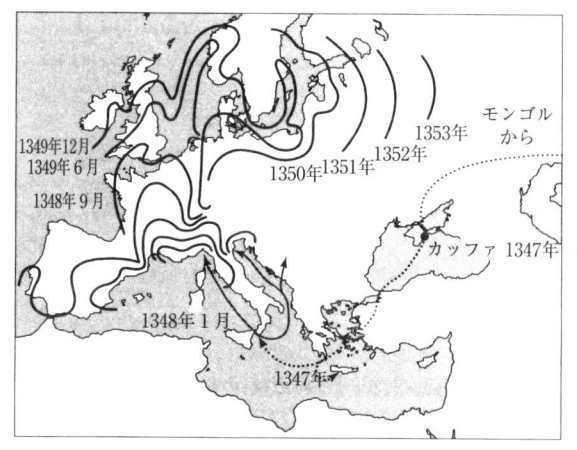

図 2.3　ヨーロッパにおけるペストの伝播：1347-53年

(出所)　C. McEvedy and R. Jones, *Atlas of World Population History* (Penguin, Harmondsworth, 1978), p. 25. The Estate of Colin McEvedy の許可を得て転載.

　ペスト菌はエルシニア・ペスティス（*Yersinia pestis*）と呼ばれている（1894年にイェルサンによって香港で発見されたので，そう名づけられた）．それは通常，ドブネズミやハツカネズミによって運ばれるノミによって伝播する．[32] その菌はノミを殺すことはないが，ノミは宿主（ネズミ）に寄生し，伝染させる．そのイエネズミが死ぬと，ノミは新しい宿主（他のネズミか人間）を見つけなければならず，その感染を広げる．伝染性であるが，1～6日間の潜伏期間がある．ノミが吸血すると，首，わきの下と鼠蹊（リンパ腺腫）部のリンパ腺の中で増殖する．この病気の徴候には，高熱，昏睡，心臓麻痺，内臓の炎症がある．通常，感染した者の3分の2から5分の4は死亡する．[33] ペストは長距離でも簡単に伝染し，感染しているイエネズミかノミの潜んだ商品（衣類，個人携帯品，食糧品）とともに移動した．
　先天的には，誰もペストに対して免疫をもつことはできない．その病気に罹

---

32)　Biraben, *Les Hommes et la Peste*, vol. 1, pp. 7-31; Del Panta, *Le Epidemie*, pp. 34-40.
33)　この記述は極端に図式化したものである．一般的な腺ペストに加えて，いわゆる「肺」ペストにも言及しなければならない．せきやくしゃみにより人から人へと直接感染し，ほとんどが死に至る．

り，生き残ったものが短期的な免疫を得ることができた．ただ，ペストの継続的来襲が，次第になんらかの理由により病気に罹りにくい人びとを選り分けたという可能性はある．しかし，そうだとしても，この過程が知覚できる効果をもつには非常に長い期間がかかったであろう．

1347年にヨーロッパを襲ったペストは新しい現象ではなかったが，ユスティニアヌス期のペスト以来，6～7世紀間も現れていなかった．541年から544年にかけて東地中海に蔓延し，イタリアを苦しませ，ヨーロッパ，とくに地中海沿岸には558-561年，および599-600年と，連続した波状的流行があった．それは東洋に8世紀中頃まで残り，流行は局地化されたけれども，ヨーロッパに影響を与え続けていた．[34]

1347年9月，何隻かのジェノヴァのガレー船がメッシーナで荷を降ろしたことが，細菌学上長く続いた平和の世紀を中断した．これらの船は黒海の港から来たのだが，そこでは東方起源のペストが荒れ狂っていたのである．すでに述べたように，4～5年の間にこの病気は全大陸を席捲した．そしてこれは，一連の流行の第1波であった．イタリア（その進行は他のヨーロッパでも少しも変わらなかった）では，これらの波は1360-63年，1371-74年，1381-84年，1388-90年，1398-1400年と襲ってきた．15世紀にも，同時発生の勢いと厳しさは弱まったが，ペストはたびたび起こった．[35] 伝染病のさまざまな波による死亡率の測定は，正確なデータがないため不確実である．それでもなお，通常年とペスト流行年の死亡率水準を判別することができる，死亡の年次記録が残された多くの地域がある．シエナにおいては，たとえば1348年のペストは，通常の11倍の死亡者を数えた．同世紀の他の5回の流行における死亡の増加は，通常の5倍から10倍の間であった．通常期の死亡率を約35‰とすると，11倍というのは420‰となり，10人に4人以上が死亡したことになる．死亡率が10倍になったことは，人口の約3分の1が，また5倍になったことは，6分の1が失われたことを意味する．

1340-1400年のトスカナ地方について私が計算したところでは，重大な死亡

---

34) Biraben, *Les Hommes et la Peste*, vol. 1, pp. 30ff.
35) Del Panta, *Le Epidemie*, p. 118.

危機——死亡数が平常年の少なくとも3倍になった場合と定義する——は平均して11年ごとに起こり，死亡数の平均増加数は少なくとも7倍に達した．1400-50年には，この危機は平均して13年ごとに起こり，死亡数は5倍に増加した．次の半世紀（1450-1500年）には，平均間隔は37年，死亡数の増加は平均4倍に低下した．[36] 時間の経過とともに危機の頻度と程度は低下し，発生の地理的同時性も同様に低下した．ただ，トスカナが多量の史料が残存している例外的な地域であることは心に留めなければならない．

続く2世紀間も，ペストの猛威から逃れることはできなかった．それは1522-30年のサイクルから始まり（シャルル八世の死に続く戦争によって悪化した），1575-77年（とくに北部），1630-31年（中北部），1656-57年（とくに中南部）に至った．[37] これらペストの発作は恐るべきものであったが（チポラは，1630-31年に中北部を襲ったペストによって人口の4分の1以上が消滅したとしている），[38] それはもはや前世紀にあった大災害ほどではなかった．他の危機（たとえばチフス）もペストと競合した．いくらかの違いはあるが，イタリアの経験は全体としてヨーロッパにも当てはまるであろう．1663-70年の流行がイングランド（デフォーによって，1664年ロンドンのペストとして記述されている），北フランス，低地諸邦，ライン川流域を襲った後，ペストは広範囲の地理的出来事としてはヨーロッパから姿を消した．1720-22年のプロヴァンスや他のわずかの事例は限定的なものであった．[39]

基本的関心事に戻ろう．1348年の黒死病に続く世紀には，ヨーロッパ人口は最初の，記録に残った中では最も有名な爆発的流行と，それに続く容赦のない流行の繰り返しの双方によって減少した．16世紀になってようやくヨーロッパ人口はふたたび1340年の水準に到達したが，ペストは17世紀後半事実上消滅するに至るまで，人口の増加を抑制する役割を果たした．1348年以前の時期とそ

---

36) M. Livi-Bacci, *La Société Italienne devant les Crises de Mortalité* (Dipartimento Statistico, Florence, 1978), p. 41; Del Panta, *Le Epidemie*, p. 132.
37) Del Panta, *Le Epidemie*, p. 118.
38) C. M. Cipolla, "Il Declino Economico in Italia," in C. M. Cipolla, ed., *Storia dell'Economia Italiana* (Einaudi, Turin, 1959), vol. 1, p. 620.
39) Biraben, *Les Hommes et la Peste*, vol. 1, pp. 125-26.

の最低点に達した15世紀前半との間でどのくらいの減少があったかを測る正確な人口データはないが，ピエモンテやトスカナの，[40] さらにはフランス，スペイン，イギリス，ドイツの地域的研究により30％から40％の減少があったことが確認されている．拡大しすぎた都市が疎らとなったことや，放棄された村落，荒れ果てた農村の出現がその具体的な証拠であるが，一方で，人手不足によって賃金は上昇し，利用可能な土地が増えたので，食糧価格は低下した．

　ペストは，社会人口システムに対しては外生的ないしは外的人口抑制要因であったといってよい．それは社会組織，発展の水準，定住密度，その他の様式とは無関係に作用した．ペストが感染を通じて命を奪う能力は，ひとの健康状態，年齢，栄養水準とは関係なく進んだ．それは都市でも農村でも同様に荒れ狂い，ごくわずかの孤立した地域を除いて，人口密度の水準はその蔓延の障害とはならなかった．人びとと物資の動きは，大陸の端から端までそれを伝染させるのに十分だった．もちろん長期的にみれば，社会は自身を守る措置をとった．感染したか，その疑いのあるヒトやモノの隔離，犠牲者の家屋の封鎖，わずかではあるが公衆衛生手段は，ヨーロッパ大陸からペストが消滅したことを部分的に説明し得るかもしれない．[41] それでもなお，3世紀以上にわたって，ペストはそこに居続けたのである．

　他の多くの病気の犠牲者とは違って，ペストに罹り，生き残った少数者も，長期的には免疫を得ることができなかったので，ペストが次第に消滅したことを単に免疫獲得人口の増加に帰することはできない．「たまたまその伝染病に罹り難い人々が生き残り，そして数世代が経過すると，寄生生物と宿主との関係にある変化が起こり，その変化は次第にはっきりと確立したものとな

---

40) R. Comba, "Vicende Demografiche in Piemonte nell' Ultimo Medioevo," *Bolletino Storico-Bibliografico Subalpino* 75 (1977); E. Fiumi, "Fioritura e Decadenza dell' Economia Fiorentina, II: Demografia e Movimento Urbanistico," *Archivio Storico Italiano* 116 (1958). フィウミの他の研究では，プラートおよびヴォルテッラとサン・ジミニャーノ地域が取り上げられている．トスカナについては，D. Herlihy and C. Klapisch-Zuber, *Les Toscans et leurs Familles: Une Étude de Catasto Florentin de 1427* (EHESS, Paris, 1978) も参照．

41) C. M. Cipolla, *Public Health and the Medical Profession* (Cambridge University Press, London, 1976); Livi-Bacci, *La Société Italienne*, pp. 95-122.

る」,[42] 病毒浸潤の過程があった可能性がある.「もしも, その病気が絶えず存在しつづけ, そして新しい世代から成る大集団が出現するにつれて, そのたびに彼等を攻撃しつづけたとすれば, その病気は次第に地方病的な, 散発的な形をとり, 同時に死亡率もかなり低下していくと考えられる」かもしれない.[43]

このような獰猛な病気は, 繰り返しの襲撃後に, それに感染した人口を完全に消滅させることができたのかもしれない. しかしこのような事態は起こらず, 時間とともに——つねにというわけではないが——危機の頻度は低下した. 以上で議論された説明も (社会的対応, 免疫, 淘汰), 他の説明も (社会ないしは生態学的変容), いずれもこの現象を説明するのに十分ではない. 完全に明白とはいいかねる理由のために, ペストは病原体 (エルシニア菌), 運搬人 (ノミ) と宿主—犠牲者 (人間) との間でなにか相互適応の過程を経験したとしかいいようがない.

他の種類の死亡危機と同様に, ペストへの社会人口学的適応と対応の過程にもまた, 短期的および中長期的なものがある. 短期的には, 死亡率の急速で激しい上昇は二重の効果をもった. その病気の蔓延は, 妊娠, 出生 (選択の結果, 必要性あるいは精神生物学的理由から), そして結婚の頻度を低下させた. 出生数の減少は, この伝染病のネガティヴな人口学的作用を強調している. さらに高い死亡率は, 結婚を終了させ, 家族をバラバラにし, 崩壊させる. 危機が終わると, 失われた生命と出生を補償するには十分でないが, ともかくその影響を弱める反発効果が生まれた. 危機の間は延期されていた結婚が祝われ, 寡夫や寡婦の再婚率が上昇した. 夫婦の間で出生率が上昇した例もある. これらの要因が結合すると, 全体の出生率は一時的に上昇する. 死亡率もまた, 乳児年齢層の割合が減少したことを受け, また流行病の淘汰効果により, 危機後は平常年以下となった. 数年間は出生と死亡のバランスが改善され, それ以前に生じた損失もある程度は回復された. もちろん1348年後の100年間のように, 新しい危機がそのサイクルをただちに開始させたり, あるいは16〜17世紀におけるように長い間隔ののち再開されたりすることもあった.[44]

---

42) Zinsser, *Rats, Lice, and History*, pp. 66-67 [『ねずみ・しらみ・文明』76頁].
43) Zinsser, *Rats, Lice, and History*, p. 89 [『ねずみ・しらみ・文明』100-101頁].

長期的には他の要因も介在してくる．ヨーロッパでは，ペストに起因した人口減少は，多くの利用可能な土地と人手不足をもたらした．新たに形成された家族は，自立に必要な資源を容易に獲得できるようになった．結婚の抑制は一般に軽減され，結婚率は上昇し，人口増加を刺激した．たとえば，15世紀前半のトスカナ地方における低結婚年齢はこれで説明できるかもしれない．[45] 長期的反応にしても短期的反応にしても，ペスト菌，ノミ，ネズミから受けた損失を最小限にしようとしたのである．

4　インディオの悲劇：旧くからの微生物と新たな人口

「大洋のただなかの，どこか発見されざる島を住まいとし，白人との接触によって汚染されることのない人の子は，末代までも幸福ではないのか」と，[46] 1945年，若きメルヴィルはマルケサス諸島からの帰路に書いた．ヨーロッパ系白人——征服者・植民者・探検家・船員の誰であれ——と新大陸および太平洋やオセアニア地域の原住民との遭遇がもたらした悲劇は，最古の探査記録からも明らかである．歴史上の記録はそれほど豊富なので，ここでは好きなように選ぶことができる．

周知のように，コロンブスは1492年にサント・ドミンゴに上陸した（イスパニョーラ島と命名された）．そのときの人口数はもちろん不明であるが，訪問者には「コルドバの周辺農村のように」人口稠密と思えた．[47] 四半世紀余の後に書かれた記録では，原住者の人口は100万人以上で，コロンブスないしは彼の弟バルトロメが島の先住民に黄金を差し出すよう強制した1495年か1496年に「数え上げた」数字という．ラス・カサス——植民者で，後にドミニコ会の修

---

44) Livi-Bacci, *La Société Italienne*, pp. 8ff., pp. 63ff.で死亡危機に対する反応のさまざまな側面を論じている．

45) フィレンツェにおける女性の平均初婚年齢は，15世紀前半に最低となり，その後徐々に上昇した（1427年17.6歳，1458年19.5歳，1480年20.8歳）．近郊のプラートでは，1372年16.3歳，1427年17.6歳，1470年21.1歳であった．農村部の状況も同様のパターンだったにちがいない．Herlihy and Klapisch-Zuber, *Les Toscans* を参照．

46) H. Melville, *Typee*(New American Library, New York, 1964), p. 29 ［坂下昇訳『メルヴィル全集』第1巻『タイピー』国書刊行会，1981年，25頁］．

道士となり,頑強なインディオ保護者となった——は,やがてその数を300〜400万人まで増やした.1950年以降の研究者による推計でも6万人から800万人と大きな幅がある.それまでとは異なった接近法(島の人口収容力,金の産出量や3分の1が鉱山に送られた住民の産出能力にかんする推測値,集落数とその分布など)による最近の推計は,遭遇したときの人口は20〜30万人で,首長に率いられた数百の集落に分かれていたとみている.1514年,レパルティミエント(Repartimiento)——家内労務,耕作労働,家畜飼育,金鉱労働を目的とした植民者への原住民割当——が行われたとき,その数は男女込みですべての年齢を合わせて2万6000人にすぎなかった.[48] 1518-19年の天然痘流行後ではわずか数千人となり,原住者の人口は絶滅への途をたどり始めた.彼らの社会は世紀半ばまでに消滅し,生き残った先住民はスペイン人の召使となるか,また彼らスペイン人,アフリカ黒人奴隷,大陸および島嶼部からの他のインディオとの間で高い確率で生じた混血人種となった.

征服後30年間に起きたタイノー族人口の突然の減少と,その20年後の事実上の消滅は何が原因なのであろうか.新大陸における人口減少の主要な原因は,これから論ずることであるが,ユーラシアでは一般的で,ヨーロッパからの植民者が十分に適応していた多くの病原体とそれに対する免疫を,新大陸では存在していなかったがゆえに先住民がもっていなかったという事実にある.ヨーロッパでは相対的に問題の少なかった病気も先住民には致命的となった.これは「処女地」効果と呼ばれている.この「処女地」人口は新たな病因に対して無抵抗というとらえ方が十分にして説得的な回答を与えることは明らかなよう

---

47) コロンブスの手記にもとづいた彼の息子の報告による.H. Colón, *Historia del Almirante*(Historia 16, Madrid, 1984).以下のページで要約されているイスパニョーラ島の事例についての全般的分析と議論については,M. Livi-Bacci, "Return to Hispaniola: Reassessing a Demographic Catastrophe," *Hispanic American Historical Review* 83(2003)参照.

48) アルブケルケのレパルティミエントは,アメリカ先住民人口をセンサスのように数え上げた最初のものである.L. Arranz Márquez, *Repartimientos y Encomiendas en la Isla Española*(Fundación Garcia Arevalo, Santo Domingo, 1991)参照.先住民と移入された奴隷の消失とはきわめて対照的に,スペインから導入された馬,牛,豚および犬は野生の状態で劇的に増加した.初代キューバ総督ディエゴ・バラスケスが1514年に国王に報告したところによると,4年前に導入された少数の豚が3万匹まで増加していた.

に思えるが，このイスパニョーラ島の事例では二つの問題点がある．その第 1 は，1518-19年の天然痘が猛威をふるったとき人口はすでに 1 万人未満に減少していたのであるが，それ以前に島で大きな流行病があったという記録がない点である．当時の証言はみな，生存状態は非常に不安定で，人びとは弱々しく，死亡率が高止まりをしていると述べてはいるが，どれ一つとして猖獗をきわめる致命的な流行病の発生に触れているものはない．第 2 に，処女地仮説を強調しすぎると，社会の深刻な崩壊現象に伴う人口再生産上の困難といった他のすべての人口減少要因を忘れさせてしまう傾向を生じさせる点も問題である．

　進行する人口崩壊の原因をめぐる論争は，先住民の人口減少が島嶼経済に与える悪影響が明白となった16世紀の10年代に始まったが，それはかなり激しいものであった．ラス・カサスやドミニコ会はその論争の主役であったけれども，他の宗派の面々も，政府の高官や役人も，島に居住していたあの有能な歴史家オビエドのようなひともまた激しく応戦したのであった．主要な原因としてあげられているのは，黄金欲とエンコミエンダ制（Encomienda）（先住民を植民者に年季契約労働者として配分した仕組み）である．黄金欲の結果，あまりに多くのインディオをあまりに長い期間（最長10カ月）鉱山へ拘束し，他の生産活動を放置しただけでなく，過重労働を強制し，食糧不足，鉱山内の不適切な気温・湿度や環境，虐待，家族からの隔離，労働者の高死亡率と彼らの配偶者の低出生率をもたらした．エンコミエンダ制は，インディオに頻繁な島内移住を強い，雇主の変更も多く，共同体は弛緩し，雇主であるエンコメンデロ（Encomenderos）はインディオの逃亡を怖れ，彼らを搾取・酷使し，性的隷従や虐待にもつながった．このような状況下でインディオはしばしば山地へ逃亡したが，環境は過酷で慣れ親しんだ生存様式とあまりに違うため生きていくことはむずかしく，自殺や反乱が起きた．彼らは暴力の犠牲となったのである．

　このように適格な——しかし時として偏見が混じった——目撃者の説明は，スペインによる征服が経済社会に深刻な混乱をもたらし，高死亡率と低出生率が生じたと要約できよう．経済的混乱は，スペイン人雇主のために現地労働者を「調達」することから生じた．彼らはもともとの生産活動から引き離され，新参者のための食糧・財・サービス生産のために，そしてのちには金の産出のために使役させられたが，その鉱山労働力を維持するためには，残りの先住民

が耕作に精をださなければならなくなった．伝統的生産と消費のパターンに対する，この二重の「打撃」は自給自足的で蓄積ということを知らなかった社会にとっては致命的であった．それは労働負担の増加，消費の減少，生活水準の劇的な低落を意味し，生存危機に陥る蓋然性を高めた．16世紀初頭には島のスペイン人はほんの数百人にすぎなかったが，彼らの食糧・労役・サービス需要は規模の小さいタイノー社会にとっては非常に大きな負担だったのである．

社会的混乱はエンコミエンダ制による．インディオは移住させられ，雇主も頻繁に変わった．伝統的な生活様式と共同体のセーフティ・ネットはともに根底から揺るがされ，女性は征服者の再生産システムに誘い込まれた（1514年には，先住民村落の男子100人に対する女子の人数は83であった）．共同体，氏族，家族，夫婦は分断され，離散してしまったのである．

これらの一般的要因は，タイノー族の人口に甚大な影響を与えた．結婚生活は容易でなく，不安定となり，出生率は低下した．1514年に，14歳以下の子どもは総人口の10％以下の割合であった．これは急速な人口減少という想定と整合的である．生活状態は悪化し，生存はますますむずかしくなった．天然痘以前にも新しい病気が持ち込まれ，大流行の原因となったわけではないにしても島の微生物世界をいっそう複雑なものとし，その時期の死亡率を上昇させた．経済および社会システムとともにタイノー族の人口システムも崩壊した．キューバ，プエルトリコ，ジャマイカ——人口はイスパニョーラ島よりも少なかった——でも同様の惨劇を経験した．

大陸部アメリカでは，ヨーロッパ人の侵入者との接触が悲惨な結果を生んだが，先住民は全滅したわけではなかった．征服前の数値は憶測にすぎず，全大陸を対象とした推計は専門家の間でも最低値800万人から最高値1億1,300万人までと大きく異なっている．地域別推計の近年の改定値を合計すると5,400万人である．中央メキシコ——アステカ人地域で大陸中もっとも人口稠密であった——についてのクックとバラーの数値によれば，1532年のインディオ人口は1,700万人であったのが，1548年630万人，1580年190万人，1608年100万人と減少していった（表2.1）．[49] 限られた文献資料にもとづいた1530年代と40年代の推計値は，たぶん高すぎるだろうが，文献の豊富な後の時期に分析を限ったにしても大惨事は明白である．アマゾン川流域では破滅的な人口減少が生じた．

表2.1　中央メキシコの人口：1532-1608年

年	人口(1,000人)			年人口増加率[a]		
	高原部	沿岸部	合計	高原部	沿岸部	合計
1532	11,226	5,645	16,871	—	—	—
1548	4,765	1,535	6,300	-5.4	-8.1	-6.2
1568	2,231	418	2,649	-3.8	-6.5	-4.3
1580	1,631	260	1,891	-2.6	-4.0	-2.8
1595	1,125	247	1,372	-2.5	-0.3	-2.1
1608	852	217	1,069	-2.1	-1.0	-1.9
1532-1608	—	—	—	-3.4	-4.3	-3.6
1548-1608	—	—	—	-2.9	-3.3	-3.0

（註）　a　前の年次から当該年次の期間で計算した数値．
（出所）　S. F. Cook and W. Borah, *Essays in Population History: Mexico and the Caribbean*, 3 vols. (University of California Press, Berkeley, 1971), vol. 1, p. 82.

16世紀にアマゾン川を航行した最初のヨーロッパの探検家たちは，川岸に数多くの集落があるのを見たが，それらは後に徐々に消滅していった．疾病，植民者による奴隷化，生存には適していない内陸地域への移動が，人口減少の主な要因であった．接触時点では数百万人とされている先住民人口は，20世紀半ばには10万人以下にまで減少した．[50] ペルー・インカは大陸におけるもう一つの人口集中地で，副王トレドの1572年の訪問記により，後の記録で更新された推計によれば，貢納義務を負ったインディオは130万人で，それが1620年には60

---

49)　コロンブス到達以前のアメリカ大陸の人口をめぐっての論争はまったく決着していないことに言及しておかなければならない．クローバーとローゼンブラットの最小の推計値（900万人～1,300万人）とクックとバラーが支持するドビンズの最大の推計値（9,000万人～13,000万人）の間でさまざまな推計がなされている．近年における評価については，詳細な文献目録が付された W. M. Denevan, ed., *The Native Population of the Americas in 1492* (University of Wisconsin Press, Maddison, 2nd edn., 1992)を参照．征服直前の時期における中央アメリカの人口に関して，クックとバラーが推計している2,520万人という数値は，16世紀末の傾向にもとづいた過去への外挿から得られたものといってよい．S. F. Cook and W. Borah, *Essays in Population History: Mexico and the Caribbean*, 3 vols. (University of California Press, Berkeley, 1971)の第1巻第2章を参照．しかしこの影響力のある推計値は，近年激しい批判にさらされている．Denevan, *The Native Population*, pp. xxi-xxii を参照．それでも，16世紀末のデータや多くの過去の報告から明らかなように，人口減少を疑うものはいない．N. Sánchez Albornoz, *La Población de América Latina desde los Tiempos Precolombinos al Año 2000*(Alianza, Madrid, 1994), pp. 53-73.

万人へと減少した.[51] カナダ北部へ行けば，17世紀初頭のインディアン人口は30万人を下らず，2世紀後には3分の1以下にまで縮小した，とシャルボノはいう．ソーントンによれば，その地域で後にアメリカ合衆国の一部となったところのインディアンは，1500年に500万人であった人口が3世紀後には6万人になってしまったのである.[52] ヨーロッパ人と接触して以降，人口減少はこれらすべての集団にとって見られた現象だったようである．さらに時代を下っての事例もある．ダーウィンはタスマニアの住民がいなくなったと記し,[53] マオリ族もキャプテン・クックの航海時から次の世紀の末にかけて急速な人口減少を経験したし,[54] オーストラリア・アボリジニもおそらく同様の運命にあったと思われる．ティエラデルフエゴの原住民人口は1871年に7000〜9000人であったが，いまはほとんど絶えてしまった.[55] アマゾン盆地には，その極端な孤立状態から，植民者ないしは探検家との接触が前世紀になってからの人口集団がいたが，彼らは同時代の人たちの目の前で死に絶えていった.[56]

事例はこのくらいで十分であろう．ヨーロッパ系の人たちとの接触によって生じた先住民の人口崩壊は，アメリカとオセアニアで広範に見られた，記録も

---

50) M. Livi-Bacci, "Gli Iberici in Amazzonia: Storie di un Disastro," *Rivista di Storia Economia* 27 (2011). マルタ・ド・アマラル・アゼヴェドのブラジル人口研究協議会第17回大会報告論文（2010年）によると，ブラジル全体の先住民人口は1957年に10万人を割った．

51) Sánchez Albornoz, *La Población de América Latina*, p. 65.

52) H. Charbonneau, "Trois Siècles de Dépopulation Amérindiennes," in L. Normandeau and V. Piché, eds., *Les Populations Amérindiennes et Inuit du Canada: Aperçu Démographique* (Presses de l'Université de Montréal, Montréal, 1984); R. Thornton, *American Indian Holocaust and Survival* (University of Oklahoma Press, Norman, 1987), p. 90.

53) C. Darwin, *The Descent of Man* (Random House, New York, n.d.), pp. 543-44 ［池田次郎・伊谷純一郎訳「人類の起源」『世界の名著39　ダーウィン』中央公論社，1967年所収，245-46頁］.

54) D. I. Pool, *The Maori Population of New Zealand, 1769-1971* (Auckland University Press, Auckland, 1977). プールの推計によると，1770年に10万人〜20万人の人口が1世後には4万人程度にまで減少した．

55) H. F. Dobyns, "Estimating Aboriginal American Population: An Appraisal of Techniques with a New Hemispheric Estimate," *Current Anthropology* 7 (1966), p. 413.

56) Dobyns, "Estimating Aboriginal American Population," p. 413.

確かな現象なのである．人口減少のタイミング・規模・期間は，もちろん歴史的状況によってさまざまであるが，基本的メカニズムは単純である．先住民は幾多の感染症にとって出会ったことのない，いわば処女地であった．その接触の逆の，あるいは先住民の病気がヨーロッパ人の植民集団に与えた影響は興味深い研究課題であるが，これまでほとんど関心を惹いたことがない．ひとたび病原体が，何世代にもわたってその病気にさらされてきた人口から探検家・コンキスタドール（conquistador）・植民者を通じて処女地人口へ伝えられると，病毒は其基本的に三つの要因によって拡がる．

1. 感染症は，病気に罹患して治癒した個々人に（時間の長さはまちまちであるが）免疫を与える．その結果，人口全体に（風土病化したからか再発したからかは別として）拡まる間に，必ず感染に対して抵抗力のある，あるいは症状が軽くて済む，免疫をもった大小さまざまの集団が存在することになる．他方，処女地人口のすべての構成員は理論的に罹患の可能性をもっており，したがって，新しい病気の到来は初期段階で非常な人口減をもたらすのである．
2. 非処女地人口の場合には，病気に対して最も抵抗力のある個人が選別される．この要因が欠如している処女地人口においては，その病気は猖獗をきわめる．
3. 病原体（ウィルス・微生物・寄生生物）と宿主のあいだに時間を通じて生ずるこの相互適応の過程——疾病の毒性を弱める複雑で完全には理解されていない過程——は，処女地人口の場合には起こらない．梅毒，マラリア，麻疹，インフルエンザは時間とともに毒性が弱まる傾向がある．病原体は，その生存にとって重要な宿主を殺すのは得策ではなく，共存し，害を与えすぎないようにふるまうので，致死率が低い系統が選択されていくのだというひともいる．処女地人口では，この共存関係が発達するための時間がとれないことが明らかである．

世界の「微生物による統一」——最近の言い方によれば疾病のグローバル化——は，アメリカ大陸人口の壊滅的減少の唯一の原因ではなかった．新たな病理のほかにも，ヨーロッパ人は先住民のものよりもはるかに優れた技術やノウハウを持ち込んだ．征服者の動機には単なる冒険心のほかに財宝探しもあったが，それは著しく高いリスクの見返りであった．コロンブスが2回目の大西洋

横断後に島へ行ってみると，10カ月前に植民地へ残してきた39名の誰も生存していないことを知った．1493年9月25日にカディス港を発ったその2回目の遠征隊1,500人のうち，2年半後にコロンブスがスペインに戻ったときに残っていたのは半分にすぎなかった．イスパニョーラ島の新しい総督オバンドが連れていった2,500人の男女のうち，ラス・カサス神父の証言によれば，翌年には1,000人が死亡したという．メキシコ征服の過程でコルテスに同行した計2,000人は，おそらくその半数しか生き残れなかったであろう．このような経験は，中央アメリカ，ペルー，ラプラタ川三角江，そしてブラジルにおいても繰り返された．[57]

初期の征服とはおそろしく残虐な事業であった．金を求めてインディオ労働を調達し，スペイン人の生活資材を産出し，身の回りの世話をさせるためにも彼らを使役した．征服者の報酬とはインディオのレパルティミエントで，それはインディオの労働力を力ずくで没収したに等しかった．イスパニョーラ島では，成人先住民の3分の1近くが出身地から遠く離れた河川敷で金を探すために駆り出された（出身村落はばらばらとなり，しばしば他の支配者の手に委ねられた）．同様のことは，他の中米の金産出地域，またアンデス地方においても起こった．それ以外のところでは，金は見つからず，最初の入植者が成功するには大量の労働力を調達・動員することが必須であった．都市インフラ——道路や民政用・宗教施設——の建設のため，急増していたスペイン人行政官・司祭・商人・職人の食糧生産のため，軍事遠征のため，そしてアメリカ大陸へ移植された複雑なイベリア社会全体を機能させるために，彼らをあてたのである．大陸のあちこちで征服は戦闘を伴い，破壊・飢饉・飢餓がそれに続いた．ペルーでは20年間にわたって征服戦争とスペイン人同士の内戦が続いた．軍隊といっても大きくはなく200〜300人，どんなに多くても1,000〜2,000人どまりであったが，その数倍の数の現地民を従えていた．[58] どこにおいても，スペイ

---

57) M. Livi-Bacci, *Conquista: La Distruzione degli Indios Americani* (Il Mulino, Bologna, 2005), ch.1 [English edn. *Conquest: The Destruction of the American Indios* (Polity Press, Cambridge, 2008)].

58) C. Sempat Assadourian, *Transiciones Hacia el Sistema Colonial Andino* (Colegio México y Instituto de Estudios Peruanos, Lima, 1994).

ン人やポルトガル人の植民者の一団は，先住民の女性を妾や妻にし，彼女たちはインディオ社会とその再生産プールから疎外されることになった．どこでも，強制移住と社会経済的混乱は先住民社会のバランスを崩壊させた．ヨーロッパの衝撃は新たな病原体の伝染という枠を大きく超えた影響力があったのであり，けっして病理だけが人口減少の原因ではなかった．この章の初めにおいてみたように，ヨーロッパは何度となく伝染病の中で最も恐ろしい病気であるペスト――それはアメリカを襲った病気よりもずっと致死性が高かった――の襲来を受け，元々の人口の3分の1を失ったが，伝染病の発生のたびにはっきりとした回復をみせ，崩壊を免れたのであった．しかしここ先住民の社会では，新しい病気と社会の破壊とが組み合わさって人口回復力を麻痺させてしまった．再生産は損なわれ，出生の減少は高死亡とともにマイナスの効果を増長させたのであった．

　征服がなされた状況が異なれば先住民社会の運命も異なった．先にみたとおり，大アンティル諸島のタイノー族は最初の伝染病であった天然痘が1518-19年に島で流行したとき，すでに絶滅への途にあった．征服がもたらした冷酷な帰結は，共同体の転覆，強制労働，現地女性の拉致，拡散する暴力行為とともに，疾病の影響よりもはるかに強烈だったのである．南半球のパラグアイと呼ばれた広大な地域――パラナ川とウルグアイ川によって形成された盆地――の場合には，30ものイエズス会伝道所の傘下に入ったグアラニー族は，17世紀から18世紀の初めにかけて人口拡大を経験した．イエズス会の神父は，サンパウロからやってくるブラジル人の奴隷狩りやスペイン人植民者の搾取から彼らを守る一方，以前の半遊牧生活と無秩序な性慣習を放棄させ，一夫一婦制と思春期になってからの結婚を奨励し，結果として出生力を可能なかぎり高めることとなった．繰り返し襲う恐ろしい伝染病の流行（平均15年に1度であった）にもかかわらず，危機後にはグアラニー族には人口の回復がみられ，成長軌道に復帰することができたのである．[59]　タイノー族とグアラニー族を両極端とする

---

59) 30の伝道所傘下の人口については，M. Livi-Bacci and E. J. Maeder, "The Missions of Paraguay: The Demography of an Experiment," *Journal of Interdisciplinary History* 35 (2004).

と，そのあいだには多様な状況があった．インカ帝国のアンデス地域（エクアドル，ペルー，ボリビア）では，帝国崩壊後の数十年間に起きた人口減少を決定づけたのは，頻発した戦闘と紛争であった．他方メキシコでは，アステカ帝国滅亡後の「鎮定」が速やかで，征服による経済社会的打撃もペルーほど大きくなかったので，死亡率を押し上げたのは伝染病であった．中央メキシコの極端なまでに人工的な構造，テノチティトラン（後のメキシコ・シティ）から帝国内の四隅まで伸びた放射状の交通網が病気の蔓延を促進したのかもしれない．これとは対照的に，インカ帝国はアンデス山脈を背に櫛のような構造をもち，それぞれの谷が海へ向かって急勾配で下がっているので，まったく逆の効果をもったのであろう．

　最後に，メキシコやペルーはともに，高地よりも沿岸の低地地方で人口崩壊が深刻であった．それには疫学的および社会的両方の原因があった．新たな病原体の影響は高温の地域で際立ったが，それはメキシコ湾のマラリアによくあてはまる．紛争とスペイン人の集住がもたらした打撃は生活環境が脆弱なところで大きく，先住民社会の駆逐ないしは消滅をもたらした．これはペルーの事例である．どこであっても，人口稠密で構造的に複雑な社会のほうが，自給自足的で余剰や投資のない単純な社会よりも生き残りの確率が高かった．[60] 要約すれば，新たな微生物の到来は崩壊の一部分しか説明できない．征服の過程にみられた多様性と，蹂躙された先住民社会の社会的・文化的・地理的独自性にも目を向けなければならないのである．

5　アフリカ，アメリカと奴隷貿易

　根拠のある推計によれば，1500年から奴隷貿易が最終的に廃止された1870年の間に，950万人のアフリカ人が奴隷としてアメリカに渡った．これは生存者の数である．この数よりも数百万人は多い男女や子どもが故郷の村々からかどわかされ，その多くが沿岸部へ移動中に，あるいは奴隷船を待っている間に，あるいは長い大陸間航海の間に死亡した．生存者のうち，約150万人は1700年

---

[60]　Livi-Bacci, *Conquista*, epilogue.

以前にアメリカへ渡ったもので，550万人は1700年と1800年の間，250万人が1800年以降であった．[61] これは主として西アフリカに打撃を与えた人口流出であり，そこには，アラブ商人の交易路を北へ東へと辿る，さらに多数のアフリカ人を巻き込んだ奴隷貿易の影響も含まれていた．この人口流出の帰結がどのようなものであったかは今後の研究にまたねばならないが，西アフリカの人口に相応の抑制効果をもったであろうというのが一般的な見解である．ただ別の，逆説的といってもよい解釈もあって，この人目につく強制移住は本国人口の生活水準を上げ，生存の可能性を高めたのかもしれない．しかし，奴隷貿易によって多くの犠牲を強いられた地域において，その貿易が最も盛んで，生殖適齢期にあった若い年齢層——女性よりも男性が多かったが——を激減させた18世紀には，総人口が，減少してはいなかったかもしれないが，停滞していたという証拠は存在する．

奴隷貿易が出身地の人口にどのような打撃を与えたかは今後の課題であるが，新世界におけるアフリカ人集団の人口様式(レジーム)については多くのことがわかっている．アメリカにおけるアフリカ人の人口行動を総合的に捉えるには，1800年に至る3世紀間の奴隷の累積流入数と1800年におけるアフリカ出身の存在者数(ストック)とを比較すればよい．このストックは，アメリカに連れてこられたアフリカ人で1800年に生存していたもの，その子孫，そしてすでに死亡した奴隷が残した子孫からなっている．もしストック量と累積流入量(フロー)の比が1未満であれば，疑いもなく人口再生産ができなかったことを示す．表2.2をみよう．そこには，1800年におけるアフリカ出身者のストックと1500-1800年間のアフリカからアメリカへの累積強制移住者数とが掲げられている．全大陸計をみると，前者（560万人）が後者（725万人）を下回り，その比率は0.8である．カリブ海島嶼部ではアフリカ人は169万人で，累積流入者数389万人の半分にも達しない（比率は0.4）．ブラジルではアフリカ人199万人，累積奴隷人数226万人（比率は0.9）である．残りの110万人はスペイン支配の南北アメリカ大陸と現在のアメリカ合衆国に連れてこられた奴隷で，そこでの生存と再生産状況はずっとまし

---

61) P. D. Curtin, *The Atlantic Slave Trade: A Census* (University of Wisconsin Press, Madison, 1969).

表 2.2 アメリカへの移入奴隷（1500-1800年）とアメリカにおけるアフリカ起源の人口（1800年）

(単位：1,000人)

	アメリカへの移入奴隷 (1500-1800年) (1)	アメリカにおけるアフリカ起源の人口（1800年頃） (2)	アメリカにおけるアフリカ起源の人口とアメリカへの移入奴隷の比率 (2)：(1)
アメリカ合衆国	348	1,002	2.9
大陸におけるスペイン領	750	920	1.2
ブラジル	2,261	1,988	0.9
カリブ海諸島	3,889	1,692	0.4
イギリスおよびオランダ領	2,060	570	0.3
フランス領	1,415	732	0.5
スペイン領（キューバ）	414	390	0.9
合計	7,248	5,602	0.8

(出所) 奴隷貿易の推計値については，P. D. Curtin, *The Atlantic Slave Trade: A Census* (University of Wisconsin Press, Madison, 1969), p. 268. 1800年におけるアフリカ起源の人口の推計値については，M. Livi-Bacci, "500 Anni di Demografia Brasiliana: Una Rassegna," *Popolazione e Storia* 2 (2001), pp. 17-20.

であった（ストック・フロー比は1を超えた）．

　ブラジルとカリブ海諸島，とくに後者は奴隷の最大の受入地であり，そこでは非常に高い死亡率とそれに対応する低位の出生率の大きな差を絶えず移入される奴隷によって埋めるというのが，アフリカ出身者の人口パターンであった．その結果，ストック・フロー比は1を割り，英領カリブ海諸島では最低の0.3であった．アメリカ合衆国での比は1をはるかに上回っていた．奴隷人口の再生産率は高く（*TFR*は女性1人当たり子ども数8人程度），第1子出産年齢は20歳未満，母乳哺育期間と出生間隔はアフリカにおけるよりも短かったのである．奴隷制は実際的な障害ではあったが，それほど結婚生活に介入することがなく，死亡率は白人よりも高位ではあったが，ブラジルやカリブ海諸島よりもずっと低位であった．これらから整合的にいえることは，北アメリカの奴隷制下では高い自然増加の人口状態にあったということであろう．

　カリブ海諸島とブラジル——奴隷船7隻のうち6隻が向かった先であった——においてアフリカ人が経験した悲劇の原因は，自由の喪失を押しつけられた生活状況，アフリカ人の捕捉・護送方式，砂糖プランテーションでの情け容赦ない労働，そして新たな自然環境・気候・食事に慣れなければならないという悪条件にあった．カリブ海諸島については，出生力がアメリカ合衆国よりも格

段に低かったというはっきりとした証拠がある．結婚は多くなく，出生間隔は長く，再生産可能な期間は短かった．驚くべきほどの死亡率の記録もあり，とくに新しい環境に順応するまでの間にその5分の1から3分の1が，到着後3年以内に死亡したという点では意見の一致がある．[62] ブラジルでは，若い奴隷がしっかり働ける期間は7年から15年しかなかったというのが当時の常識で，その後も繰り返し述べられており，議論の余地がない事実とされた．1872年のセンサス——それは奴隷制時代の終わりにあたるが，その時代の状況をまだ反映していた——から計算される奴隷の平均余命は18年，全ブラジル人の平均余命は27年であった．19世紀中葉におけるアメリカ合衆国の奴隷の出生時平均余命（e_0）が35年であったことと比較すると大きな差である．[63]

奴隷人口の死亡率が高いということに異論はないとしても，その具体的な要因については論争の余地がある．厳格で無慈悲な監督の監視下，砂糖プランテーション——18世紀末まではサトウキビが主要作物であった——での過酷な労働制度については多くの記録がある．どの作業も多大な労役を要した．植付，除草，伐採，運搬，搾汁，それに糖蜜の精製作業や煮詰用大釜のための燃料である薪を大量に切り出し長距離を運搬する労働もあった．作業は1年を通して行われた．生産の周期は9カ月であったので，作業場と大釜はたえず稼働させておかなければならず，男も女も，日の出から日の入まで，繁忙期には夜間も働かなければならなかったのである．[64] 主人にとってヒトという貴重な資産を

---

62) アメリカ合衆国とカリブ海諸島の奴隷の人口行動については，L. S. Walsh, "The African American Population of the United States," in M. H. Haines and R. H. Steckel, eds., *A Population History of North America* (Cambridge University Press, Cambridge, 2000), pp. 203-4, 206; 同書内の R. Steckel, "The African American Population of the United States," pp. 442-43 および S. Engerman, "A Population History of the Caribbean," p. 509. も参照．

63) S. B. Schwartz, "A Populaçao Escravana Bahia," in I. Nero da Costa, ed., *Brasil: História Econômica e Demográfica* (IPE/USP, São Paulo, 1986); T. W. Merrick and D. H. Graham, *Population and Economic Development in Brazil 1800 to the Present* (Johns Hopkins University Press, Baltimore, MD, 1979), p. 53.

64) S. B. Schwartz, *Sugar Plantation in the Formation of the Brazilian Society: Bahia, 1550-1835* (Cambridge University Press, Cambridge, 1985); K. M. Mattoso de Queirós, *To Be a Slave in Brazil 1550-1888* (Rutgers University Press, New Brunswick, NJ, 1986).

無駄にしては割に合わなかったが,奴隷を買うために充当された資本は2年で元をとり,5年で2倍の利益を生んだといわれている.[65] 彼らが,奴隷の労働年数を最小にして最大の収益を得ようとするのは避けがたかった.食事は足りていたかもしれないが,奴隷小屋(センザラと呼ばれる矩形の寝床スペースで,男女別々であった)の衛生水準は劣悪で,病人や障害者が出たときに主人側がしたことは,治療どころか介抱すらも最小限であった.

出生率は低位で,この高死亡率を償うことはできなかった.アフリカから連れてこられた奴隷の不均等な性比(2対1の男女比であった)が出生率を押し下げた.奴隷主,司祭,旅行者や観察者,すべてが一致して言ったのは,出生数が少なすぎるということであった.生存と再生産は重労働システム――それはブラジルとカリブ海諸島の砂糖プランテーションで際立っていた――によって弱められただけではなく,結婚への障害によっても制約されていた.「アントニル」と改名して本を著したジョヴァンニ・アントニオ・アンドレオーニはイタリア出身のイエズス会士であったが,おそらく18世紀初頭におけるブラジルの最も正確で鋭敏な観察者であった.彼は,「多くの奴隷主は奴隷の結婚に反対している.不義の同棲には反対しないばかりではなく,大っぴらに同意を与えたりした.『ホアン,君はやがてマリアと結婚する』といって唆し,それからはまるで夫と妻のように同居することを許すのだ.……他の主人はといえば,結婚した奴隷をわざと長期間にわたって別々になるようにさせたりする.これはわれわれの良心に反する」と書いている.[66] 問題は,奴隷主が同棲やゆきずりの性交渉を認めながら,奴隷同士の正式な結婚を奨励しなかった(しばしば抑圧した)ことにある.これは夫婦生活の安定と再生産を阻害し,出生に対して死亡を過多に保った重要な要因となった.次の世紀に[植物学者で探検家の]サンティレールは「ブラジルで奴隷貿易廃止運動が始まったとき,政府は奴隷主たちに結婚をさせてやったらどうかともちかけた.何人かはその示唆に従ったが,その他の人びとは子どもを養えないアフリカ女に夫をあてがって

---

65) S. B. Schwartz, *Segredos Internos: Engenhos e Escravos na Sociedade Colonial, 1550-85* (Companhia de Letras, São Paulo, 1988), pp. 41-42.
66) Andrea João Antonil, *Cultura e Opulencia do Brasil por sus Drogas e Minas* (Companhia Editora Nacional, São Paulo, 1922), pp. 160-61.

やってもしょうがないと答えた.出産してもすぐ焼けつくような太陽のもと,彼女たちは砂糖プランテーションで働かされるので,子どもと離されていた1日が終わって戻ったときには母乳の出が悪いのだ.揺りかごが奴隷主の強欲に取り囲まれているという残忍なまでの悲惨さのなかで,この可哀想な女たちはどうすればよいのだろうか」.[67] 奴隷市場で十分な供給があり,低価格のあいだは,出産と哺育にコストをかけるよりも,買ってきたほうが安上がりなのだ.他の要因もあろう.女性奴隷の性生活に主人が入り込み(その混血児は奴隷身分のままであった),彼らの結婚と再生産の場から「除外」されてしまうことや,主人の異なる奴隷同士の接触が禁止ないしは制限されていたため,配偶者の選択が狭められていたことなどである.加えて,一夫一婦制を絶対的としないアフリカの伝統が,安定した結婚生活よりは一時的な性交渉を増加させたということもあったかもしれない.

6 フランス系カナダ人:人口学的成功例

これまで感染病が引き金となった壊滅的な死亡事例を二つ,すなわち黒死病とインディオの事実上の絶滅とをみてきたので,ここでは人口学的成功例に目を転じよう.17世紀に,カナダのケベック州,イタリアの5倍ほどの大きさがあるセント・ローレンス湾を中心としたところに数千人の開拓者が到着した.現在この地域の650万人を数える人口のほとんどは,祖先をこの集団に見出すことができる.厳しく,住むのに適さないような気候風土にも何人かはすぐ順応し,豊富な自然資源や土地のおかげもあって,急速に人口は増大した.「どの国でもその繁栄の最も決定的な指標はその住民の数の増大である.イギリスや他のたいていのヨーロッパ諸国では,住民が500年以内に倍加するとは考えられていない.北アメリカのイギリス領諸植民地では,住民は20年ないし25年で倍加することがわかってきた.現在でも,この増加は主として新住民の継続的な流入によるのではなく,人間の大増殖によるのである.老年まで生きる人びとは,同地では,自分自身の身体からの子孫がしばしば50人から100人,と

---

[67] J. Gorender, *O Escravismo Colonial* (Atica, São Paulo, 1978), p. 342に引用.

きにははるかにそれ以上にのぼるのをみているといわれる」とアダム・スミスは書いており、[68] ベンジャミン・フランクリンからトマス・マルサスまで、他にも同様の観察がなされている。ここでも、彼らの主張が基本的に正しいこと、そして数万の北米入植者の人口増加を大筋において説明することが確認できる。彼らは、18世紀から19世紀末の間に8,000万人となったのである。

開拓者や入植者の活力に加えて、絶えざる住民の流入は北アメリカおよびオセアニアにおけるヨーロッパ系住民の人口学的成功に寄与した。1840-1940年の期間、移民余剰はアルゼンチンにおける総増加分のほぼ60％、アメリカ合衆国の約40％、ブラジルとカナダの20％を説明するといわれてきた。[69] しかし、フランス領カナダの場合は、ずっと純流出だったのである。[70]

フランス領カナダを事例として取り上げる理由は二つある。その第1はまさに、18世紀以来この移入が人口成長にほとんど影響を与えていなかった点にある。第2は、カナダの資料は驚くほど豊富で、専門的な精査がされており、アメリカにおいてフランス系の人びとが成功した人口学的理由の分析が可能だからである。

ジャック・カルティエが1534年にセント・ローレンス湾を探検してから1世紀の間に、フランス人の入植地は発展した。ケベックは1608年に創立され、1627年には植民の目的で100人の株主からなる共同出資会社が結成されたが、1663年には本国政府が植民の進展を統括することとなった。[71] 1680年までに入植者はセント・ローレンス河岸に定着、1万人の人口が14の教区に分かれて暮らしていた。その後の100年間に、この最初の核となる人口は11倍に膨張した（1684年の1万2,000人から1784年の13万2,000人へ、年平均増加率2.4％）。こ

---

68) A. Smith, *The Wealth of Nations* (J. M. Dent & Sons, London, 1964), vol. 1, p. 62 ［水田洋・杉山忠平訳『国富論』一，岩波文庫，2001年，128頁］．
69) J.-C. Chesnais, *La Transition Démographique* (PUF, Paris, 1986), p. 180 ［English edn., *The Demographic Transition* (Oxford University Press, New York, 1992), p.181］．
70) H. Charbonneau, "Essai sur l'Évolution Démographique du Quebec de 1534 à 2034," *Cahiers Québécois de Démographie* 13 (1984), p. 180.
71) H. Charbonneau et al., *Naissance d'une Population: Les Français Établis au Canada au XVIIe Siècle* (Presses de l'Université de Montréal, Montréal, 1987)にこの節はもとづいている．

れらはほとんどすべて自然増加によるものであった.[72]

　1608年のケベック創立から1700年までの移入者の総数は1万5,000人で，当時のフランス人口に占める割合はごくわずかであった（人口100万人当たり8人）．隣国イングランドで人口の3分の1にあたる38万人が1630年から1700年の間に新世界へ渡っていったのと好対照である.[73] 注意深い研究結果によれば，1700年以前の移民のうち植民地で家族を形成することに成功したのは3分の1（4,997人）しかなかったという．他はフランスに帰ったか，結婚前に死亡したか，（数は非常に少ないが）未婚のままで生涯を終えた．1680年までに家族形成をした（何人かは移住前に結婚していたが，大部分は移住後であった）この人口学的な意味で真の「開拓者」3,380人（うち女性1,425人）を計算の基礎とすると，すでに述べたとおり，フランス系カナダ人のほとんどが彼らの子孫となる．この開拓者と子孫の集団を分析すると，フランス系カナダ人の人口学的特質（第1章第3節参照）がわかり，したがって彼らの成功の理由が判明する．それは三つで，(1) 結婚性向の高さ，とくに結婚年齢の若さ，(2) 自然出生力の高さ，そして (3) 相対的に低い死亡率である．

　表2.3は，いくつかの人口指標によって開拓者人口とフランスの人口とを比較している．ヌーヴェル・フランス［フランス植民地時代のセント・ローレンス湾地域］へ渡った女性は，本国フランスの女性よりも2歳以上若くして結婚し，加えて再婚も頻繁であった．当時の高死亡率を考慮すれば，若くして寡婦となることも珍しくなかったのである．結婚が若くしてなされ，かつ頻繁であったので，妊娠間隔が短くなり（フランスにおける29カ月に対して25カ月），カナダの女性はより高い出生率を経験し，より多くの子どもに恵まれた．そして最後に，開拓者の20歳時平均余命はフランスにおけるよりも明瞭に（ほぼ5年も）長かったのである．

　これで状況がすべて説明できるわけではないが，人口行動上の違いをよく説明する基礎的な選抜要因がある．条件のよくない土地へ，長時間の楽ではない移住の旅をした人びとは，間違いなく勇気と進取の気質と健康な身体とをもっ

---

72) Charbonneau, "Essai sur l'Évolution Démographique," p. 13.
73) Charbonneau *et al.*, *Naissance d'une Population*, p. 21.

表 2.3 フランス系カナダ人開拓者と同時代のフランス人の人口行動の比較

人口指標	開拓者	フランス人	開拓者／フランス人比
平均初婚年齢（男）	28.8	25.0	1.15
平均初婚年齢（女）	20.9	23.0	0.91
再婚割合（男）[a]	70.0	67.8	1.03
再婚割合（女）[a]	70.4	48.8	1.44
完結出生力[b]	6.88	6.39	1.08
20歳時平均余命	38.8	34.2	1.13

（註） a 50歳までに再婚した寡婦（夫）の割合．
　　　 b 25歳までに結婚した女性に関して，25〜50歳までの嫡出出生率の合計．
（出所） H. Charbonneau *et al.*, *Naissance d'une Population: Les Français Établis au Canada au XVIIᵉ Siècle* (Presses de l'Université de Montréal, Montréal, 1987).

ていたはずである．何週間もかかる大西洋の航海は厳しく，船中での死亡率が高かったので，さらなる選抜が行われた．適応できないものは戻っていった．こうした選抜効果は移住にはつきもので，カナダ人の低い死亡率と，そしておそらく高い出生率をも説明するだろう．初期段階では少なくとも，低い人口密度もまた死亡率を低位に保つのに貢献したであろう．感染と伝染病の拡がりを抑制するからである．女性の低い結婚年齢（最初は15, 16歳という低さであった）[74]と再婚の頻度は，移住者が圧倒的に男子であったという性比の不均衡によるものであった．ふたたびアダム・スミスの観察を引こう．「4, 5人の子どもをかかえた若い未亡人は，ヨーロッパの中流または下流の諸階層の人びとのあいだでは再婚の機会がほとんどないが，そこでは［北アメリカでは］しばしば一種の資産として求婚される．子どもの価値は，結婚へのすべての誘因のなかでも最大のものである」．[75]

開拓者世代が見出した好条件は彼らの夫婦に平均6.3人の子どもをもたらした．そのうち4.2人が結婚し，結果として30年たたないうちに人口は2倍となった．[76] 開拓者の次世代4人余は28人の子どもをもうけ，開拓者1人当たりでみると平均34人の子どもと孫が生まれた．3分の1は，いまみたスミスの文章

---

74) H. Charbonneau, *Vie et Mort de nos Ancêtres* (Presses de l'Université de Montréal, Montréal, 1975), p. 166.
75) Smith, *Wealth of Nations*, vol. 1, p. 63 [『国富論』一，128-29頁].
76) 第1章第3節を参照．

にあったとおり，その数が50人に達したのである．[77]

　その後の世代も，高レベルの再生産力と急速な人口増加力に恵まれた．社会が落ち着くにつれて女性の結婚年齢は徐々に上がったけれども，[78] カナダに生まれ新社会で育った娘たちの出生力は母親よりも高かった（したがって，フランスに残った女性よりもさらに高位であった）．若干の数字をあげると，移民の多くの出身地であるフランス北西部において15～19歳で結婚をした女性の平均子孫数は9.5人であったのに対して，開拓民では10.1人であり，カナダ生まれの女性の場合は11.4人であった．結婚年齢を20～24歳にとると，対応する数字は7.6人，8.1人，9.5人，25～29歳では5.6人，5.7人，6.3人となる．[79] カナダ人の出生力は18世紀を通じて高位に保たれ，これまでで最も高い部類に属する．[80] 死亡に目を転ずると，状況は17世紀のほうが18世紀よりもよかったようである．高まる人口密度と移動に伴う選抜効果の減退の結果だったのかもしれないが，それでもカナダにおける死亡率はフランス北西部よりも若干低位の水準で推移したのである．[81]

　フランス人のカナダ移民が人口学的成功を勝ちえたのは，初期の選抜効果，社会的凝集力，環境上の好条件があったからである．17世紀初頭の数千人の開拓民は，表2.4に掲げたように，人口を増加させはじめ，半世紀間に5万人となった．[82] 興味深いことに，フランス系カナダ人は急速な人口成長を経験したが，何倍も大きいフランスの人口は緩慢にしか増加しないか停滞しており，先住インディアンの人口をみると，病気の蔓延や開拓の拡大がもたらした地理的

---

77) Charbonneau *et al.*, *Naissance d'une Population*, p. 113.
78) Charbonneau, *Vie et Mort*, p. 165.
79) Charbonneau *et al.*, *Naissance d'une Population*, p. 90.
80) H. Charbonneau, "Les Régimes de Fécondité Naturelle en Amérique du Nord: Bilan et Analyse des Observations," in H. Léridon and J. Menken, eds., *Natural Fertility* (Ordina, Liège, 1979), p. 450.
81) Charbonneau, *Vie et Mort*, p. 147.
82) Charbonneau *et al.*, *Naissance d'une Population*, p. 163. この研究でシャルボノは，フランス系カナダ人の遺伝子プールに対する開拓者たちの寄与を推計しようと試みた（pp. 107-25）．彼の計算によると，1680年以前の開拓者たちの遺伝子プールが18世紀末時点の遺伝子プールの70％を占め，その後の移民の少なさゆえ，割合は現在までほとんど変わっていないとされている．

表2.4 フランス系カナダ人の移民と人口：1608-1949年

期間	定着した移民	平均人口 (1,000人)	平均人口に対する移民の割合（%）	期末における開拓者たちの寄与分（%）[a]
1608-79	3,380	—	—	100
1680-99	1,289	13	10.0	86
1700-29	1,477	24	6.0	80
1730-59	4,000	53	7.5	72
1760-99	4,000	137	3.0	70
1800-99	10,000	925	1.0	69
1900-49	25,000	2,450	1.0	68

(註) a この欄のデータは，各期末におけるフランス系カナダ人の全遺伝子プールの中で開拓者たちの寄与した割合の推計として理解すべきものである．
(出所) H. Charbonneau et al., *Naissance d'une Population: Les Français Établis au Canada au XVIIe Siècle* (Presses de l'Université de Montréal, Montréal, 1987), p.1.

離散の影響によって減少をしていた．人口にみられるこのような調整現象は，動物個体数の場合にも——機械的に受けとっては危険であるけれども——飽和状態となった地域から移動をしてきた群が新しい環境に競合する他の種を押しのけて定着するという，並行現象がみられる．先住人口と入植人口にみられた異なる運命，すなわち前者が遭遇した人口危機と後者の人口学的成功という対照は，新たな疾病だけではなく，社会的および技術的な組織化水準の違いの関数でもあった．ヨーロッパ系の人びとはエネルギー源（馬力，畜力牽引，帆船走行）と技術（鉄鋼製の道具と武器，車輪，爆薬）を支配し，先住民の集団をはるかに上回る成果をあげた．彼らは衣料と住居の面でも優っており，寒冷ないしは温帯気候には慣れていた．加えて，彼らが持ち込んだ動物（馬，牛，ヒツジ，ヤギ）は驚くほど容易に新しい環境へ適応し，急速に個体数を増やした．植物も（雑草までも）同様であった．[83]

---

83) 上記のコメントは，きわめてオリジナルな研究である A. W. Crosby, *Ecological Imperialism : The Biological Expansion of Europe* (Cambridge University Press, Cambridge, 1986)［佐々木昭夫訳『ヨーロッパ帝国主義の謎：エコロジーから見た10〜20世紀』岩波書店，1998年］によっている．アルゼンチンのパンパにおける牛の繁殖の成功は驚くべきものである．クロスビーは，信頼できる推計として18世紀の旅行者であったフェリックス・デ・アサラを引用している（p. 178［訳書219頁］）．彼によると，南緯26度と41度の間に4,800万頭の牛がおり，それらの牛は100年前に移入された数頭の子孫であるとされている．この数値は，最も繁殖した時期におけるグレート・プレーンズ［カナダ・アメリカ合衆国にまたがる大平原］のアメリカン・バッファローと比肩するものである．

7 アイルランドと日本：二つの島国，二つの歴史

　長期的にみれば，人口と資源とはほぼ並行して進むものである．しかし，数世紀という長さからもっと短期の時間軸へ移してみると，その並行関係が必ず見出されるとはいえなくなる．人類の適応力が非常に高く，欠乏のときには耐えることができると同時に膨大な資源を蓄積することもあるからである．また因果関係がわかる程度の短期間に，人口の変動がつねに資源の利用可能性（単純化のためここでは人間の干渉はないと考える）を反映したものとなるわけでもない．人口変化の諸要因，とくに死亡率（本章第3～4節参照）は資源の利用可能性とは独立である．けれども，人口と資源の相互関係が明らかな場合も存在する．専門家の解釈を信ずるならば，17～19世紀のアイルランドと日本の事例——文化と空間の両面において互いに隔たりのある二つの島——がこの関係をよく示しているといえる．

　アイルランドはずっと西欧の最貧国の一つであった．イングランドに従属し独立と自治を奪われ，不在地主に支配された農業的な貢納経済のもとで，後進性に苦しんできた．その貧困にもかかわらず，人口は増加した．ヨーロッパの大国の中でも人口的に最もダイナミックな国であった隣国イングランドよりも，人口は急速に増加した．17世紀末から1841年の国勢調査時点（センサス）——アイルランド人口を劇的に変えた大飢饉の数年前——にかけて，アイルランド人の総数は200万人余から800万人強にまでなった（表2.5）．日本は，外国からの影響に対し自らを閉ざしていたが，17世紀前半，徳川初期から国内的には顕著な復興を果たした．120年間に人口は3倍となって，19世紀中期までの長い停滞の時代に入っていった．両国においてみられた急成長，次の時代における大惨事と停滞，これらの原因は何だったのであろうか．

　アイルランドの場合は，コンネルによって40年以上も前に考察がなされ，[84]彼の分析はその後の研究による吟味にもよく耐えている．コンネル説は，アイルランド人の早婚性向は土地取得の困難さによって抑制されていたと考える．土地は家を建て，家族生活を始めるうえでなくてはならないものだったからである．18世紀後半にこの抑制が取り除かれた．その要因は複雑であるが，とく

表 2.5　アイルランドと日本の人口：17〜19世紀

年	人口（100万人）	年増加率（％）
アイルランド		
1687	2.167	—
1712	2.791	1.01
1754	3.191	0.32
1791	4.753	1.08
1821	6.882	1.19
1831	7.767	1.33
1841	8.175	0.51
1687-1754		0.58
1754-1841		1.08
日本		
1600	10-18	—
1720	30	0.92-0.43
1875	35	0.10

（出所）　アイルランドについては，K. H. Connell, *The Population of Ireland (1750-1845)* (Clarendon Press, Oxford, 1950). 1687-1791年は推計，1821-1841年は国勢調査．日本は，A. Hayami, "Mouvements de Longue Durée et Structures Japonaises de la Population à l'Époque Tokugawa," *Annales de Démograpique Historique 1971* (Mouton, Paris, 1972).

にジャガイモ導入の成功が大きく，耕地の拡大と細分化を可能とした．その結果，結婚性向が上昇し，もともと自然出生力が高く，死亡率はそれほど高くなかったので，高い人口増加となった．それが過度の増加であったため，この均衡維持は危うく，最終的には1846-47年の大飢饉が起こり，それまでの秩序を破壊したのである．

表2.5に示されたデータは，アイルランドの急速な人口増加を物語っている．1845年に先立つ1世紀間，人口は年1.3％で成長した．イングランドの1％を上回るこのデータこそ，コンネルが解釈のもととしたものである．頼りになるセンサスは1821-41年のみで，それ以前は炉税（一種の家族税）徴収官の報告に手を加えた数値である．

---

84)　K. H. Connell, *The Population of Ireland (1750-1845)* (Clarendon Press, Oxford, 1950). K. H. Connell, "Land and Population in Ireland," in D. V. Glass and D. E. C. Eversley, eds., *Population in History* (Edward Arnold, London, 1965)も参照．コンネル以後の研究の再検討については，J. Mokyr and C. Ó Gráda, "New Developments in Irish Population History, 1700-1850," *Economic History Review* 27(2nd ser., 1984).

コンネルはいう.「18世紀末から19世紀初期には,あくまでも早婚を促し,それをよしとする気運があった.悲惨で希望のない生活状況,そうかといって魅力のない独身生活,それに宗教者の説得もあったかもしれない.これらがすべてその方向を後押しした」.[85] ただ,早婚を可能とする物的条件はあったのであろうか.アイルランド島の貧しい農村人口には,ヨーロッパの多くの人口集団には一般的であった,資力を蓄積し,よりよい生活水準を獲得するために結婚を遅らすという観念がなかった.[86] 大地主は地代を調整して小作人の生活を生存ぎりぎりに押しとどめ,生活水準の改善を困難にしていた.結婚のコストは低く,新居といえばたいていは掘立小屋で,友人や親族に手伝ってもらえば2,3日でできあがり,家具も単純で粗末なものであった.[87] 小作人社会における真の障害は新居を構える土地をどうやって取得するかであった.これがむずかしいかぎり(たとえば,父親が死なないかぎり),結婚は抑制された.けれども,18世紀末にかけて状況が変化した.牧草地の耕作可能地への転換と(低湿地や山地の耕地化による)開墾地の耕作が,フランスと戦争をしていたイングランドの要求のもとアイルランド議会によって進められ,この障害を取り払った.[88] 土地の細分化はジャガイモの導入と耕作拡大によってさらに進む一方,アイルランド人の主食は瞬く間にジャガイモとなり,それが唯一というものまで現れた.[89] ジャガイモがウォルター・ローリー卿によって導入されたのは16世紀末といわれ,次第に拡まったものであるが,これは二つの理由で重要である.第1はその多収量性にある.人口のジャガイモ依存度が高まるにつれ,「それまでは1家族を養うのがやっとであった土地が息子たちや小作人へ分割された」.[90] 「1エーカーのジャガイモ畑があれば6人の家族と家畜を養っていくのに十分だった」[91] からである.第2の理由は,その高い栄養価で,もともとミルクの消費割合が高いのに加えて食事の中で驚くべき比率を占める

---

85) Connell, *Population of Ireland*, pp. 81-82.
86) Connell, *Population of Ireland*, p. 82. R. N. Salaman, *The Influence of the Potato on the Course of Irish History* (Browne & Nolan, Dublin, 1933), p. 23 も参照.
87) Connell, *Population of Ireland*, p. 89.
88) Connell, *Population of Ireland*, pp. 90ff.
89) Connell, *Population of Ireland*, p. 133.
90) Connell, *Population of Ireland*, p. 90.

ようになったことである.[92] アーサー・ヤングがキングズ州を旅行したとき,「食事はジャガイモとミルクで10カ月間, 残りの2カ月はジャガイモと塩」という観察を残した.[93] 1人1日8ポンド (3.6キログラム) とすると, 280ポンド (127キログラム) の樽一杯のジャガイモで, 乳児や子どもを入れて5人の家族が1週間食べていけた. コンネルは, 1780年から大飢饉まで1人当たり10ポンドの消費と推計したが, サラマンは18世紀末の大人1人当たりは12ポンドと見積もり,「次世紀にはこれを凌駕する量となった」と述べている.[94] さらに, 4キログラムのジャガイモと半リットルのミルクだけの食事は, 1人の大人にとって十分以上のカロリーと栄養価とを提供するのである.[95] したがって, ジャガイモがアイルランドの農民を貧困に追いやったと難ずることはできても, それが彼らをして高い死亡リスクにさらしたと非難することはできない. 新たな土地と既存の耕地の細分化が生産的となったのはジャガイモ栽培のおかげであり, それがアイルランド人の結婚年齢引下げと結婚性向の上昇をもたらした. これらの要因が高位の自然出生力[96]と中位の死亡率と相まって, 大飢饉までの期間における高い人口増加を生み出したのである.[97]

---

91) Salaman, *Influence of the Potato*, p. 23. サラマンによる *The History and Social Influence of the Potato* (Cambridge University Press, London, 1949) も参照. 彼の分析の多くはコンネルと一致している. しかしコンネルは, ジャガイモが主食になったのは18世紀後半であると主張しているのに対して, サラマンはそれ以前に普及したと考えている. コンネルとサラマンは両者とも, アイルランドの社会人口史の中でジャガイモが果たした圧倒的役割を力説している. これと異なる観点をもつのは, L. M. Cullen, "Irish History without the Potato," *Past and Present* 40 (1968) である.
92) Connell, *Population of Ireland*, p. 149.
93) ヤングの観察は, Salaman, *Influence of the Potato*, p. 19に引用されている.
94) Salaman, *Influence of the Potato*.
95) もし10ポンドのジャガイモ (3,400カロリー) と1パイントのミルク (400カロリー) を1日当たり消費するとすれば, その3,800カロリーという消費量は, 激しい肉体労働に従事する成人男性に十分だとされている今日の標準値以上ということになる. この食習慣は, たんぱく質, ビタミンおよびミネラルの含有量という面でも適切であったと思われる. しかしそれほど大量に摂取することを勧めるのには疑問をもたれるかもしれない.
96) 1840年前後で有配偶出生率は370‰であり, 1851年のイングランド・ウェールズ (307‰) よりも20%高かった. 嫡出出生率の標準化された指標 I_g は, アイルランド0.82, イングランド・ウェールズ0.65であった. Mokyr and Ó Gráda, "New Developments," p. 479を参照.

いかにジャガイモの導入によって生産的となったとはいっても，土地が制限要因である社会にとって人口増加（1781年から1841年の間に2倍となった）を永久に持続させることは不可能である．1841年に先立つ10年間には，すでに結婚年齢が上がり，移民が増え始めていたという証拠がある．しかし，この展開が惨劇を回避させることはなかった．1845年，胴枯病がジャガイモを襲い，不作となった．1846年にはまったく実らず，壊滅状態となった．[98] 1846-47年の冬には飢饉となり，窮乏，絶望的な大量移民，熱病とチフスの流行をもたらした．大飢饉とそれに続いた伝染病は，平常年を110万から150万人も上回る死者を出したと見積もられている．[99] 移民は大脱出となり，1847年から54年の間に年平均20万人が国を離れた．[100]

大飢饉は，人口学的な意味で一つの体制（レジーム）の終わりを告げるものであった．ジャガイモは急速な人口増加の一因となったが，人びとに栄養上の必要をそれのみに頼らせたという点で危うさをももたらした．その後の数十年間には，大土地所有者と聖職者の主導による土地利用と所有構造，そして結婚性向にかんしても（晩婚と男女ともに高い未婚率からなる）新たな体制が形成され，大量移民と相まって人口減退をさらに持続させることとなった．1831-41年には23〜24歳——それ以前の水準よりはすでに高くなっていたようにみえるが——であった初婚年齢は，その世紀末には27〜28歳へと上昇した．妊娠可能年齢にある女性の有配偶率は，1841年から世紀末にかけて急激な低下をみせ，50歳人口の5分の1は未婚のままとなった．[101] アイルランド島の人口は，1841年の

---

97)　ワーテルローでのナポレオンの敗北から大飢饉までの30年間で，150万人がアイルランドを離れ，イングランドと北アメリカへ渡ったと推計されている．Mokyr and Ó Gráda, "New Developments," p. 487を参照．

98)　大飢饉については以下を参照．R. D. Edwards and T. D. Williams, eds., *The Great Famine* (New York University Press, New York, 1957); C. Ó Gráda, *Black '47 and Beyond: The Great Irish Famine in History, Economy and Memory* (Princeton University Press, Princeton, NJ, 1999); J. Mokyr and Ó Gráda, "Famine Disease and Famine Mortality: Lessons from the Irish Experience," University College Dublin Center for Economic Research, Working Paper, 12 (1999).

99)　J. Mokyr, *Why Ireland Starved : A Quantitative and Analytical History of the Irish Economy, 1800-1850* (Allen & Unwin, London, 1983).

100)　M. R. Davie, *World Immigration* (Macmillan, New York, 1936), p. 63.

820万人から1901年の450万人へと急速な減少をみたのである.

　日本の場合，最初の局面はアイルランドと類似していたと日本人口史・社会史の権威の一人はいう.[102] 背景はもちろん異なる．徳川体制は1603年から1867年まで2世紀半に及び，その後に明治の近代化がくるのであるが，国内の平和，外部世界とキリスト教の影響に対する鎖国，儒教の再興と政治的安定によって特徴づけられる．しかし，この長い時代に，「社会は近代化への準備をなし，……経済的動機による行動が人びとの生活様式を変え始めた．……初期の段階では，生産は貢租と自給のためだけで必然的に貧困を伴ったが，……生産の主目的が販売へとなったとき，窮乏は豊かさと生活の質を上げるための労働へと変化した」.[103] 耕地面積は倍増し，農業技術は粗放的から集約的となった．伝統的な社会構造は変貌し，少なからぬ親族と，結婚することが通常は許されない下人を抱えた大家族集団は分解して，多くの独立家族が成立した．たとえば信州諏訪郡では，平均家族規模が1671-1700年の7人から1751-1800年の4.9人へと縮小した.[104] 下人身分の隷属民[105]は，ごく一部しか結婚できなかったのが，小作農民階層へと変わり，通常の人口行動をとることができるようになった．

　経済資源（新田，新たな農耕技術）が解き放たれ，持続的な人口増加が起こ

---

101)　出産年齢にある女性の既婚率を加重平均した指標 I_m は，1841年前後の0.45から1901には0.324へと（28％）低下した．Mokyr and Ó Gráda, "New Developments," p. 479; M. S. Teitelbaum, *The British Fertility Decline: Demographic Transition in the Crucible of the Industrial Revolution* (Princeton University Press, Princeton, NJ, 1984), p. 103.

102)　A. Hayami, "The Population at the Beginning of the Tokugawa Period: An Introduction to the Historical Demography of Pre-Industrial Japan," *Keio Economic Studies* 4 (1966-67), A. Hayami, "Mouvements de Longue Durée et Structures Japonaises de la Population à l'Époque Tokugawa," *Annales de Démographie Historique* 1971 (Mouton, Paris, 1972). S. B. Hanley and K. Yamamura, eds., *Economic and Demographic Change in Preindustrial Japan 1600-1868* (Princeton University Press, Princeton, NJ, 1977)［速水融・穐本洋哉訳『前工業化期日本の経済と人口』ミネルヴァ書房，1982年］; A. Hayami, *Population and Family in Early-Modern Central Japan* (International Research Center for Japanese Studies, Kyoto, 2010)［『近世濃尾地方の人口・経済・社会』創文社，1992年の増補英語版］も参照．

103)　Hayami, "Mouvements," pp. 248-49.

104)　Hayami, "Mouvements," pp. 254.

105)　Hayami, "The Population at the Beginning of the Tokugawa Period," p. 16.

った．速水の推計によれば，17世紀初頭で1,000万人を上回ることのなかった人口は1720年には3,000万人へと急増した（ただ，資料上の不確定性があるのでプラス・マイナス500万人の誤差をみなければならないという）．1世紀にわたって0.8％から1％の年平均増加率が続いたのである．[106] 次の1世紀半には，この疾走のごとき成長は通常歩行に変わった．徳川体制崩壊直後の1870年には人口は約3,500万人で，1720年以降の増加率は0.2％にすぎなかった．この停滞の原因とメカニズムは論争の的であるが，意図的な子どもの「生産」抑制がなされていたという確たる証拠はある．それは結婚を遅らすというよりは，堕胎と嬰児殺しによってであり，かつまた農村人口を誘引した都市の「有害」な役割によってであった（現在は東京となった江戸は，19世紀初頭には世界最大の都市であった）．いくつかの徳川農村の詳細な研究は階層を超えた堕胎・間引の広範な存在を立証し，文書資料や判例集を補う多くのデータを提供してくれる．[107] たとえば［信濃国諏訪郡］横内村では，1700年以前に生まれ，20歳で結婚した女性は平均5.5人の子どもを産んだが，同じ年齢で結婚しても1750年と1800年の間に生まれたひとの平均値は3.2人でしかなかった．[108] 堕胎・間引き以外では，徳川後期とそれに続く明治時代の低い人口増加を説明する他の興味深い要因として，農業の変化がある．定説となっているこの変化は，非常に集約的な農法をもたらした．それは，一方では農村生活の全般的状況を改善したが，他方では男女，とくに女性の労働負担を目にみえて増加させた．この傾向は「有配偶出生力と乳児および妊産婦死亡率に好ましからざる影響を与え，したがって農業の長期的発展が人口に及ぼす改善効果をある程度相殺したにちがいない」．[109] 人口停滞の説明が何であれ，日本社会は耕作の拡大が克服しが

---

106) Hayami, "Mouvements," pp. 249-51.
107) T. C. Smith, *Nakahara: Family Farming and Population in a Japanese Village, 1717-1830* (Stanford University Press, Stanford, CA, 1977), p. 11.
108) Smith, *Nakahara*, p.13. A. Hayami, "Demographic Aspects of a Village in Tokugawa Japan," in P. Deprez, ed., *Population and Economics* (Acts of the Fifth Section of the Fourth Congress of the International Association of Economic History, Winnipeg, 1968). 都市の低出生力については，Y. Sasaki, "Urban Migration and Fertility in Tokugawa Japan: The City of Takayama, 1773-1871," in S. B. Hanley and A. P. Wolf, eds., *Family and Population in East Asian History* (Stanford University Press, Stanford, CA, 1985).

たい自然的限界に達するにつれ，人口増加を制限するメカニズムを徐々に発見していったのである．

日本の人口システムはアイルランドのそれと，資源の利用可能性へかかる圧力に対してどう対処したかという点で異なる．アイルランドでは大飢饉と大移民に直面して，システムは崩壊した．この二重の打撃からは結婚性向のあり方を変える，相対的に痛みの少ない調整が生じたが，日本では対応自体が漸進的で，その帰結が苦痛を伴う出来事とはならなかったのである．

8　現代世界の入口で：中国とヨーロッパ

18世紀をもって世界の多くの地域は人口加速の局面に入ったように思える．「思える」という表現は適切で，ヨーロッパとアメリカ合衆国を除けば，どこでも統計情報はほとんどないからである．ただ，表1.3に掲げた数字を信じるとすれば，世界の人口は1700年から1800年にかけて40％増加し，類似の増加は1700年以前の2世紀間にも起きていた．アフリカは停滞していたと考えられるが，アメリカの人口は2倍となり，ヨーロッパでもアジアでも相当の増加があった（54％と46％）．何がこの加速現象の決定要因だったのであろうか．人口システムはどのように，そしてどのような理由によって変貌をとげたのであろうか．

ここではヨーロッパと中国という並行事例を検討する．18世紀の中国において相当の人口増加があったということには，意見の一致がある．人口数は1700年の1億6,000万人から1800年の約3億3,000万人へと2倍となったが，それに続く世紀，とくに1850年以降，その勢いのかなりが失われた．研究者によれば，地価の上昇や農業生産の増大に反映された経済の拡大局面と国民の政府財政負

---

109) O. Saito, "Infanticide, Fertility and Population Stagnation: The State of Tokugawa Historical Demography," *Japan Forum* 4 (1992); O. Saito, "Gender, Workload and Agricultural Progress: Japan's Historical Experience in Perspective," in R. Leboutte, ed., *Proto-industrialization: Recent Research and New Perspectives* (Droz, Geneva, 1996); O. Saito, "Infant Mortality in Pre-Transition Japan: Levels and Trends," in A. Bideau, B. Desjardins, and H. Perez Brignoli, eds., *Infant and Child Mortality in the Past* (Oxford University Press, Oxford, 1997).

担の軽減とが18世紀の増加要因であったという.[110]

　結果として生活水準の全般的な上昇が生じ，人口拡大を促した．それはマルサス的特質を要約したような説明で，人口行動は生活水準によって決定されるといっているに等しい．現代の研究者の中には中国の人口システムの柔軟性を強調するひともいて，さまざまなメカニズムによって外的な制約に適応できたのかもしれない．[111] まず，嬰児殺しが家族のレベルで子ども数と男女構成の調節を可能にした．大多数は女児の間引であった．発生率は高く，皇族の女性が産む子どもでは10％，身分が低ければもっと高かった．1774年から1873年に出生した小農のサンプルでは，5分の1から4分の1の女児が嬰児殺しの犠牲になったと推計されている．[112] 嬰児殺しは生活状況が変動することへの対応というのがその解釈である．

　選択的嬰児殺しと児童放置による生存女児の高い死亡率は結婚市場の歪みをもたらし，適齢期の女性不足を招いた．その不足は，少ないとはいえない複婚の存在や若年寡婦の低再婚率によってさらに悪化し，その結果，ほとんどすべての女性は若くして結婚した一方で，男の結婚は相当遅くなり，少なからぬ割合が未婚にとどまった．15歳から50歳で有配偶女性の割合（典型的には90％）はヨーロッパよりもずっと高かった（60％以下）．この女性の皆婚制は，異なった環境に適応できるさまざまな制度形態にもはっきりとしたかたちで表現されていた．父方居住（新婚夫婦が夫の家族と住む形態）が支配的ではあるが，別な形態も存在した．妻方居住，逆縁婚（レビラト）（貧者の場合），複婚（富裕者の場合），幼児養子（成長して養父家族の一員と結婚をする）である．

---

110) Ping-ti Ho, *La Cina: Lo Sviluppo Demografico* (UTET, Turin, 1972), pp. 373-78 [English edn. *Studies on the Population of China, 1368-1953* (Harvard University Press, Cambridge, MA, 1959), pp. 267-71]. 18世紀ヨーロッパと中国における社会経済的状況の最新の解釈については，K. Pomeranz, *The Great Divergence: China, Europe, and the Making of the Modern World Economy* (Princeton University Press, Princeton, NJ, 2000).

111) 中国人の人口行動にみられる適応力論は，J. Z. Lee and Wang Feng, *One Quarter of Humanity* (Harvard University Press, Cambridge, MA, 1999) によって説得力をもって展開されている．J. Z. Lee and C. Campbell, *Fate and Fortune in Rural China* (Cambridge University Press, Cambridge, 1997) もみよ．

112) Lee and Wang, *One Quarter*, pp. 50-51. 遼寧省における嬰児殺しの推計は，Lee and Campbell, *Fate and Fortune*, p. 67を参照．

女性の高有配偶率はヨーロッパよりも低い婚姻内出生力と見合っていた．20歳で結婚し50歳まで有配偶の女性が産む子どもの総数は6人前後で，7.5人かそれ以上というヨーロッパの女性と対照的である．[113] 出生間隔はヨーロッパ女性よりも長く，末子出産年齢は低かった．この低い有配偶出生力と夫婦間の性的抑制を説く宗教的・哲学的伝統とは無関係ではないのかもしれない．最後に，養子もまた中国の家族制度と関連しており，無視できない割合――10％にも達する――の子どもが養家族に育てられ，また青年や大人にも適用できる制度であった．「このように，中国の人口システムは多彩な選択肢によって特徴づけられていた．すなわち，恋愛と見合婚，夫婦間の情熱と抑制，親の子への愛情と子どもを殺めたり譲ったりすること，そして他人の子どもを養子にとること，これらの間のバランスをとることができた．……中国人は，属する集団の状況に応じて，その効用を最大化するために個々人の人口行動を調節していたのである」．[114]

19世紀の初期，中国の人口は（3億3,000万人から4億3,000万人へと）急成長を持続した．しかし増加率は以前より低下し，第3四半期には反乱と血なまぐさい衝突事件（1851-64年の太平天国の乱はとりわけ破壊的であった）と打ち続く飢渇の苦しみとが急激な人口減少をもたらし，その後の回復をも遅らせた．19世紀を通じて，耕地の枯渇，農業における収穫逓減，技術革新の欠如ないしはその成果導入の遅れが原因で貧困に陥った人びとは，予防的で抑圧的な人口増加制限手段をとった．[115] 中国人口システムの柔軟性――それは嬰児殺しという自虐的慣行にもよっていた――を説く論者にとって，18世紀にはそれが成長の「アクセル」の役割を果たし，19世紀になると「ブレーキ」の役割に転じたといえる．けれども，この解釈を支持しないひともいる．彼らにとって，19世紀の後半は生存危機の衝撃とそれに続く高死亡率の時代であり，人口の内生的で自己調節的な動きは第2次的な役割しか果たしていなかったという．19世紀末の中国は近代性からほど遠い存在にみえ，それは人口学的プロフィール

---

113) Lee and Wang, *One Quarter*, p. 86.
114) Lee and Wang, *One Quarter*, p. 9.
115) Ping-ti Ho, *La Cina*, pp. 321-36 [English edn. *Studies on the Population of China*, pp. 229-40].

においてもそうであった．

　18世紀ヨーロッパの人口増加——それは19世紀にさらに加速したのだが——は，同時代の中国とは異なった要因によっていた．初期の局面では制約の力はいまだ強く，出生制限はフランスのような若干の散発的事例を除いては知られておらず，死亡率に働きかける医療衛生上の施策はなされていなかったが，1750年から1850年になると，ヨーロッパ人口の成長加速が起きた．1600～1750年には0.15％にすぎなかった年増加率は1750～1850年には0.63％に上昇した（表1.3を参照）．この加速はすべての主要国で生じたが（表2.6参照），ある国（たとえばイングランド）は他の国（たとえばフランス）においてよりも高率であった．ただ，18世紀中葉から19世紀中葉の時代も，ペストの消滅と天然痘克服における成功（ジェンナーがワクチンを発見したのは1797年であった）にもかかわらず災禍と無縁というわけにはいかなかった．フランス革命とナポレオン戦争はヨーロッパを20年にわたって荒廃させ，最後の生存危機といわれる1816-17年飢饉——チフスの勃発を伴った——はヨーロッパ全土を襲い，[116] 以前には知られていなかった疾病であるコレラが大陸中で猖獗をきわめた．けれども，人口増加は力強く，アメリカ大陸へと人口は流出した．大洋横断の大規模な移民の始まりである．

　18世紀中葉における人口加速の原因については論争が起きた——いまでも続いている——が，その人口学的メカニズムは完全には明らかとなっていない．ある場合には人口成長は結婚増加に起因する出生率の上昇によるもので，他の大半の事例では死亡率の低下が主要原因だったのである．

　この時期最も高い人口増加を経験したイングランドの場合，近年の研究は18世紀後半の加速を死亡率低減よりは（結婚増加に裏打ちされた）出生率上昇に起因するものとみている．[117] 産業革命による労働需要の拡大は結婚を促し，それが出生率へと結びついたようにみえる（出生はいまだ婚姻内「制限」の対象ではなかった）．しかし死亡率も低下した．その複合効果は持続的な人口増

---

116) J. Post, *The Last Great Subsistence Crisis in the Western World* (Johns Hopkins University Press, Baltimore, MD, 1977).

117) E. A. Wrigley and R. S. Schofield, *The Population History of England, 1541-1871: A Reconstruction* (Edward Arnold, London, 1981).

表2.6 ヨーロッパ諸国の人口増加の事例：1600-1850年

国名	人口（100万人）			増加指数			人口密度（1km²当たり）	シェア（％）		
	1600年	1750年	1850年	1750年(1600年=100)	1850年(1750年=100)	1850年(1600年=100)	(1750年)	1750年	1850年	1850年
イングランド	4.1	5.8	16.6	141	286	405	48	7	8	14
オランダ	1.5	1.9	3.1	127	163	207	63	3	3	2
ドイツ	12.0	15.0	27.0	125	180	225	42	21	21	22
フランス	19.6	24.6	36.3	126	148	185	45	34	34	30
イタリア	13.5	15.8	24.7	117	156	183	52	24	22	20
スペイン	6.7	8.6	14.8	128	172	221	17	12	12	12
	57.4	71.7	122.5	125	171	213		100	100	100

(註) 推計値は現在の国境によっている．フランス・イタリア・スペインについては，所与の時点の推計値は筆者によるものであり，以下に引用した文献中にある直近の時点から推定されたものである．
(出所) データは以下の研究から得ている．
イングランドは，E. A. Wrigley and R. S. Schofield, *The Population History of England 1541-1871: A Reconstruction* (Edward Arnold, London, 1981), pp. 532-34. オランダは，B. H. Slicher van Bath, "Historical Demography and the Social and Economic Development of Netherlands," *Daedalus* 97 (1968), p. 609. ドイツは，C. McEvedy and R. Jones, *Atlas of World Population History* (Penguin, Harmondsworth, 1978), pp. 67-70. フランスは，J. Dupâquier and B. Lepetit, "La Pueplade," in J. Dupâquier, ed., *Histoire de la Population Française* (PUF, Paris, 1988), vol. 2: *de la Rennaisance à 1789*. イタリアは，L. Del Panta, M. Livi-Bacci, G. Pinto, and E. Sonnino, *La Popolazione Italiana dal Medioevo a Oggi* (Laterza, Rome-Bari, 1996). スペインは，J. Nadal, *La Población Española* (*Siglos XVI a XX*) (Ariel, Barcelona, 1984).

加となり，1世紀間に人口は3倍となった．このイングランドの事例は，第3章で人口と経済の関係を論ずるときに再訪することになろう．

ヨーロッパの多くの地域では，18世紀から19世紀へ入ると死亡率の低下をみた．この面での改善はとくに，伝染病の発生から，ときには飢饉や欠乏による死亡危機の頻度が低下したことに如実に現れている．例をあげれば，イングランドの404教区において，異常に高い死亡率を記録した月の発生頻度は，18世紀前半で1.9％，後半は0.9％，19世紀の第1四半世紀になると0.6％であった．[118] これは危機的状況の頻度が急速に低下していたことを示している．フランスの場合，異常な危機の発生が劇的に減少したのは18世紀の第1四半世紀と第2四半世紀の間であった．それほど劇的であったので，ある研究者は旧体制（アンシアン・レジーム）型危機の終焉というほどである．とりわけ，通常年を超過する死亡

---

118) Wrigley and Schofield, *Population History of England*, p. 650.

数が100万人に達した1709年の冬や,同じように厳しい危機的状況であった1693-94年と1739-41年のあとではそうであった.[119) ヨーロッパの他の地域——ドイツ,イタリア,スペイン——では,低下は遅れ,迅速でもなかった.

　大死亡危機の頻度低下の原因は,生物学的でも経済的でも社会的でもあった.病原体と宿主の間に相互適応関係があるということの生物学的効果(本章の第3～4節を参照)は,人口密度と移動のレベルが上がったことにも影響され,ある特定の疾病については毒性低下の一因であった可能性を否定できない.他方,社会的原因には個人および公衆衛生の改善の結果としての感染の拡大抑制効果が含まれ,経済的原因は,農業進歩はもとより,交通機関の改良,したがってまた物資の過不足がみられる地域間におけるその配給システムの改善とも関連する.

　けれども,死亡危機年の消滅だけではヨーロッパの死亡率低下を説明できない.出生時平均余命は,たとえばイングランドでは,1740-49年から1840-49年にかけて33年から40年へ,同じ期間フランスでは25年から40年へと上昇した.スウェーデンでは37年から45年(1750-09年から1840-09年),デンマークでは35年から44年(1780-09年から1840-09年)であった.[120) 明らかに,「危機」のであれ「平常年」のであれ,死亡率の低下が人口増加の加速を促した.この点で有力な理論の一つは,マキューンが強く主張した「栄養」学説である.[121) それによれば,18世紀の加速は死亡率低下が主導したものであり,それは,しかし,医療面の進歩によるものでも(天然痘ワクチンを除けば,19世紀末まで効果が期待できなかった),公衆衛生ないしは家庭での衛生管理上の変化によるものでも(ある面でそれは,たとえば大都市におけるように,おそらく悪化した),あるいは他の要因によるものでもない.マキューン曰く,真の原因は人びとの栄養水準の改善であり,それが身体の感染への「抵抗力」を強めたのである.その改善は農業生産力上昇の結果として実現したもので,トウモロコシからジャガイモまで,多収穫の新作物の導入のおかげであった.

---

119) Livi-Bacci, *Population and Nutrition*, pp. 50-55; C. Ó Gráda, *Famine: A Short History* (Princeton University Press, Princeton, NJ, 2009).
120) Livi-Bacci, *Population and Nutrition*, p. 70.
121) T. McKeown, *The Modern Rise of Population* (Edward Arnold, London, 1976).

この理論には多くの点で反論があり，他の原因を考えなければならないであろう．第1の論点は，栄養と感染への抵抗力とを結ぶ因果関係で，それが働くのは主として極度の栄養不良の場合である．飢饉の時期であれば栄養不良は頻繁に生ずるが，平常年におけるヨーロッパ人口の常食は不足していなかったと思われる．[122] 第2に，死亡「転換」が始まった18世紀後半から19世紀初頭は，マキューンがいうような良き時代ではなかったようである．たしかに新作物は拡がった．18世紀後半までにジャガイモの栽培は導入懐疑論者を説き伏せ，中・北欧における1770-72年の大飢饉があったこともあって，急速に伸張した．穀物と比較して，ジャガイモ畑は2倍から3倍の人口を扶養できた．用途が多様な蕎麦は遅蒔きでもよく，冬作物が不作のときに役立った．トウモロコシは17世紀スペインでまず拡がり，フランス南西部，北イタリアのポー川流域，そしてバルカン地方へと伝播した．ジャガイモと同じく，その栽培が普及したのは1816-17年の生存危機があったからであった．[123] しかし多くの場合，新作物の導入は1人当たり消費量を増加させることがなかった．アイルランドにおけるジャガイモがそうであったように，新たに導入された作物は人口増加分を養うのに回され，それまで尊重されていた穀類のような作物の耕作放棄を招くことが多かった．結果として，食事は貧しくなったのである．アイルランド旅行中にコベットが言い放った，「この呪われた塊茎の栽培をできるかぎりの方法でもって止めさせることは，私の喜びであり，また義務でもある．人類に，戦と悪疫を合わせたよりも大きな害悪を及ぼす」[124] という誹謗は，この点で有名であろう．イングランド，そしてフランドルについても，ジャガイモが増え

---

122) ブローデルはこの点で十分に重みのある支持を与えてくれる．それは筆者が Livi-Bacci, *Population and Nutrition*, とくにその第5章で主張したことであった．最近の論争については，C. Ó Gráda and T. Dyson, eds., *Famine Demography: Perspectives from the Past and Present* (Oxford University Press, Oxford, 2002) をみよ．

123) 新作物の導入とその影響については以下を参照．F. Braudel, *Civilisation Matérielle, Économie et Capitalisme, XVe-XVIIIe Siècle* (A. Colin, Paris, 1979), vol. 1: *Les Structures du Quotidiens: Le Possible et l'Impossible* ［村上光彦訳『物質文明・経済・資本主義 15-18世紀：日常性の構造』みすず書房，1985年］；W. Abel, *Congiuntura Agraria e Crisi Rides* (Einaudi, Turin, 1976) ［寺尾誠訳『農業恐慌と景気循環』未来社，1972年］．

124) "Letters of William Cobbett to Charles Marshall", in G. D. H. Cole and M. Cole, eds., *Rural Rides* (Peter Davis, London, 1930), vol. 3, p. 900.

て穀類の消費量が減ったという指摘がある．イタリアが典型であるが，トウモロコシが成功裡に導入されたところではそれが主食にとって代わり，ペラグラ疾患［ニコチン酸欠乏症候群］蔓延の原因となった．[125]

　他の間接的な論点も，栄養説に疑いを抱かせるものである．その一つは実質賃金で，それは18世紀のヨーロッパ全域で低下し，19世紀初頭まで続いた．[126] 俸給生活者は（および他の社会集団も）この時期，賃金収入の5分の4を食糧消費にあてていたので，実質賃金の低下は彼らの購買力低下の指標なのである．もう一つの指摘は平均身長の変化である．それは，この同じ時期にイングランド，ハプスブルク帝国，スウェーデンで低下したらしい．身長は栄養水準の変化にかなり敏感であり，間違ってもその低下が栄養改善の指標とはいえない．[127] 最後に，死亡率の改善は主として若者に起きた（伝染病死亡率の低下が原因のときは必ずそうなる．それは高齢者の主要死因ではないからである）．また乳児にも生じた．通常1歳から2歳という，かなり遅くに始まる離乳までの期間は，赤子は母乳で育てられるので，彼らの栄養水準は農業生産や消費水準とは独立なのが一般的である．しかし，乳児死亡率もまた低下をした――それは栄養がよくなったからではなく，育児法や周囲の環境から赤子を守る方法が改善されたからなのである．

　死亡率の低下はたしかに多くの要因によっており（第4章第2節を参照），おそらくどれ一つとっても，それだけでは主要原因とはなりえなかった．ただ仮に好意的にみたとしても，栄養説は他の学説と比べて批判的吟味に十分耐えうるとはいいがたい．栄養水準に目立った改善はなかったのであろうが，それでも，農業生産の上昇がヨーロッパの人口拡大（1世紀にほぼ倍増となった）と随伴して起きたことは事実である．新たな土地――かつては放牧地や沼地や荒地であった――の耕作，技術改良，新作物の導入，これらが組み合わさったとしても死亡率低下をもたらしたとはいえないかもしれないが，しかし農業人口の拡大を可能とし，新たな人口中心地の形成と結婚性向の水準上昇を促した．

---

125) Livi-Bacci, *Population and Nutrition*, pp. 95-9.
126) Abel, *Congiuntura Agraria*［『農業恐慌』］．
127) Livi-Bacci, *Population and Nutrition*, pp. 107-10.

工業部門の拡大と都市化と非農業労働への全般的な需要増加とは，この過程を援護し，農村人口に捌け口を提供したのであった．

参 考 文 献

A. Ammerman and L. L. Cavalli-Sforza, *The Neolithic Transition and the Genetics of Populations in Europe* (Princeton University Press, Princeton, NJ, 1984).

H. Charbonneau and B. Desjardins, A. Guillemette, Y. Landry, J. Legare, and F. Nault, *The First French Canadians: Pioneers in the St. Lawrence Valley* (University of Delaware Press and Associated University Presses, Newark, London, and Tronto, 1993).

V. G. Childe, *Man Makes Himself* (Mentor, New York, 1951) [ねずまさし訳『文明の起源』上・下，岩波新書，1951年].

K. H. Connell, *The Population of Ireland, 1750-1845* (Clarendon Press, Oxford, 1950).

A. W. Crosby, *Ecological Imperialism: The Biological Expansion of Europe, 900-1900* (Cambridge University Press, London, 1986) [佐々木昭夫訳『ヨーロッパ帝国主義の謎——エコロジーから見た10-20世紀』岩波書店，1998年].

P. D. Curtin, *The Atlantic Slave Trade: A Census* (University of Wisconsin Press, Madison, 1969).

A. Hayami, "Population Change," in M. B. Jansen and G. Rozman, eds., *Japan in Transition from Tokugawa to Meiji* (Princeton University Press, Princeton, NJ, 1986).

J. Z. Lee and Wang Feng, *One Quarter of Humanity: Malthusian Mythology and Chinese Realities, 1700-2000* (Harvard University Press, Cambridge, MA, 1999).

M. Livi-Bacci, *Population and Nutrition: An Essay on European Demographic History* (Cambridge University Press, Cambridge, 1991).

M. Livi-Bacci, *Conquest: The Destruction of the American Indios* (Polity, Cambridge, 2008).

T. McKeown, *The Modern Rise of Population* (Academic Press, New York, 1976).

W. H. McNeill, *Plagues and Peoples* (Anchor Press/Doubleday, Garden City, NY, 1976) [佐々木昭夫訳『疫病と世界史』上・下，中公文庫，2007年].

N. Sánchez-Albornoz, *The Population of Latin America: A History* (University of California Press, Berkeley, 1974).

第3章

土地・労働・人口

1　収穫逓減と人口増加

　農業社会の経済発展に対して人口成長はどのような影響を与えるのか，それは未解決なままである．この問題をめぐり，相譲らない二つの立場がある．第1は，人口増加を本質的に否定的な力と考え，それは一定もしくは限られた資源（土地や鉱物）と人口の関係をそこない，長期的には貧困を増加させるものとみなす．第2の立場によれば，人口増加は，反対に，人間の創造性を刺激し，資源が限られているための不利益を打ち消して，資源と人口の関係を逆転させる．人口が大きければ，規模の経済が働き，より多くの生産と余剰を産み出し，これらが今度は技術の進歩を助けるのである．

　最初の立場には，短期的事象であればすぐに証拠を見つけることができる．人口密度の増加は，いっそう多くの人びとを充足させるために一定量しかない資源利用をめぐる競合を生み出すからである．しかしながら歴史的にみると，経済発展は一般に人口増加を伴ってきたので，第1の見解への有力な反証となる．人口が大きければ，仕事のよりよい組織化と専門分化とを可能にする．限りある資源を代替する多くの方法や，まばらな小人口では維持できないシステムをつくりあげる方途がみつかるのである．ただ，短期と長期の観察結果の整合的理解はそう簡単ではない．

　第2の修正論は，もう一つの，おそらくより大きな矛盾を解決しなければならない．たとえ人口増加がイノベーションと独創性（経済学者は「技術進歩」と呼ぶ）という人間精神を刺激するとしても，どうしてこの精神が（土地，空間，その他の必要不可欠な自然の要素といった）人間の生存と福利に必要な，限られた資源を拡張できるのか，想像するのは困難だからである．

　深い谷に孤立して住んでいる農民たちを考えてみよう．出生率と死亡率の差がゆるやかな人口増となり，人口は2世紀ごとに倍となる．最初に，より肥沃

で，より簡単に灌漑ができ，入植しやすい土地が耕作される——それらは川沿いの平野である．人口が増え，それゆえに食物需要が増えるにつれて，条件のよい土地はすべて利用されるだろう．そこで，灌漑が容易でなく，肥沃度の劣る谷の斜面にある，これまでより遠い地所を耕すことが必要になる．さらに増え続ける人口は，いっそう劣悪な土地，もっと高い斜面や土壌侵食の懼れが高まる場所での耕作を余儀なくさせる．すべての土地が利用され尽くされたときには，より集約的な耕作によって生産を増やすことができるかもしれないが，それにも限界がある．結局は，労働力の追加投入がもはやほとんど生産増大にならない点に到達するであろう．このように，不変の環境（そして，付け加えねばならないが，不変の技術水準）のもとでは，劣等地をより多くの労働力を投入して土地あるいは労働の単位当たり収量が減少するまで耕作するということになるのである．

収穫逓減とは，マルサスとリカード双方の理論にとって不可欠の概念であり，[1] 農業以外にもまた適用することができる．一定量の資本ストックに対してなされる労働者の追加的貢献は，全体の生産を増加させるかもしれないが，それにもかかわらず，その追加的労働者当たりの増分はだんだんと低下する．

したがって，人口増加が一定の土地もしくは資本供給と結びついた状況では，収穫逓減の法則から必然的に1人当たり産出高の低下が生ずると思われるかもしれない．しかしながら，労働生産性は不変ではない．人類の歴史を通じてイ

---

[1] マルサスは『人口論』の初めの部分で収穫逓減の概念を導入した．「田畑が次々に広げられて，ついにすべての肥沃な土地が占有されると，食物の年々の増加はすでに所有されている土地の改良によらなければならない．これは，あらゆる土壌の性質上，逓増せずに，徐々に逓減しなければならない元手なのである」．T. R. Malthus, *An Essay on the Principle of Population* (Dent, London, 7th edn 1967), p. 8 ［大淵寛ほか訳『人口の原理：第6版』中央大学出版部，1985年，7頁］．リカードはこの概念を次のように表現した．「そうだとすれば，おそらくは，最も有利な事情のもとでは，生産力が人口増加力よりもなお一層大きくても，そういう状態はそれほど長期間は続かないだろう．というのは，人口増加力はつねに同じであり続けるのに，土地の量が制限され，質が相違しているために，土地に投下される資本の増加分があれば，いつもそれとともに生産率が減退するからである」．D. Ricardo, *The Principles of Political Economy and Taxation* (Dent, London, 1964), p. 56 ［羽鳥卓也・吉沢芳樹訳『経済学および課税の原理』上，岩波文庫，1987年，141頁］．

ノベーションと発明はたえず労働生産性を上昇させてきた．農業では，金属製の道具が木製のそれに取って代わり，犂が鍬に代わり，畜力が人力に追加された．類似した進歩は，輪作，品種の選定，肥料の改善といった生産上の技術革新をも特徴づける．すなわち，技術革新の導入は，それが土地の単位当たり産出高を増やすか労働の単位当たり産出高を増やすかにかかわらず，利用できる資源の増加を伴う．ただ，この増加の正の効果は単に一時的なものかもしれない．持続的な人口増加は増収の利益を相殺するであろうからである．どのような進歩も，土地のように限りある資源の生産性をいつまでも増大させることはできないということも付言すべきであろう．

　1798年，マルサスは名著『人口論』初版において以上の関係を記述し，「幾何級数的に増加する」人口の潜在力と，「算術級数的にしか増加しない」生存資源（とくに食糧）のそれとは両立しないと主張した．自然法則によって人間は食物を摂ることを要するから，「人口増加力と土地の生産力との，二つの力のこの自然的不平等，およびそれらの結果をつねに等しくもたずにはおかない，われわれの自然のあの偉大な法則は，社会の完成の途上において，わたくしには克服不可能だと思われる大きな困難」となる．[2] 人口の増加は，さらなる増加への制限(チェック)がかかるまで，資源と人口の関係を圧迫する．マルサスはこれを「積極的」制限と呼ぶ．飢饉，疾病，戦争が，（中世の疫病サイクルや三十年戦争によって生起したように）人口規模を縮小させ，資源との適切なバランスを回復させる．しかし，ふたたび達成された均衡は次の負の循環が始まるまでしか続かない．ただ，人びとが何か他の方法でみずからの生殖能力を制限すれば別である．この「予防的」で道徳的な制限は，人類の繁殖力を抑制する生涯独身，あるいは少なくとも結婚を遅らすといった慣行のかたちをとる賢明な代替策である．人びとの運命は，積極的制限と予防的制限との，不注意な行動と分別ある行動との，制約と必然の犠牲に甘んずることと能動的選択をなすこととの，闘いの結果しだいなのである．

　このマルサス・モデルは，長年にわたって繰り返し修正され更新されてきて

---

2) T. R. Malthus, *An Essay on the Principle of Population* (1798) (Norton, New York, 1976), p.20 ［永井義雄訳『人口論』中公文庫，1973年，24頁］.

いるが，その基本的な点は初版における定式化に含まれている．それは以下のように要約される．

1. 資源の第1は食糧である．その欠乏は死亡率を増加させ，人口増加を遅らせ（あるいは逆に減少させ），そして均衡を回復させる．
2. 収穫逓減の法則は回避不可能である．人口増加への対応としての新たな土地の耕作や労働集約度の増大は，土地あるいは労働の追加1単位当たりの産出高を徐々に減少させるだけである．
3. 発明とイノベーションによる生産あるいは生産性の増大は，一時的な救いしかもたらさない．いかなる利得も，人口増加によって不可避的に相殺されてしまうからである．
4. 人口増加と積極的制限の悪循環に気づくならば，人びとは結婚の抑制によって自らの多産さを（そしてそれゆえに人口増加を）抑制することができるかもしれない．

図3.1は，増加あるいは減少の時期のあとに均衡が回復されるような人口と資源の関係を表している．どちらの場合でも，予防的抑制が働くか否かによって，二つの経路が存在する．人口が増えるに従って食糧需要も増え，結果として物価が上昇する．同時に，労働供給が増大するに従って，賃金は低下する．上昇した価格と低下した賃金とは，実質賃金のさらに大きな低下となる．すなわち，生活水準の悪化である．この悪化はいつまでも続くことはできず，予防的抑制という賢い選択（第1の経路）か，それを拒絶したときの帰結，すなわち死亡率の上昇（第2の経路）か，あるいは両方の混合か，いずれにしても新たな均衡に否応なしに到達するにちがいない．どちらの経路であれ，悪化した生活水準は，死亡率の上昇，あるいは結婚性向と出生率の下降の結果，人口の減少（あるいは少なくとも増加の抑制）をもたらし，それゆえに人口と資源の間の均衡の回復をもたらすのである．

イノベーションと新発見は，不連続性を持ち込むことで，この再安定化メカニズムの作用を遅らせることができる．しかし，基本的な作動を変えることなしに，ただ単にそれを遅らせることができるだけである．このモデルは，土地の利用可能性が制約されている農業経済や所得の多くを食糧に費やしてしまう

図 3.1 人口の増加と減少の局面に作用する積極的制限と予防的制限に関するマルサス的システム

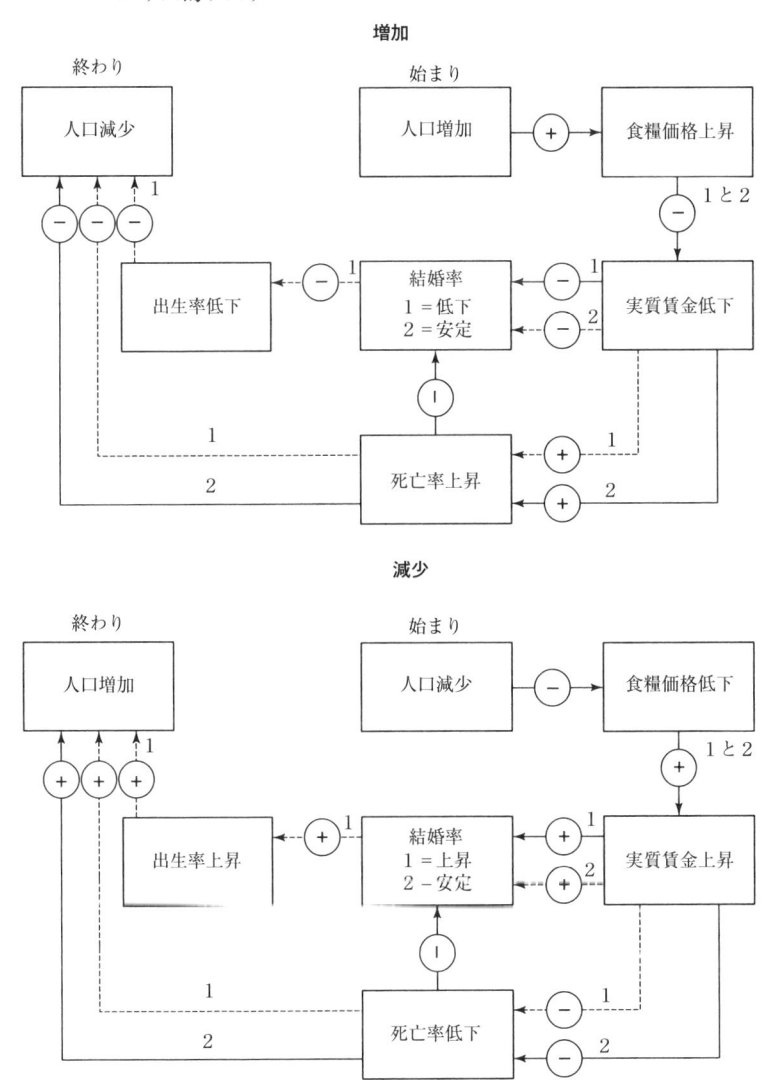

増加

減少

矢印は想定される因果関係の方向を示しており，＋と－は次の段階に与える影響の正負を示している．点線は実線よりも弱い関係を示している．出生率の役割は，経路1では強く，2では弱い．

貧しい人口という,成長に限界がある場合に当てはまる.マルサスおよび産業革命の時代までは,ほとんどすべての国々はこのカテゴリーに収まったのであり,今日でも多くの貧しい国々はいまだにそうである.

マルサス・モデルを産業社会へ当てはめても論理的に何か問題があるとはいえないだろう(実際1970年代にローマ・クラブによってなされ,専門家の間ではともかく,世間一般では大きな反響を呼んだのだが).とはいえ,マルサスの強力な論理は,たえざる技術革新があって,資源はほとんど更新ないしは代替可能である産業化の過程を扱うとなると,切れ味が悪くなってしまうのである.

2 歴史的確証

マルサスの枠組みによれば,道徳上の予防的制限がないときには,人びとは生活水準の低下のせいで,周期的な死亡率増加に苦しまねばならない.しかしながら,もし予防的制限がなされているならば,人口増加は抑制され,富の蓄積と生活水準の全般的改善が可能となる.[3] マルサスによれば,予防的制限は,過去のヨーロッパに比べれば彼の時代においては強固となっている.明示的ではないが,人類進歩の証拠といえる.しかし,予防的制限は,ゆっくりとしか働かず,それも高度に文明化された社会でのみ作用する.不幸なことに,積極的抑制は歴史的にみてより頻繁である.破局と死亡危機は頻繁で激しいものであった.死亡危機は,実のところ,生活水準とは独立した伝染病の周期によってしばしば引き起こされてきた(疫病について論じた第2章第3節をみよ).しかしながら近世では,生存危機が死亡率の増加を伴うことが多かったのも事実である.平年の2倍,3倍,4倍,それ以上の穀物価格の上昇——穀物は前工業化社会のカロリー摂取の3分の2を賄っていた——は,それに続く数カ月間,恐るべき死亡率の増大をもたらした.一般に天候によって引き起こされる

---

[3] T. R. Malthus, *A Summary View of the Principle of Population* (1830) (Penguin, Harmondsworth, 1970), pp. 251-52 [小林時三郎訳『人口論綱要』未来社,1959年,48-50頁].

不作あるいはその連鎖は，穀物価格を跳ね上げたが，蓄えの不足，他の食物との代替が可能でないこと，交易の障害，そして影響を受ける人びとがそもそも貧しいことによって，状況はいっそう悪化しえたのである．危機の時期における過剰人口の周期的消滅は，マルサス・モデルを支持するものとしてよく言及される議論の一つである．図3.2は，17世紀中葉より18世紀初頭までの時代からいくつかの時期を選び，シエナの小麦価格と同市およびトスカーナの他の地域の死亡率を，死亡率のピークとそれに重なるように起こる物価高騰の年を中心として図示したものである．[4] 同様に，欠乏の年はしばしば結婚率低下の年でもある．結婚は，状況が改善されるまで延期されるからであり，この状態はまた出生率を一時的に低下させることになる．

ヨーロッパ諸国でも，シエナの状況とそうは変わらない．16, 17世紀，そして18世紀初頭においても，1世紀につき2, 3, 4度，あるいはそれ以上の割合で，生存危機とそれに伴う人口への悪影響とを経験した．[5] 1693-94年と1709-10年における深刻な危機は，死者の数を例年の倍にし，被害を受けた人口の構造だけではなく，人びとの歴史的記憶にも後世にまでわたる痕跡を残した．[6]

生活水準低下の悪影響は，短期よりも長期においてその残存がいっそう明瞭で，マルサス・モデルの有効性もよりはっきりとするはずである．実際，もし

---

4) M. Livi-Bacci, *Population and Nutrition: An Essay on European Demographic History* (Cambridge University Press, Cambridge, 1991), pp. 51-54. 19世紀と20世紀において飢饉が死亡率に与えた影響に関する評価については，C. Ó Gráda and T. Dyson, eds., *Famine Demography: Perspectives from the Past and Present* (Oxford University Press, Oxford, 2001)を参照.

5) イングランドについては，A. B. Appleby, "Grain Prices and Subsistence Crises in England and France 1590-1740," *Journal of Economic History* 39 (1979)を参照．フランスについては，F. Lebrun, "Les Crises Démographiques en France au XVIIème Siècles," *Annales ESC* 35 (1980)を参照．イタリアについては，L. Del Panta, *Le Epidemie nella Storia Demografica Italiana (Secoli XIV-XIX)* (Loescher, Turin, 1980)を参照．スペインについては，V. Pérez Moreda, *Las Crisis de Mortalidad en la España Interior, Siglos XVI-XIX* (Siglo Veintiuno, Madrid, 1980)を参照．ドイツについては，W. Abel, *Massenarmut und Hungerkrisen in vorindustriellen Europa* (Paul Parey, Hamburg, 1974)を参照.

6) Livi-Bacci, *Population and Nutrition*, p. 55.

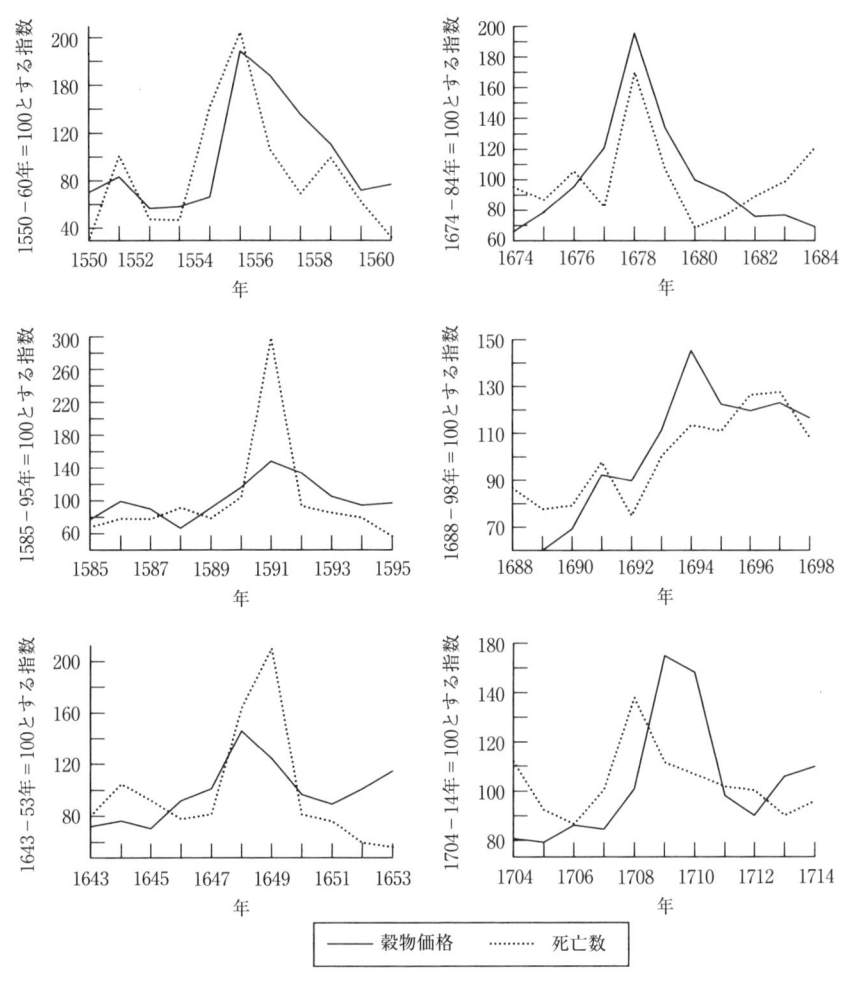

図 3.2 シエナにおける死亡数と穀物価格の指数：16〜17世紀

（出所）　価格については，G. Parenti, *Prezzi e Mercato del Grano a Siena (1546-1765)* (Cya, Florence, 1942), pp. 27-28. 死亡数はフィレンツェ大学統計学科の未公表の研究による．

（たとえばペストや天然痘のような）食糧不足に帰すことができない疫病という危機の影響を脇においてみると，生存危機への人口学的影響では，周期的に現れるその増加と減少の推移を十分には説明できない．そのサイクルは，積極的制限と予防的制限の一時的とはいえない働き——つまり，生活水準の改善あ

るいは悪化への長期的な調整としての死亡率および結婚性向の変化によってよりよく説明される．賃金と物価の時系列データが，このような人口と経済の関係について手がかりを与えてくれる．これらの指標は，長期にわたって人口と経済がマルサス・モデルのとおりに変動していた様子をよく示しているからである（図3.3をみよ）．たとえば黒死病後の世紀や17世紀のように，人口サイクルの下降段階では，人口数は減少もしくは停滞し，需要も減少ないしは停滞する一方で，それは物価の下落ともなり，同時に労働需要の増加とその結果である賃金上昇に寄与する．たとえば14世紀初頭から15世紀後半にかけて，フランスとイングランドの小麦価格は半分以下になったが，それがふたたび上昇したのはずっと後になってからであった．スリッヘル・ファン・バートが書いているように，「次に，14世紀と15世紀の経済後退がやってきた．人口は流行病によって減少し，耕地面積は人口の生計の必要以上に大きくなったので，穀物価格は下降した．人口が減少したため労働力は不足し，貨幣賃金と実質賃金はかなり上昇した」．[7] 16世紀における人口の力強い回復はこの状況を逆転させた．増大する需要が穀物や他の食糧価格を押し上げ，実質賃金は低下した．[8] この傾向は17世紀初頭に危機的状況に達するまで続いたのである．[9] 17世紀に人口は停滞した．ドイツの人口は三十年戦争の影響もあって破局的に減少し，それがまた，サイクルの新たな反転（需要と物価の減少，賃金の上昇）を呼び，18世紀半ばの人口増加まで続くのである．

16世紀から18世紀までのイングランドも，マルサス・モデルとよく合致するようにみえる．人口規模と実質賃金指数の変化は，図3.4に示されている．[10] その統計は，人口と物価の直接的連動——人口の増加もしくは減少は物価の上

---

7) B. H. Slicher van Bath, *The Agrarian History of Western Europe, A.D. 500-1850* (Edward Arnold, London, 1963), p. 106 ［速水融訳『西ヨーロッパ農業発達史』日本評論社，1969年，134頁］．

8) Slicher van Bath, *The Agrarian History of Western Europe*, p. 107 ［『西ヨーロッパ農業発達史』134-35頁］．

9) Slicher van Bath, *The Agrarian History of Western Europe*, pp. 108-9 ［『西ヨーロッパ農業発達史』135-37頁］．

10) E. A. Wrigley and R. S. Schofield, *The Population History of England, 1541-1871: A Reconstruction* (Edward Arnold, London, 1981), ch. 10.

図 3.3 ヨーロッパにおける人口と穀物価格（1721-45年＝100）：1200-1800年

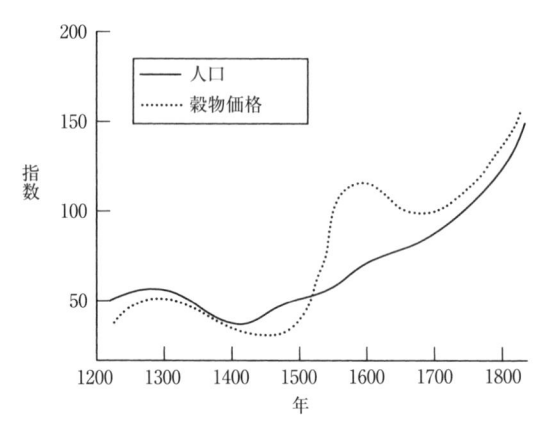

(出所) B. H. Slicher van Bath, *The Agrarian History of Western Europe, A.D. 500-1850* (Edward Arnold, London, 1963), p. 103 [速水融訳『西ヨーロッパ農業発達史』日本評論社, 1969年, 130頁].

図 3.4 イングランドにおける人口と実質賃金：1551-1871年

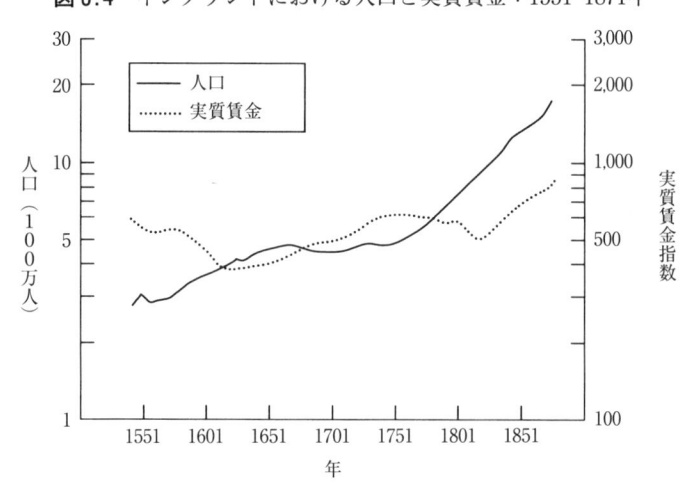

(出所) E. A. Wrigley and R. S. Schofield, *The Population History of England, 1541-1871: A Reconstruction* (Edward Arnold, London, 1981), p. 408. 著者の許可を得て転載.

図 3.5 イングランドにおける実質賃金,出生率（TFR）および出生時平均余命（e_0）：1551-1851年

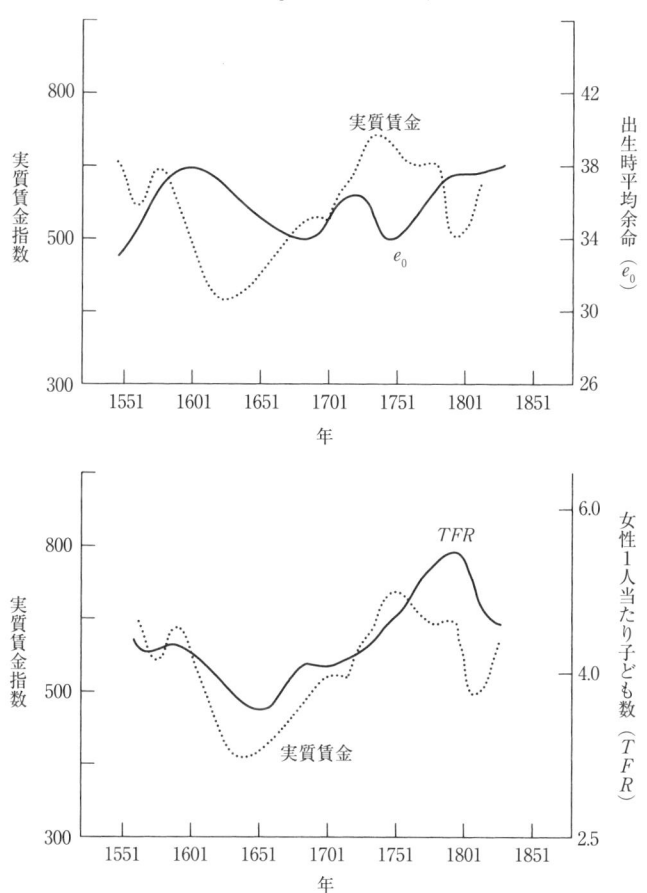

（出所）　E. A. Wrigley and R. S. Schofield, *The Population History of England, 1541-1871: A Reconstruction* (Edward Arnold, London, 1981) より引用.

昇もしくは下落をもたらす――を示しているようにみえる．とくに17世紀と18世紀の半ばに起きた二つの反転は明瞭で，転換のタイミングには食い違いがあるけれども，人口と賃金の動きの反比例関係を際立たせている．最後に，図3.5は，死亡率と出生率という人口変化の二つの要因の賃金との関連を明らかに示している．死亡率は出生時平均余命（e_0）の推計値で，出生率は合計出生

率（TFR）によって示されているが，前者の変動が（実質賃金によって示される）生活水準とは独立だった一方で，（結婚率の変化に反応する）後者は，その変化に少し遅れて動いたようにみえる．

イングランドの事例は，人口と資源のバランスが死亡率による悲惨な制限ではなく，結婚率と出生率の変化によって回復するという，マルサス・モデルにおける第1の経路（図3.1）に合致するといえるかもしれない．

長期を扱っている他の研究も，データは豊富ではないが，同じ解釈を提示している．南フランス・ラングドック地方の社会生活は，際立った経済・人口サイクルによって特徴づけられている．[11] 最初の循環は1348年の黒死病の前に終わった．ヨーロッパの多くの地域と同じく，人口が拡大し，荒涼とした肥沃とはいえない耕作限界地にも徐々に定住がなされた．頻繁な飢饉と人口の停滞の刻印は13世紀末と14世紀前半にはっきりとみられ，黒死病と人口減少がそれに続いた．この減少は社会人口学的影響をもった——たとえば，家族単位の拡大家族への再構成と土地の再分配はともに，突如として土地が豊富になり労働力が乏しくなった農業システムに適合した．しかし，われわれにとって最も重要な経済効果は，物価下落と賃金上昇である．16世紀には人口回復が勢いづき，加速するまで続いた．そしてふたたび，土地は稀少となった．新たに生産力の劣る土地が耕作されるようになり，実質賃金は低下した．社会は以前よりも貧しくなり，そして17世紀から18世紀にわたって人口が減少した．ルロワ・ラデュリは，これらの増加と減少の周期的変動をマルサス的な用語を使って解釈している．人口は資源よりも速く増加し，最終的に，技術改良のない状況では積極的制限が介入する．ラングドックの事例は，イングランドの場合とは異なっている．死亡率が調整メカニズムであるところの第2の道なのである（図3.1）．

同様の解釈は南北ヨーロッパの他の地域にもみられる．[12] それらの解釈すべてに共通しているのは，人口増加と収穫逓減とは1人当たりの生産高を減少させ，それゆえ貧困を増大させるということ，そして，この悪循環ないしは「罠」は，イノベーションか人口増加の抑制があれば回避もしくは弱めることができるという見解である．

---

11) E. Le Roy Ladurie, *Les Paysans de Languedoc* (SEVPEN, Paris, 1969).

3 人口圧力と経済発展

　収穫逓減の論理が含意しているのは，人口が出生抑制によって制限され，その結果として富の蓄積や福利の増大が可能とならないかぎり，資源と人口の増加はたえず競合するということである．人口増加は，結局は経済的発展への制約として働くのである．

　マルサスの説とは反対に，人口増加は発展を促進するという学説は，さらに永い歴史をもっている．17世紀，とくに18世紀に入ってからの経済学者たちは，多くの国々（とくにスペインとドイツ）が人口減少に起因する負の経済効果に苦しめられていたことをみて，資源が豊富なのに人びとが貧しいのは人口の少なさと関連していると確信し，人口増加を肯定的にみたのである．「きわめて稀な例外を除いて，彼らは，『人口の稠密』やさらに人口数の急激な増加を熱望していた．事実また，18世紀の中葉にいたるまでは，彼らはこのような『人口膨張主義(ポピュレーショニスト)』的態度をとる点において，他のいかなる場合におけるよりもよく一致していた．数が多くしかも増加する人口は，富のもっとも重要な徴候であった．それは富の主要な原因であった．いや，それは富そのもの――いかなる国民にとってももたれるべき最大の宝――にほかならなかった」．[13] この時代の限定的な発展と低人口密度においては，人口増加は資源の増加を意味し，

---

12) カタルーニャについては，J. Nadal, "La Població," in J. Nadal, I. Farreras, and P. Wolff, eds., *História de Catalunya* (Oikos-Tau, Barcelona, 1982); J. Nadal and E. Giralt, *La Population Catalane de 1553 à 1717* (SEVPEN, Paris, 1960) を参照．プロヴァンス地方については，R. Baehrel, *Une Croissance : La Basse Provence Rurale* (SEVPEN, Paris, 1961) を参照．イタリアについては，マルサス・モデルに従った数世紀間にわたる研究である，A. Bellettini, "La Popolazione Italiana dall' Inizio dell'Era Volgare ai Nostri Giorni: Valutazioni e Tendenze," in *Storia d'Italia* (Einaudi, Turin, 1973), vol. 5 を参照．また M. A. Romani, *Nella Spirale di una Crisi* (Giuffrè, Milan, 1975) もみよ．低地諸邦については，B. H. Slicher van Bath, "Historical Demography and the Social and Economic Development of Netherlands," *Daedalus* 97 (1968) 参照．一般的なものとしては，D. Grigg, *Population Growth and Agrarian Change: An Historical Perspective* (Cambridge University Press, Cambridge, 1980).

13) J. A. Schumpeter, *History of Economic Analysis* (Oxford University Press, Oxford, 1954), p.251［東畑精一・福岡正夫訳『経済分析の歴史』上，岩波書店，2005年，453頁］．

そしてそれゆえに個々人の所得の増加を意味した.[14] この意見は，前述のように非常に広く受容されており，18世紀末になってようやく，産業革命初期段階における負の効果がマルサスや彼の賛同者たちに反対の観点をとるに至らせたのである．

　人口増加は経済的発展を生み出すことができるのだろうか？　もし「固定」的とされる資源が豊富であるかもしくは代替可能ならば，そうではない理由はない．これは社会経済史によって確認されていることである．少人口は，ある制約条件のもとでは発展に不利，発展とは無縁だということを理解するのは容易である．人口密度が低く，交易が少なく，分業や専門分化がほとんど存在せず，十分な投資が行われにくいからである．歴史的にみると，人口が減少したか減少しつつある地域は，ほとんどつねに進歩のない経済によって特徴づけられる．17～18世紀ヨーロッパの政府の多くが，住民の少ない地域や人口減少が生活水準を低下させている地域への植民を奨励したのはこうした理由による（多くは不成功に終わったが）.[15]

　発展と人口増加とをつなぐ論理を理解することは重要である．増加する人口圧力と，その帰結としての資源利用上の制約が，いかにして発展の必要条件の一つとなりうるのだろうか．エステル・ボースルプにより提起された学説は，農業経済に即してこの関係を説明している.[16]

　農村地域において人口密度が異なるのは，当然ながら土地の肥沃さと関連している．灌漑が容易で，豊かな地域では人口稠密となり，耕作に向かない地域では人口は疎らとなるからである．しかし，この解釈を逆にすることもできよう．人口の増加こそがいっそう集約的な耕作方法を採用させるための状況を作

---

14) Schumpeter, *History of Economic Analysis*, pp. 251-52 [『経済分析の歴史』上，453-54頁].
15) たとえば，18世紀に試みられたものとして，[スペイン王] カルロスⅢ世によるアンダルシア地方への植民やロレーヌ家支配下のイタリアのマレンマ地方への植民が行われた．
16) E. Boserup, *The Conditions of Agricultural Growth: The Economics of Agrarian Change under Population Pressure* (Allen & Unwin, London, 1965) [安沢秀一・安沢みね訳『農業成長の諸条件——人口圧による農業変化の経済学』ミネルヴァ書房，1975年].

りだすとすると，人口圧力は，農業改良の結果ではなく原因となる．

　農耕システムは，森林休耕から多毛作まで，さまざまな形態が連続的に並んでいるとみることができる．森林休耕では，伐採と焼入れによる耕作準備とそれに続く1，2年の耕作との後に，森林の自己再生と土壌肥沃度回復の20〜25年にわたる長い休耕期間が来るのに対して，多毛作は同じ土地を年に複数回利用する．この二つの極の間にある藪地休耕は，方法においては森林休耕と同じだが，灌木被覆が6年から8年で自己再生するため，休耕は短期間である．（1〜2年の）短期休耕システムでは，草地がふたたび生育する時間だけが必要なので，年ごとの収穫は可能だが，2〜3ヵ月は休耕せねばならない．人口の増加は，より集約的でより短期的な休耕システムへの段階的な移行を促し，徐々に一定の面積でより多くの人口を養うことを可能とする．しかしこの集約化のプロセスは，労働の多投入を必要とし，しばしば労働生産性の低下を伴う．たとえば，耕作準備と種まきのやり方は焼畑耕作システムでは非常に素朴である．森を整地するのは手斧と火で，灰は土を肥やし，尖らせた木棒が柔らかな土地に種をまくのに必要な道具のすべてであり，労働時間当たりの生産性は高い．休耕期間が短くなると，手間暇をかけた耕作準備が必要となり，着火という簡単な行為は，鍬や犂を用いた仕事に置き換えねばならない．施肥，草取り，灌漑のすべてが必要になる．森林休耕システムでは，「火がほとんどの仕事を片づけてしまうし，切り株を掘り起こす必要もない．このような作業は恒久的農地への準備として土地が開墾される場合には，かなり時間のかかる大仕事となる．それゆえ，森林休耕システムのもとでは地表開墾に要する時間は，完全な土地開墾に必要な時間のほんの一部——たぶん10％か20％——にすぎないだろう」．[17] 用具もまた段階ごとに変わる．焼畑システム下での種まきには木製の尖棒で十分だろうが，短期休耕の灌木地で土均しをするには鍬が必要となり，犂は休耕がいっそう短くなったとき雑草を根こそぎするのに必要となる．畜力が耕作に導入されると，家畜は肥料も提供するが，同時に，彼らの飼育のためにさらなる労働が必要になる．同じ作物を得るために，農民はより長い時間働

---

17) Boserup, *The Conditions of Agricultural Growth*, p. 30［『農業成長の諸条件』，35-36頁］．

かねばならなくなる．言い換えれば，労働時間当たりの生産性は（イノベーションがなければ）低下する傾向があるのである．人口が利用可能な土地との関係で大きくなりすぎると，農民は労働投入を増やすことによって土地1単位当たりの生産高が大きくなるような新技術を使わざるを得なくなる．多くの場合，人びとが集約的な技術を採用しないのはその存在に気づかないからではなく，この議論によれば，土地が豊富なうちはそれを利用しても有利とはならないからである．実のところ，集約化は，労働1単位当たりでは低生産性を意味するのかもしれないのである．

この農業改良の過程は，労働節約的なイノベーションや発見が「ただちに」採用される場合とは異なっている．前者では，改良は人口増加の結果であり，人口密度のある閾値に達したということである．後者の場合，イノベーションは人口要因とは独立なのである．

農業システムと人口密度の関連は，農業改良の上記プロセスが人口減少の時期には逆戻りしたようにみえることからも確認できる（そのいくつかは第2章でみた）．人口密度が低いと，集約度の低いシステムが好まれる．「戦争や疫病のあと放棄された恒久的耕地が，……その後数世紀も耕作されないままに放置されていた．たとえば，泥灰土を撒くというような労働集約的施肥方法はフランスにおいて数世紀間とだえていたが，人口が再び稠密になった時に，同じ地域で再び見られるようになった」[18] この「技術的」退化の最近の例は，ラテンアメリカのような発展途上国において，「より人口密度の高い地域からやってきた……移住者が……人口稀薄な地域の定住者となった」[19] 場合であろう．たとえばアマゾンのような熱帯林で，新たな入植者によって行われる焼畑農業は，この現象の不幸な現代版である．

ボースルプのモデルは図3.6に示されているが，人口増加が徐々に圧力を増す中で歴史上の社会が緩やかに変容する過程の図式であり，人口増加を独立変数とみなし，モデルにとっては外生的なものとしている．[20] それが現代の人口加速を経験している混合経済や発展途上国に適用されるときは，以下でみるよ

---

18) Boserup, *The Conditions of Agricultural Growth*, p. 62 [『農業成長の諸条件』, 92頁].
19) Boserup, *The Conditions of Agricultural Growth* [『農業成長の諸条件』].

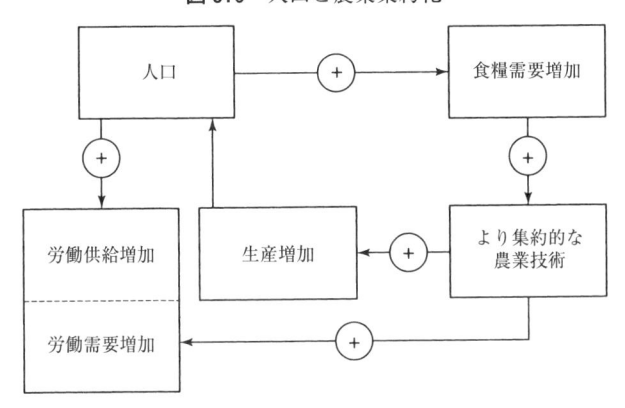

図3.6 人口と農業集約化

うに，説得力がすべてではないにしろ，かなり失われる．このモデルは他の要因の作用を除外するわけではないが，人口増加を経済変容の一つの駆動力と考えている．人口は発展に左右される変数ではなく，それ自体が発展を規定する変数とする点で，それはマルサス・モデルを逆立ちさせたものといえる．

4 さらに人口圧力と発展について：石器時代から現代にかけての諸事例

人口圧力に積極的な役割をみる発想は，狩猟採集から農耕への「迅速な」移行に適用され，なかなか興味深い解釈を提供しているが，この点についてはすでにみた．この移行は数十万年の間，生態系が与えてくれる動植物の産物に依存していた人類が，たった数千年余で，資源を人工的に生産するためのシステムを開発することを可能にした．

伝統的な学説によると，この移行は技術革新と発明の発展・普及によって説明されてきた．家畜化と栽培・収穫にかんする新しい技術を発明することによ

---

[20] ボースルプのモデルの構成要素は，多くの研究者の中に見出される．たとえば，C. Clark and M. Haswell, *The Economics of Subsistence Agriculture* (Macmillan, London, 1964), chs. 1 and 2.

って，生産を増大かつ安定させることができ，それゆえ人口の加速的増加を喚起した.[21] 言い換えれば，人びとは環境を改変し，それゆえ人口増加の条件を確立したというのである．マーク・コーエンはボースルプのように，この因果連関の方向を逆転させた.[22] 1万1000年から1万2000年前，狩猟採集民の定住が進み，利用可能なすべての土地の限界に達したとき，人口増加は彼らに，栄養的に乏しく風味の悪い劣ったものにまで採集範囲を拡げることを強いた．次いで9000年前になると，この食糧の採集範囲はさらに拡げられなければならなくなり，おいしくはないが簡単に再生産できる食物を栽培することが始まった．こうして，農業への移行が開始されたのである．この議論は，二つの主要な論拠とそこから導き出される推論とからなっている．

第1の論拠によると，農業とは，狩猟採集民に知られてはいたが，不必要であったがゆえに取り入れられなかった一連の活動と技術である．「どんな人口集団でも植物資源にある程度頼った生活をしていれば，ヒトとしての原初的知性や家族を単位とした集落構造をもつかぎり，……種や芽が植物になっていく基本過程を観察するであろうことは確実である．……農業は……以下のいくつかの行為の組合わせである．……植物が育つ土壌環境をつくりだすこと，施肥，播種，灌漑，競合種の排除，資源保全の作業，本来の生息地から違う土地への移植，好ましい品種の選択．これら行為のどれひとつとして，それのみで農業とはならない．組み合わさってはじめて農業となるのである」.[23]

第2の論拠は，農業への移行で獲得される栄養水準と，その水準達成に必要な労働量に関連している．なによりも，この移行によって食事の質もその多様性もともに劣化した．なぜなら，漁労・狩猟採集によって得られた食糧は，栄養と風味の両面で，穀物ばかりの定住農業よりも豊かだからである．すなわち，人口の増加によって背中を押されなかったら，農業への移行は得策とはいえなかったであろう．それに，定住農耕民の労働は，食糧探しが多くの場合自然な

---

21) V. G. Childe, *Man Makes Himself* (Mentor, New York, 1951) [ねずまさし訳『文明の起源』上・下，岩波新書，1951年].
22) M. N. Cohen, *The Food Crisis in Prehistory: Overpopulation and the Origins of Agriculture* (Yale University Press, New Haven, CT, 1977).
23) Cohen, *The Food Crisis in Prehistory*, pp. 22-3.

生活様式の一部であった狩猟採集民の仕事よりも,はるかにつらいものであった.

この理論は主として,現在まで生き残っている狩猟採集集団の観察にもとづいている.この残存例からわかる軽微な仕事量という仮説は,食糧獲得に成人男性が平均2〜3時間を費やす［アフリカの］カラハリ砂漠のブッシュマンや,それが平均3〜5時間である［オーストラリアの］アーネムランドのアボリジニや,2時間でしかないタンザニアの部族の事例によって確証できる.[24)] 同様の観察には,19世紀のグレイによるものがある.[25)] 原始的農耕民と彼らの先行者である狩猟採集民と比較すれば,狩猟採集によって食糧を十分に確保するための労力はおそらく少なかったであろうということも確認できる.結論として,「農業は,密植による食糧増加を可能にし,人口稠密な規模の大きな社会単位の扶養を可能としたが,その代わりに,食糧の質の低下,収穫の安定性の低下,そして食糧1単位当たり労働量が不変か増加するという代価を支払ったのである」.[26)] そして,人口増加が土地1単位当たり生産性のさらなる上昇を必要としたとき,農業は拡まった.周辺地域に余剰人口を配分し人口圧力を減少させる,すなわち移住という再均衡メカニズムがあるという事実に留意すれば,なぜ（人口増加に駆り立てられた）農業への移行が,人類史の長さに比べて比較的短期間に起きたのかを理解できるであろう.

コーエンの接近法は,厳しい反論と論証への多くの努力とを喚起した.とりわけ,農耕移行に至る期間は生活水準と栄養レベルの低下によって特徴づけられるという仮説に関心が集中した.しかし,論証はつかみどころのないままで,考古学者の発掘も古病理学者の研究も,この点についての決定的な証拠とはなっていない.[27)]

---

24) Cohen, *The Food Crisis in Prehistory*, pp. 30-31.
25) M. Sahlins, *Stone Age Economics* (Aldine, Chicago, 1972)［山内昶訳『石器時代の経済学』法政大学出版局,1984年］に引用されている.さらに,サーリンズは現在の狩猟採集民の限定された仕事量に関する詳細な事例を提供している.
26) Cohen, *The Food Crisis in Prehistory*, p. 39; Clark and Haswell, *The Economics of Subsistence Agriculture*, pp. 33, 46. も参照.
27) M. N. Cohen and G. J. Armelagos, eds., *Paleopathology and the Origins of Agriculture* (Academic Press, Orlando, FL, 1984); 編者二人による終章を参照.

最初の人口革命が農業の発明を導いたという論理は，人口が発展への刺激になるという信念をボースルプ説と共有している．後の時代の人口増加——たとえば中世ヨーロッパの黒死病に先立つ人口増加の時期——もまた，上記のモデルと同様に，生産の構造変化があった可能性を喚起する．「9世紀から14世紀の間に普及した農法とは，村全体で三圃式輪作が行われ，そこでは2年間，穀物が作付けされた後，1年間休耕するという方式であった．村民所有の家畜は監視付きで放牧され，休耕地や切り株の残った土地が利用された．こうして放牧された家畜は，糞を落とし，これが短期休耕による耕作地の地力低下を防いだだけではなく，耕地の拡大によって縮小した天然の牧草地の地力低下をも防いだ．にもかかわらず，単位面積当たりの収量は，長期休閑システムのときよりも低かった可能性がある．人口が増加するにつれ，食事内容も，動物性のものにかわって植物性のものが多くなったようである．後に，黒死病のために人口密度が低下すると，食事内容は，植物性のものから動物性のものへと変化した．というのも，人口が減少したために，1人当たりの可耕地が広くなり，放牧地も拡大したからである」．[28] 低地諸邦——ヨーロッパで最も人口稠密な地域——における農業システムのもとでは，他のヨーロッパ諸地方ではよくみられた一連の飢饉や飢餓を避けることができた．ボースルプによると，土地1単位当たりの収穫カロリーが高くなる，短期休閑や根菜利用のような改良が導入されたのは，低地諸邦においてであった．

　現代においてまだ伝統的技術を用いている農業社会からの証拠も，人口増加の促進的役割という学説を確認する．たとえば，1962年から92年において，発展途上国では，労働・土地比率の変化（全般的には増加）と土地生産性の変化（やはり上昇）との間に正の相関が見出されている．土地への人口圧力はほとんどの国で増加し，土地収益の増大というボースルプ的反応を引き起こしたのである．影響力の大きかったこの研究では，1962-92年のラテンアメリカ，アフリカ，アジアからとった一連の事例が用いられているが，[29] そこでは，人口

---

28) E. Boserup, *Population and Technological Change: A Study of Long-Term Trends* (University of Chicago Press, Chicago, 1981), pp. 95-96 ［尾崎忠二郎・鈴木敏央訳『人口と技術移転』大明堂, 1991年, 115頁］.

圧力のレベルは人口増加自体の率が高いために過去よりもはるかに大きかった．分析された事例が示しているのは，年率2％から3％の人口増加率に対する農業社会の反応で，ほとんどすべてにおいて，都市の成長が農村地域で増加した人口（あるいは過剰農村人口）の何割かを吸収し，いくつかの場合には，非農業部門が実質的に優位にたつことになったのである．

およそ同じ技術レベルであれば，所与の土地1単位における所与の作物の耕作に必要な労働は，耕作システムの集約度とともに増加する．たとえば，森林休耕耕作――焼畑農法と長い休閑期による――と毎年耕作とを比較すると，カメルーンにおいては，ヘクタール当たり年間総労働時間は770時間から3,300時間にはね上がる．[30] 増大した必要労働量は，耕作それぞれの過程（耕作準備や草取りなど）で必要な仕事量の増加と（たとえば灌漑や施肥のような）過程数の増加の双方の結果である．焼畑農業の場合は三つの作業で十分である．まず焼払いによる準備，これにはリベリアやコートジボアールではヘクタール当たり300時間から400時間を要する．そして，木棒や鍬を使っての軟らかくなった土地への植込みと収穫である．播種から収穫までは，実質的に何の仕事もなされない．なぜなら，いかなる施肥・草取り・灌漑も不要だからである．耕作が集約化するに従い，後者の作業が不可欠かつ次第により面倒になる．ピンガリとビンスワーゲンによって研究された52すべての事例を考慮し，耕作と労働集約の指数を計算すると，[31] この二つの変数の間には正の相関がある．耕作集約度の10％の増加は，平均して，ヘクタール当たりかつ時間当たりの労働4.6％

---

29) 人口増加と農業の関係に関しての全般的なサーヴェイおよび1962-92年のデータについては，N. Cuffaro, "Population Growth and Agriculture in Poor Countries: A Review of Theoretical Issues and Empirical Evidence," *World Development* 25 (1997) と P. L. Pingali and H. R. Binswagen, "Population Density and Agricultural Intensification: A Study of the Evolution of Technologies in Tropical Agriculture," in D. G. Johnson and R. D. Lee, eds., *Population Growth and Economic Development* (University of Wisconsin Press, Madison, 1987) を参照．

30) Pingali and Binswagen, "Population Density and Agricultural Intensification," p. 38.

31) 耕作集約度の指数は，土地1単位当たりの年収穫回数である（24年間休閑し，1年だけ耕作が行われる森林休閑耕作に従っている地片の指数は最小の0.04となり，年2回収穫が行われる地片の指数は2となる）．労働集約度の指数は，土地1単位当たり年間労働時間の推計値を表している．

の増加に対応する．同じく，10％の耕作集約度増加は，ヘクタール当たり3.9％の生産性の増加に対応する．労働時間当たりの生産性はわずかに低下するが，（家畜の飼育や世話，および灌漑施設や道具の手入れのように）耕作に関連した労働時間が厳密には考慮されていないことを考えれば，労働時間当たりの生産性低下はもっと大きかったであろう．（技術革新のない状況で算出された）この生産性の低下は，もちろん，十分な投資や新技術導入があれば埋め合わせることができるものである．

発展途上国の経験はこの理論の多くの面を確証する．農業の集約化は，耕作地1単位当たり労働投下がいっそう多くなることを意味し，技術水準一定ならば，生産1単位当たりの労働投下量増大を意味する．この傾向は，近年においては技術改良によって実際に反転させられたが，そのような改良のペースが遅いか停滞的であった以前の時代には，新たな耕作法の導入は必要のなせる結果であり，より多くの労働量という代償を伴ったと考えられよう．

5　空間・土地・発展

人類史の大部分において，人びとの福利は，空間および土地の利用とその欠如，ないしはその供給制約に左右された．人びとが技術革新や適応によってこれらの制約を克服したり回避したりする方法は，生存と成長の主要な決定因であった．今まで論じたモデルは，マルサスのであれボースルプのであれ，空間に依存している．前者のケースは主に人口変化の決定因として，後者では人口増減へ反応する，あるいはそれによって影響される場としてである．人口史研究の過程で，モデルは交替し，重なり，交差した．そのこともあって個々の影響を見分けるのは容易ではない．長期の人口成長を研究するためには「空間」とそれによって含意されているすべてを考慮に入れるべきである．とくに土地，土地からの産物（食糧，加工品，エネルギーなど），定住パターンを決める特質が重要である．人口学はあまりにも長いこと，これらのテーマを無視してきた．無視しなくとも，せいぜいわずかな注意を払ってきただけであった．価値ある解釈上の手がかりを自ら捨て去っていたに等しい．実際，人口動向を理解するにあたって，空間の重要性は本書を通して明らかである．明示的かどうか

を別とすれば，新石器革命，新たな領域への移住，あるいはアイルランドや日本で起こったことは，いずれもそれなしには理解できなかったであろう．

　土地，空間，発展の間の相互作用の重要な一面は，人口移動にかんするものである．よく知られている叙述によると，われわれの種はアフリカから西アジア，そして東アジアへと移動し，その拡散の最終局面でアメリカとオセアニアに到達した．[32] この拡散と定住の過程で，無主地あるいは（ヨーロッパにおけるネアンデルタール人のような）能力の劣った人類が定住していた領域へと移動した．2万年以上前の最終氷河期に，アジアとアメリカの大陸間をつなぐ堅固な陸地を東方へと渡っていったシベリアの狩猟民は，アラスカからティエラデルフエゴ島まで，長くゆっくりと移動した先兵であった．極北から最南端まで全大陸を占有するまでに，二，三千年という比較的短い期間しか要しなかったと考える研究者もいる．[33]

　より具体的なものとして参照できるのは，近東とヨーロッパにおける新石器革命と農業の誕生である．この過程は，近東を起源として9000年前に始まり，5000年前あたりにブリテン諸島で終了した．これを説明するものとして二つの学説が知られているが，その二つを組み合わせることは可能なので，お互いに排除するものではない．一方の説の主張によると，農業の誕生は文化の伝播過程の結果であったとされる．知識，農法，慣行は，コミュニケーション，習熟，採用を通じて一つの集団から他の集団へと伝わっていった．「集団伝播」と名づけうる他方の説によると，農耕民は強い人口増加圧力によって移動を余儀なくされ，それに伴って彼らの農法や慣行を伝えたとされる．人口の増加と移動への性向が組み合わさって，緩慢だが継続的な「伝播の波」が生み出されたのであった．[34]

　無主地あるいは人口稀薄な空間における農耕民に典型的な，緩慢で漸進的な

---

32) L. L. Cavalli-Sforza, P. Menozi, and A. Piazza, *Storia e Geografia dei Geni Umani* (Adelphi, Milan, 1997), pp. 124-25.
33) Cavalli-Sforza, Menozi, and Piazza, *Storia e Geografia*, p. 121.
34) A. J. Ammerman and L. L. Cavalli-Sforza, *La Transizione Neolitica e la Genetica di Popolazioni in Europa* (Boringhieri, Turin, 1986), pp. 82-83 [English edn. *The Neolithic Transition and the Genetics of Populations in Europe* (Princeton University Press, Princeton, NJ, 1984), pp. 60-63].

移動形態，すなわち「伝播の波」には二つの特徴がある．第1の特徴は，彼らが離れた環境よりも必ずしも有利ではない環境への移動とそれへの適応力に関連する．適応力は，おそらく知識や経験の蓄積，技術力，道具の所有の関数であろう．その賦存が高ければ高いほど，新しい定住領域の潜在的可能性を利用することができる．第2の特徴は，移動の波の先頭に立った家族や共同体が，さらに前進するのに十分な余剰人口を生み出せるかどうかである．移動も適応も選別の過程と密接に結びついている．歴史的証拠によれば，移動した人びとは，所属する集団からランダムに選ばれたのではなく，いくつかの特徴から選抜された人びとであった．年齢，健康状態，肉体の強靭さ，耐久力，そして新たな体験を好むことは，移動した人びとと彼らが属していた定住集団の間では異なる特質であった．先史時代の人口集団において，上のようなことは推測にすぎないが，歴史時代においては単なる推測ともいえない．

空間と人口行動の間の関係を議論するために，ヨーロッパを例にとってみよう．それは空間と人口の関係をみるために豊富な情報が得られる大陸——より正確には広大なユーラシア大陸の西端部である．この大陸には少なくとも三つの根本的特徴がある．第1は，往来が比較的容易なこと——大体において海に囲まれており，無数の水路が通り，そして往来を制約はするが妨害しない山岳的特質をもつ．第2の特徴は，大半が温暖で広範囲の作物を育む，好ましい気候である．第3の特徴は，環境条件は域内で大きく異なること——人口の側に適応を要求するが，同時に地域間特化には好都合な条件となる．

ヨーロッパ地域（ウラル山脈，カスピ海，カフカスまで含まれる）の面積は960万 km^2 あり，約半分がロシアである．ここで，このように広大で変化に富んだ地域の空間と人口との複雑な関係を調べても表面的な観察に終わるだけであろう．ただ，興味深い点が少なからず見出される．カヴァリースフォルツァとアママンによると，農耕民が小アジアから次第に北西へと移動し，新しい定住形態と農耕技術をもってヨーロッパに移住し，そこで新石器革命を起こすか，その革命を促すこととなったのは，その空間が利用可能だったからであった．同様に，ローマ帝国の東側の国境地帯で遊牧民による圧力が増大したのも，空間と資源の征服という動機に起因しているに違いない．

空間と人口変化の関係をよりよく理解するためには，少なくとも三つの方向

で分析を進める必要がある．第1は，すでに定住された地域内における，無人もしくは人口稀薄地域の占有に関わり，第2は，森林伐採や土地の開墾，沼沢地の排水など，既存の空間を改変することであり，第3は，新たな領域への移民や植民を通じた，定住地の外への拡がりである．これら三つの過程は密接に結びつき，概念的には（実際は，同時にも起こりうるのであるが），必要となる経済的費用・社会的経費・労力投入の増大に従って年代順に並べることができる．

無人・人口稀薄地域の占有

この種の拡大は，ヨーロッパの人口が2,3倍となった11〜13世紀の中世の人口成長に随伴した．グリッグによると，「西暦900年にはヨーロッパの多くの地域は森林で覆われていたが，その後，数世紀の間に森林は開墾され耕地化された．中央ヨーロッパと西ヨーロッパでは西暦1000年から1300年の間に低地の森林の多くが伐り払われてしまい，耕作は山地，とくにボージュとアルプスとピレネーなどの山地へと拡大していった」．[35] それは，すでに定住地となっているところが，新たな耕作地の開発――しばしば町や城壁内や新しい都市への人口集住を伴った――によって広がるときによくみられる過程であった．[36] 耕作地の拡大はさまざまな仕方で生じた．大半の場合，すでに耕作した土地に隣接した空間か，森林伐採を個々の農民が耕起したものであった．そのほか，土地所有者によって組織された新たな定住地開発もあり，[37] イタリア，フランス，ドイツなどでよく記録されている．もちろん，拡大する人口によって増大する資源需要を充たすためには，開墾やより高地への移住，さらに高くつく土地改変などによってもなされた（利用できる技術の範囲内で，それも通常はすでに論じた農業集約化によってであるが）．それでも，容易に得られる豊富な

---

35) D. Grigg, *The Transformation of Agriculture in the West* (Blackwell, Oxford, 1992), p. 13 [山本正三ほか訳『西洋農業の変貌』農林統計協会，1997年，13頁]．

36) H. Dubois, "L'Essor Médiéval," in J. Dupâquier, ed., *Histoire de la Population Française* (PUF, Paris, 1988), vol. 1: *Des Origines à la Renaissance*.

37) G. Pinto, "Dalla Tarda Antichità alla Metà del XVI Secolo," in L. Del Panta, M. Livi-Bacci, G. Pinto, and E. Sonnino, eds., *La Popolazione Italiana dal Medioevo a Oggi* (Laterza, Rome and Bari, 1996).

土地がなければ，中世の拡大は現実に起きたのと同じようにダイナミックであったと考えることはむずかしいであろう．

土地の改変と開墾

土地の開墾は，より多くの費用負担を伴ってではあるが，中世の人口増加に寄与した．水の流れを制御し，川と海の双方による洪水から低地を守るために堰が作られた．「沿岸地域ではかなり干拓が進み，リンカンシャーやノーフォク，エルベ河畔，ロワール河畔，フランドル地方の沿岸地域，とくにザイデル海沿岸地域などでは，海や三角江から押し寄せる洪水から低地を守るため，堤防が築かれた」．[38] 同様の水利工事は，ロンバルディア，エミリア，ロマーニャの都市出資事業としてポー川流域で行われ，またヴェネツィア平野でもみられた．[39]

土地の開墾（とくに埋立て）は，多くの場合，14～15世紀の危機後の人口回復のときに行われた．イングランドでは湿地・沼地が，内陸（ランカシャーやフェンランド）でもサセックス，ノーフォク，エセックスの沿岸でも干拓された．[40] 同様の事業はフランスでも行われた．北部沿岸ではオランダ人労働者の助けを借りての，南部ではプロヴァンスやラングドックのマラリアが多く沼沢地が多い海岸部での干拓であった．[41] またイタリアでも同様に，開墾が再開された．「ポー川下流のすべては，16世紀の大開墾運動の影響を受けた．西部ではピエモンテ東側のノヴァーラとヴェルチェッリ間に最初の稲田が作られたが，東部での動きは大規模であった．ポー川両岸では驚くほどの開墾が大規模に行われた．ヴェネツィアの「本土（テラフィルマ）」，パルマ，レッジョ，マントヴァ各公国，フェッラーラ，エミリアがそうであった」．[42] しかし，真に驚異的な規模で行われたのはオランダである．それは15世紀末から17世紀半ばの人口増加と穀物

---

38) Grigg, *The Transformation of Agriculture*, p. 13［『西洋農業の変貌』，14頁］．
39) Pinto, "Dalla Tarda Antichità."
40) Grigg, *Population Growth and Agrarian Change*, pp. 90-91.
41) Grigg, *Population Growth and Agrarian Change*, p. 106.
42) M. Aymard, "La Fragilità di un' Economia Avanzata : l' Italia e la Transformazione dell'Economia Europea," in *Storia dell'Economia Italiana* (Einaudi, Turin, 1991), vol. 2: *L'Età Moderna verso la Crisi*, p. 26.

価格上昇に反応したもので，海や沼地に堤防を築き，運河，排水作業によって土地は完全に作り変えられた．「1540-65年の間，ポルダーの12万5000haに堤防が築かれた．この半分はゼーラントと北ブラバント，3分の1はホラント，残り6分の1はフリースラントとフロニンゲンであった」．[43] この国の内陸部にも開墾された土地があった．「耕作地となったのは特筆すべき広さであった．1550年から1650年の間オランダの人口は約60万人増加したが，開墾面積は16万2000haだった」．[44] もし1haで平均2～3人を養うことができると仮定すれば，追加の土地は，増加した人口の2分の1から4分の3を養ったことになるだろう．オランダでは開墾にすぐ続いて人口増加が起こった．他では，18世紀後半の人口増加が同様の開墾再開を伴った．イングランドやアイルランド，ポワトゥやプロヴァンス，シュレスヴィヒ-ホルシュタインやプロイセン，そしてカタルーニャやイタリアのマレンマがそうであった．

外縁への拡大

　空間と人口の複雑な関係における第3の要素は，すでに定住した地域外に利用できる空間が存在することである．この点でヨーロッパは，人口の受入側であり，同時に供給側であった．中世以前，人びとは大草原地帯からは東へ，地中海からは南へと移動した．中世以降も，東西の居住可能空間がどのくらいあるか，その結果としての移住と植民という現象を考慮することなしに，ヨーロッパの人口と社会の発展を理解することはむずかしい．この空間の近づきやすさと魅力が，大移動の背後にある二大要因の一つである．もう一つは，送り出す側の経済困難に起因する排除する力の存在である．急速な経済・産業変化の時代に生じた，大洋を越えた19世紀の大移動は，本書の後段において論じるつもりなので，ここでは中世から産業革命までのヨーロッパに限定し，三つの大きな動きに焦点を当てよう．第1は11～14世紀のエルベ川以東へのドイツ人の植民である．第2は，16～18世紀におけるイベリア人の中央・南アメリカへの移住とイギリス人の北アメリカへの移住で，少数のオランダ人とフランス人の，

---

43) Grigg, *Population Growth and Agrarian Change*, p. 150.
44) Grigg, *Population Growth and Agrarian Change*, p. 151.

それぞれの植民地への移住を含む動きである．これらは19世紀の大移動の序章をなすものである．そして第3は，ロシアのフロンティアが東へ南へと拡大する動きである．

東方植民運動（Drang nach Osten）は，エルベ以東，それに続いてポーランド，ズデーテンラント，トランシルヴァニアにまで広がる大領域における人口定住を決定づけた現象である．それは12世紀に，スラブ人がまだ疎らにしか住んでいなかった大部分無占有の地に移動した，一部は組織的で，また一部では自発的なオランダ人やフラマン人の先導者たちによって始められた植民だった．12世紀の間には，エルベ川とオーデル川の間に20万人，13世紀の波ではシュレジエンとポメラニアへ同規模の移住があったと推定されている．それは比較的小規模な移民の流れだが，長期的にはきわめて重要なものの一つで，19世紀末，エルベ–ザール線の東側におけるドイツ人人口は約3000万人となっていた．[45] 18世紀，数万人のドイツ人入植者に呼びかけて，ロシアの女帝エカチェリーナ［二世］は，国境を南へと拡げるためにヴォルガ川流域への新しい移民の波をつくりだした．1764-68年には2万7000人の移民によって104の入植地がヴォルガ川沿いに開かれ，クリミア，北カフカス，カザフスタン，シベリアへの移住がそれに続いた．[46] 人口学的観点からみると，これらの移住で関心をひくのは，絶対的にも相対的にも規模が小さかったという点にあるのではなく，それらの構成内容にある．移民はほとんど若い労働者で，多くが家庭をもっていなかった．彼らは適齢期人口を代表し，それゆえに人口増加の捌け口をも表していた．フランス系カナダ開拓民の出生率が高かったように（第2章第5節をみよ），彼らの子孫は，移住自体の選抜効果と利用可能資源の豊富さ（子だくさんの家族だといっそう効果的である）の双方によって大変な数となった．数十万人のドイツ人植民者は，数世紀後には数千万人となり，ロシアに移住した数万人は，19世紀末には大人口を擁する定住地へと発展した．

第2の重要な移民の捌け口は，アメリカ大陸への，それよりは重要度が小さ

---

45) C. Higounet, *Les Allemands en Europe Centrale et Orientale au Moyen Age* (Aubier, Paris, 1989)［宮島直機訳『ドイツ植民と東欧世界の形成』彩流社，1997年］．
46) R. Caratini, *Dictionnaire des Nationalités et des Minorités en URSS* (Larousse, Paris, 1990)．

くなるが,他の海外植民地への移住であった.18世紀末,植民地システムが崩壊したために,アメリカ大陸は,小規模だが重要なヨーロッパ移民の拠点となった.ラテンアメリカへは400万人,北アメリカへは450万人が入植した.[47) ス ペインやブリテン諸島から,そして数では劣るがポルトガルから送り込まれてきたこれらの移民は,この大陸の物理的大きさと比較すれば小さく,(ロシアを除く)ヨーロッパの人口と比べてたったの約15分の1にしかならなかったが,それでもその大陸の人口の3分の1を構成した.

海上交通から求められた間接的推定によると,17世紀中葉までの150年間のスペイン人移民の寄与は,年3,000人から5,000人だったと考えられる.彼らはほとんどカスティリャからで,(高めの推計によると)年に1,000分の1が流出したことになる.彼らの年齢構成が若かったことと,この時期の低い人口増加から判断すると,大変な数字である.1630年以降,全般的危機が訪れ(そこには人口危機も含まれていた),移民は減少し,1700-20年には最少となるに至った.[48) イングランドの人口排出圧力はもっと大きく,17世紀の間,出入差引で年平均7,000人の移出が生じた.世紀初めの人口が400万人を少し超える程度であったから小さくはない数字である.[49) オランダからも,イングランドと同程度の移民があった.17世紀初頭から18世紀末まで,正味23万人の移民がアジア方面に行き,ラテンアメリカとカリブへの1万5,000人とアメリカ合衆国となる地域への1万人がこれに加わる.[50) これらと比較すると,ヨーロッパで最も人口の多いフランス(第2章第6節をみよ)の移民は小規模であった.こうした,16世紀初めから18世紀末にかけての海外移民は量的に無視できず,人口面からみても政治的にみても19世紀に起きる大移動の土台となった.それは来たるべき,大西洋という障壁を越えたヨーロッパ空間の拡大を可能とし,それがまた人口学的な意味で多大かつ長期的な影響をもたらしたのである.

---

47) C. McEvedy and R. Jones, *Atlas of World Population History* (Penguin, Harmondsworth, 1978), p. 279.
48) J. Nadal, *La Población Española* (*Siglos XVI a XX*) (Ariel, Barcelona, 1984), pp. 73-76.
49) Wrigley and Schofield, *Population History of England*, p. 219.
50) J. Lucassen, *Dutch Migrations*, Paper Presented at the XVII International Congress of Historical Sciences (Madrid, 1990).

第3の動きは，ロシア国境の南方および東方への移動である．19世紀のシベリア移住は（ここで対象とする時代を超えるが），アメリカ大陸への移住と，数は少ないけれども類似している．マクニールが述べているように，「それゆえ女帝エカチェリーナ二世が死んだ1796年までに，ロシア人は，かつて強大だったタタール人社会を洪水のように飲み込んだ．……クリミアの北からドン川西岸の大草原地域はすべて地主と移住民に占拠され，彼らの政治社会制度は全体としてロシア帝国のそれに吸収されてしまったのである．……しかし，新たな都市ができ（ヘルソン1778年；ニコラエフ1788年；オデッサ1794年），行政の中心および穀物積出港として栄えた．そして都市生活が始まるとまもなく，より洗練された文化――ギリシア人，ブルガリア人，ポーランド人，ユダヤ人，それに若干の西ヨーロッパ人などが混住することによるコスモポリタン的な香り漂う文化も出現したのである」．[51]

これらの非常に複雑で知るひとの少ない物語は，人口変化と，国内外に当該人口にとっての利用可能な空間の有無とがいかに密接な関係にあったかを理解する一助となろう．それは，大陸上をさまざまな方角へ向かう移住の流れという現象に内在する論点なのである．それはまた，必ずしも政治的境界に画されない新たな空間の利用可能性が，人口変化を規定するうえで，いかに多様で大きな役割を演じたかを理解するのに役立つ．したがって空間は，ヨーロッパ経済の広い世界への拡大を可能にしたのである．

6 人口規模と繁栄

これまで，人口と経済発展との間に想定されるダイナミックな関係をいくつかみてきたが，単純な住民の「数」が社会的福利に及ぼす影響について考えることも検討に値する．この点については折に触れて言及してきた．しかし，社会組織の複雑さの水準は人口規模の関数でもあるということは，本格的に論ずるに値する問題である．多くの学者が「最適」人口規模が存在するかという問

---

51) W. McNeill, *Europe's Steppe Frontier, 1500-1800* (University of Chicago Press, Chicago, 1964), pp. 199-200.

いと格闘してきたが,[52] この学問上の努力が人口発展の歴史的原因を理解するうえでとくに役立つとは思えない.個々人の福利が最大化される理論上の人口規模（そして,それ以上かそれ以下になると福利が低下するところの規模）と定義できるであろう最適人口という概念は,本質的に静態的であり,動態的な人口にはうまく適用できないのである.

人口規模は,古典派経済学者たちにはよく知られている二つのメカニズムによって動く.第1は,分業の原理に,したがって個々人の能力のより効率的な活用に関連している.第2のメカニズムは,社会組織の複雑さは人口次元——絶対値としても所与の領域当たりの値（密度）としても——の関数だという観察にもとづいている.

分業の利点は,アダム・スミスによって,そして彼以前にはウィリアム・ペティによって,見事に論証された.大きな都市の利点に言及して,ペティはこう述べた.「時計製作において,一人がホイールを,別の一人がゼンマイを作り,また別人が文字盤を彫り,別人がケースを作るなら,時計はそのすべての仕事を一人でやるよりも,良質で廉価となるであろう」.[53] スミスのいう,釘造りの鍛冶屋の例と,ピン製造に必要な仕事の分割から得られる利益の例は,古典的といってよい.「一人は針金を引き伸ばし,別の一人はそれをまっすぐにし,三人目はそれを切断し,四人目はそれをとがらせ,五人目は頭をつけるためにその先端をけずる.頭を造るには二つまたは三つの別々の作業が必要であり,頭をつけるのも独自の仕事であるし,ピンを白く磨くのもまた別の仕事である.ピンを紙に包むことさえ,それだけで一つの職業なのである.ピンを造るという重要な仕事が,このようにして,約18の別々の作業に分割され」,[54] 単独の

---

52) A. Sauvy, *Théorie Générale de la Population* (PUF, Paris, 1956), vol. 1: *Économie et Population*［岡田実・大淵寛・岩田文夫訳『人口の一般理論』中央大学出版部,1985年］; P. Guillaumont, "The Optimum Rate of Population Growth," in A. J. Coale, ed., *Economic Factors in Population Growth* (John Wiley, New York, 1976).

53) W. Petty, *The Economic Writings*, ed. C. H. Hull (A. M. Kelly, 1963), p. 463. ペティからの引用は,J. L. Simon, *Theory of Population and Economic Growth* (Blackwell, London, 1986)に負っている.サイモンは,人口増加とイノベーション・発明の水準の高まりとの間にプラスの因果関係があることを最も率直に支持している研究者である.前掲書の初めの四つの章がこの主張にあてられている.

労働者では1日に最大でもピン20本がせいぜいであるが，10人のチームを雇う製造所であれば，1日に12ポンドあるいは4万8,000本のピン，労働者1人当たりでは4,800本のピンの生産が可能となる．しかし，分業は市場規模の関数である．もし市場が小さければ，分業も，またそれによって得られる利益も，大きくはない．スミスは，家が広範囲に散在している彼の故郷スコットランドのハイランド地方では，各々が肉屋やパン屋や酒屋の仕事をしているとみていた．鍛冶屋，大工，石工は少なく，町から8マイルも10マイルも離れた家々では，これらの仕事の多くを自ら行っていたのである．[55]

　分業が適切になしえない場合，散在した人口集団にとって，これはある意味で後進性そのものである．小規模で孤立した共同体がかかえる発展の困難さで，それは特化ができないことと関係する．それは，小グループが植民をしようとして失敗したこと，さらには条件のよいところでも島嶼人口が直面した不安定さとも関連していよう．あのロビンソン・クルーソーひとりからなる人口は，この点で最も不効率な例といえよう．

　人口の規模ないし密度から得られる第2の利点は，人口の水準上昇によって得られる規模の経済である．資源利用と生産のよりよいシステムは，定住空間との関係で人口が一定の密度に達するときにのみ採用可能である．人口増加に刺激されて農業集約化が反応するという例については，すでに考察をした．現代においてカナダのような国は，政府にとっても一般市民にとっても，あまりにも「過疎」のために可能性と自然的富の豊かさから保証しているような発展を維持できないとみなされてしまう．他の古典的事例は，灌漑システムの発展，都市建設，運輸通信網の改善，インフラ投資で，これらにはいずれもある閾値を超えた資源や需要の集積が決定的に重要であって，小人口集団や狭隘な市場では達成不可能なのである．これらインフラストラクチャーは，人口が多くなれば，1人当たり費用が低下するので開発可能となるのである．

　メソポタミアにおける灌漑施設の発展は，紀元前8000年にはザグロス山脈に

---

54) A. Smith, *The Wealth of Nations* (J. M. Dent & Sons, London, 1964), vol. 1, p. 5 ［水田洋・杉山忠平訳『国富論』一，岩波文庫，2001年，25頁］．
55) Smith, *The Wealth of Nations*, vol. 1, p. 15 ［『国富論』一，43-44頁］．

住んでいた少数の狩猟採集民が次の千年紀に平原へと進出し，大定住人口となることを可能にした．「人口密度が高くなった平原では，通水灌漑を基礎に，集約農業が行われ，多毛作も導入された．畑では牛耕が行われ，撥土板とともに鉄製の犂先も利用されるようになった．主要河川の上流では，揚水のために水車が利用された．メソポタミア平原では8000年以上にわたって人口が集積し続け，食糧供給システムも，それに対応して一連の変化をとげた．……この地域に住む人々は素朴な食糧採集民であったが，その後，古代世界としては最も複雑な食糧供給システムを採用するほどに変化した」[56]のである．逆にイタリアのマレンマが中世に沼沢地へと退行してしまったのは，人口減少に伴って水利システムが崩壊した結果である．

この種の考察は道路網の発展にも適用できる．それは人口密度と強く相関している．[57] 道路の利点と使いやすさは，明らかに通行量がいかに頻繁かの関数である．一度建設されると，開発に，交通運輸の加速に，交易促進に，市場創造に対して複合的な影響を与える．原始社会においてみられる基本財の値段の違いは，大部分，運輸面の障害や交通の不確実性によって説明されるのである．

都市の成長もまた，当然，人口と関連している．都市建設が，経済のよりいっそうの特化とより効率的な組織化を可能にするのは自明であろう．現代では，これらの利点が大都市中心地域における規模の「不経済」によって相殺されているのは確かである．けれども，ここで主として論じている農村部の経済はまったく異なっていた．重要な機能を集積させた人口集中地域をもっているということは，そこが直接には食糧生産に従事しないにせよ，農村部人口による農業余剰の創出を含意しているのは明瞭である．そして，後者が豊かであればあるほど，利用できる資源も大きいのである．メソポタミア，インド，中国において早くから見られた都市の成長は，おそらく肥沃な土壌と農業的豊饒さによ

---

56) Boserup, *Population and Technological Change*, p. 51 [『人口と技術移転』，58-59頁].
57) Clark and Haswell, *The Economics of Subsistence Agriculture* の第9章では，原始的経済における輸送とコミュニケーションの役割が論じられている．J. L. Simon, *The Economics of Population Growth* (Princeton University Press, Princeton, NJ, 1977). サイモンによると，人口密度と道路網の間には非常に強い関係が存在している．この点が人口増加によって可能となる規模の利益の主要なものの一つである (pp. 262-77).

って可能となった人口の増加と関連している．この状況に独自の説明をしているのは，やはりエステル・ボースルプである．彼女の提起する因果連関によれば，人口の増加は農業の集約化を促進するが，都市の誕生に必要な余剰資源の創出を可能とするのは，1人当たり産出高の水準——それは耕作集約化とともに増加する——というよりは，むしろ増加する人口密度である．都市から一定の範囲内の農村人口が大きくなれば，産出高と余剰はより大きくなり，より多くの都市人口を支えることができるということである．「古代社会においては，最も肥沃な土地に，たとえ当時の水準で最高の技術を投入しえたとしても，一農家が多数の非農業家族に十分な食糧を供給するというのは無理であったにちがいない．……中心都市への供給に割くことのできる人口の規模は，農業労働者1人当たりが運搬し，販売することのできる食糧の量よりもはるかに重要であった」．[58]

分業と規模の経済と人口面との関連は，多くの歴史的事例によって容易に把握できかつ証明できるが，簡単でないのは以下のような論理展開を伴う主張を論証することである．それは少なからぬ学者に支持されているものではあるが，資源が利用可能なときは，発展はクズネッツが「確証済みの知識」と呼んだものの関数である．[59] より限定した仮説としては，「新知識」の「創造者」（投資家，イノベーター）は人口規模に比例して存在すると考えることができる．しかし，「新知識」の創造は，おそらく規模の要因に助けられるであろう（学校・大学・学協会の存在が既得知識の効率を高め，新知識の創造の機会を倍化させる）．それゆえ，人口が増加するにつれて収穫逓増が享受できる．このように，他のすべてが一定であれば，人口増加は1人当たり産出高の増加に帰結するのである．

クズネッツ自身が認めているように，これは危うい議論である．[60] もっとも，そう主張したのは彼にかぎらない．「ひとりの好奇心旺盛な天才を見出すため

---

58) Boserup, *Population and Technological Change*, p. 65 [『人口と技術移転』78頁].
59) S. Kuznets, "Population Change and Aggregate Output," in *Demographic and Economic Change in Developed Countries*, Report of the NBER (Princeton University Press, Princeton, NJ, 1960), pp. 328-30.
60) Kuznets, "Population Change and Aggregate Output," p. 329.

には,400人ではなく,400万人という規模が必要だということはありそうなことだ」と述べたのはペティであった.[61]

7　収穫逓増か収穫逓減か

この1万年の間,人類は人口を1,000倍に増やすことと,資源の1人当たり供給量を増大させることとを達成した.収穫逓減論に賛成するひとは,資源は有限であるが,その限界がまだ到達されてはいないがゆえに人口増加が可能だったのだという.その理由は,この限界が新たな土地の耕作や人口稀薄な大陸の定住によって何度も押し返されたためか,イノベーションと発見のおかげで資源利用の効率性が高まったためか,どちらかであろう.しかしながら,歴史を通じて長い期間,収穫逓減の重しの下,人口の対応力は厳しく試されてきた.しかも,ある種の資源は有限であるばかりでなく代替不能ですらあるようにみえる.それゆえ長期的には,イノベーションも発明も収穫逓減と貧困化の開始を避けることはできないというのである.

これとは反対の見解によると,収穫逓減の開始が不可避だと信じる理由はない.クズネッツは彼の立場を歴史的な観点から説明しつつ,こう問う.「もし過去の経済社会的成長の起案者で知識発展と技術的・社会的活力への貢献者が,ほかならぬ人間であるなら,人類の多くが1人当たり産出高の低成長率に甘んじているのはなぜなのか.人口が多ければ,新知識や発明の創造者も既存の生産様式による製品の生産者も多いということである.近代になって相対的に小さな人口で達成したこと——現在の人口増加だけでなく,急速に上昇する1人当たり供給量をまかなうに足る総生産の増大が,なぜ人口が多いとできないとされるのだろうか」.[62] 言い換えれば,資源希少ということに根ざした収穫逓減は,人類の創意工夫による収穫逓増と人口増加が創り出すそれ以上の好条件とによって,相殺されて余りあるというのである.

これが解決不可能な意見対立(ジレンマ)とみえるのは,複雑な現象を説明するのに硬直

---

61) Petty, *Economic Writings*, p. 474.
62) S. Kuznets, *Population, Capital and Growth* (Norton, New York, 1973), p. 3.

的で性急な法則を発見しようとするからである．時間こそが最も重要な要因である．収穫低減という不利益は，数十年もしくは数世代も続く，中短期的には克服できない問題を生じさせよう．これらの問題から発生する費用は簡単に見積もることがむずかしく，必ずしも死亡率の変動に反映しない．人口は苦境への高い耐性をもち，歴史的にみて感染症や伝染病の側の要因は人間の側の状況とは独立といってよいからである．しかし，それらの費用は貧困の全般的増加として現れ，長期的には技術革新によってのみ抑制ないしは改善へと転換させることができるものである．人間の苦しみという代償は高くつく．ただ，歴史的に社会がみせてきた逆境を克服する能力はもっと印象的ではある．このジレンマを現代に移し替えてみるならば，それは劇的な様相を呈する．急速な人口増加は，長期的には予想もしないほどの発展となるかもしれないが，その一方で，中期的問題は深刻である．イノベーションですら代償がある．インドにおける緑の革命は，その好例である．1960年代に導入された高収量品種は，より多くの小麦産出高を意味した．それは主として都市の中産階級が消費する高価な主食で，貧困層はコメや低品質のパンを食べた．彼らは自分たちの米食を高タンパクの豆類（ダール）で補った．しかし小麦のほうが儲かるので，農民は豆類の代わりに小麦を栽培し始めた．1960年から80年には穀物生産は72%増加した．その間の総人口は57%増加した一方で，豆類生産は17%減少をしたため，貧民の食事内容は悪化した．しかし，長期的には，緑の革命は貧困層に多くの雇用と多くの収入をもたらし，食生活の悪化という初期の負の影響を相殺したのである．[63]

それゆえ，時間をどうとるかが重要なのである．中期的に悪いものも長期的には良いかもしれず，その逆もある．世代，世紀，あるいは千年紀を単位として歴史的に判断すべきなのか，それとも一生の間において起きると思われる問題に関心を絞るべきなのであろうか．

---

63) N. Crook, *Principles of Population and Development*, ed. I. Timaeus (Oxford University Press, Oxford, 1997), pp. 27-29.

参 考 文 献

E. Boserup, *The Conditions of Agricultural Growth: The Economics of Agrarian Change under Population Pressure* (Allen & Unwin, London, 1965) ［安沢秀一・安沢みね訳『農業成長の諸条件——人口圧による農業変化の経済学』ミネルヴァ書房，1975年］．

E. Boserup, *Population and Technological Change: A Study of Long-term Trends* (University of Chicago Press, Chicago, 1981) ［尾崎忠二郎・鈴木敏央訳『人口と技術移転』大明堂，1991年］．

R. Cassen *et al.*, *Population and Development: Old Debates, New Conclusions* (Transaction Publishers, New Brunswick, NJ, 1994).

M. N. Cohen, *The Food Crisis in Prehistory: Overpopulation and the Origins of Agriculture* (Yale University Press, New Haven, CT, 1977).

N. Crook, *Principles of Population and Development*, ed I. M. Timaeus (Oxford University Press, Oxford, 1997).

P. Demeny and G. McNicoll, eds., *The Reader in Population and Development* (St Martin's Press, New York, 1998).

M. Livi-Bacci, *A Short History of Migration* (Polity, Cambridge, 2012).

T. R. Malthus, *An Essay on the Principle of Population* (Penguin, Harmondsworth, 1970) ［永井義雄訳『人口論』中公文庫，1973年］．

T. R. Malthus, *A Summary View of the Principle of Population* (Penguin, Harmondsworth, 1970) ［小林時三郎訳『マルサス人口論綱要』未来社，1959年］．

J. Simon, *The Ultimate Resource 2* (Princeton University Press, Princeton, NJ, 1996).

第4章

秩序と効率をめざして：
近現代ヨーロッパと先進国の人口学

1　不経済から節約へ

　1769年，ジェームズ・ワットは分離凝縮器付きの蒸気機関を製造した．それ以前の鉱山排水に使われていたニューコメン機関に比べると，ワットの蒸気機関は効率を飛躍的に高めた．同じ力を生み出すのにワットの機関は燃費をそれまでの4分の1に改良し，同時にピストン運動後のシリンダ再加熱の無駄を省いた．この節約は決定的で，経済すべての分野で蒸気機関が重要な役割を演じることとなった．[1]

　19〜20世紀の間，西洋の人口はよく似た経験をした．以前は，人口の増加は緩慢で，多大な消耗を伴った．次世代再生産のために，女性たちは6人ほどの子どもを産まねばならなかった．その子どもの3分の1から半分は，再生産可能年齢や生殖に至る以前に死んだのである．人口学的観点からみると，旧型社会は非効率的である．低成長を維持するために大量の燃料（出生）が必要で，大量のエネルギー消耗（死亡）があった．旧型の人口様式は，非効率性のみならず無秩序によっても特徴づけられる．世代の自然的序列が転倒する——子どもが両親や祖父母よりも先に死ぬ——確率は相当なものであった．高レベルの死亡率と頻繁に訪れる危機のため，個々人の生存にもとづくいかなる長期的人生設計も成り行きまかせのものとなった．

　近代西洋における人口サイクルは，19〜20世紀を通じてありとあらゆることを経験した．ヨーロッパの人口は4倍となり，平均寿命は25〜35歳という範囲

---

[1]　D. Landes, "Technological Change and Development in Western Europe 1750-1914," in H. J. Habakkuk and M. Postan, eds., *The Cambridge Economic History of Europe* (Cambridge University Press, Cambridge, 2nd edn 1965), vol. 6: *The Industrial Revolutions and After; Incomes, Population and Technological Change*, pt. 1.

から80歳を超えるまでに上昇した．女性１人当たりの平均子ども数は５人から２人以下に減少した．出生率と死亡率はともに，千分比で30〜40の水準から10程度に低下した．この根源的な変化は18世紀から始まる社会変容の不可欠の部分をなし，一般には「人口転換」と呼ばれ，「産業革命」と同じくらいに定着した用語法となっている．それは無秩序から秩序へ，消耗から節約へ移行する複雑なプロセスである．次章で扱う発展途上国においては，この転換はいまだ進行中で，その中でもさらに遅れた国々においては始まったばかり，他方では完了目前の国々もある．このような現状を目の前にするとき，頭の中で歴史的調節をする必要はあるが，ヨーロッパないしは西洋が経験したことは，世界の他の場所でいま起きていることへの案内として有用であろう．以下，その経験の概要を明らかにしよう．目指すのは共通点を特定することである．特定の社会や文化に固有な事柄に焦点をあてた，研究の多い領域を割愛することにはなるけれども，問題の総合的な検討のためとお考えいただきたい．

　先に議論した戦略空間を想い起こしてほしい（第１章第５節，図1.8をみよ）．それを横切っている「等成長」曲線は，それぞれが同じ人口成長率をもたらす平均余命（e_0）と女性１人当たり子ども数（TFR）の組合わせの軌跡を表しており，歴史上の［つまり「旧秩序」下にあった］人口は０％から１％の曲線間に位置し，低い平均寿命と高い出生率を伴っていた．この空間は現代の発展途上国において拡大する．急速な死亡率の低下が同様の出生率の低下を伴わずに生じたので，多くの国が２％から４％の曲線間に位置することとなったのである．

　他方，ヨーロッパの国々にとっては，1800年代以来の転換は増加率の「爆発」なしに，むしろ段階的で，ときには相伴って生じた死亡率と出生率の調整によって達成され，結果として人口は，一般に０％と1.5％の間の，より限定された領域に位置することになったのである．図4.1は，19世紀から20世紀のそれぞれの時期におけるヨーロッパ17カ国の位置どりをよく表している．それぞれの時点に対応する楕円形はこれらの国々の置かれた領域を表しており，それがかなり狭い帯状の領域内で，左上（高出生率で高死亡率）から右下（低出生率で低死亡率）へと移動していった．1870年と1900年の楕円形は大部分が１％と２％の幅に収まり，その間が出生率と死亡率の距離が最大となった人口転

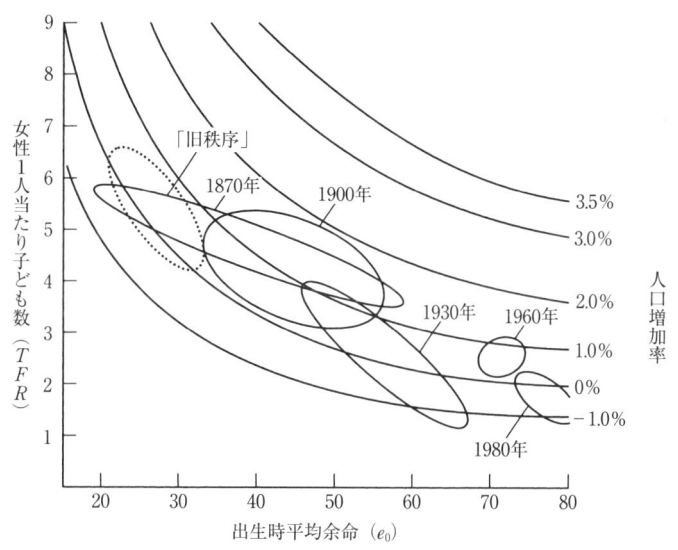

図4.1 ヨーロッパ17カ国の人口増加の戦略空間：19〜20世紀

(出所) A. J. Coale, "The Decline of Fertility in Europe since Eighteenth Century as a Chapter in Human Demographic History," in A. J. Coale and S. Cotts Watkins, eds., *The Decline of Fertility in Europe* (Princeton University Press, Princeton, NJ, 1986), p. 27［小島宏訳「18世紀以降の出生力低下」速水融編『歴史人口学と家族史』藤原書店, 2003年, 115頁］.

換の時期であったことを示している．対照的に，出生率が人口置換水準以下であった時期の1930年と1980年の楕円形は，その領域の多くが０％曲線の下にきている．

すでに指摘したように，人口転換にはいくつかの局面がある．図4.1では簡単に示されている動きをより良く描き出すためには，さまざまな側面——死亡率・出生率双方の低下開始，低下の終了とその低下局面の長さ，そして２変数の距離の最大と最小——を取り上げるのがよいであろう．

図4.2は，人口転換のモデルを概念的に示している．死亡率低下の開始は出生率のそれに先行し，この局面において二つの構成要素間の乖離（自然増加率）は最大となる．出生率の低下が加速し，死亡率の低下が減速するとき，二つの曲線はふたたび接近し，自然増加率が低水準（転換開始期の水準）に戻る．このモデルが含意しているのは，ひとたび出生率と死亡率が低下し始めると，それはそれぞれの率が低水準に達するまで続くであろうということであり，こ

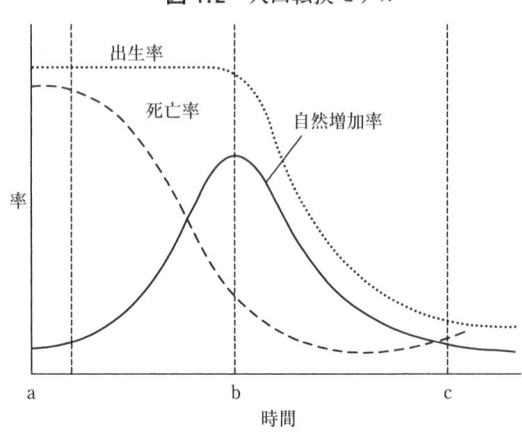

図 4.2 人口転換モデル

出生率
死亡率
自然増加率
率
a　　　　　b　　　　　c
時間

a＝転換の開始
b＝出生率と死亡率の差最大
c＝転換の終了

の仮説はヨーロッパの経験がほぼ完全に支持しているところである.

　転換の期間，二つの曲線それぞれの傾き，そして両者の距離は，国ごとに大きく異なる．加速する成長によって特徴づけられる過渡的段階の人口増加は，これらパラメーターの関数である．転換の開始と終了における人口規模の比は，転換「乗数」と呼べるであろう.[2] たとえばフランスでは，転換は18世紀末に始まり1世紀半以上も続いた．死亡率と出生率の低下は同じように，ほぼ並行的といえるかたちで生じた．互いにずれることなくテンポを合わせて変化し，乗数は1.6にすぎなかった．他方スウェーデンでは，死亡率の低下は出生率のそれに先行し，転換はずっと短かった．乗数はフランスの2倍以上であった (3.8)．ヨーロッパの経験を現代の発展途上国と比較するとすれば，メキシコを選ぶとよいかもしれない．そこでは，転換は80年間続き2000年に完了したと

---

[2] 表4.1のデータ，乗数の概念および人口転換モデルに関するこれまでの説明は，J.-C. Chesnais, *La Transition Démographique* (PUF, Paris, 1986), pp. 33, 292-93 ［English edn. *The Demographic Transition* (Oxford University Press, New York, 1992, pp. 27-28, 303-04］と J.-C. Chesnais, "Demographic Transition Patterns and their Impact on the Age Structure," *Population and Development Review* 16 (1990) からとられている．

第4章　秩序と効率をめざして：近現代ヨーロッパと先進国の人口学

表4.1　各国における人口転換の開始，終了，期間および「乗数」

国名	転換の開始と終了	転換期間	乗数
スウェーデン	1810-1960	150	3.83
ドイツ	1876-1965	90	2.11
イタリア	1876-1965	90	2.26
ソ連	1896-1965	70	2.05
フランス	1785-1970	185	1.62
中国	1930-2000	70	2.46
台湾	1920-1990	70	4.35
メキシコ	1920-2000	80	7.02

(出所)　J.-C. Chesnais, *La Transition Démographique* (PUF, Paris, 1986), pp. 294, 301 ［English edn. *The Demographic Transition* (Oxford University Press, New York, 1992, pp. 305, 312)］. Presses Universitaires de France (PUF)の許可を得て転載．

想定できる．死亡率の低下は出生率の低下よりもずっと前に始まり，自然増加は非常に高い水準となった．乗数は約7となった．シェネの研究から借用した表4.1は，ヨーロッパ諸国と（外挿による）発展途上国での転換の期間と乗数値とを掲げている．乗数は，厳格な人口政策によって統制されている中国を除いて，発展途上国のほうがヨーロッパよりも相当に高い傾向にある．

　これまでは意識的に転換のメカニズムに焦点をあて，その原因について語ることは先延ばしにしてきた．18世紀後半に始まった死亡率の低下は，一つは，周期的に襲来した伝染病の頻度減少とペストの消滅を含む外生的要因に，一つは，より良い経済組織に起因する飢餓の減少に，そして，感染症の蔓延を減少させ，とりわけ乳児の生存率を改善することに結びついた社会文化的仕組みによると一般的にはいわれている．死亡率の低下は人口増加を刺激し，利用可能資源への圧力を増大させ，それゆえに結婚率の低下と意識的な産児制限の普及による出生率低下へと帰結したのである．均衡が回復するのは出生率低下の最終段階であって，そのタイミングはそれぞれの人口集団における進捗の度合い次第であった．以上はマルサス・モデルを状況に合わせて援用したもので，再生産の抑制による人口の利用可能資源への調整を意味する——再生産は生物的に条件づけられたものではなくなり，個々人の出生抑制によるようになったのである．これはマルサスがその可能性を予想しえなかったことであった．

　大きく異なる主張をもつ論者でも，夫婦の出生選択の変化を引き起こしたの

が産業革命に伴って生じた社会変容だという点では一致している．とくに，都市産業社会の成長は育児の「コスト」を高めた．子どもたちが自立した俸給稼得者や生産者となるのは，農業社会よりもはるかに高い年齢になり，物質的にも，健康管理や教育という点でもより大きな「投資」を必要とするようになった．後者は母親から雇用機会を奪うものでもあった．子どものコストが増加し，それがまた出生抑制に拍車をかけることになったようにみえる．この展開は伝統・制度・宗教による社会統制が徐々に緩和されたことに促され，ヨーロッパ社会の経済社会的発展と並んで進行した．運輸交通の改善は，これらが都市から農村へ，上層から下層へ，中心から周辺地域へと拡まるのを促進したのである．

以下の節では，死亡率と出生率の低下をより詳細に考察する．ここでは，ワットの蒸気機関におけるのと同様に，以下のように結論できる．ヨーロッパの伝統的人口様式によるエネルギーの消耗は，20世紀後半までに大幅に減少した．現代の「節約的」な様式では，少ない出生数は少ない死亡数を埋め合わせるに十分である．しかし，われわれの社会が第三千年紀を進むにつれ，人口の均衡に必要なそのわずかな出産すら維持できなくなっているであろう．

2　無秩序から秩序へ：寿命の伸長

18世紀後半に，死亡率は低下の兆しをみせ始めた．寿命は伸び，死は年齢に規定されたものという関係が定着した．ランダムで予測できない死に支配された以前の無秩序から，ひとの一生は秩序だったものとなったのである．以前ではなぜ死は気まぐれだったのかを説明するのは，基本的に相関連した二つの要因である．第1は頻繁かつ規則性なく発生した死亡危機である．その原因はさまざまで，すべての年齢層，すべての階層に影響を与え，社会生活に深刻な混乱をもたらした．ペストの災禍（1630年はミラノの人口を半分近くまで減少させ，1656年のそれはジェノヴァとナポリの人口を半減させた[3]）は措くとしても，もともと少なくなかった年々の死亡数が2倍となること――それはまことに頻繁に起きたことであった――は社会の根幹にとって深刻な体験であった．第2の要因は，死亡とは年齢と関連するという自然な時間秩序が覆されるリス

第4章 秩序と効率をめざして:近現代ヨーロッパと先進国の人口学

クである.日常的と考えられるほどに頻繁な乳児死亡を無視するとしても,若年あるいは青年期の子どもが自分の両親より先に死ぬ確率は高かった.たとえば18世紀中葉のフランスでの死亡率(e_0,すなわち出生時平均余命は1740-90年では25〜28年)を例にとるなら,40歳の母親が,その先20年のうちに10歳の息子より長生きする確率は4分の1と推計することができる.今日の低い死亡率では,同様の確率はごく小さな値でしかない.[4)]

秩序と規則性が現れることの重要性を強調したのは——寿命の伸長は以下で論ずる——これらが発展にとって不可欠の前提条件だからである.「おそらく,突然死の物質的,精神的な結果だけでなく,その恐怖からも解放された社会だけが,知的・技術面での高い進歩を成しとげることができたといえるだろう.それなくしては,人口増加も維持できなかったであろう」.[5)]

死亡危機の程度と頻度が低下することが,死亡率転換の第1局面を構成する.それは突如として生ずる平均死亡率の増加で,短期とは深刻な伝染病の場合では数週間から2年程度であるが,「危機」という一般項目には幅広い範囲の出来事が入る.戦争による破壊,飢饉,そして繰り返し起こる伝染病の勃発など

---

3) L. Del Panta, *Le Epidemie nella Storia Demografica Italiana (Secoli XIV-XIX)* (Loescher, Turin, 1980), pp. 160, 168; C. Ó Gráda, *Famine: A Short History* (Priceton University Press, Princeton, NJ, 2009).

4) コールとデメインのモデル生命表(A. J. Coale and P. Demeny, *Regional Model Life Tables and Stable Populations*, Princeton University Press, Princeton, NJ, 1966)から,女性27.5歳,男性25.3歳の平均寿命(西モデル)を用いると,以下の結果を得る.40歳の女性が60歳まで生存する確率は0.536で,10歳の少年が30歳まで生存する確率は0.764である.20年の間に,40歳の女性と10歳の息子には四つの可能性がある.(1)両者とも生存している可能性,その確率は$0.536 \times 0.764 = 0.410$.(2)母親が生存し,息子が死亡する可能性,その確率は$0.536 \times (1 - 0.764) = 0.126$.(3)母親が死亡し,息子が生存している可能性,その確率は$(1 - 0.536) \times 0.764 = 0.354$.(4)両者とも死亡する可能性,その確率は$(1 - 0.536) \times (1 - 0.764) = 0.110$.四つの確率の合計はいうまでもなく1である.母親が生存している(確率0.536)場合,4人に1人($0.126 : 0.536 = 0.235$)は息子よりも長生きしていることになる.現在の死亡率では,この確率は60人に1人ぐらいでしかない

5) K. F. Helleiner, "The Population of Europe from the Black Death to the Eve of the Vital Revolution," in E. E. Rich and C. Wilson, eds., *The Cambridge Economic History of Europe* (Cambridge University Press, Cambridge, 1967), vol. 4: *The Economy of Expanding Europe in the Sixteenth and Seventeenth Centuries*.

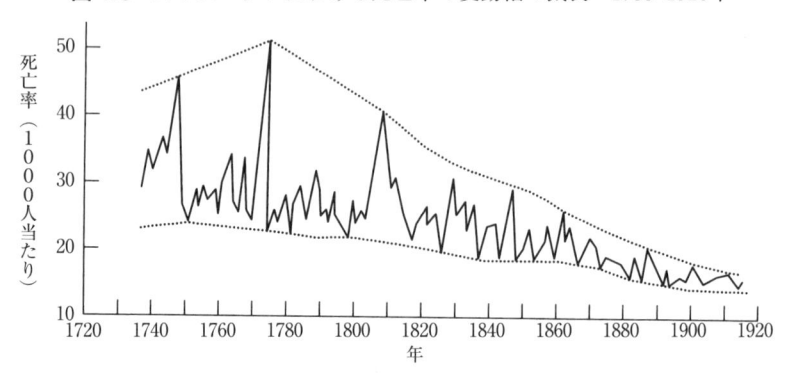

図4.3 スウェーデンにおける死亡率の変動幅の減衰：1735-1920年

死亡率（1000人当たり）

である．図4.3は，危機の深刻度減衰の一例である．実線は1735年から1920年におけるスウェーデンの普通死亡率の推移を表し，点線はそれぞれ（いくらか恣意的にではあるが）最大値および最小値をつないでいる．ここから容易に，振幅の幅が徐々に狭くなり，同時に長期的な水準低下のあったことがわかる．表4.2は，18世紀中葉から1974年までをとり，フランスとスウェーデンにおける普通死亡率の25年平均の最大値と最小値および両者の差を示している．変動幅の漸進的縮小は明らかである．19世紀の終りまでは差が10から20であったが，最近の時期には10分の1縮んで1から2となった．18世紀から19世紀初頭の西欧における死亡危機発生の減少はよく知られている．[6] 19世紀の社会・経済的組織改革は，天然痘ワクチン（ジェンナーの発見は1798年に公表され，19世紀前半に急速に広まった）や他の重大伝染病の病原体特定のような感染症抑止上の進展に後押しされた．[7] しかし，進歩は容易でなかった．19世紀における伝

---

[6] この点に関する文献は膨大なので，以下の引用に限ることとしよう．イタリアについては，Del Panta, *Le Epidemie.* イングランドについては，E.A. Wrigley and R.S. Schofield, *The Population History of England, 1541-1871: A Reconstruction* (Edward Arnold, London, 1981). スペインについては，V. Pérez Moreda, *Las Crisis Mortalidad en la España Interior, Siglos XVI-XIX* (Siglo Veintiuno, Madrid, 1980). フランスについては，G. Cabourdin, J.-N. Biraben, and A. Blum, "Les Crises Démographique," in J. Dupâquier, ed., *Histoire de la Population Française* (PUF, Paris, 1988), vol. 2: *De la Renaissance à 1789.*

表 4.2 フランスとスウェーデンにおける死亡率（1,000人当たり）の最大値と最小値：18〜20世紀

期間	スウェーデン			フランス		
	最大値	最小値	差	最大値	最小値	差
1736-49	43.7	25.3	18.4	48.8	32.3	16.5
1750-74	52.0	22.4	30.1	40.6	29.5	11.1
1775-99	33.1	21.7	11.4	45.2	27.1	18.1
1800-24	40.0	20.8	19.2	34.4	24.0	10.4
1825-49	29.0	18.6	10.4	27.7	21.1	6.6
1850-74	27.6	16.3	11.3	27.4	21.4	6.0
1875-99	19.6	15.1	4.5	23.0	19.4	3.6
1900-24	18.0	11.4	6.6	22.3	16.7	5.6
1925-49	12.7	9.8	2.9	18.0	15.0	3.0
1950-74	10.5	9.5	1.0	12.9	10.5	2.4

染病は，それも天然痘のように古くからある病気のみならず，コレラのようなヨーロッパにとっては新顔のものも含めて，いまだ大きな被害を与えた．第1次大戦直後のインフルエンザの世界的流行もその一例であり，二つの世界大戦，ソ連とスペインにおける内戦，大規模な強制移送，ホロコーストによるさらに深刻な生命の破壊はいうまでもないであろう．

しかしそれにもかかわらず，死亡率は低下した．危機の頻度と深刻さの減少のみならず，平時におけるさまざまな年齢層における死亡確率の低下もあった．表4.3は，18世紀中葉から現代に至る主要先進国における平均寿命（e_0，男女）の推移を示している．40歳未満の国もあった初期の数値は徐々に上昇し，今世紀の初めには約80歳になるまでとなった．いくつかの国では18世紀中ごろから顕著な改善をみせ，ほとんどすべての国で，医学上の発見が効果を発揮する前に平均寿命の大きな進歩があったのである．[8]

われわれの目的にとってとくに重要なのは，死亡率低下の二つの側面である．第1は，年齢別の死亡確率の低下が平均寿命の上昇へ与えた影響である．最も大きな影響は，人生最初の1年における減少だったのであり，それは乳児保育

---

[7] 19世紀における微生物学上の偉大な発見については，G. Penso, *La Conquista del Mondo Invisibile* (Feltrinelli, Milan, 1973) を参照．

[8] T. McKeown, *The Modern Rise of Population* (Edward Arnold, London, 1976).

表4.3 主要西側諸国における平均寿命：1750-2009年

	1750-59年	1800-09年	1850-59年	1880年	1900年	1930年	1950年	1980年	2009年
イングランドとウェールズ				41.2	44.8	46.8	61.4	69	73.9	81.6
フランス				39.7	43.4	45.8	56.9	66.4	74.4	81.1
スウェーデン	36.3	37.2	42	48.3	52.1	63.2	71.1	75.8	81.2
ドイツ								73	80.2
イタリア				33.6	43	55.2	65.8	74.1	81.7
オランダ			37	41.8	48.8	64.7	71.4	75.8	80.5
ロシア連邦								67.7	67.9
アメリカ							68.1	73.9	78.3
オーストラリア						65	69	74.6	81.7
日本							59.3	76.2	83.3

（出所） Human Mortality Database, http://www.mortality.org/cgi-bin/hmd/DataAvailability.php（2011年4月2日検索）．1880年と1900年については，それぞれ1879-81年，1899-1901年の平均である．

表4.4 イングランド（1871-1951年）とイタリア（1881-1951年）における平均寿命の伸長（死因別寄与度）

死因	イングランド		イタリア	
	平均寿命の伸長（年）	(%)	平均寿命の伸長（年）	(%)
感染症	11.8	42.9	12.7	40.0
気管支炎，肺炎，インフルエンザ	3.6	13.1	4.7	14.8
循環器系疾患	0.6	2.2	0.8	2.5
下痢，腸炎	2.0	7.3	3.4	10.7
新生児疾患	1.8	6.5	2.3	7.3
事故	0.7	2.5	0.5	1.6
腫瘍	-0.8	-2.9	-0.4	-1.3
他の疾患	7.8	28.4	7.7	24.3
計	27.5	100.0	31.7	100.0

（註）イングランドの平均寿命は，1871年40.8歳，1951年68.4歳．イタリアのそれは，1881年33.8歳，1951年65.5歳．
（出所）G. Caselli, "Health Transition and Cause-Specific Mortality," in R. S. Schofield, D. Reher, and A. Bideau, eds., *The Decline of Mortality in Europe* (Oxford University Press, Oxford, 1991).

の改善と感染症を防ぐためにとられた措置のおかげであった．第2は，それと関連するが，さまざまな原因，主に感染症による死亡減少であった．

このような死亡率低下の構図は，カセッリによって確認されている．表4.4は，1871-1951年のイングランドとウェールズにおける平均寿命の伸長（40.8歳から68.4歳へ）と，1881-1951年のイタリアにおけるそれ（33.7歳から66.5歳）による分析を示している．[9] これら二つの国における結果は，両国の異な

第4章 秩序と効率をめざして：近現代ヨーロッパと先進国の人口学

った社会史にもかかわらず類似している．どちらの場合も平均寿命伸長の約3分の2は，感染症（とくに乳児の麻疹，しょう紅熱，ジフテリア），呼吸器疾患（気管支炎，肺炎，インフルエンザ）そして腸疾患（下痢，腸炎）を抑制できたおかげである．年齢をみると，平均寿命伸長の約3分の2（イングランドでは少し少なく，イタリアでは少し多い）は，誕生後の15年間における死亡率低下に由来する．40歳以上の中高年における改善は，伸び全体のうち6分の1から7分の1の割合しか占めていなかった．

先進国の死亡率転換は比較的緩慢であった．たとえば，女性の平均寿命が50歳に届いた年次（この水準でも出生から生殖年齢に達するまでの死亡率によるコウホート損失は依然として大きく，20％から25％の間であり，潜在的生殖能力の「消耗」は約30％となる）は，ノルウェーの1861年からブルガリア，ポルトガル，ソ連の1930年代まで，多岐にわたっている．ヨーロッパ諸国の中位値は1903年であった．[10]

平均寿命の上昇は，20世紀中葉まで加速した．1750年から1850年の間，イングランド，フランス，スウェーデンでは，1年当たりの寿命の伸びは1月分に達しなかった．これら3国とオランダおよびアメリカでは，1850-59年から1880年の間にそれが約2カ月となった．表4.3に掲げられた10カ国の，続く4期における年当たり平均伸延月数は4.6（1800-1900年），5.2（1900-30年），4.6（1930-50年），4.4（1950-1980年）そして2.4（1980-2009年）であった．この転換はまだ終わっていないが，1980年以前の100年間に1年当たり4，5カ月伸びた後，そのペースは過去数十年間緩慢になってきている．この100年のうちで起こった第2次世界大戦による災禍も，1930～40年代における薬学上

---

9) G. Caselli, "Health Transition and Cause-Specific Mortality," in R. S. Schofield, D. Reher, and A. Bideau, eds., *The Decline of Mortality in Europe* (Oxford University Press, Oxford, 1991).

10) 平均寿命50歳という値は，L. I. Dublin, A. J. Lotka, and M. Spiegelman, *Length of Life* (Ronald Press, New York, 1949)から得られた諸国の時系列データを線形補間（外挿の場合もある）によって求めたものである．スウェーデン，デンマーク，ベルギー，オランダ，スイス，オーストラリアおよびアメリカ合衆国において，女性の平均寿命が50歳に達したのは，1880年から1900年の間である．イングランド，フランスおよびドイツは1900年から1910年の間，フィンランド，オーストリアおよびイタリアは1910年から1920年の間，そしてギリシア，ハンガリーおよびソ連は1920年以後であった．

の成果（サルファ剤とペニシリン）の効果には及ばなかったのである．

1850年以来の死亡率低下は，（生存率の向上につながった物質的・技術的・文化的資源の拡大を含んだ曖昧な表現だが）経済的・社会的進歩と並行して進んだ．この低下の支配的要因である「いつ，どこで」を整理することは，社会史家や人口史家の仕事である．その要因としては，転換の第1段階においては社会的・文化的要因（子育て，個人レベルの衛生，市場組織の改善など），第2段階では経済的要因（生活の物的側面における質の向上，インフラストラクチャーの改良），そして進行中の現段階においては医学的・科学的・行動的要因があげられよう．ただ，いずれの時期でもこれら諸要因は複合的に作用したであろう．

図4.4は，西側16カ国における平均寿命の伸長（後出表4.8を参照）と物的福利の総合指標，すなわち1990年国際ドル表示の1人当たりの商品とサービスの産出額推計値（実質国内総生産，GDP）の関係を単純なかたちで表現したものである．これら産出額の数値は，近年，同一の手法を用いて過去にさかのぼり再計算されたものである．[11] このグラフは，各国における1870年，1913年，1950年，1980年，2000年の e_0 値と1人当たりGDP値を比較している．国ごとに五つで計80の点があり，全体として平均寿命と物的福利水準の間の長期的関係を描き出している．このグラフの元にある明らかな単純化については議論しないこととし，[12] その結果に議論を集中しよう．それは驚くほど明瞭である．

---

[11] A. Maddison, *Monitoring the World Economy 1820-1992* (OECD, Paris, 1995)［金森久雄監訳『世界経済の成長史1820～1992年：199カ国を対象とする分析と推計』，東洋経済新報社，2000年］．本章と次章で利用されているGDP（国内総生産）と1人当たりGDPは，「1990年国際ドル」（あるいは，この方法を開発した研究者の名前をとって，1990年ゲアリー＝ケイミス（Geary-Khamis）ドル）で表示されている．これは購買力平価（PPP）ドルとしても知られている．購買力平価（PPP）ドルは，時期と場所によって物価が変化することを考慮して，歴史的にも地理的にも比較が可能となるように，同じ福利水準を「購入」するとして計算して得られる抽象的な尺度である．実際には「国際ドル」には多くの限界がある．利用可能な数量的資料に内在（資料が少なく，また過去になればなるほど信憑性がなくなる）する問題もあるし，消費のために生産され利用できる財とサービスが変化し続けているための限界もある．マディソンの著書のpp. 162-69［『世界経済の成長史』236-41頁］を参照．16カ国のリストについては表4.8を参照．

第4章　秩序と効率をめざして：近現代ヨーロッパと先進国の人口学　141

図 4.4 先進16カ国における1人当たり GDP と平均寿命 (e_0) の関係：1870年，1913年，1950年，1980年，2000年

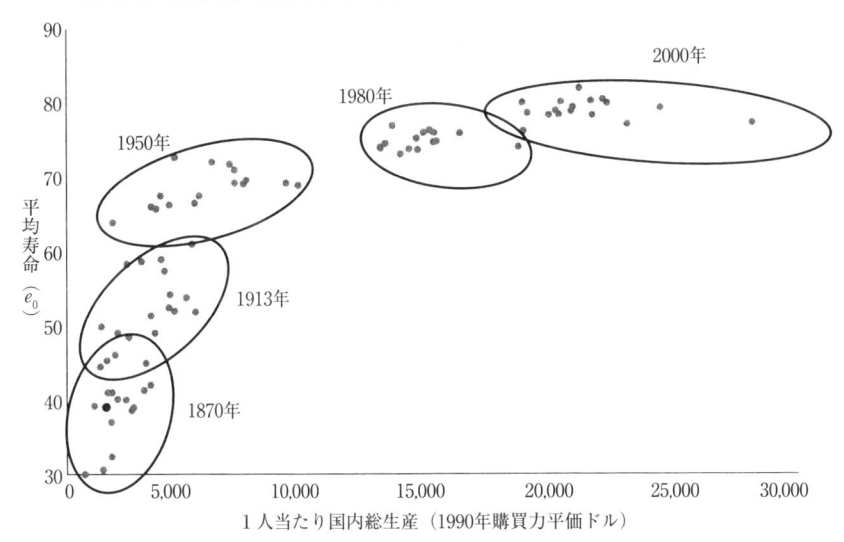

転換の第1段階においては，産出高増大は平均寿命の改善と軌を一にする．その改善はだんだんと目立たなくなり，さらに大きな富の増加もわずかな e_0 の上昇しかもたらさなくなる．転換の最終段階においては，1人当たりの産出高水準が異なってもほとんど同じ e_0 水準になるという事実は，ある点を超えると，財貨の供給はひとの生存に対してほとんどなんの影響も及ぼさないということである．2000年においてアメリカの1人当たり GDP はイタリアより50%高かったが，アメリカの平均寿命 (77.3歳) はイタリアのそれ (80歳) より低かったのである．もちろん，福利水準がいっそう高くなっても平均寿命の上昇には帰結しないとはいわないが，その上昇はおそらく，以前には想像不可能だった地平を開く個々人の行動変化や科学の発達といった「非物質的」進歩によるものであった．GDP で測られるような単純な産出量の増大は，少なくとも

---

12) 単純化の中で最も重要なのは，二つの変数が互いに独立ではないという点である．死亡率が福利水準に依存している面は確かにあるが，死亡率の低下なしに物的進歩はないともいえる．

現段階においては役割を終えるのである．転換の最初の段階においては，増大した生産は生活の大いなる改善となった．その理由は明白で，栄養不良で，ひどい衣服をまとい，貧しい家に住み，病気の場合には運を天に任せざるを得なかった人びとに対しては，豊富な食糧，よい衣服，よい住居，ゆきとどいた医療は顕著な効果をもつのである．他方，すでに豊かな人びとには，産出高増加の利益はマイナスではないにしてもごくわずかか，あるいは食べ過ぎや環境悪化の場合のように，まったくないのである．

3　高出生率から低出生率へ

　出生率の低下は，死亡率の低下と同じく，漸進的で地理的にも多様なプロセスである．生物学的要因（出生間隔を規定する）および社会的要因（結婚年齢，結婚割合——再生産期間のどのくらいが出産に向けられるかを規定する）双方の要因の組合わせについてはすでに論じた（第1章第4節）.[13] そこでみたように，これらは出生率に深く影響するがゆえに，人口転換前ヨーロッパの水準は低いほうで1,000分の約30から高いところでは45以上にまで及んでいた．それにもかかわらず，出生率低下の決定的要因は，自発的な出産調節であった．[14] おそらく，母乳哺育の延長や晩婚や独身ということよりもずっと効果的な方法

---

[13]　もちろん，一般に（そして不適切に）非嫡出と呼ばれる婚姻外の出生も存在している．歴史的には，西洋における婚姻外出生率は，（少なくともここ数十年前までは）わずかなものであり，再生産の大多数は夫婦間で生じていた．

[14]　自発的出産調節と非自発的出産調節を概念上区別するのは微妙である．人口学者は，自発的に調節されていない場合の出生率を「自然出生力」と呼んでいる．その水準は，夫婦や母親の行動（性的タブー，性交頻度，母乳哺育期間など——第1章第4節参照）の関数としてかなり変動しうるものである．それでもこのような行動のタイプは「構造的」なものと考えられ，特定の家族規模を達成したいという夫婦の望みを反映しているわけではない．この場合，生殖行為はすでに生まれた子どもの数の関数として変わるわけではない．他方で，避妊や性交中絶法による自発的出産調節の目的は，ある一定数の子どもを出産することである．調節を実行するのは，まずは望んだ数の子どもを得た夫婦であり，したがって再生産行動は，すでに生まれた子ども数の関数として変わる傾向がある．末子出産の平均年齢が低下したり，若年齢での出生率が低下したりするのは，ある人口集団における出産調節の徴候である．両方の状況とも出生力曲線の「形」を変えることになる．

図 4.5 各国における平均結婚年齢と再生産期間終了時における女性の既婚率の関係（19世紀末に生まれた世代）

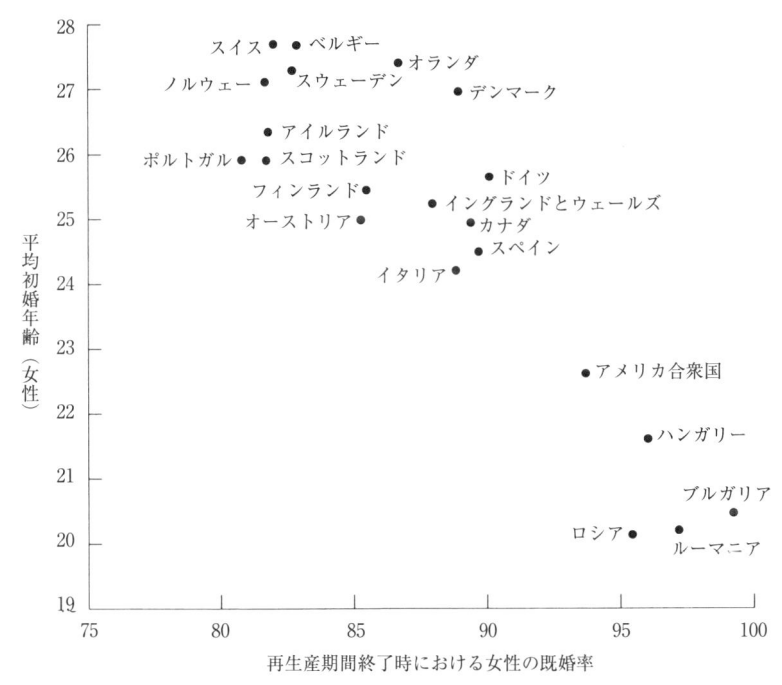

(出所) P. Festy, *La Fécondité des Pays Occidentaux de 1870 à 1970* (PUF, Paris, 1979), p. 29. Press Universitaires de France (PUF)の許可を得て転載.

だったのである．

図4.5は，出生力低下に至る期間のヨーロッパにおいて結婚の抑制がいかに有効であったかを示している．低結婚性向の女性人口はグラフの左上部にあり，初婚年齢の高さ（スイス，ベルギー，スウェーデン，ノルウェーで27歳を超える）と再生産期間終了前に結婚した女性の割合の低さ（80％を少し超える）とによって特徴づけられている．グラフの右下は，低初婚年齢（20歳前後）と結婚した割合の高い（95％以上）高結婚性向人口である．グラフから明らかなように，前近代においては，結婚率の二つの構成要素間にかなり強い（そして負の）関係が存在したのである．

図4.5は，転換前における結婚性向の変動性について，さらに間接的には，それが出産を抑制する度合いについても教えてくれる．その抑制水準はそれな

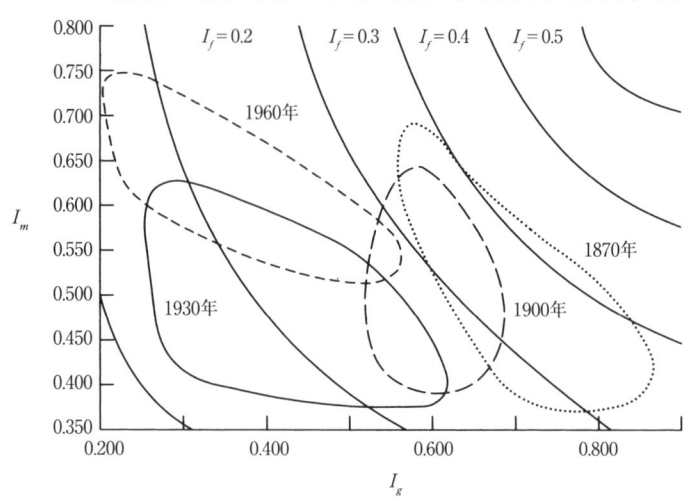

図4.6 ヨーロッパ16カ国における総合出生率指標（I_f），嫡出出生率指標（I_g）および結婚水準指標（I_m）の関係：1870年，1900年，1930年，1960年

りに高かった一方で，19世紀の急激な社会変容の時代に出生力を調整する力としては十分でなかった．もっと効率的な抑制は自発的な出産制限によってなされた．出産制限は，長い間（貴族や都市のブルジョワといった）上層の集団を除いて，[15)] ほとんど知られていなかったものであるが，18世紀末にかけてフランスといくつかの限られた地域で現れ，[16)] 19世紀後半にはヨーロッパ中に急速に拡まった――もっとも，農村地域や周辺地帯においては，これらの慣行を20世紀中ごろにようやく受け入れたところがあった．

1870年から1960年にかけてのヨーロッパの出生力転換は図4.6に示されてい

---

15) M. Livi-Bacci, "Social-Group Forerunners of Fertility Control in Europe," in A. J. Coale and S. Cotts Watkins, eds., *The Decline of Fertility in Europe* (Princeton University Press, Princeton, NJ, 1986) ［速水融訳「出生制限グループの先駆」速水融編『歴史人口学と家族史』藤原書店，2003年］．

16) 都市の出生率は概して農村よりも低いが，その理由の一端は都市に特有な人口構成と高い流動性による．しかし農村における緩慢な出生率の低下というモデルに反して，ハンガリーでは18世紀末から出生率が低下した地域もあった．R. Andorka, "La Prévention des Naissances en Hongrie dans la Région Ormansag depuis la Fin du XVIIIe Siècle," *Population* 26 (1971)参照．

第4章　秩序と効率をめざして：近現代ヨーロッパと先進国の人口学　　145

る．これはヨーロッパの出生力低下にかんする国際共同研究にもとづくものである．[17] このタイプのグラフは前にも利用した（図1.8と図4.1）が，ここでは両軸が変わり，曲線は「等出生力」(isofertility) を表している．それぞれの曲線は，同じ「総合出生率」（女性1人当たり平均子ども数 TFR と強く相関する，出生率指標 I_f）となる x 軸の嫡出出生率指標と y 軸の結婚水準の組合わせを表現している．それぞれの説明は註にあるが，[18] 嫡出出生力（I_g）と有配偶水準（I_m）の指標は以下のことを教えてくれる．

1. 嫡出出生力の指標は，婚姻内における出産の度合いを，通常の人口においてこれまで記録された最大値（1とする）との比較において測定する．自発的な出産調節が普及する前，I_g は，出生間隔を規定する諸要因（母乳哺育期間

---

[17] アンスリィ・コールが指揮し，プリンストン大学人口研究所がコーディネイトしたこの研究プロジェクトの目標・特徴・成果の概要は，Coale and Watkins, eds., *Decline of Fertility* に要約されている．

[18] 指標 I_m, I_f, I_g（それぞれ結婚している出産可能年齢女性の割合(結婚水準)，総合出生率，嫡出出生率の指標）と I_h（非嫡出出生率の指標であるが，ここでは議論しない）は以下のように計算される．f_i, g_i, h_i をそれぞれ年齢期間 i の女性1人当たりの総出生数，嫡出出生数，非嫡出出生数とする．同様に，w_i, m_i, u_i を当該期間の総女性人口，有配偶女性人口，無配偶女性人口を示すものとする．F_i はモデルとなる人口集団の出生力係数である．モデルとなっているのは，記録が残っている人口集団の中で最も高い出生率であった1921-30年に結婚したハテライト［再洗礼派に属し，フッター派とも表記される］の女性である．上記の情報から，以下の指標を計算することができる．

　　総合出生率指標　　　$I_f = \sum f_i w_i / \sum F_i w_i$　　　(1)
　　嫡出出生率指標　　　$I_g = \sum g_i m_i / \sum F_i m_i$　　　(2)
　　非嫡出出生率指標　　$I_h = \sum h_i u_i / \sum F_i u_i$　　　(3)
　　有配偶水準指標　　　$I_m = \sum F_i m_i / \sum F_i w_i$　　　(4)

(1), (2), (3) の分子は，それぞれ検討されている人口の出生総数，嫡出出生数および非嫡出出生数を表している．F_i の値は，15〜19歳 0.300, 20〜24歳 0.550, 25〜29歳 0.502, 30〜34歳 0.447, 35〜39歳 0.406, 40〜44歳 0.222, 45〜49歳 0.061 である．四つの指標には以下の式のような関係がある．

　　$I_f = I_g \times I_m + I_h \times (1 - I_m)$

I_h が非常に低い場合（過去の西洋の人口でそうであったように，たとえば0.05以下（5％））には，総合出生率指標は $I_g \times I_m$ でほぼ近似することができる．すべての指標の値は1以下である．I_g の場合についていえば，指標の値は，ハテライトの理論的最大値と検討対象の人口集団の嫡出出生率の比率を表している．一般的に 0.6 以下の値の場合には，なんらかの自発的出産調節が行われていることが示唆される．

とその他第1章第5節で論じられた要因）の関数であり，概して0.6から1の間に来る．出産制限の普及は通常，嫡出出生力の「連続的」低下として現れる．上記の研究プロジェクトによれば，最初の安定した水準からの10％の低下は，出産制限の明白な徴候とみなされる．0.5かそれ以下になれば確実に，出産制限を行った国々の値といえる．
2. 有配偶水準の指標は単純に，出産可能年齢にあって実際に結婚している女性の割合を（さまざまな年齢の潜在的出生力を加重して）測っている．したがって，図4.5に表された結婚年齢と結婚割合，および（死亡率低下によってこの時期に小さくなっていくが）寡婦割合の影響を合わせた指標である．

　図4.6は，上記諸指標の関数としての総合出生率指標が，ヨーロッパ諸国で漸進的に低下していった様子を描き出している．1870年では，出生力水準はかなり多様であった．（すでに出産制限がよく確立していた）フランスにおける0.3未満から，高い結婚率と高い嫡出出生率に特徴づけられた（グラフにはない）東ヨーロッパ諸国の約0.5まで幅広い．この時代，フランスを除くと，異なる国々の分布範囲は嫡出出生力の変化よりも結婚性向の変化に起因している．これら諸国の点を囲むエリアは，垂直方向に伸びている．他方，続く時代の総合出生率の低下は主として，出産抑制が拡まった結果としての嫡出出生力の下落に起因している．このエリアは，だんだんと水平方向に伸び，1960年には総合出生率の水準が約0.2となった．嫡出出生力の低下が結婚性向の増加を伴っていた場合も少なくない．前者の現象は（避妊という）効果的な出産調節手段が利用できるようになったことへの反応として解釈することができ，結婚による抑制を不要なものとした．

　有配偶出生力が従前の安定的水準から（その後ふたたび上昇することなく）10％の下落を記録した時点は，後戻りできない低下が始まったということの経験的指標である．この時点は人口転換にとって重要な画期であり，出産抑制の伝統的システム（結婚）から新しいシステム（避妊）への交代を反映している．それは最初にフランスで1827年に始まり，ヨーロッパ・ロシアとアイルランドではほぼ1世紀後の1922年に起きた．ベルギー，デンマーク，イギリス，ドイツ，オランダ，スイスでは1880年と1900年の間に，スウェーデン，ノルウェー，オーストリア，ハンガリーでは1900年と1910年の間に，イタリア，ギリシア，

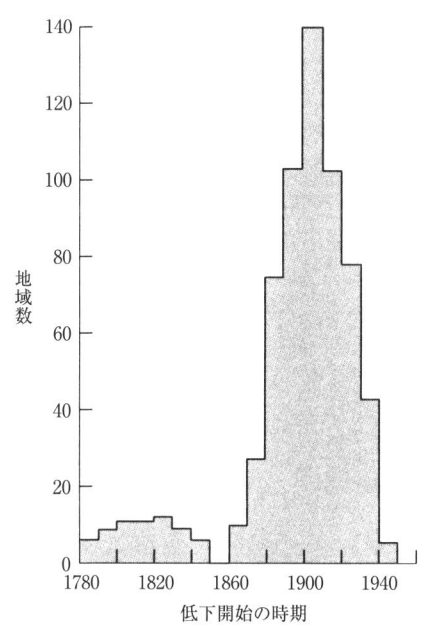

第4章　秩序と効率をめざして：近現代ヨーロッパと先進国の人口学　147

図 4.7　嫡出出生率指標（I_g）の10％低下を経験したヨーロッパの地域数の時期別分布

（出所）A. J. Coale and S. Cotts Watkins, eds., *The Decline of Fertility in Europe* (Princeton University Press, Princeton, NJ, 1986), p. 38. Princeton University Press の許可を得て転載．

フィンランド，ポルトガル，スペインでは1910年と1920年の間に始まった．出生率10％低下の時点は，ヨーロッパの約700の州や県についても計算された．その時期別分布は図4.7に報告されている．そこには二つの異なった分布がある．左には1780年から1850年の間に出生力低下を開始した，他に明らかに先行するフランスの諸県があり，右にはヨーロッパの他の地域が来る．全事例の60％は，低下が1890年から1920年の間に始まり，最も多い時期は1900-10年である．最も遅いのは1940年代で，そこでようやく決定的低下が始まったのである．

　プリンストン・プロジェクトの詳細な研究成果にみられるように，嫡出出生力変遷の完璧な地図は，フランスに始まりヨーロッパの発展した諸地域に拡ま

表4.5 西側諸国の数世代についての女性1人当たり平均子ども数（*TFR*）：1750-1965年[a]

国名	1750年	1775年	1800年	1825年	1850年	1875年	1900年	1925年	1950年	1965年
スウェーデン	4.21	4.34	4.68	4.4	4.28	3.51	1.9	2.05	1.98	1.98
イングランドとウェールズ	5.28	5.87	5.54	5.05	4.56	3.35	1.96	2.15	2.06	1.90
ドイツ[b]					5.17	3.98	2.08	2.06	1.72	1.53
フランス				3.42	3.27	2.6	2.14	2.59	2.11	2.02
オランダ					4.98	3.98	2.86	2.76	1.85	1.77
スペイン						4.64	3.38	2.51	2.15	1.61
イタリア[c]					4.67	4.5	3.14	2.27	1.88	1.49
アメリカ合衆国					4.48	3.53	2.48	2.94	1.96	2.01
オーストラリア						3.22	2.44	2.98	2.30	2.05

（註） a 期間は表示されている時点を中心としたものである．オランダの1850年は1841-50年を示している．オーストラリアの1875年は1876-85年を示している．
　　　 b 1925年と1950年のドイツの値は，西ドイツのみである．
　　　 c 1850年と1875年のイタリアの値は，1931年の出生力調査に基づいている．

（出所） P. Festy, *La Fécondité des Pays Occidentaux de 1870 à 1970* (PUF, Paris, 1979); J.-P. Sardon, "Le Remplacement des Générations en Europe depuis le Début du Siècle," *Population* 45 (1990). イングランドについては，E.A. Wrigley and R.S. Schofield, *The Population History of England, 1541-1871: A Reconstruction* (Edward Arnold, London, 1981) 参照．1950年と1965年の世代については，Conseil de l'Europe, *Évolution Démographique Recente en Europe* (Strasbourg, 2005).

った低下の過程を描き出している．その諸地域は南のカタルーニャ，ピエモンテ，リグーリア，トスカーナ，中北部のイングランド，ベルギー，ドイツ，スカンディナヴィア諸国を含んでいるのであるが，続いて南および東ヨーロッパ全域に至っている．辺境諸地域（地中海ヨーロッパのいくつかの地域，バルカン半島，アイルランド）や，地理的には中心的だが文化的には伝統的な地域（アルプスの一部）は高出生率の最後の砦であったが，20世紀の中ごろまでには征服された．[19]

　この一般的で広範囲な出生力転換の構図から，出産とその推移の諸指標の考察に移ろう．そのために最適な指標は *TFR*（女性1人当たり平均子ども数）であって，若干の国々については25年間隔で出生年代別に計算されている（表

---

19) プリンストン・プロジェクトの成果の一つは，19世紀後半から1960年までの出生率と結婚率の趨勢に関しての地図である．Coale and Watkins, eds., *Decline of Fertility* を参照．より詳細な「地理」については，以下の国々については，すべてプリンストン大学出版局から出版されたモノグラフを参照せよ．フランス（E. van de Walle），イギリス（M. Teitelbaum），ドイツ（M. Knodel），旧ソ連（B. Anderson, A. J. Coale, and E. Harm），イタリア（M. Livi-Bacci），ベルギー（R. Lesthaeghe），およびポルトガル（M. Livi-Bacci）．

4.5).その水準は,イングランドとウェールズ,ドイツ,オランダの1850年頃より前に生まれた世代における女性1人当たり子ども数5人もしくはそれ以上という高さから,1950年前後に生まれた世代における約2人という低さにわたっている(すでに自分の出産周期を完了した女性についての値である).1960年代の初期に生まれた女性は,ドイツ,イタリア,スペインで特徴的にみられるように,置換水準以下になった.彼女たちが再生産期間を終えたとき,子どもがいないか1人しかいない母親は,2人以上いるものを上回ることになるだろう.ロシアやその他多くの旧社会主義国と日本はこれら低出生力の国々の仲間入りをした.これは悩みの種となりつつある.私たちは,長い低出生力時代の始まりにいるのか,あるいはすぐに増加局面が続く循環過程の底にいるだけなのであろうか.[20]

平均寿命について行ったように,五つの時期,すなわち1870年,1913年,1950年,1980年,2000年における16の先進工業国の合計出生率(TFR)[21]と1人当たり GDP とを比較してみよう(図4.8).興味深いことに,その関係は1人当たり産出高と e_0 の関係のちょうど逆である.1人当たり GDP の成長は初

---

[20] 女性や夫婦が欲しいと明言している,あるいは予想している,あるいは理想的だと考えている子どもの数——調査によって繰り返し示されている——と歩調を合わせて,長期的には出生率は2前後で変動しながら推移すると考えている研究者もいる.このパターンからかなり大きく逸脱するのは,主に一時的要因によって出生率の「テンポ」が変わったからだとされている.この立場をとっているのは,J. Bongaarts, "Fertility and Reproductive Preferences in Post-Traditional Societies," *Population and Development Review* 27 (2001)である.他の研究者——その中には筆者も含まれるが——は別の意見をもっており,ドイツやイタリアが示しているように,構造的に非常に低い出生率のパターンに長期にわたって社会が適応できるのではないかと主張している.「人口置換出生率」の概念について一言触れておく必要がある.各世代の女性が正確に前の世代に置き換わる,つまりは新生女児が人生の中で平均して1人の娘を生むならば,出生率は「人口置換水準」にある.人口置換出生率は2を超えているが,その理由は女児よりも男児が多く生まれる(出生時の性比は女児1に対して男児1.05〜1.06)からであり,また再生産年齢に達する前に死亡する子どもを置き換えるためにさらに出産をしなければならないからである.死亡率が高ければ高いほど,人口置換出生率も高くなる.この値は,現在先進国では2.1よりやや低く,発展途上国では2.4である.第1章の註16もみよ.超低出生率の時代は終わり,転換点が進行中であるという見解については,J. R. Goldstein, T. Sobotka, and A. Jasilioniene, "The End of 'Lowest-Low Fertility,'" *Population and Development Review* 35 (2009)を参照.

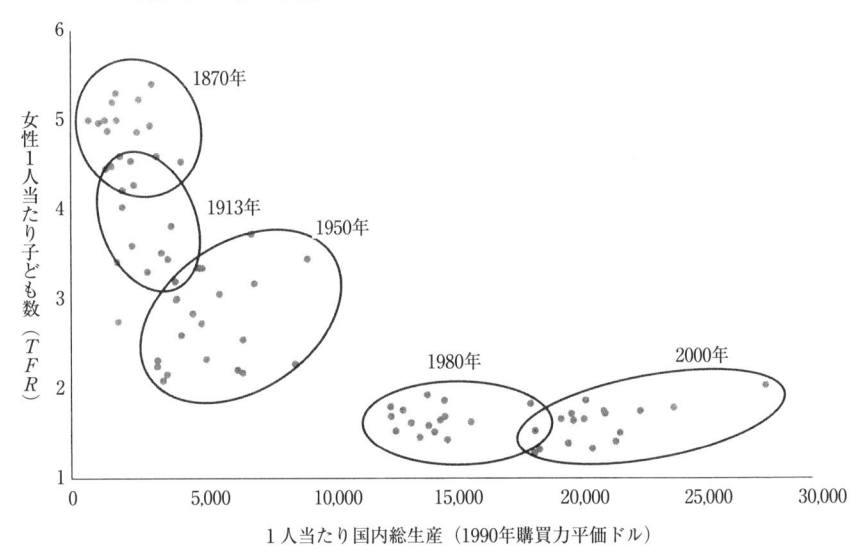

図 4.8 先進16カ国における1人当たり実質国内総生産（GDP）と女性1人当たり子ども数（*TFR*）の関係

めに持続的な出生力低下をもたらす．続いて，GDPの増加は出生力低下の減速を伴うこととなり，経済的に成熟期に入った現代に至ると，出生率は基本的に動かなくなる．歴史上の一時代において観察された，生活水準の向上は，自発的出生抑制の普及を促すと読めるかのごとき関係を，「法則」として受け入れるべきではない．現代の出生力と所得水準の間における相関の欠如が示唆しているように，出産にかんする夫婦の意思決定に影響しているのは，物的財の入手可能性とはほとんど関係のない，他の複雑な動機なのである．

19〜20世紀において，社会経済的変容は，出生力低下の重要な要因であった．それは，辺境および後進的な地域においてみられた，いっそう緩慢な進展からも確認されることである．もちろん，社会科学でしばしば起きることだが，複

---

21) ここで利用されている合計出生率の値は，表4.5で利用された「コウホート」合計出生率ではなく，「期間」合計出生率である．期間合計出生率は，同時点（したがって生まれた時期は異なり，出生経験のプロフィールも異なる）のさまざまな年齢の女性の出生率水準を合計したものであり，それゆえ経済的要因の一時的影響を際立たせるものである．

雑な問題への単純明快な解答を探す研究者を悩ます重要な例外もある．文献が提供する多くの例から若干をあげておこう．(1) フランス農村部において出生率の低下は，産業革命のさなかにある，より豊かで進んだイングランドよりも早く始まった．(2) 多くの国々について，教育水準，農村的習性，工業化，都市化といった社会経済的指標は出生率低下の程度のわずかしか説明しえない．(3) 文化的要因——民族や言語集団，宗派や政治団体への帰属——が，経済的要因よりも出生力低下には重要だったようにみえる．

しかし，変化の全過程をみるならば，いかなる人口も，生活水準の向上と死亡率の低下が続くかぎり，長期間，高い水準の出生力を維持できなかったであろうことも理解できる．人口転換は，明らかにヨーロッパ社会の変容と切り離しがたい変化だったのである．

4　ヨーロッパからの移民：独特の現象

転換論総合の試みは，大規模な移民の流れに言及しないかぎり完結しない．それは，ヨーロッパにおける人口圧力を緩和させながら，二つの大陸の人口を増加させたのである．すでに，産業革命に先立つヨーロッパの人口増加パターンを形づくるうえにおいて空間利用（したがって土地利用）の重要性については論じた．18世紀末，800万人以上のヨーロッパ出身者が南北アメリカ大陸にほぼ半数ずつ居住した．イベリア半島とイギリスの帝国主義のおかげで，ヨーロッパは3世紀にわたって来たるべき大量移住のための政治的・経済的・人口学的基礎を確立していた．この移民の原因は，経済的かつ人口学的であった．産業革命と技術の進歩が生産性を増大させ，とくに農村部の労働者を不必要にしたがゆえに経済的であり，そして転換が人口学的「乗数」を作動させ，人口増加を加速し，それゆえ経済変動によって生み出された諸問題を悪化させたがゆえに，人口学的だったのである．北アメリカと南アメリカ，そして程度は下がるがオセアニアに膨大な土地および空間があったということは，これらの新しい社会における労働需要と結びついて，大量移動の条件をつくり出した．

19世紀後半と20世紀の初めの数十年間に，国家間の経済的統合の過程が加速し，地理的到達範囲を拡大した．このグローバリゼーションの過程は，生産要

素——資本・労働・財——の流動性を増し、生産よりも輸出がより急速に伸びたことによる。マディソンによると、イギリスの貯蓄の半分以上が海外に流れた。フランスやドイツといった他の主要国も対外投資を拡大した。対外投資の多くが鉄道網の拡張に向かい、その延長距離は北アメリカで1870年から1913年までの間に5倍（9万kmから45万km）となり、移民労働者の大集団を引き寄せた。ラテンアメリカでは、1870年に数千kmだったものが、1913年には10万kmに拡大した。[22] 経済的統合の進展をよく示しているのは、GDP に対する製品輸出価額の比率上昇である。イギリスにおいてこの比率は、1820年に3％だったのが、1870年12％、1913年18％へと伸びた。フランスでは、同じ時点でそれぞれ1％、5％、8％となった。ドイツでは1870年の9％から1913年の16％へと上昇した。オルークとウィリアムソンによると、このグローバル化に伴って生じたヨーロッパからアメリカへの大規模な人口移動によって、移民送出国における実質賃金の増加、生活水準の改善および貧困の削減がもたらされた。しかし大規模な人口移動は、アメリカの労働市場にも相応の影響を与えた。賃金が抑えられ、新参者との競争のために、以前に移住していた労働者と先住民労働者の生活水準は悪化し、新たな貧困が生み出された。したがって大規模な人口移動は、諸国間の経済的収斂、そして移民を送り出した貧しい国々と移民を受け入れた豊かな国々の間の生活水準の収斂をもたらした。[23] この結論を言い直すと、大規模な人口移動により、ヨーロッパとアメリカの間の生活水準——1人当たり所得によって測られる（表4.8をみよ）——の分岐の拡大が減速し、圧縮されたということになる。以下は、ヨーロッパの主要な国々につき、1846年から1932年にかけて本国を離れ大洋を超えた移民の概数である。イギリスとアイルランドから1,800万人、イタリアから1,110万人、スペインとポルトガルから650万人、オーストリア＝ハンガリー帝国から520万人、ドイツから490万人、ポーランドとロシアから290万人、スウェーデンとノルウェーから210万人である。この移民の波は、もちろん帰国移動の対流によってある程度は埋め合わさ

---

22) Maddison, *Monitoring the World Economy*, pp. 61-64 [『世界経済の成長史』、75-81頁].

23) K. O'Rourke and J. G. Williamson, *Globalization and History: The Evolution of a Nineteenth Century Atlantic Economy* (MIT Press, Cambridge, MA, 1999).

第4章　秩序と効率をめざして：近現代ヨーロッパと先進国の人口学　153

れてはいるが，主にアメリカ（3,420万人），アルゼンチンとウルグアイ（710万人），カナダ（520万人），ブラジル（440万人），オーストラリアとニュージーランド（350万人），キューバ（90万人）へ向かった．20世紀の最初の15年間におけるヨーロッパの年平均移民率は1,000分の3を超え，自然増加の約3分の1に相当する規模であった．[24]

1861年から1961年の間，移動によるイタリア人口の正味の流出は800万人であった．移民した人びとがまとまってイタリアに残り，イタリア本国の人口増加率と同率で増加したと想定すると（かなり制約の多い仮説であるが），1981年に，彼らは1,400万人となっていたであろう．当時の国の人口の約25％にあたる大きさである．[25]

これらの短い注記は，ヨーロッパの人口システムにとっての移民の重要性について教えてくれる．マクロ的な経済成長の観点からみて，この移民はたしかに全体として有益であった．それは，移住先の急速な経済成長をもたらし，労働力を最も生産的に利用できるところで利用し，ヨーロッパと海外の双方において資源の全般的増加を可能にしたのである．

シェネから借用した図4.9は，ヨーロッパ大陸における人口増加と約25年後に生ずる移民の程度とを比較している．25年というのは，大体において移民の平均年齢と一致する期間である．成長率の上昇および低下と25年後の移民趨勢との間には際立った関係がある．移民は，規模の大きな出生コウホートからの働き手が労働市場へ参入するときに人口圧力を低下させる効果をもつ．[26] 海外

---

24) Chesnais, *La Transition Démographique*, p. 164 [English edn. *The Demographic Transition*, pp. 172].
25) アメリカ合衆国の移民統計とセンサスの結果（調査対象者の国籍を尋ねている）を組み合わせることによって，1880年と1950年の間に，イタリア系移民の50.2％がさまざまな滞在期間の後にイタリアに帰国した，と私は計算した．M. Livi-Bacci, *L'Immigrazione e L'Assimilazione degli Italiani negli Stati Uniti* (Giuffrè, Milan, 1961), pp. 34-35. 1861年から1961年までの期間における（帰還を差し引いたネットの）イタリア移民の血をひく現在の人口数を計算するために，イタリアの人口増加率が1981年まで（最初の移民とその子孫によって）維持されていたと仮定して，10年の増加率を同期間の移民にも当てはめた．
26) Chesnais, *La Transition Démographique*, pp. 169-72 [English edn. *The Demographic Transition*, pp. 180-83].

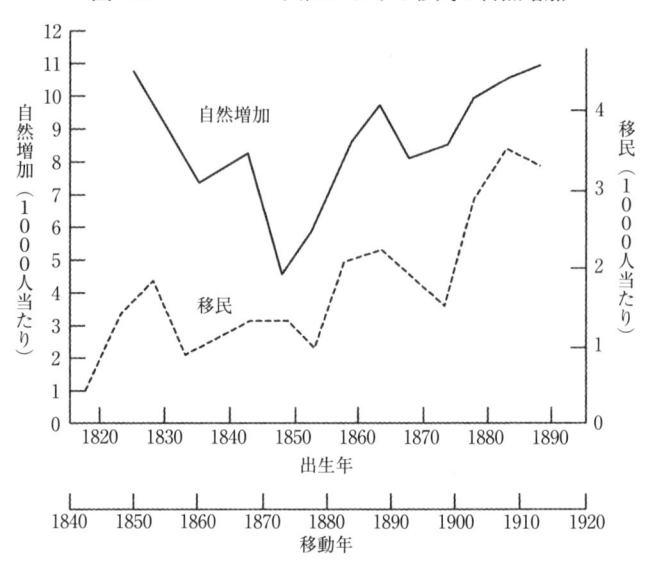

図4.9 ヨーロッパ大陸における移民と自然増加

（縦軸左：自然増加（1000人当たり）、縦軸右：移民（1000人当たり）、横軸上：出生年、横軸下：移動年）

からの強い労働需要は，もちろん過剰人口を送り出す過程を補完する役割を演ずる．ヨーロッパ人口の展開という観点からみると，それがもつ意味はいくつもあり，量的なものばかりではない．ただこれらの含意は，主に移民の選別過程の性質に関連し，本研究の視野を超えるものである．

ただ，ヨーロッパからの移住の原因については一言しておくべきであろう．これらについて，経済システムが吸収できない過剰人口の発生（図4.9），アメリカにおける強い労働需要と結びついた土地と資本の利用可能性，本国と海外移住先の所得差，そして安く，簡単で，迅速な輸送がもたらした世界の「収縮」との関連においてすでに一般的には論じた．しかし，人口の大移動の背後の原因をより良く理解するためには，この分析をさらに深める必要がある．とくに，三つの複雑な現象とそれらの相互関係が特定されねばならない．その第1は，農村部における人口増加，ヨーロッパの内外における土地利用可能性，そして農業生産力であり，第2は，農村人口の動態，そして第3は，同時期における非農業活動の成長である．

第1の点に関していえば，18世紀後半に急速な工業化をしたイングランドを

第4章 秩序と効率をめざして:近現代ヨーロッパと先進国の人口学

除いて,ヨーロッパ諸国すべてで人口の約4分の3は農業に従事していた.続く世紀にこの比率は,均一にではなかったが急速に下落した.1850年には約半分となり,20世紀初頭までに約3分の1となった.それにもかかわらず,同世紀の前半,農業人口の規模はヨーロッパの急速な人口増加(世紀中に2倍となった)のゆえに拡大し,後半期になってようやく安定した.[27] 人口の拡大は食糧需要を増大させ,この需要は大部分,耕作地の増加によって充たされた.北ヨーロッパやエルベ以東では新しい土地を手に入れることが可能であった.他の地域では慣習的休閑の期間が徐々に消滅した.しかしながら,生産性は低いままであった.19世紀中ごろ,土地1 ha で産出される小麦は約1トンであった.20世紀の初頭までに,この数字はわずか20%増加したにすぎなかった.[28] 土地不足──何ももたない小農の数を倍増させた──は,もしヨーロッパ外で耕作地の大々的な拡大がなければ,新たな「マルサス的」制限が人口に課されたであろう.グリッグは,1860年から1910年にかけてのヨーロッパでは,耕地の増加は1.4億 ha から1.47億 ha であったが,同じ期間にロシアでは4,900万 ha から1.14億 ha に,アメリカでは6,600万 ha から1.4億 ha に,カナダとアルゼンチンでは微小なレベルから3,300万 ha へと増加した,と見積もっている.[29] ヨーロッパ人が定住した新たな地域における低い生産コストと船賃の低下とは,実のところ,1870年代からヨーロッパ農村を危機に陥らせた農産物価格低落の根源的原因であった.最後に,土地生産性の伸びが鈍化する一方で,農村部への資本投下と機械化は労働生産性を高めた.そして,所有権の脆弱な小農の大群と労働生産性の上昇とが相まって,余剰労働力の急速な増加となり,それゆえに労働者はたえず伝統的な生業とライフスタイルから引き離され,危機的状況に直面することとなった.結果として,潜在的移民のプールが増加したのである.[30]

---

27) P. Bairoch, *International Historical Statistics*, vol. 1: *The Working Population and its Structure* (New York, 1969).
28) D. Grigg, *The Transformation of Agriculture in the West* (Blackwell, Oxford, 1992), Table 4.2, p. 35 [山本正三ほか訳『西洋農業の変貌』農林統計協会,1997年,表4.2, 36頁].
29) Grigg, *Transformation of Agriculture*, Table 2.2, p. 19 [『西洋農業の変貌』,表2.2, 19頁].

第2の点は，農村部の人口動態に関連している．出生制限の拡がりは都市部に比して顕著な遅れをもっていたので，人口転換の期間における自然増加率を高くすることとなった．若干の——発展途上国の状況と類似する——事例では，転換の初期段階における変化とそれに随伴するところの衛生状態の改善とは，出生率を低下させるよりは，むしろその上昇をもたらしたのである.[31]

　第3の点は，新しい非農業活動がヨーロッパに起こり，それが余剰農村人口への別の捌け口を提供することとなる，その速度に関連している．この現象は，もちろん農業の発展段階と独立したものではない．実際，この二つは密接に関連している．以前は農家によってつくり出されていた道具，機械，肥料が徐々に産業システムによって，いっそう効率的につくり出されるようになった．しかし，余剰農村労働力に新たな機会を創出したのは，後者のシステムと都市的サービス活動の成長であった．このプロセスが比較的早く起きた地域では移民は少ないか，あったとしても短期的なものであった．対照的に，それよりも遅くに生じた地域では，移民は大規模となる傾向があった．製造業従事者と農業従事者との比率は状況変化の指標となる（図4.10）．この比率が1より大きくなるとき（つまり製造業従事者が農業従事者よりも多くなるとき），移住圧力は弱くなり，最終的には消滅する．経済のなかの近代的な部門——最初は製造業，次いで運輸，サービス業，建築などを含むようになる——が，残りの農業の余剰人口を吸収するほど十分に重要なものとなるからである．大量移民が長らく止まっていたイギリスは，19世紀後期の比率が1対1を優に上回っていた．第1次世界大戦前には，急速な工業化を経験しつつあった国々，すなわち大量移民が1度も定着しなかったベルギーやそれが止まったドイツとスイスがその

---

30)　D. S. Massey, J. Arango, G. Hugo, A. Kouaouci, A. Pellegrino, and J. E. Taylor, *Worlds in Motion: Understanding International Migration at the End of the Millennium* (Oxford University Press, Oxford, 1998) と T. J. Hatton and J. G. Williamson, *The Age of Mass Migration: Causes and Economic Impact* (Oxford University Press, Oxford, 1998) を参照．
31)　典型的な事例は，イタリア北中部で最後に出生調節を開始した1920年代のヴェネツィアである．嫡出出生率指標（I_g）は低下が開始する直前の時期までかなり上昇（1881年と1911年の間でほぼ20％）した．出生率上昇の要因には生活条件の改善と，トウモロコシへの過度の依存からのビタミン欠乏症であるペラグラの根絶が含まれる．M. Livi-Bacci, "Fertility, Nutrition and Pellagra: Italy during the Vital Revolution," *Journal of Interdisciplinary History* 16 (1986) を参照．

図 4.10 製造業従事者の農業従事者に対する比率（1870-1987年）: (a) 連合王国，ベルギー，ドイツ，フランス，イタリア；(b) スペイン，デンマーク，オランダ，スウェーデン，スイス

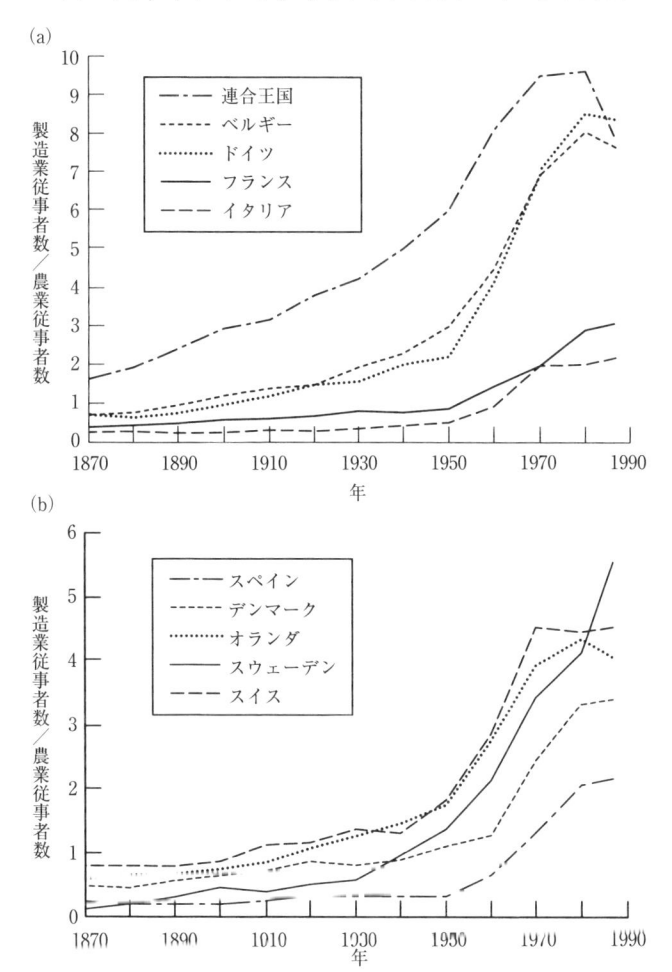

比率を超えた．工業化が遅れたイタリアやスペインのような地中海諸国では，大規模な移民が終わりを告げた1960～70年代にようやくこの比率を超えた．両大戦間期になって製造業が国民経済において支配的となった他の国々（デンマーク，スウェーデン，オランダ）では，移住の終焉は，最初は受入国側の制限により，次いで経済危機によってもたらされたのである．

ヨーロッパ——それは19世紀を通して，また20世紀の多くの期間，海外の「ネオ・ヨーロッパ」人口の主な源泉であった——の経験を単純に現在へ当てはめることはできない．現在における人口圧力の状況は，貧しい国から豊かな国への移住を促進しているが，移住者には「空いた」地域がもはや存在しないことと，人間の移動の可能性を国の政策が厳しく制限している点において，根本的に異なっている．他方，経済のグローバル化は，国家間の不平等を増大させる傾向があり，豊かな地域と貧しい地域の所得格差の拡大を生み出し，それゆえ移民への誘因が大きくなるのである．しかし，グローバル化は成長をもたらすかもしれず，その場合には，発展途上国においても以前より多くの人びとの生活水準を少しは押し上げることになる．この水準に至ると，移住のコスト——とくにその社会文化的なそれ——はより急速に増加する傾向にあり，そこで母国を離れる性向は低下に転ずるのである．

5　まとめ：人口転換の帰結

人口転換とそれに伴う移民の流れは，ヨーロッパの人口を動態的かつ構造的に大きく変容させた．人口学的にみた効率が高水準となったことに伴う変化はいくつかの指標に現れている．表4.6は，イタリアにおける人口転換のおおよその始期と終期である1881年と1981年をとり，それらの指標を掲げている．若干の翻案は必要であるが，イタリアはヨーロッパ全体の典型例なのである．西洋15カ国と日本（後出の表4.8のリストをみよ）の人口転換というコンテクストの中でのイタリアの「位置」は図4.11で評価することができる．1870年と1913年においてイタリアは明らかに「後塵」を拝しており，他国よりも死亡率・出生率はともに高かった．しかし2000年では「先陣」を切っており，出生率は平均よりも低く，寿命は平均よりも高くなった．

表4.6には多少の注記が必要である．出生率と死亡率は，すでにこれまでに論じたとおりの変化を再現している．つまり，双方とも約3分の2の減少を記録した．同時に平均寿命は，大きく改善した生存率のおかげで2倍以上となった．1981年には，各世代の98％が再生産可能年齢（15歳）に，42％が80歳に到達できるようになった．1881年では，これらの数字は58％と6.5％であった．

第4章　秩序と効率をめざして：近現代ヨーロッパと先進国の人口学

表 4.6　人口転換の結果：イタリアの人口指標（1881年と1981年）

人口指標	c.1881年	c.1981年
出生数（人口1,000人当たり）	36.5	11.0
死亡数（人口1,000人当たり）	28.7	9.6
自然増加数（人口1,000人当たり）	7.8	0.4
平均寿命（e_0, 男女）	35.4	74.4
15歳時の生存数（1,000人当たり）	584	982
50歳時の生存数（1,000人当たり）	414	936
80歳時の生存数（1,000人当たり）	65.0	422
初婚年齢（女性）	24.1	24.0
平均出産年齢	(30.0)	27.6
平均末子出産年齢	(39.0)	30.0
50歳時の未婚女性（％）	12.1	10.2
女性1人当たり子ども数（合計出生率）	4.98	1.58
純再生産率	1.26	0.76
安定人口自然増加率（％）	0.77	0.99
0～14歳人口（％）	32.2	21.4
15～64歳人口（％）	62.7	65.3
65歳以上人口（％）	5.1	13.3
既婚女性1人当たり子ども数	5.6	1.7
平均家族規模	4.5	3.0

このような劇的改善は，まちがいなく社会に大きな変化をもたらす．[32]

結婚および家族構成の指標は明瞭なパターンを示しておらず，安定と変化の双方が併存している．結婚年齢と再生産期間終了時に独身であった女性の比率は安定的であった．このことは，結婚の抑制は西洋において起きた劇的変化にはほとんどなんの役割も果たさなかったことを示している．出生率が低下する一方で，出産可能な期間の幅が大きく短縮した．平均出産年齢と末子出産時の平均年齢の低下——後者はほぼ10歳の低下——が記録されている．結果として

---

[32] しかし，全体的にみて明らかなのは，20世紀における生存数の増加が人口の高齢化——すなわち，高齢人口の割合の増加——を引き起こしたということである．出生率の漸進的な低下によって年齢構成の中の若年層が十分に補充されないことによって，現実に人口が高齢化している．さらに，生存率の改善は，割合としては高齢層よりも若年層により顕著であると示すことはでき，したがって他の条件が等しければ，高齢者よりも若年者がより増加する．現実にも年齢構成は若年化した．しかし今日および近い将来の状況は異なる．生存率の改善はほとんど高齢者だけを益するもの（若年層には改善の余地がほとんど残されていない）になるだろう．その結果，死亡率のいっそうの低下は人口の高齢化に寄与することとなろう．しかし歴史的にはこうではなかった．

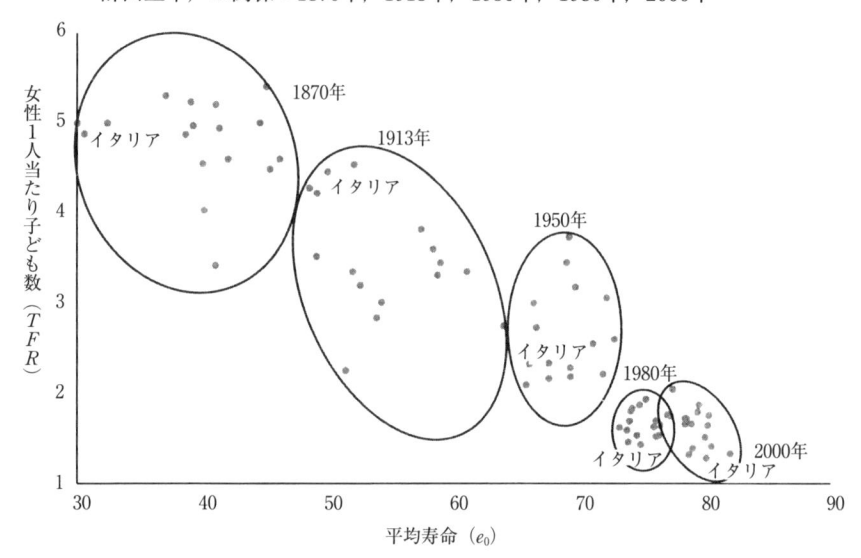

図 4.11 ヨーロッパ16カ国における平均寿命（e_0）と女性1人当たり子ども数（合計出生率）の関係：1870年，1913年，1950年，1980年，2000年

近代の人口様式においては，最後に生まれた子どもも，母親（あるいは父親）が比較的若く（約50歳），彼女（もしくは彼）の人生の長い部分をいまだに残している間に大人となる．対照的に，旧い人口様式では，末子が大人になるのは，両親が当時の低い平均寿命からすると非常に高齢といえる約60歳であった．最後に，この出生力低下の結果が家族規模の縮小（100年前の4.5人とは対照的に1981年では3人）となったのである．[33]

年齢構成に関する諸指標の最後のグループは，とくに興味深い．出生率の低下は若年層の規模を相対的に小さくし（15歳未満の人口は32.2%から21.4%に低下），高齢者層のそれを大きくした（60歳以上が5.1%から13.3%に）．「人口高齢化」が進んだのである．いっそう興味深いのは，1881年と1981年の死亡と出生行動が変わらないとしたら「安定」人口に達するまでにどのくらいかかる

---

[33] 明らかに出生率だけが家族規模の変化を規定しているわけではない．生存率，子どもが家を離れる年齢，寡婦と再婚，拡大家族（1組以上の生物学的核からなる）の頻度，親族でないものとの同居もまた，家族規模を規定する要因である．

かを「予測」してみることである.[34] 1881年には，人口の安定状態と実際の状態の差はわずかであった．しかし1981年には，その含意するところに困惑させられる．出生率（女性1人当たりの女児0.76人）と死亡率とが1981年の水準に止まるとしたら，年増加率はマイナス1％であり，これは71年たつと人口が半分となること，人口がさらなる深刻な高齢化に苦しむことになるということを意味するのである．30年後の2011年においては，出生率は1981年よりもさらに低下したが，イタリアの人口は増加し続けている．その理由は出生数と死亡数の差引マイナスを埋め合わせる以上に，移民が予期せずして流入しているからである．

　これらの注釈は，先進国における人口転換の像を完成させる．多くの国々に共通な基本構図どおりの転換であり，それは移民によって他の大陸へ伝播し，広範囲にわたる人口拡大となった．これは基本的に良い方向への発展であったが，払った代償は無視できない．今日の人口が100年，200年前に比べてはるかに「経済的」であり効率的である一方で，新たな弱点を抱えることとなった．死亡の場合，人口面での秩序が増したといっても，混乱のリスク（早期に子どもや親を失うこと）を完全には消滅させることができず，まさにそのような出来事が稀であるがゆえに，残されたものにとっての痛手はいっそう大きい．家族は構成員が減り，それゆえにリスクに直面すると脆くなった．そして，限度を超えた人口高齢化は社会システムへの重荷となる．最後に，置換水準を下回る低出生率は不経済を発生させる．それは高くつき，長期的には維持不可能となるであろう．

6　人口増加と経済成長の関係についての理論的考察

　産業革命の到来，機械の導入，新エネルギー源の利用，貿易拡大は，すべて

[34) 出生率と死亡率の動きが一定の人口は，最終的には普通出生率，普通死亡率および人口増加率が一定であるとともに，（出生率，死亡率に規定された）一定の年齢構成に達する．このような理論上の人口を「安定」人口と呼んでいる．表4.6のパラメーターは，1881年と1981年におけるイタリアの死亡率と出生率の動向が生じさせるであろう安定人口のそれである．

関連し合って，人口・土地・労働の方程式を急速に変化させた．人口の増加はもはや，需要増加のおかげで物価上昇と賃金低下をもたらさなくなった．19世紀の初め，大きな苦難を伴いはしたが，ヨーロッパの人口は物価低落と賃金上昇という状況下で増加をした．人口と土地のバランスをとるという難問は，経済成長と人口成長が対立的ではなく，補完的となったために解決されたのである．しかし，これだけでは一般的全体像にすぎない．人口と経済の関係の性質を明瞭に記述する試みはけっして容易ではない．人口の経済発展における役割は2次的で背景にある要因の一つにすぎないという，シュンペーターの観点を受け入れるひともいよう．「資本主義のエンジンを起動せしめ，その運動を継続せしめる基本的衝動は，資本主義的企業の創造にかかる新消費財，新生産方法ないし新輸送方法，新市場，新産業組織形態からもたらされるのである」.[35] しかし筆者の課題は，人口変化が経済発展を決めるのか否かではなく，むしろ，どのように，どの程度，一方が他方を条件づけるのかを論じることである．

いま一度，労働を含んだ生産要素の問題，収穫逓増か収穫逓減かの問題を考えてみよう．経済が農業段階を超えて拡大すると土地への依存が低下することは確かであるけれども，石炭，鉄，その他の採掘鉱物資源への依存は増大する．市場の統合，新大陸の開発可能性，原材料の代替，そして止まることなき人間の技術革新や進歩のおかげで，これらの資源の限界にはまだ到達してはいない．原材料，食糧，工業製品の相対価格の長年の下落が，これを証明している．[36]

土地不足と収穫逓減の回避は，北アメリカ大陸へのヨーロッパ式農業の導入によるというよりも，新たな土地の耕作が止まった1950年代中ごろ以来の農業生産性の劇的な増大によるところがとりわけ大きかった．[37] 150年近く前，経

---

35) J. A. Schumpeter, *Capitalism, Socialism, and Democracy* (Harper & Brothers, New York, 2nd edn., 1947), p. 83 [中山伊知郎・東畑精一訳『資本主義・社会主義・民主主義』東洋経済新報社，1995年，129頁].
36) J. L. Simon, *The Economics of Population Growth* (Princeton University Press, Princeton, NJ, 1977); J. L. Simon, *Theory of Population and Economic Growth* (Blackwell, London, 1986).
37) Y. Hayami and V. W. Ruttan, *Population Growth and Agricultural Productivity* (Johns Hopkins University Press, Baltimore, MD, 1985).

済学者ジェヴォンズは石炭供給が使い尽くされることへの懸念を表明し，[38] 1970年代にはローマ・クラブが他の原材料に関して同様の予測を発表し，[39] 他方で石油埋蔵量の減少という亡霊が同年代の問題となった．これらの懸念はいずれも現実的なものとはならなかった．資源の欠乏が将来発展の障害を生じさせると信じるのは理にかなっているにもかかわらず，である．エネルギー源として使われるこれら資源（石油・石炭・木材）は明らかに，より稀少にも，より高価にもなっていない．長期的には産出高は一定で，異常価格の発生は減っているのである．アメリカにおいて，1850年における1,000ドルの商品またはサービス（固定価格表示のGDP）を生産するのに必要なエネルギーは石油換算で4.6トンであった．しかし，1900年までにこの数字は2.4トンにまで下落し，1950年には1.8トンに，そして石油危機のピークである1978年には1.5トンにまで下落した．言い換えれば，1978年における（元は何を使うのであれ）エネルギー1単位は，（固定価格表示で）1850年におけるそれの3倍の価値を生み出したのである．直近の30年間においては，産出高1単位当たりのエネルギー必要量はさらに半減している．[40]

　1910年に，アルフレッド・マーシャルは次のように述べた．「社会史において，土地の所有から生み出される所得のあり方のいかんによって人間関係が左右されたような諸段階もあった．……しかし現代においては，新しい国々が開発され，海陸の輸送費が低廉になったため，収穫逓減の傾向，それもマルサスやリカードがイギリス労働者の週給が良質の小麦半ブッシェルの値うちもしないことがしばしばあったような時代においてとりあげたような意味においては，

---

38) W. S. Jevons, *The Coal Question* (Macmillan, London, 1865).
39) Club of Rome, *The Limits to Growth* (Universe Books, New York, 1972)［大来佐武郎監訳『成長の限界：ローマ・クラブ「人類の危機」レポート』ダイヤモンド社，1972年］.
40) A. Maddison, *Phases of Capitalist Development* (Oxford University Press, Oxford, 1982), p. 48［関西大学西洋経済史研究会訳『経済発展の新しい見方：主要先進国の軌跡』嵯峨野書院，1988年，50-51頁］．イギリスでも同様の傾向が生じており，1855年に産出1,000ドル当たり石油換算で2.55トン必要だったのが，1979年には0.99トンに減少した．アメリカ合衆国および他の主要国の近年の趨勢については，http://data.worldbank.org/indicator/EG.GDP.PUSE.KO.PP.KD/countries?page=5（2011年5月22日検索）を参照．

この傾向はほとんど働かなくなった」.[41]

人口増加と経済発展の長期的関係についての考察に戻ると，1820年から2000年の間に西洋の主要4カ国（イギリス，フランス，ドイツ，アメリカ）の人口は5.6倍になり，それら諸国の（固定価格表示の）GDPは約107倍になった．したがって1人当たりの生産は19倍になった．個々人の大まかな生活状態の指標である1人当たり生産が過去2世紀の間およそ40年ごとに2倍になったことを所与とすると，人口増加は，それがいかなる仕方で働いたにせよ，せいぜい経済発展に対する控えめな妨げでしかなかったように思われる．実のところ，一見したところでは反対の意見，つまり人口増加は経済的発展を促進するという意見を受け入れるほうが理にかなっているのかもしれない．

人口と経済の間の因果関係を決定するいかなる試みも放棄はしたが，それでも，発展を減速させるよりは加速させるかもしれない要因について検討してみたい．別の言葉で言えば，人口が1単位増えるごとに生ずる収穫逓増効果についてである．これらの要因は，次の三つのカテゴリーに分類できる．(1)純粋に人口学的な要因，(2)規模とスケールの要因，そして(3)知識のストックと技術進歩，である．

純粋に人口学的な要因

純粋に人口学的な要因は，この章の初めに論じた人口転換と関連した変化である．それは，いくつかの理由によって正の影響をもつと考えられる．第1に，死亡率の低下と疾病頻度の減少は，寿命を延ばしただけではなく，人口現象における効率をも高めた．第2に，死亡が世代と時間の秩序に従い始めたという事実は，早すぎる死の危険を失くし，長期的計画を可能とした．これはまちがいなく発展の助けとなった．第3に，以前には高い乳児死亡率を伴った出生率の低下は，子育てに向けられるエネルギーと資源量を減らし，それゆえに（とくに女性の雇用という形態で）これらの資源がより直接的に生産的活動に向け

---

41) A. Marshall, *Principles of Economics* (Macmillan, London, 1920), pp. xv-xvi ［馬場啓之助訳『経済学原理』一，東洋経済新報社，1965年，xviii-xix 頁］．1ブッシェルは35.2リットルに相当する．

第4章　秩序と効率をめざして：近現代ヨーロッパと先進国の人口学　　165

られることを可能にした．そして最後に，少なくとも20世紀の中ごろまで，年齢構造はより生産年齢に傾いており，生産年齢人口と従属人口との比率を改善した．[42]

　これらの要因は，考察されている期間においては人口の平均効率を増大させるように働いた．しかし以下でみるように，この種の進歩が将来においても繰り返されることはない．純粋に人口学的な変数からみると，最近数十年に低出生率，人口高齢化，死亡率改善のよい面がほとんど実現したという事実は，私たちは転換点に達していて，西洋の人口はすでに効率低下の段階に入ったと結論できるのである．

規模の経済とスケールに関する一般的要因

　規模とスケールに関してはすでに（第3章第5節），その諸要因全般について論じた．西洋で過去2世紀の間に規模の経済が実現したのは，人口が5倍になった結果，市場が大きく拡大したからだというのはありそうなことである．多くの研究は個々の産業部門について，市場拡大の結果として効率と生産性のネットの増加があったことを確証している．[43] より一般的にはデニソンが，規模の経済は第2次世界大戦後のヨーロッパとアメリカの成長に約10％の貢献をしたと推計している．[44] 明らかに規模の経済は，単に人口増加に由来するのではなく，経済と市場の総体の拡大にも由来する．しかしながら，これらの限界を考慮に入れても，規模の経済における人口要因はかなりのものであるに違いない．

　製造業の例は，おそらく経済の他の部門にも援用することができる．だが，すべてにではない――おそらくサービス産業には当てはまらず，行政部門には

---

42) この議論を展開しているのは，S. Kuznets, *Modern Economic Growth: Rate, Structure, and Spread* (Yale University Press, New Haven, CT, 1966), p. 57 [塩野谷祐一訳『近代経済成長の分析』上，東洋経済新報社，1968年，56頁] である．
43) J. J. Spengler, *Facing Zero Population Growth* (Duke University Press, Durham, NC, 1978), pp. 136-39.
44) E. F. Denison, *Accounting for United States Economic Growth, 1929-1969* (Brookings Institution, Washington, DC, 1974), pp. 71-75; 同じ著者による *Why Growth Rates Differ* (Brookings Institution, Washington, DC, 1969), pp. 232-35.

もっと当てはまらないであろう．人口拡大に由来する規模の経済が小人口には明瞭である一方で，大人口にはそれほどではない．そのうえ，国家間の貿易障壁の除去と経済統合の進行（グローバル化）は，市場拡大という点で人口増加の強力な代替となりうる．この点については，E.A.G. ロビンソンの意見を引用するのがよいだろう．「小規模と比べて，大規模であることに対するペナルティは存在しない．……市場が過大だということから生ずる規模の不経済の可能性もない」．[45]

最後に，人口増加は，それによって規模の経済を実現させるばかりでなく，市場を拡大させる可能性によってもプラスの影響をもつように思われる．人口が増加しているときには，企業家は新しい事業に乗り出し，すでに始めた事業を強化するだろう．これは投資と成長を生み出す過程である．もちろん，反対のことが人口減少や停滞の時期に起こる．ケインズはこの種の議論を，両大戦間期ヨーロッパにおける経済停滞を説明するために用いた．[46]

知識の蓄積と技術の進歩

知識の蓄積と技術の進歩は，すでに論じられた要因である（第3章第6節）．「確証済みの知識」から利益をあげることができるのは，新しい知識を「発明」する創意に富んだ人たちがいたからである．これら発明者の数は人口規模に比例するかもしれない．どんな場合であれ，新しい知識の創造は，規模の経済によって促進され（たとえば，研究施設や科学施設の数，研究者交流の頻度），それゆえに，すべての条件が等しければ，人口の増加とともに規模の経済を享受するのである．この理論の確信的な支持者であるクズネッツが認めるよう

---

[45] E. A. G. Robinson, ed., *Economic Consequences of the Size of Nations* (Macmillan, London, 1960), p. xxii（ロビンソンの序文）; A. Alesina and A. Spolaore, *The Size of Nations* (MIT Press, Cambridge, MA, 2003).

[46] J. M. Keynes, "Some Economic Consequences of a Declining Population," *Eugenics Review* 29 (1937), pp. 13-17. 同じ考えをケインズの『一般理論』に対する書評でヒックスはより率直に述べている（J. R. Hicks, "Mr. Keynes' Theory of Employment," in Spengler, *Facing Zero Population Growth*, p. 62. に引用）:「人口増加によって可能となる継続的な市場の拡大への期待は，企業家精神の維持にとって素晴らしいことである．人口増加によって，発明がかなりつまらないものであったとしても投資を活発にさせることができる．したがって人口増加は実際に雇用に有利に働く」．

に,[47) この観点が示唆しているのは,元々少ない発明者や機関の数を教育・研究に多くの投資をすることで補おうとしても完全にはできないということである.大人口集団は小さな場合に比べてつねに利点を有する.技術進歩――発展の真の動力――は十分な資本を投入された新しい「知識」による,ということは事実であろう.だとすると,もし知識の生産が人口増加によってもたらされた規模の経済によって促進されるならば,後者が経済成長に貢献すると結論することはできる.この点は理論的にはありうるけれども,これを歴史的に実証することは容易でない.とくに,長い期間にわたって技術進歩において他の人口稠密な国々を凌駕してきたイングランドやオランダのような人口が多くない国を考えると,容易ではない.

過去2世紀の間は,人口増加が経済発展の抑制要因としてよりもむしろ促進要因として働いたということはありうる(規模とスケールや知識の蓄積と技術進歩にかんする要因によるというよりも,純粋に人口学的要因について論じた際に指摘した理由によってではあるけれども).逆に,来たる数十年に人口減少と高齢化が反対の効果をもつだろうと予想することができる.ただ,過去には正で未来は負の効果をもつ尺度を評価するのは容易でない.

7 さらに人口増加と経済成長の関係について:経験的観察

経済と人口の間にみられる性質と因果関係の方向に不確定性があるにせよ,過去2世紀におけるこれら諸力の進行を観察してみるのは有用であろう.この期間に総産出高と1人当たり産出高の双方は特筆すべき拡大をしたのである.GDP(国内総生産)として表現される総産出高は,海外貿易を除く産出されたすべての商品とサービスの付加価値額を計測し,固定価格によって表される.ここで使われている時系列データは,標準化された方法によって構築された,数世紀にわたる先進16カ国の比較研究からとられたものである.[48)] この過去を

---

47) S. Kuznets, "Population Change and Aggregate Output," in *Demographic and Economic Change in Developed Countries*, Report of the NBER (Princeton University Press, Princeton, NJ, 1960), pp. 329-30.

表4.7 連合王国における人口，雇用者数，生産および生産性：1785-2000年

年	国内総生産 (1990年ドル, 100万ドル)	人口 (1,000人)	雇用者数 (1,000人)	雇用者1人当たり年間労働時間	労働時間当たり国内総生産 (1990年ドル)	1人当たり国内総生産 (1990年ドル)
1785	19,080	12,681	4,915	3,000	1.29	1,505
1820	34,829	19,832	6,884	3,000	1.69	1,756
1870	96,651	29,312	12,285	2,984	2.64	3,297
1913	214,464	42,622	18,566	2,624	4.40	5,032
1950	344,859	50,363	22,400	1,958	7.86	6,847
2000	1,162,663	58,670	26,861	1,489	29.10	19,817
年変化率 (1785-2000年, %)	1.9	0.7	0.8	-0.3	1.4	1.2
比率 (2000年/1785年)	60.9	4.6	5.5	0.5	22.5	13.2
倍増期間 (年)	37.0	91.5	88.0	-207.0	48.7	58.4

(出所) A. Maddison, *The World Economy: A Millennial Perspective* (OECD, Paris, 2001) [金森久雄監訳『経済統計で見る世界経済2000年史』柏書房，2004年] および A. Maddison, *The World Economy: Historical Statistics* (OECD, Paris, 2003) を改変. 1785年のデータは，A. Maddison, *Phases of Capitalist Development* (Oxford University Press, Oxford, 1982) [関西大学西洋経済史研究会訳『経済発展の新しい見方——主要先進国の軌跡』嵯峨野書院，1988年] にもとづいている.

復元する試みの正確さは，(とくに第1次世界大戦以前の) 統計が不十分といえ問題と固定価格および単一通貨への変換の問題があるので，部分的にしか保証できない．したがって統計結果には注意が必要である．

連合王国 (UK) の事例は最もよく知られている．表4.7は2世紀間をカバーしており，そこから，近代における人口と経済の発展についての主要なマクロ的特徴，すなわち人口と雇用の5倍の増加，20世紀に生じた労働者1人当たり労働時間の半減，1人当たり生産の13倍の増加，労働時間当たり生産性のいっそう大きな上昇 (22倍) をみることができる．人口面での展開は人口と雇用の増加を促進した．社会の進化は，かつては仕事に充てられていた時間を解放し，経済の進展は労働からの収益を増加させたのである．

表4.8は1870年と2000年における16カ国のいくつかの指標を，それぞれの年変化率とともに掲げている．根本的な点である程度の類似性があるにもかかわ

---

48) 1990年国際ドル表示での時系列データは，Maddison, *Monitoring the World Economy* [『世界経済の成長史』] でみることができる．本章註11も参照せよ．

第4章 秩序と効率をめざして：近現代ヨーロッパと先進国の人口学

表4.8 先進16カ国における人口，国内総生産および生産性（1990年国際ドル）：1870年と2000年

国名	人口（1,000人）			国内総生産（100万ドル）		
	1870年	2000年	年変化率(%)	1870年	2000年	年変化率(%)
オーストラリア	1,770	19,071	1.8	6,452	410,789	3.2
オーストリア	4,520	8,096	0.4	8,419	162,705	2.3
ベルギー	5,096	10,304	0.5	13,746	213,726	2.1
カナダ	3,781	30,689	1.6	6,407	681,234	3.6
デンマーク	1,888	5,340	0.8	3,782	122,873	2.7
フィンランド	1,754	5,177	0.8	1,999	104,757	3.0
フランス	38,440	59,278	0.3	72,100	1,233,457	2.2
ドイツ	39,231	82,344	0.6	71,429	1,531,351	2.4
イタリア	27,888	57,715	0.6	41,814	1,081,579	2.5
日本	34,437	127,034	1.0	25,393	2,676,479	3.6
オランダ	3,615	15,898	1.1	9,952	343,238	2.7
ノルウェー	1,735	4,502	0.7	2,485	109,687	2.9
スウェーデン	4,164	8,877	0.6	6,927	180,390	2.5
スイス	2,664	7,167	0.8	5,867	157,853	2.5
連合王国	31,393	58,670	0.5	100,179	1,162,663	1.9
アメリカ合衆国	40,241	284,154	1.5	98,418	7,992,968	3.4

国名	1人当たり国内総生産			労働1時間当たり生産性		
	1870年	2000年	年変化率(%)	1870年	2000年	年変化率(%)
オーストラリア	3,645	21,540	1.4	3.48	28.4	1.6
オーストリア	1,863	20,097	1.8	1.38	28.8	2.3
ベルギー	2,697	20,742	1.6	2.17	35.8	2.2
カナダ	1,695	22,198	2.0	1.71	28.1	2.2
デンマーク	2,003	23,010	1.9	1.57	27.2	2.2
フィンランド	1,140	20,235	2.2	0.86	28.4	2.7
フランス	1,876	20,808	1.9	1.38	35.9	2.5
ドイツ	1,821	18,597	1.8	1.55	27.8	2.2
イタリア	1,499	18,740	1.9	1.05	29.4	2.6
日本	737	21,069	2.6	0.46	23.3	3.0
オランダ	2,753	21,590	1.6	2.43	32.7	2.0
ノルウェー	1,434	24,364	2.2	1.2	33.7	2.6
スウェーデン	1,664	20,321	1.9	1.22	28.6	2.4
スイス	2,202	22,025	1.8	1.53	25.6	2.2
連合王国	3,191	19,817	1.4	2.55	29.1	1.9
アメリカ合衆国	2,445	28,129	1.9	2.25	35.6	2.1

（出所）A. Maddison, *The World Economy: Historical Statistics*（OECD, Paris, 2003）および A. Maddison, *The World Economy: A Millennial Perspective*（OECD, Paris, 2001）［金森久雄監訳『経済統計で見る世界経済2000年史』柏書房，2004年］を改変．

らず，これらの国々の考察期間におけるパフォーマンスは大きく異なっている．人口増加の年率は，移民の受入れ先である大洋を超えた国々において平均して1.5％から1.8％であった．ヨーロッパ諸国では通常0.5％から0.8％であったが，いくつかの顕著な例外があり（フランス0.3％，オーストリア0.4％，オランダ1.1％），大陸内の人口の進展はとても一様とはいえなかった．同様に重要なのは，1人当たりGDPと生産性の増加率の違いである——1人当たりGDP増加率はオーストラリアの1.4％から日本の2.6％に及んでいる．一見すると小さな成長率の差も時を経て絶対レベルの大きな違いとなることに注意したい．たとえば，カナダの1人当たりGDPは1870年から2000年に年々2％の割合で増加し，それゆえに13倍に増加した．連合王国の1人当たりGDPは「わずかに」半ポイント低い割合で増加したために6倍にしかならなかったのである．

　人口の増加率が，1人当たりの産出高もしくは生産性の増大によって（近似的尺度であるが）測られる経済発展に影響したのかどうかが問題である．この方向で考えるとき，人口の増加それ自身は経済的諸要因からは影響されないと仮定するが，人口転換の局面が経済発展から強く影響されていたことはすでにみてきた．図4.12は，1870年から2000年にかけての人口と1人当たりGDPの年増加率を示している．この16カ国は，フランスからオーストラリアへと，大まかに人口増加率の低いところから順に掲げられている．明らかに，これらの国々の経済的パフォーマンスは人口増加の強さとはっきりとした関係をもってはいない．豊かな国々の人口は異なった率で増加したのであり，その長期的経験から人口増加に特別な役割を与えることはできないのである．[49]

　上記の分析は，人口増加と経済発展の間に何のつながりもないと結論づけているわけではない．そうではなく，その関係は他の現象が介在することの影響によって複雑になっているのである．集計量分析の創始者クズネッツは，マディソンが扱ったのと同じ時代について同じ結論に達して，次のようにいう．「その他の要因——すなわち，自然資源の相対的利用可能性とか，近代成長過

---

49) 明確な関係がないことは，時期を三つに分けて検討しても明らかである．人口の変化率と国内総生産のそれの間の相関係数は，1870-1913年＋0.003，1913-50年＋0.180，1950-87年－0.220，1970-87年－0.119であった．

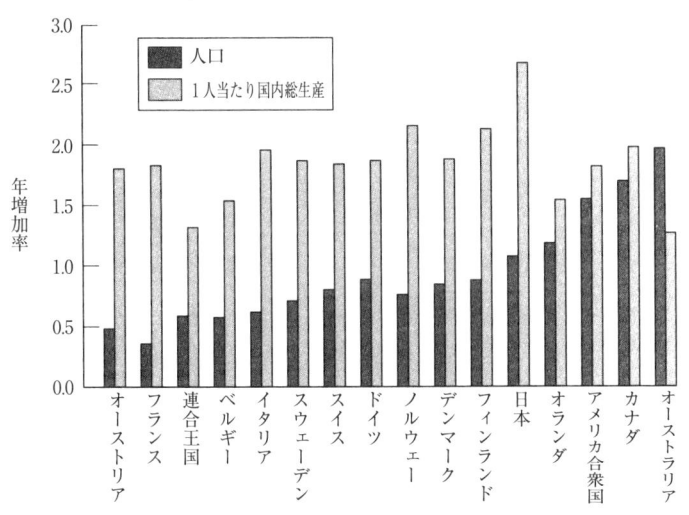

第4章　秩序と効率をめざして：近現代ヨーロッパと先進国の人口学　171

図4.12　先進16ヵ国における人口と1人当たり国内総生産の年増加率：1870-2000年

程の開始時期とか，制度的条件とか——が人口増加の効果を複雑にし，人口増加と1人当たり生産の成長とのあいだに単純な相関が成立するのを妨げているのである．人口増加はそれ自身では，1人当たり生産物の増加に対して拡張的効果と抑圧的効果の両方をもつのであって，これらの効果の重要性は他の要因との関係で異なってくるのである」．[50]

　以上の考察を進めると，さらに一般的な問題があるが，それはこの関係の考察をよりいっそう複雑化するだけである．人口と経済は，従属変数であると同時に独立変数である．すでにみたように，経済発展は，人口転換における死亡率と出生率の変化に強い影響力を及ぼすが，前節で述べたように，逆もまた真である．移民の大きな流れに特徴づけられた（当該期間の大部分で，それは均衡を維持するための重要な力として働いた），開放統合システムにおける経済的・人口学的刺激の長期的な効果は，互いにやわらげ合い補い合う傾向があるのである．

　マクロ次元での考察を続けると，近代の大きな経済サイクルは人口と経済の

---

50)　Kuznets, *Modern Economic Growth*, p. 68 [『近代経済成長の分析』上，66頁].

関係についてさらに2, 3の点を提起できる．たとえばケインズは，1860年から1913年におけるイギリスの資本形成比率を論じて，次のように述べている．「このように，資本への需要の増大は，主に増加した人口と生活水準の上昇に，そしてほんの少しの程度だけ，消費の1単位ごとの資本化の増大を喚起したある種の技術的変化に帰すことができる」．[51] 両大戦間期の人口増加の減速がおそらく需要水準に影響を与え，過剰生産と失業を生み出したのである．ハンセンもまた同様の意見で，19世紀後半の西欧における資本形成の40％とアメリカにおける60％を，人口増加に帰している．逆に，1930年代の経済危機は，この世紀初めにおける人口増加の減速とそれに続く投資の停滞に起因するという．[52] アメリカの人口と経済のサイクル上の関連を明らかにしようとしたのは，やはりクズネッツであった．生活水準の向上は移民をひきつけ，結婚を促し，人口増加を加速させた．それは，とくに人口増加に敏感な経済活動（住宅や鉄道建設）への投資を刺激したが，他の資本財（機械や産業施設）への投資を犠牲にするものであった．後者の状況は生産と消費に負の効果をもち，それゆえに人口増加にも負の影響を与え，したがって別のサイクルの開始を促したのである．[53]

図4.13は，1875年から1955年の各十年期における，アメリカの人口増加（100万人単位），GDP 増加（10億ドル単位），そして1人当たり所得（ドル単位）の変化（10年前からの）を示す．これら三つの変数にみられる趨勢(トレンド)は驚くほど類似している．

ヨーロッパに戻っていうと，経済成長の段階を──具体的には第1次世界大戦前の拡大，戦間期の停滞，1960年代以降の力強い回復（1970年代の石油危機による大きな中断はあったが）──人口学的要因で説明するのはむずかしい．その影響力は緩慢に作用するからである．ただ，この分析を少しでも完全なも

---

51) Keynes, "Some Economic Consequences of a Declining Population," p. 15.
52) Spengler, *Facing Zero Population Growth*, p. 64. に引用．
53) S. Kuznets, *Economic Growth and Structure* (Norton, New York, 1965), pp. 345-49. クズネッツ・モデルの精緻化と議論については，R. Easterlin, "Economic-Demographic Interactions and Long Swings in Economic Growth," *American Economic Review* 56 (1966).

第4章 秩序と効率をめざして：近現代ヨーロッパと先進国の人口学　173

図4.13 アメリカ合衆国における人口増加（10年遅行）の変化と国内総生産（総額および1人当たり，1929年価格）の変化の比較：1875-1955年

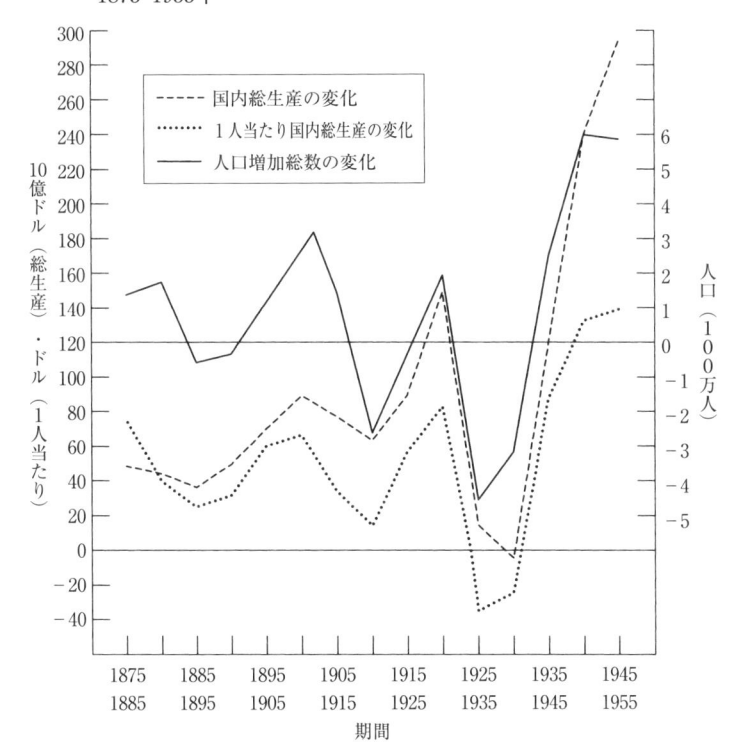

（出所）S. Kuznets, "Long Swings in the Growth of Population Growth and in Related Economic Variables," *Proceedings of the American Philosophical Society* 102 (1958). American Philosophical Society の許可を得て転載.

のとするには，以下の重要な人口要因を考慮に入れる必要があろう．

1. 第1の要因は，ヨーロッパ大陸（ソ連は除く）の地理・人口学的構造と，その政治経済の空間編制にとっての帰結である．これは規模の利益・不利益と間接的に結びついている．第1次世界大戦前，五大国（イギリス，フランス，ドイツ，オーストリア＝ハンガリー帝国，イタリア）がヨーロッパ舞台を支配し，総人口の4分の3以上を占めていた．残りの人口は中間的な規模で，約600万人規模の12の小国とスペインに散在していた．第1次世界大戦とヴェル

サイユ講和条約締結後,ヨーロッパは22の国々に分けられ,オーストリア=ハンガリー帝国が消滅したことで,大国は五つから四つに減少した.大陸の細分化は増し,この状況は政治的障壁がヒトとモノの移動に及ぼす悪影響を助長した.[54] 第2次世界大戦と東ヨーロッパの「分割」のあと,細分化は地域的色彩を帯びることとなった(西欧内では経済統合のおかげで減少した).この分裂は,ソ連とソビエト・ブロックの国々における1989-90年の出来事とドイツ再統一の結果として崩壊した.ドイツは,いまやヨーロッパの中心を(経済的にはいうに及ばず)人口的にも支配し,2007年にはヨーロッパ連合が27カ国に拡大された.これら近年の変化がもつ人口および政治的側面は,ともにその後のヨーロッパの発展を評価する際には考慮されるべきであろう.人口移動への障害と,それゆえに人的資源のよりよい利用に大きく影響するからである.これらの同じ要因はまた,市場と経済空間一般の絶対的・相対的規模と関連して規模の経済をも変化させたのである.

2. 需要拡大における人口増加の役割を規定するうえで重要な別の側面は,都市,とりわけ大都市の成長である.都市の成長はしばしば発展の触媒となる.その建設にはもちろんのこと,高度情報インフラへの大規模な投資を必要とするからである.1910年に50万人以上規模のヨーロッパの25都市は,1870-1910年の期間,年率1.9%で成長した.1910-40年の間に成長は0.9%に減速し,1940-70年には0.3%に低下した.[55] 同様の観察はヨーロッパ以外の先進国に関しても行うことができる.第1次世界大戦前には強力であった都市成長の推進力的な役割は,後に急速に縮小するのである.

3. 人口の流動性と移動は,人口・経済システムが人的資源を効果的に配分する能力の尺度である.この観点からみると,近年のヨーロッパの歴史は三つの時期に区分することができる.第1の時期は,1920年代前半における海外の移民受入国が課した移住制限とともに終わる.それは,主に農村人口の大集団を海外の目的地に送った強力な再配分プロセスであったと特徴づけることができる.同時に,ヨーロッパ諸国間および国内の移住もまた多かった.移住に対する法律上の障壁は少なく,そして国際的な労働市場は,輸送の困難

---

54) I. Svennilson, *Growth and Stagnation in the European Economy* (United Nations Economic Commission for Europe, Geneva, 1954), pp. 67-68.
55) これら25都市の人口は,1870年1,310万人,1910年2,840万人,1940年3,370万人,そして1970年4,140万人であった.データの出所は,B. R. Mitchell, *European Historical Statistics, 1750-1975* (Macmillan, London, 1980) [中村宏監訳『マクミラン世界歴史統計(1)ヨーロッパ篇』原書房,1983年].

と高コストにもかかわらず,流動的で柔軟であった.両大戦間の第2期は,ヨーロッパ外への捌け口の閉鎖と,大陸内における漸進的な分割と区画化の進行によって特徴づけられる.[56] 労働市場は縮小し,分断化された.第3の,第2次世界大戦後の段階を特徴づけるのは,ヨーロッパ外への移民が「自然な」終焉を迎えたことと,西欧(非市場経済ブロックから切り離された)の内部における少なからぬ人口の再配分と,ヨーロッパ外からの労働力に依存する度合いの増大とである.ヨーロッパ内部における移住の動きは,地中海ヨーロッパにあった人口の貯水池が徐々に干上がるにつれて閉じられた.しかし,ほとんどの国でとられた制限的政策にもかかわらず,ヨーロッパ外の国々からの人口流入は主要な要因となった.流動的で豊富な労働力の重要性は経済学者たちによって強調されている.たとえばキンドルバーガーは,それこそが戦争直後における西欧の急速な経済的回復の原因だと述べているのである.[57]

　ここでの分析は意図的に一般的なままとされているため,そこからの結論も強いものではない.少なくとも,19～20世紀の間は人口増加が経済発展を妨げなかったと主張することは可能である.実際は,逆が真であるという示唆もある.経済成長と人口増加の関係について中立的な立場をとったとしても,最大の人口増加を経験した国々は主導的な経済的役割を担った国々であったということはやはり事実であろう.最後に次の例は,この関係を明確にするのに役立つかもしれない.1870年から2000年の間,アメリカとフランスの1人当たりGDPの年成長率は,人口増加率が大きく異なっていたにもかかわらず(アメリカにおいて1.5%,フランスで0.3%)同じであった(1.9%).結果として,GDPによって測られる2国間の経済規模の比は,1870年における1.4対1の比から今日における6.5対1に変化した(アメリカがいっそう大きくなったのである).多くの人は,1人当たり所得が重要であり,その側面では,フランス

---

56)　D. Kirk, *Europe's Population in the Interwar Years* (League of Nations, Geneva, 1946), pp. 97-125.

57)　C. P. Kindleberger, *Europe's Postwar Growth: The Role of Labor Supply* (Harvard University Press, Cambridge, MA, 1967). M. Livi-Bacci and G. Tapinos, "Économie et Population," in J.-P. Bardet and J. Dupâquier, eds., *Histoire de la Population de l'Europe* (Fayard, Paris, 1998), vol. 3: *Les Temps Incertains, 1914-98* も参照.

はアメリカと同じくらいよくやっていると考えるだろう．しかし地政学的側面においては，経済の規模こそが最重要なのである．6倍規模の経済を有し，そして同じ程度の GDP をもって，アメリカはいまや，信用供与，食糧，薬品，機器やコンピュータのかたちで，フランスの6倍の援助を貧しい国々に送ることができる．あるいは，戦争遂行のために6倍の戦闘機，ミサイル，戦艦をもつこともできる．大げさかもしれないが，アメリカは，もし人口増加がずっと控えめであったとしたら，西側世界のリーダーたりえたであろうか．

参 考 文 献

J.-P. Bardet and Jacques Dupâquier, eds., *Histoire des Populations de l'Europe*, 3 vols. (Fayard, Paris, 1997-99).

A. J. Coale and S. Cotts Watkins, eds., *The Decline of Fertility in Europe: The Revised Proceedings of a Conference on the Princeton European Fertility Project* (Princeton University Press, Princeton, NJ, 1986) ［所収論文のうち chs. 3-6 が，速水融編『歴史人口学と家族史』藤原書店，2003年，第二部「プリンストン・プロジェクト――ヨーロッパにおける出生力低下の探究」と題して訳出されている］．

I. Ferenczi and W. F. Willcox, eds., *International Migrations* (NBER, New York, 1929-31).

M. W. Flinn, *The European Demographic System, 1500-1820* (Johns Hopkins University Press, Baltimore, MD, 1981).

M. R. Haines and R. H. Steckel, eds., *A Population History of North America* (Cambridge University Press, Cambridge and New York, 2000).

T. J. Hatton and J. G. Williamson, *The Age of Mass Migration: Causes and Economic Impact* (Oxford University Press, Oxford, 1998).

M. Livi-Bacci, *The Population of Europe: A History* (Blackwell, Oxford, 2000).

C. Ó Gráda, *Famine: A Short History* (Princeton University Press, Princeton, NJ, 2009).

R. Schofield, D. Reher, and A. Bideau, eds., *The Decline of Mortality in Europe* (Clarendon Press, Oxford, 1991).

E. A. Wrigley and R. S. Schofield, *The Population History of England, 1541-1871: A Reconstruction* (Edward Arnold, London, 1981).

第5章

貧困国の人口

1 驚くべき増加の過程

　世界の富裕国で人口増加の過程が終わりを迎える一方で，貧困国における人口増加は2度と起こりえない驚くべき過程へと入った．この成長サイクルの特徴はいわゆる低開発諸国——つまり西側諸国の基準では人口が貧困状態にある諸国——の近年における人口成長の素っ気ない数値によく表れている．[1] 1900年には約10億人だった貧困国の人口は2000年までに5倍に膨れあがっていた．これらの国々は，富裕国が産業革命後に2世紀かかった成長を約1世紀間で成し遂げてしまったのである．この成長の速度はまさしく驚くべきものである．1900-20年では，貧困国の成長率は年率0.6％と推計されるが，1920-50年においては倍となり（約1.2％），さらに1950年後の50年でさらに（ほぼ）倍となった（約2.1％）．1960年代には2.4％もの高水準に達したが，1970年以降の30年間では徐々に低下している（表5.1）．対照的に西側諸国（ヨーロッパとそこから派生した海外諸国）の2世紀間の人口増加過程では，成長率が1％を超える

---

1) 本章では通常「低開発国」（less-developed countries）あるいは「発展途上国」（developping countries）と称される国を「貧困国」，そして「先進国」（developed countries）とされる国を「富裕国」と呼ぶことにする．富裕国と貧困国とはもちろん抽象的な分類であって，主として定義上の便宜を図ったものにすぎない．富裕国はヨーロッパと北アメリカ，オーストラリア，ニュージーランド，そして日本のことであるが，想定の幅を十分に広げて東欧諸国を含む場合もある．状況に応じて「西側諸国」という表現も用いるが，この場合は西欧諸国とそこから派生した北アメリカおよびオセアニア諸国を指し，人口動態の歴史がはっきりと異なる日本は除外する．「貧困」国ないしは発展途上国のなかに，韓国のように現在では生活水準の高い国々が含まれていることに気づかれるであろう．これら諸国が貧困から抜け出したのは，ほんの20～30年前のことである．貧困国と富裕国の人口転換に関する比較分析については，D.S. Reher, "The Demographic Transition Revisited as a Global Process," *Population, Space and Place* 10 (2004) を参照．

表5.1 富裕国・貧困国別の世界人口：1900-2010年

年	人口（100万人）			年成長率（%）[a]			シェア（%）		
	富裕国	貧困国	世界	富裕国	貧困国	世界	富裕国	貧困国	世界
1900	563	1,071	1,634	—	—	—	34.5	65.5	100
1920	654	1,203	1,857	0.75	0.58	0.64	35.2	64.8	100
1930	727	1,309	2,036	1.06	0.84	0.92	35.7	64.3	100
1940	794	1,473	2,267	0.88	1.18	1.07	35.0	65.0	100
1950	811	1,721	2,532	0.21	1.56	1.11	32.0	68.0	100
1960	913	2,125	3,038	1.12	2.11	1.82	30.1	69.9	100
1970	1,006	2,690	3,696	0.97	2.36	1.96	27.2	72.8	100
1980	1,081	3,372	4,453	0.77	2.26	1.86	24.3	75.7	100
1990	1,144	4,162	5,306	0.52	2.101	1.75	21.6	78.4	100
2000	1,189	4,934	6,123	0.39	1.70	1.43	19.4	80.6	100
2010	1,236	5,660	6,896	0.04	1.37	1.19	17.9	80.1	100

(註) a 対前期の値.
(出所) 国連推計；1900年は著者による推計.

ことはほとんどなかった．1950年代以降で世界の貧困地域の人口はその倍の率で成長したことになる．

　この差の原因は，一見したところは単純であるが，その根底にある現実は複雑である．富裕世界において人口転換は死亡率の段階的な低下とそれに伴う出生率の同様の低下とによって緩やかに進んだ．前章で述べたとおり，死亡率の緩やかな低下はとりわけ伝染病の制御に役立つ医学を中心とした知識の蓄積の結果であったが，その開始は19世紀末であり，今日まで続いている．一方，貧困世界において死亡率は最近まで高い水準にあった．たとえば，1950年時点でも貧困国の平均寿命は40歳程度であった．しかし20世紀半ばから，富裕国で時間をかけて蓄積されてきた知識が貧困国に急速に移転され，その結果，死亡率は劇的に低下した．出生率は緩やかにしか変化しない文化的な要素に強く依存するため，死亡率と同様の傾向にはなく，低下してもその速度は遅く，結果として両者の間には大きな開きが生じた．

　前述のように，この単純明快な過程描写は誤解を招きやすい．貧困世界は実に多様な環境や文化，そして政治的背景をもった多くの社会で構成されており，これらの相異が個々の人口動態にも反映されている．また，貧困世界は富裕世界から隔離されてきたわけではないので，ある程度の知識や技術の移転が1950年代以前から始まっていた．それでも，これらの要因を考慮しても，事実とし

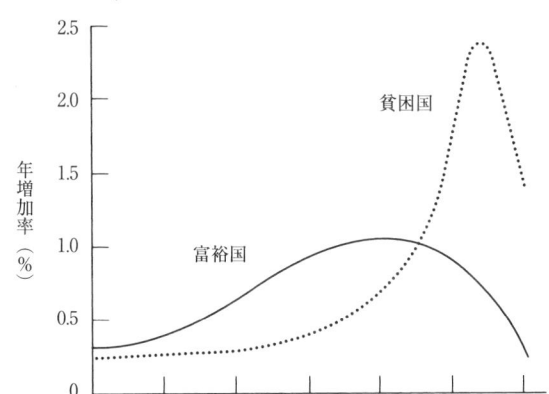

図 5.1 人口転換の比較——貧困国と富裕国の人口増加率：1700-2000年

て近年の貧困世界における人口動態の変化の速度は概して富裕世界が過去にたどってきた経路と比べると速かった（図5.1）．

表5.2は，本書で繰り返し使用してきた指標を用い，世界の人口動態の多様性を（1950年から55年および2005年から10年の期間について）貧困国と富裕国，広域区分の各大陸，そしてインドと中国——二者で貧困世界の総人口の半分を有する——について測ったものである．これらのデータから，富裕国と貧困国の相異なる特徴，近年の貧困国における人口動態の変化，そして地域間の差にかんして，三つの点で一般化できる観察が可能である．

貧困国と富裕国の差は非常に大きい．今日（2005-10年）の平均寿命は貧困国の66歳に対し富裕国は77歳であり，女性1人当たり平均出生数はそれぞれ2.7人と1.7人で，人口増加率は貧困世界で1.3％に達し富裕世界の3倍となっているが，それでも死亡率と出生率の差は1970年代と比べると縮小している．また注目すべき点として，発展途上国で人口転換が始まる1950年頃の死亡率が多かれ少なかれ19世紀半ばのヨーロッパの水準（出生時平均余命で約40年）に一致する一方で，出生率については，途上国の女性1人当たり6.2人という水準がそれより1世紀前の西側諸国の水準（概して5人未満）を大きく上回っていることがあげられる．この違いは，ヨーロッパの人口にみられるマルサス的

表 5.2 世界の人口指標：1950-2010年

地域	人口 (100万人) 1950年	人口 (100万人) 2010年	年成長率 (%) 1950-55年	年成長率 (%) 2005-10年	1,000人当たり出生率 1950-55年	1,000人当たり出生率 2005-10年	1,000人当たり死亡率 1950-55年	1,000人当たり死亡率 2005-10年	合計出生率 1950-55年	合計出生率 2005-10年	出生時平均余命 1950-55年	出生時平均余命 2005-10年
世界	2,521	6,896	1.77	1.16	37.3	20.0	19.7	8.3	5.0	2.5	46.5	67.9
先進国	813	1,236	1.21	0.41	22.0	11.4	10.2	10.0	2.8	1.7	66.6	76.9
低開発国	1,709	5,660	2.04	1.33	44.4	21.9	24.2	8.0	6.2	2.7	40.9	66.0
アフリカ	221	1,022	2.15	2.30	48.2	35.6	26.6	11.9	6.6	4.6	37.8	55.2
東アジア	671	1,574	1.75	0.47	40.8	12.2	23.3	7.3	5.7	1.6	42.9	74.0
南・中央アジア	499	1,765	2.03	1.44	44.7	23.5	24.8	8.0	6.1	2.8	39.3	64.5
東南アジア	182	593	1.92	1.16	44.3	19.2	24.7	6.7	6.0	2.3	40.5	69.3
西アジア	50	232	2.64	2.41	45.3	24.2	21.8	5.4	6.4	3.0	45.2	71.7
ヨーロッパ	547	738	1.00	0.20	20.9	10.8	10.6	11.2	2.6	1.5	66.2	75.4
ラテンアメリカおよびカリブ海地域	167	590	2.65	1.15	42.0	19.3	15.6	5.9	5.9	2.3	51.4	73.4
北アメリカ	172	345	1.70	0.91	24.6	13.2	9.4	8.2	3.5	2.0	69.0	78.2
オセアニア	13	37	2.21	1.75	27.7	18.0	12.3	6.9	3.8	2.5	60.9	76.7
中国	555	1,341	1.53	0.51	43.6	12.6	25.0	7.2	6.2	1.6	40.8	72.7
インド	358	1,225	2.00	1.43	44.1	23.1	25.0	8.3	6.0	2.7	38.7	64.2

(出所) United Nations, *World Population Prospects: The 2010 Revision*, New York, 2011 [原書房編集部訳「国際連合 世界人口予測：1960→2060」(2010年改訂版), 原書房, 2011年].

第5章　貧困国の人口　181

図 5.2　低開発国28カ国の平均寿命（e_0）と女性1人当たり平均子ども数（TFR）との関係：1950-55年，1980-85年，2005-10年

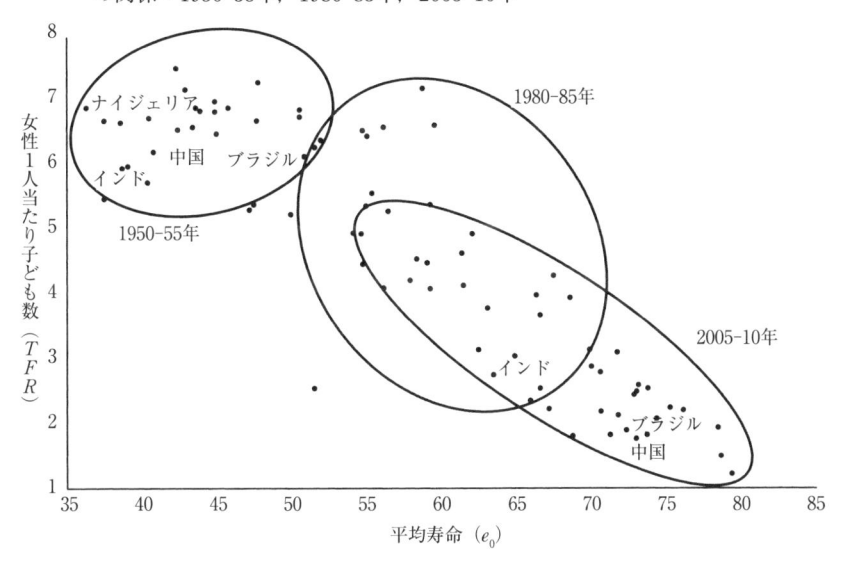

婚姻抑制（晩婚と高い生涯未婚率）の有効性によるものであるが，貧困国においてはこの制限はほとんど見うけられない．

　表5.2では，詳細は別として，途上国世界においても（人口転換が始まったばかりの）アフリカと（人口転換が完了しつつある）中国とにみられるように，大きな格差があることがわかる．両者の合計出生率と平均寿命は1950-55年において同程度であったが，60年後にはそれぞれ4.6人と1.6人，55歳と73歳となった．異なる大陸間では，そして各大陸の異なる人口の間ではさらに多様な中間的状況を見出すことができる．

　この多様性をより鮮明に映し出すために，前出の指標を，途上国世界を構成する各大陸において，とくに人口の大きい28カ国（途上国全体の人口の80％以上を占める）について調べてみよう．[2)] 図5.2は，（1950-55年，1980-85年，および2005-10年について）これらの国々を第1章第5節で用いた方式にならい，平均寿命（e_0）と女性1人当たり出生数（TFR）とで定義された成長の選択空間に散布したものである．違いは明らかだが，［本図では等成長曲線を省いているので］説明がいる．1950-55年の分布は2005-10年よりも密集しており，出

生率，死亡率ともに変動幅は小さく，ほとんどの国が2％の等成長曲線より上の空間にある．これに対して2005-10年の分布はより広く，多くが2％曲線の下方に位置し（なかには0と1％間の国もある），人口転換が十分に進んだことをはっきりと示している．その一方で二極化も進んでいる．平均寿命にかんしていまだ「旧秩序」のもとにある国々（サハラ以南諸国）と先進国の水準に迫りつつある国々（ラテンアメリカ）とに，そして産児制限がまだ普及してない人口（エチオピア，コンゴ）と出生率が女性1人当たり2人を下回る国（ブラジル，中国，イラン，韓国）とに，である．

このように観察すると，これらの国々で不可逆的転換の始まったことが確認できる．1950-55年に対応する楕円においては（図5.2），死亡率と出生率には何の関係も見出せない．それは貧困国において（自発的な出生制限が限定的だったがゆえに）出生率が死亡率水準とは無関係に総じて高かったためである．一方で死亡率は，1940年代に始まり急速に進んだ専門知識と技術導入の結果として多くの国々で大きく低下した．後になると（2005-10年），e_0とTFRとの間にはっきりと負の関係があり，平均寿命の高い国が出生率の低下した国でもあることがわかる．この結果は，物質的豊かさの進展が平均余命と出生率とに正反対に作用するためであると同時に，生存率の改善によって高い出生率を維持することは不要で不経済となって，直接出生率が影響を受けたためでもある．この過程はひとたび始まると死亡率の低下が完了するまで持続する．

---

2) この28カ国は全途上国中の人口上位28カ国ではなく，各大陸における人口上位国を集めたものである．アフリカから9カ国（コンゴ民主共和国，エジプト，エチオピア，ケニア，モロッコ，ナイジェリア，南アフリカ，スーダン，タンザニア），アジアから11カ国（バングラデシュ，中国，インド，インドネシア，イラン，パキスタン，フィリピン，韓国，タイ，トルコ，ベトナム），アメリカから8カ国（アルゼンチン，ブラジル，チリ，コロンビア，エクアドル，メキシコ，ペルー，ベネズエラ）である．これらの国々の合計人口は貧困国の総人口の5分の4以上を占める．歴史的そして人口成長という観点からいえば，アルゼンチンとチリは他のラテンアメリカ諸国よりもヨーロッパ諸国に近い（実際ヨーロッパの派生国である）．一方，小国──香港，シンガポール，モーリシャス，コスタリカ，台湾──を除外することで意外と早く人口転換が進んだ興味深い例をも除外することになるが，そうした過程が実現したのは，部分的には国の規模の小ささや孤立状況によるものである．

2 死亡率改善の条件

　死亡率の改善と死亡率が加齢に伴って上昇する秩序の構築とは，発展の前提条件である．加えて，乳幼児死亡率の改善は出生率低下と人口の「浪費」秩序から，人口の「経済性」秩序への移行のための必要条件の一つとなっている．こうしたかなり単純な観察結果にとどまらずに，貧困国の死亡率低下についての一般論を多少なりとも拡張する必要があろう．[3] まず，さまざまな貧困国でさまざまな速度で生じた生存率改善の背後にある理由を検討する．1950年代前半から新千年紀初めにかけての半世紀間で，全体としては年当たり5カ月のペースで平均余命の上昇をみた．地域ごとの改善率をみると，アフリカの年3カ月未満に対し中国は7カ月であり，この差は地域区分を細かくするほど大きくなる．

　生存率の改善は，第1に乳幼児死亡率の低下によって成し遂げられる．国連の推計によると，[4] 低開発国全体では2000-05年で新生児が5歳を迎える前に死亡する割合は1,000人につき94人であったが，その地域間の格差は大きく，アフリカの159人から南アジアの100人，東アジアの41人，そしてラテンアメリカの35人までさまざまであった．これに対して富裕国の水準はわずか10人であった．仮に他の貧困国が乳幼児死亡率を中国と東アジアの水準（1,000分の41）に抑えれば，平均余命はアフリカで7年，南アジアでは3年延びることになる．[5] 換言すれば，乳幼児死亡率の差を縮めれば平均余命の格差の大部分を詰めることができ，生存率改善という目標の主たる部分が達成されることになる．

---

　3) 諸大陸における死亡転換の局面については，J.C. Riley, "The Timing and Pace of Health Transitions around the World," *Population and Development Review* 31：4 (2005).

　4) United Nations, *World Population Prospects: The 2010 Revision*, (New York, 2010) ［原書房編集部訳『国際連合　世界人口予測：1960→2060』原書房，2011年］. M. Mahy, *Childhood Mortality in the Developing World: A Review of Evidence from the Demographic and Health Surveys*, DHS Comparative Reports, no. 4 (ORC Macro, Calverton, MD, 2003).

　5) これらの数値は，5歳に達した「新たな生存者」のそれ以降の死亡率が当該地域の平均に等しい，と仮定して計算されている．

そして乳幼児死亡率の低下は死亡率全体の大幅な低下だけでなく, 出産行動の近代化, さらには発育上重要な年齢の健康水準と生存者の生活の効率の向上をもたらすことになる.

　高い乳幼児死亡率の原因は多岐にわたっており複雑である. 乳幼児期に典型的な感染症（麻疹(はしか), ジフテリア, 百日咳, ポリオ, 破傷風）から, 劣悪な衛生環境に起因して頻繁に起こる下痢や胃腸炎, そして栄養失調と貧困と感染症の複合的な作用, さらには広大なマラリア発生地域の存在を原因としてあげることができる. このうち, 貧困国42カ国における5歳未満の乳幼児が死亡した原因の33％が新生児期の病気で, 22％が下痢, 21％が肺炎, 9％がマラリア, 3％がエイズとなっている. これらの問題に対してはそれぞれ解決法があり, 乳幼児期に頻発する病気は予防接種と免疫獲得のプログラムで, 下痢や胃腸炎については環境と衛生状態の改善によって, マラリアは媒体の駆除で, そして栄養失調は食糧補給プログラムに加え, 多くの地域では早すぎる離乳のタイミングを遅らせることによって対処できる. 病気が発症しても, 医療の力で死に至るのを食い止めることができる. たとえば, 下痢によって乳幼児が死亡するのは繰り返し罹ることによって脱水症状に陥る場合だが, たいていの場合, それは家族が水分補給を施してあげることで治すことができる.[6] 解決策はある. ただし, それは必要な物的資源と専門知識が存在し, かつ実践の必要性を社会全体としてだけでなく個々人が認識している——つまり, 発展のための教育が存在しているときのみである.

　乳幼児死亡率の水準によって生じる状況を, 表5.3にいくつかの健康指標をいくつかの国にかぎって簡潔にまとめた. 乳幼児死亡率の高さは出産時の専門的補助の欠如と安全な水の供給不足, 予防接種率の低さ, そして発育不全率の高さと関連している. 図5.3は, 貧困国53カ国について0歳から4歳の死亡率

---

6) 経口補水療法（ORT）である. ここで用いるのは水溶性の物質で, 乳幼児が下痢に罹ったとき失われる生命維持に必要な塩分を含んだものである. 発症した乳幼児はこの水溶液を飲むことで脱水による喪失分を補うことができる. この療法は, 子どもの母親や家族でも簡単に施すことができ, この経口補水塩が高価な場合は, 砂糖と塩を加えただけの水溶液でもって乳幼児が下痢から回復するために必要な水分やカロリーを十分補うことができる. 小児病理学と療法については, R.Y. Stallings, *Child Morbidity and Treatment Patterns*, DHS Comparative Reports, no.8 (ORC Macro, Calverton, MD, 2004).

表5.3 乳幼児死亡率と健康指標：2005-08年

	調査年	乳児死亡率 (‰ 千分比)	出産での有資格者立会率 (%)	産院での出産率 (%)	月齢12~23カ月のワクチン接種率 (%)	呼吸器疾患の小児の医療機関受診率 (%)	下痢を患った小児の経口補水治療率 (%)	母乳哺育期間の中央値 (月)	低体重児割合 (%)	短小児割合 (%)	成長遅滞率 (%)
アフリカ											
エジプト	2008	24.5	71.4	78.9	91.5	73.3	28.4	4.5	7.4	24.7	6.5
エチオピア	2005	77.0	5.3	5.8	20.4	18.7	27.5	—	38.5	46.4	10.5
ナイジェリア	2008	75.3	38.9	35.0	22.7	45.4	31.2	1.7	27.3	36.7	12.5
コンゴ共和国	2007	91.8	74.0	70.1	30.6	—	44.9	3.0	30.1	38.9	9.3
アジア											
バングラデシュ	2007	51.5	17.9	13.6	81.9	57.2	81.2	2.7	46.1	36.0	16.2
フィリピン	2008	24.9	98.6	44.2	79.5	49.8	58.6	2.8	—	—	—
インド	2005-6	57.0	46.6	38.2	43.5	67.3	26.0	4.6	47.8	42.5	17.1
カンボジア	2005	65.6	43.8	21.5	66.6	45.4	35.8	5.0	35.6	36.8	7.4
ラテンアメリカ											
コロンビア	2005	18.7	90.7	92.0	58.1	—	55.4	2.7	6.9	11.5	1.3
ホンジュラス	2005-6	23.4	66.9	66.5	74.9	53.9	55.7	0.7	11.2	24.2	1.1
ハイチ	2005-6	57.3	26.1	21.9	41.3	31.5	43.8	2.3	21.9	23.3	9.2
ボリビア	2008	49.8	71.1	67.5	78.6	50.9	43.6	4.0	5.9	21.8	1.1

(注) 指標は表示年前3カ年の平均値。乳児死亡率は表示年前5カ年の平均値。身体計測学的指標（低体重児割合，短小児割合，成長遅滞率）は，当該人口の平均値から標準偏差の2倍分以上下回った小児の%である。

(出所) DHSファイル，http://www.measuredhs.com/accesssurvey [2011年5月30日検索]．

図 5.3 貧困国53カ国の下水処理設備充足率と乳幼児死亡率との関係：2000年

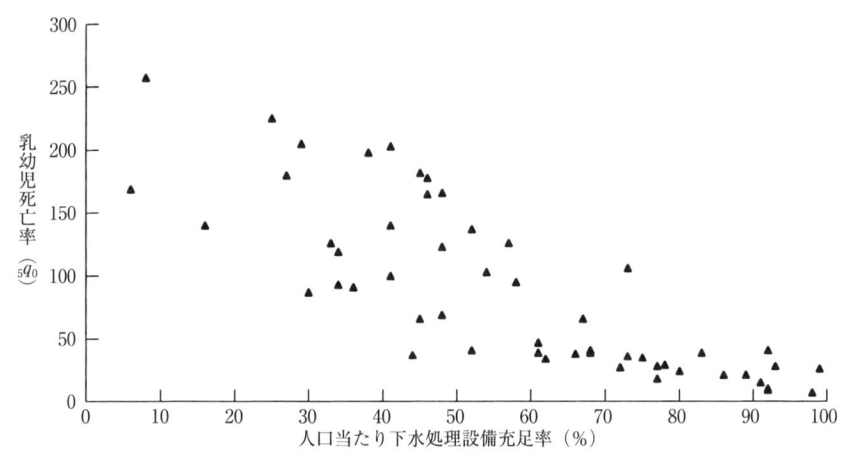

図 5.4 貧困国28カ国における1人当たり GDP と平均寿命 (e_0)：1950-55年，1980-85年，2005-10年

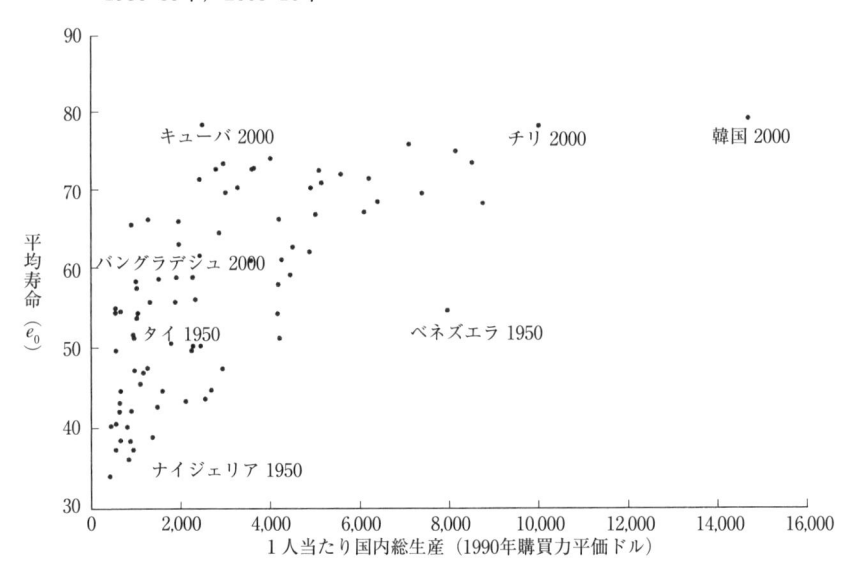

と下水処理設備充足率の関係を示しているが,両者の逆相関は明らかである.

乳幼児死亡率の高さの原因が複雑なため,(発展の初期段階で達成される)「中位」水準から先進国並みの低水準への移行を促す介入策はむずかしい.この問題を論じる前に,まずは各国の死亡率の状況について全体像をみておこう.その際の最も簡潔な表現法は平均寿命(e_0)である.図5.4では,貧困国28カ国の平均余命を豊かさの古典的指標——1人当たりGDP(国際ドル表示)——と比較している.[7] 図からもわかるように,両者の関係は西側諸国の場合と似ている(第4章の図4.4参照).1人当たりGDPがきわめて低い水準から上昇するにつれて平均余命も大きく上昇するが,生産増大に伴う生存改善率は次第に小さくなっていく.この関係が生ずるのは,初期段階で抗生物質,DDT,ワクチンといった比較的安価で広範囲に適用される技術の導入によって死亡率が大幅に低下することによる.[8] スリランカの例はこの初期段階死亡率低下をよく表現している.[9] 1940年代後半に始まったDDT散布に伴うマラリア感染の減少効果は大きく,普通死亡率は1945年の千分比で21.5から1950年には12.6に低下した.図5.5は,セイロン島内でマラリア感染率の最も高い地域と最も低い地域の死亡率の推移を比較したもので,1946-47年における駆除の効果はそれ以前の緩やかな低下傾向と比べると一目瞭然である.

生存率のさらなる改善はそう簡単ではない.1970年代に貧困国の死亡率低下に陰りがみえると,これらの国々では,富裕国をモデルとして費用のかかる先進的な病院や診療所,学校の開設に依存した従来の保健プログラムに対する批判の声があがった.こうしたプログラムでは人口全体に対して効果をあげるのがむずかしく,また診断や治療の面では有効でも高い死亡率をもたらす原因そのものには対処できていないというのである.[10] 1970年代末には,国際的保健

---

7) 図5.4と図5.7に表示されている国々は註2をみよ.
8) これは天然痘のワクチン——天然痘は1970年代末までに事実上消滅した——だけでなく,数百万の犠牲者数を記録する,麻疹,百日咳,新生児破傷風(出産時のへその緒の不衛生な切断に伴う),小児麻痺,結核,ジフテリアといった感染症に対するワクチンをも含む."Immunizing the World's Children," *Population Reports,* series L (Mar.-Apr. 1986) を参照.
9) S. A. Meegama, "The Mortality Transition in Sri Lanka," in *Determinants of Mortality Change and Differentials in Developing Countries* (United Nations, New York, 1986).

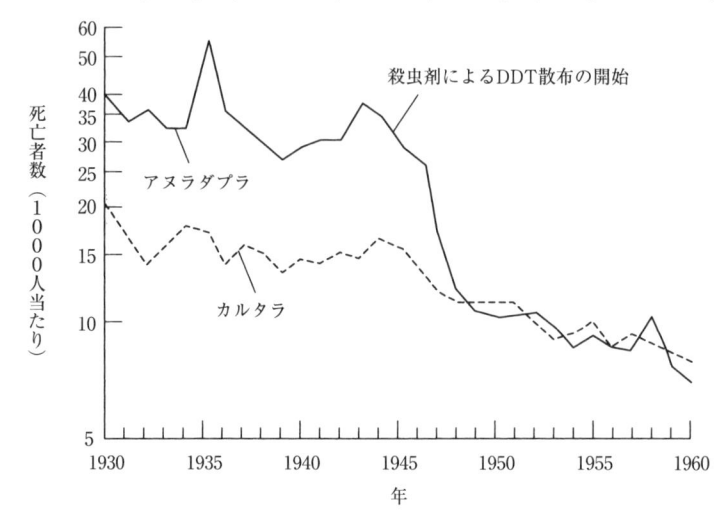

図 5.5 スリランカにおけるマラリア感染率の最も高い地域（アヌラダプラ）と最も低い地域（カルタラ）における死亡率：1930-60年

機関（WHO および UNICEF）が新たな戦略（プライマリー・ヘルス・ケアまたは PHC）を打ち出したが，それは積極的な住民参加と（より訓練が容易な）準医療従事者の活用によって単純で効果をあげやすい技術の普及を図ったものであった.[11)] この戦略では，病気の予防や治療のサービスに加え，教育プログラム，水と衛生管理の仕組みづくり，そして適正な農業技術の利用の促進を謳っている．それは先端的ではないが有効な技術の速やかな普及と個人および共同体の意識改革に照準を合わせた戦略であり，死亡率低下に不可欠な行動規範を作るものである．残念ながらこれらの戦略は，理論上は有効でも実際に適用するのは容易でなく，個人や家族単位での行動規範を変える必要があるとともに，学校や公的保健プログラムなどのさまざまな社会活動を通じて作用しなけ

---

10) W. H. Mosley, "Will Primary Health Care Reduce Infant and Child Mortality? A Critique of Some Current Strategies with Special Reference to Africa and Asia," in J. Vallin and A. D. Lopez, eds., *Health Policy, Social Policy and Mortality Prospects* (INED and IUSSP, Ordina, Liège, 1985).

11) WHO-UNICEF, *Alma-Ata 1978: Primary Health Care* (WHO, Geneva, 1978); WHO, *World Health Report* (WHO, Geneva, 2008).

ればならない.

　この点を完全に説明するためにもう一度図5.4に戻って考えよう．図示された貧困国の中にはGDPに対応する理論上の位置——e_0曲線——よりもはるか上にくる国があるが，これは彼らが自分たちの豊かさの水準に見合った年数よりもはるかに長い寿命を享受しているともいえる．対照的に，曲線の下方にある国々は期待値よりも余命が低いということになる．1950年代初頭，ナイジェリアは1人当たりGDPでタイと同程度であったが，平均寿命では16年も短く，また，より豊かなインドネシアが貧しい中国よりもe_0が5年短かった．さらにアマルティア・センによると，アフリカ系アメリカ人に至っては生活コストの差を考慮に入れても，長寿の確率が自分たちより何倍も貧しいインドのケーララ州や中国よりもはるかに低いという．[12] 新千年紀に入る時点で，キューバ，チリ，韓国は同程度に高い平均寿命（78〜79歳）を享受しているが，1人当たり所得にはそれぞれ2,500ドル，10,000ドル，15,000ドルと，かけ離れた違いがみられるのである．

　こうしたあまりにも大きな不一致は（他の発展指標でも明らかとなるが），物的富の蓄積がそれ自体で健康状態を改善するものではないことを証明している．それは，人口集団内での不平等な配分だけが原因ではない．多くの場合，個人や家族，そして共同体の意識の程度の問題であって，それは経済発展とともに確実に上昇するというものではない．社会に深く根差した文化的遺産や意識的になされる社会的および政治的活動の産物である．教育の改善，とりわけ女性の教育が（育児，家庭の衛生環境，食事支度において女性が決定的な役割を果たしているために）衛生状態の改善に当たっては必要な前提条件であろう．特定のイスラム諸国において，かなりの経済発展を経ても死亡率がいまだに高い水準にあるのは，女性の従属的な地位と彼女たちの教育機会が限られているためだとされているのである．[13]

　加えて，死亡率の改善で一定の成果をあげてきたのは，政策によって十分な

---

12)　A. Sen, "Health in Development," *Bulletin of the World Health Organization* 77 (1999), p. 8; A. Sen, "The Economics of Life and Death," *Scientific American* (May 1993).
13)　この点は次の論文で指摘されている．J. C. Caldwell, "Routes to Low Mortality in Poor Countries," *Population and Development Review* 12 (1986).

人的および経済的資源を保健部門に割いてきた国である．中国，スリランカ，キューバ，コスタリカの例は，政治体制では大きく異なるがともにこの分野では相当の努力をしてきた国々であり，低死亡率という状態が最貧国でも達成可能な目標であることを示している．[14] 世界保健機関（WHO）の推計では，感染症による死亡者数の90％が肺炎，下痢，結核，マラリア，麻疹，およびエイズ（HIV）が原因となっている．こうした病気の中には多くの命を容易に救うことのできる安価な対処法がすでに存在している（前述した下痢に対する経口補水療法などである）．たとえば，マラリアの感染は殺虫剤に浸した網戸の使用で大幅に減らすことができ，結核については薬そのものを安く手に入れることができる．

　死亡率が高く病気の発生率も高ければ寿命が何年も短くなるとともに，健康状態が悪い中で生き延びれば健康寿命を何年も失うことになる．健康な生存こそが，発展の指標となる多くの，そして実際のところほとんどの要素にとっての前提条件である．肉体労働に必要な身体的効率の獲得，知能や知的技術の会得，そして個々人の将来設計を可能にする時間軸の拡張には，十分な健康寿命が必要である．また，子どもへの需要を減らして出生制限の需要を高めるためにも必要な前提条件である．この改善の度合を評価し比較するためにも，生存指標と病気の発生に関する指標とを組み合わせて考えることが重要になってくる．生存指標だけでは健康寿命の一側面しか表すことができない．医療の力によって寿命は延びるだろうが，栄養摂取が不十分で最低限の衛生環境もなければ，その分の人生はみじめなものとなる．議論にあたっては，従来の生存率指標を拡張し，当該人口における発育過程での死亡や病気や事故による障害によって失われる健康寿命の年数を計算することが重要となってくる．実際には，次の二つの指標が計算できる．(a)失われた生存年数——死亡1件ごとの，死亡年齢とその年齢における低死亡率人口の期待余命との差として計算される．

---

14) Caldwell, "Routes to Low Mortality in Poor Countries," pp. 209-11. 発展途上国における死亡率のトレンドについては，R.R. Soares, "On the Determinants of Mortality Reductions in the Developing World," *Population and Development Review* 33：2（2007）; R. Kuhn, "Routes to Low Mortality in Poor Countries Revisited," *Population and Development Review* 36：4（2010）をも参照．

表5.4 疾病負荷の推計：2004年

地域	人口 (100万人)	DALY (100万年)	DALY (人口 1,000人 当たり)	原因別 DALY (%)			
				感染症	非感染症	怪我およ び事故	合計
全世界	6437	1523	237	31	60	10	100
男子	3244	796	245	30	58	12	100
女子	3193	727	228	31	62	7	100
アフリカ	738	377	511	68	25	7	100
アメリカ	874	143	164	14	77	9	100
南・東南アジア	1672	443	265	37	50	13	100
東アジア・太平洋	1738	265	152	13	77	10	100
ヨーロッパ・中央アジア	883	151	171	6	86	8	100
地中海・中東	520	142	273	39	50	11	100

(註) DALY＝障害調整生命年数．アフリカはサハラ以南，南・東南アジアにはインド，パキスタン，バングラデシュ，東アジア・太平洋には中国，インドネシア，フィリピン，オセアニア諸国を含み，地中海は北アフリカ，中央アジアには旧ソ連邦を含む．
(出所) World Health Organization, *The Global Burden of Disease: 2004 Update* (Geneva, 2008).

(b) 病気や事故によって失われた健康年数——健康が損なわれた時点から回復（または死亡）時点までの時間差として推計される．これらの年数は（とりわけ死に至って計測できなくなった場合など）漏れなく数えあげることはできないが，それぞれの状態や病気に対して障害の重度によって（0から1の間で）加重することで精度を高めることができる．

発育過程での死によって完全に失われる余命年数と障害によって部分的に失われる余命年数との組合わせで，失われた総年数が得られる（世界銀行はこの年数を DALY，すなわち障害調整生命年数と名づけている）．表5.4で具体的にみてみよう．2004年には，死亡，病気，事故によって世界の全人口64億人の15億2,300万 DALY（15億2,300億健康年）が失われると推計されているが，人口1,000人当たりでは237年に相当する．最多はサハラ以南のアフリカ（1,000人当たり511年），最少は東アジアと太平洋地域（1,000人当たり152年）である．地域間格差は3倍の開きがあって大きいが，国別，社会集団別などで計測すると格差はさらに大きくなる．

3　出生力の地理学概観

過去2,30年の間に貧困世界の出生率は変動し，自発的な抑制が広がる兆しが以前にもまして顕わとなってきた．伝統的な出生パターンを依然として維持する地域は存在しても，むしろ先進世界のほうにより近い地域と隣り合わせとなっている．過去50年の間に貧困世界全体で起こった変化について概観するためにふたたび表5.2をみよう．女性1人当たりの平均子ども数は3人以上減って6.2人から2.7人となったが，この減少の半分近くが人口置換水準以下の出生率（6.2人から1.6人）となった中国によるものである．他の貧困地域の出生率の変動は実に多様である．アフリカの出生率は6.6人から4.6人とそれほど下がらず，サハラ以南諸国の産児制限はいまだ稀である．[15] 南・中央アジアではそれよりも大きく6.1人から2.8人にまで下がっているが，これも人口比重の大きいインドの出生率が少し低い値となっているためである．東南アジア（6人から2.3人）とラテンアメリカ（5.9人から2.3人）では減少幅はさらに大きくなっている．今日の貧困世界における人口規模の違いを考慮すれば，現在の状況は20世紀初頭の西側諸国に似ており，そこでも，出生制限が広く普及した地域（フランス）と「自然」出生力がいまだに多くの人の間で維持されている地域（地中海一部と北欧や東欧の辺境地域）とが併存していたのである．[16]

---

15) 実際，サハラ以南のアフリカでは出生率が明らかに上昇したとみられる国がある——その要因としては母乳哺育の短縮による出生間隔縮小（本節で後述）と，衛生環境改善による不妊症や妊孕力の低下をもたらす感染症の削減とがあげられる．たとえば国連の推計では，TFR が西アフリカで1950-55年の6.7から1975-80年には6.9に，東アフリカでは6.7から7へと上昇した．M. Garenne, *Fertility Changes in Sub-Saharan Africa*, DHS Comparative Reports, no.18 (ORC Macro, Calverton, MD, 2008).

16) もちろんこのアナロジーは一般論であって，直面している状況は大きく異なる．ヨーロッパでは死亡率の低下がより緩やかであったために出生率の調整も段階的に進んだ．さらに出生率の高い地域においても，出生制限が都市住民や知識階級など特定の社会集団において行われていた．他方，現在の貧困国で起きている展開は出生力が置換水準以下にまで低下しうるという，近年の富裕国の状況をなぞるものである．D.S. Reher, "Long-Term Population Decline, Past and Future," XXV International Population Conference, Tours, 2005.

出生率の低下は近年加速度的に進んでおり，そのことは1980年代後半から現在まで続いている人口保健調査（DHS）の結果の比較からも明らかとなっている．[17] サハラ以南のアフリカにおいてさえ出生制限がかなり急速に——人口増加が非常に高率であることを思えば，もっと急速なほうが望ましいのであるが——普及しつつある．若干の国々（ガーナ，ケニア，ナイジェリア，タンザニア）では低下が止まり，将来の動向に不安が生じている．[18] 他方，大国，たとえばブラジル，イラン，ベトナム（それに中国，韓国——とくに後者では，ロシア，ドイツ，イタリアやスペインといったヨーロッパの大国における「既往最低」水準の超低出生率）では，いまや人口置換水準以下なのである．

この傾向を説明するには，第1章第4節で取り上げた人間の出生力を決定する主要因について分析する必要がある．すでにみたように，女性1人当たり平均出生数（*TFR*）は，主として自然出生力を決定する生物学的な要因（母乳哺育期間に左右される出生間隔，主として性交頻度による待機期間，胎児死亡率）の組合わせと，結婚パターン（結婚年齢および未婚率），および産児制限の度合いで決まる．

すでに述べたように，貧困国の「初期」出生率——女性1人当たり6人以上——は人口転換以前の西側世界の水準（5人以下）よりもはるかに高い．これは主に婚姻性向の高さによるものである．貧困国では結婚年齢（あるいは再生産主体となる安定的な夫婦となる年齢）が伝統的に低く，西側世界と異なり生涯未婚で過ごす者もほとんどいない．世界出産力調査（WFS）の結果によると，[19] 1970年代後半で各国の初婚年齢はアフリカ12カ国で19.8歳（最小値はカメルーンの17.5歳で，最大値はチュニジアの23.9歳），アジア・太平洋地域13

---

17) DHSは，1986年より途上国世界の多くの国々で，それぞれ2,000人から30,000人に及ぶ再生産年齢の女性を対象に行われてきた．調査項目には人口学的特徴や出産履歴，避妊具使用の有無，本人と子どもの健康状態，そしてさまざまな社会的および経済的状況にかんするものが含まれる．対象国の中には複数回調査が行われた国もあり，また多くの場合，男性および配偶者も調査対象となっている．DHS + Dimension, *Newsletter* 3:1 (2001), 7:1 (2005)を参照．

18) G. Mboup and T. Saha, "Fertility Levels, Trends and Differentials," DHS Comparative Studies 28 (Macro International, Calverton, MD, 1998). サハラ以南のアフリカにおける出生力転換の遅さについては，A. Romaniuk, "Persistence of High Fertility in Tropical Africa," *Population and Development Review* 37：1 (2011) を参照．

カ国で21歳（バングラデシュの16.3歳からフィリピンの24.5歳まで），ラテンアメリカおよびカリブ海諸国13カ国で21.5歳（ジャマイカの19.2歳からペルーの23.2歳まで）となっている．（この水準は西側諸国の平均24歳より十分に低いが，それでもその15年前の水準より1～1.5年上昇している．[20]）ふたたびWFSによると，これらの国々の再生産末期の女性の未婚率は，アフリカとアジアではわずかに1％で，ラテンアメリカでも4％であった（これに対して西側世界では，多くの場合10％を超える）．[21] 状況は不規則ながらも急速に変わりつつあるが，家族の内でも外でも女性の特有の権利が，教育，賃金・所得，差別の低減，格差の縮小という点で認められるようになったところではどこでも，彼女たちの結婚年齢はさらに急速に上昇することが確認されている．[22]

しかしながら，このマルサス的制限によって出生率は低下するものの，その効果は限定的である．たとえば，意図的な出生制限が存在しない状況で結婚年齢が18歳から23歳に（婚姻行動としては非常に大きな変化だが）上昇したとしても，女性1人当たりの子どもの数は1.5人から2人減少する程度である．当然ながら，この程度の減少幅では元の出生率の大きさからして人口成長の速度

---

19) 世界出産力調査の概要と主な調査結果については，WFS, *Major Findings and Implications* (London, 1984) を参照．この調査は，各集団で通常3,000人から10,000人の再生産年齢の女性をサンプルとし，途上国41カ国と先進国21カ国を対象としているが，その多くは1970年代後半に行われた．

20) United Nations, *Fertility Behavior in the Context of Development: Evidence from the World Fertility Survey* (New York, 1987), pp. 78, 82; United Nations, *First Marriage: Patterns and Determinants* (New York, 1988).

21) World Bank, *World Development Report 1984* (Oxford University Press, New York, 1984), pp. 115-16 [『世界開発報告 1984年版』110-11頁]．さらに以下も参照．P. Xenos and S.A. Gultiano, *Trends in Female and Male Age at Marriage and Celibacy in Asia*, Papers of the Program in Population, no.120 (East-West Center, Honolulu, 1992); C. Westoff, A. K. Blanc, and L. Nyblade, *Marriage and Entry into Parenthood*, DHS Comparative Studies, no.10 (1994).

22) Mboup and Saha, *Fertility Levels*; J. Bongaarts, "The Fertility Impact of Changes in the Timing of Childbearing in the Developing World," Policy Research Division Working Paper no. 120 (The Population Council, New York, 1999)；"World Marriage Patterns 2000," *Population Newsletter* (December 1999); および United Nations, *World Population Monitoring 2002: Reproductive Rights and Reproductive Health* (New York, 2004), pp. 133-35.

を緩やかなものにすることはできない．加えて，結婚の遅延がそのまま女性の出産の遅延につながること，すなわち，出産が結婚によって規定されているという条件が必要である．この条件は婚外出生率を問題なく無視できるアジアには当てはまるが，婚外出産が少なくないアフリカ，ラテンアメリカとカリブ海諸国については当てはまらない．

しかし，出生率の決定的な制限要因となるのは自分の意志による抑制である．産児制限の普及度を測る簡単な方法としては，一定期間内でなんらかの産児制限の方法をとった再生産年齢の女性の割合がある．この比率はさらに分解でき，用いた方法ごとにみることができる（性交中断や排卵周期に合わせた禁欲――自然受胎調節法――などの「伝統的」で相対的に効果の低いものと，経口避妊薬や子宮内避妊器具および避妊手術などの「現代的」でより効果の高いものとに）．こうして計算された避妊率がおよそ70％以上であれば，今日の富裕国のように低い出生率水準になると言える．[23] WFSによると（1970年代後半の途上国38カ国のデータから），避妊率はアフリカで10％，アジアで23％，そしてラテンアメリカとカリブ海諸国で40％であった．なんらかの方法で産児制限を行っていると答えた女性のうち4人中3人がいわゆる「現代的」な方法をとっていると答えた．[24] 2005年から2008年にかけて行われたDHSの結果からは，アフリカでの避妊率はいまだに低い．セネガル15％，アフリカの巨人ナイジェリアとエチオピア15％，コンゴ共和国21％，ガーナとウガンダ24％，タンザニア26％，ケニア41％である．最貧国，たとえばアジアのカンボジア（40％）やバングラデシュ（56％），ラテンアメリカのグアテマラ（54％）やボリビア（61％）においても，女性の避妊実施割合がサハラ以南諸国平均の2倍以上だとすると，解明しなければならないことは多い．[25]

---

23) W. P. Mauldin and S. J. Segal, "Prevalence of Contraceptive Use: Trends and Issues," *Studies in Family Planning* 19 (1988), p. 340.これら指標は，もちろん非常に一般的なものにすぎず，それぞれの避妊手段の有効性はそれ自体の効力（経口避妊薬や子宮内避妊具は非常に高い一方，中絶性交や自然受胎調節法には限界がある）とともにカップルの動機や禁欲の度合いにも依存する．
24) United Nations, *Fertility Behavior*, p. 133.
25) DHS Dimensions, *Newsletter* 7：1 (2005). DHS結果の情報とファイルはオンラインでみられる：http://www.measuredhs.com/accessurveys/.

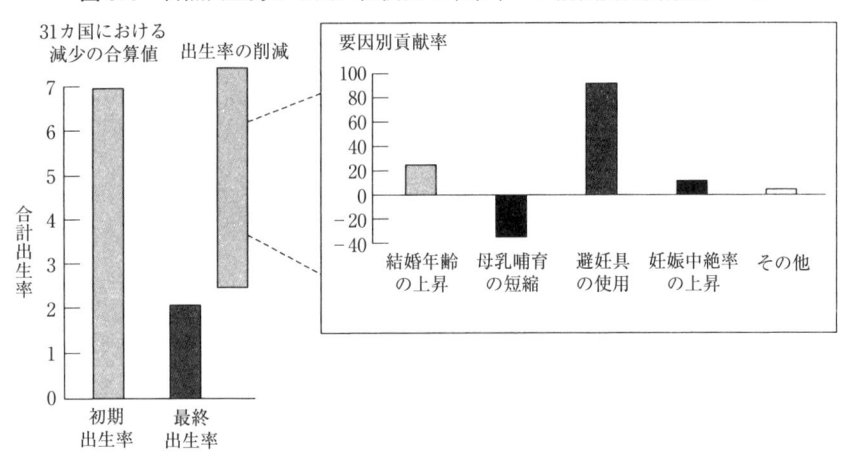

図5.6 自然出生力から人口置換出生率水準への削減要因貢献度モデル

(出所) World Bank, *World Development Report 1984* (Oxford University Press, New York, 1984), p. 115 [『世界開発報告 1984年版』111頁].

図5.6は,世界銀行の調査より引用したものだが,多くの貧困国において女性1人当たり平均出生数を伝統的な水準から人口置換水準に引き下げる要因にかんするモデルを提示している.[26] モデルでは(女性1人当たり上限の7人から下限の2.1人への)TFRの低下に対して,次の各項目の変化による正または負の貢献の大きさが図示されている.すなわち,結婚年齢,母乳哺育期間,避妊率,妊娠中絶の頻度,および他の諸要因である.この中には,実際に出生率の上昇につながってしまうもの——母乳哺育期間の短縮——もある.これらの国の人口転換においては,必然的に母乳哺育の期間は短くなり,他の条件を一定とすれば,結果として出生間隔の短縮を招き,TFRを31%(1.5人に相当)も押し上げてしまう.もちろん他の条件は一定ではなく,全体としては減少をする.その最大の要因は避妊率の上昇で(-93% = -4.5人),結婚年齢の上昇(-28% = -1.4人),[27] 妊娠中絶の頻度の上昇(-10% = -0.5人)と続く.

図5.7によって貧困世界の出生率についてまとめよう.これは(図5.4が平均

---

26) World Bank, *World Development Report 1984*, pp. 115-16 [『世界開発報告 1984年版』110-11頁].
27) 結婚年齢上昇の出生率低減効果は,1940年代以降の経験が示しているように大きくなく,また緩やかである.

第 5 章　貧困国の人口　197

図 5.7　低開発国 28 カ国における 1 人当たり GDP と女性 1 人当たり平均子ども数（TFR）：1950-55 年，1980-85 年，2000-05 年

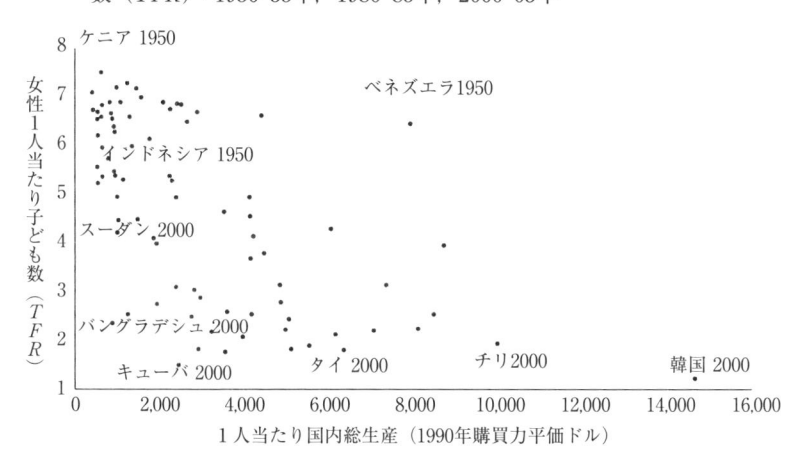

寿命についてみたのと同様に），1950年代，1980年代，2000年における人口規模の大きい途上国28カ国の1人当たりGDPとTFRとを比較している．図示された関係は富裕国に関する同様の比較結果に似ている（図4.8参照）．所得の上昇に伴って出生率は低下するが，その幅は次第に小さくなっていく．当然ながら，この関係は複雑かつ多様な現実を大胆にも単純化したものである．図5.7で抽出された所得-出生率曲線からの偏差が大きいことも無視できない．1人当たり所得1,000ドル前後であっても，ケニア（1950年代）の合計出生率は7.2人，それに対してバングラデシュ（2000年）では2.4人である．2000年には，実質所得がそれぞれ2,500ドル，6,000ドル，10,000ドル，15,000ドルであるキューバ，タイ，チリ，韓国，これらすべての国で置換水準以下の出生率を記録している．換言すれば，1人当たりGDPで近似的に表される経済発展では，出生率の差異を十分に説明し尽くせていないのである．以下ではその理由を探ることにしよう．

4　出生力低下と人口政策：諸条件と展望

ここ数十年で起きた貧困世界の急速な人口増加という現実に対して，研究者

や実務家は，高出生率の原因と出生率引下げによって人口成長の緩和を可能にする要因について延々と議論をしてきた．前節では，さまざまな生物学的および社会的要因の分析を通じて出生率の仕組みをみた．結婚年齢の上昇，そしてとりわけ産児制限の普及が出生率の低下をもたらす直接の要因となることをみた．ただし，実際に低下するにはカップルの出産計画が変わらなければならない．したがって，彼らの出産計画の決定因と計画を変えるために何ができるかを理解する必要がある．それは経済学の用語を借りれば，親の側からみた子どもへの「需要」——貧困国では依然として高い——の決定因と「需要」を変える要因について理解することである．[28]

まず，他の動物種の場合と同様，(個人，家族，それらが属する集団の) 保全と生存とが人類にとっても本質的な価値をもつと前提しよう．それゆえ，出生率は死亡率を補う水準でなければならず，後者が高いときには前者も同様に高くなければならない．この観点からすると，女性1人当たり子ども数が5〜6人という水準は通常の人口転換以前の死亡率に見合っている．後継者が1人も生き残らないという事態を避けるため，しばしば夫婦が一種の保険として多くの子どもを生むため，総出生率は総死亡率よりも高くなる．上述のように，死亡率の低下が出生率低下の不可欠な前提条件となるのである．

ほとんどの貧困国で死亡率は十分に低下しているのに，出生率は下がっていない．出生率が依然として高いのはなぜだろうか．親による子どもへの「需要」が減らない理由は何であろうか．一つは，子育てにかかる費用がまだ安いことがあげられる．農村地域での子どもの存在は，ある条件下では親にとって最終的には利益となる．成人前の子どもの労働によって家族の養育費用は相殺でき，しかも後者は貧困国経済ではつねに低い水準にあるからである．[29] 第2に，多くの社会で親が子どもを——愛情にかぎらず——物質的および経済的な

---

28) R. D. Lee and R. A. Bulatao, "Supply and Demand for Children: A Critical Essay," in R. D. Lee and R. A. Bulatao, eds., *Determinants of Fertility in Developing Countries*, vol. 1 (Academic Press, New York, 1983).

29) 子どもの費用にかんする異なる解釈については，Lee and Bulatao, *Determinants of Fertility* に所収の J. C. Caldwell, "Direct Economic Costs and Benefits of Children" および P. H. Lindert, "The Changing Economic Costs and Benefits of Having Children."

援助を老年期に保障してくれるものとみなしている点がある．インドネシア，韓国，トルコ，フィリピンで行われた調査によると，対象となった80〜90％の親が老年期に子どもからの経済的援助を期待していることがわかった．[30] どのような場合であれ，大きな不運に見舞われたときには自分の子どもの助けを借りるのは自然なことである．[31] 第3に，文化的にも子どもの数は多いのが望ましい場合が多く，それは家族観，家系の存続，あるいは社会に深く根ざした宗教観であったりする．最後に，産児制限法について無知であったり，避妊具が利用できなかったりした場合や医療や保健診療を十分に受けられないときには，出生制限は不十分となり，妊娠中絶への依存度が高くなる．避妊具普及を妨げる法律があると，それは出生率低下へのより高い障壁となる．

　これらが高出生率の原因とすると，それらを変えることによって出生率低下を促す必要がある．とりわけ死亡率の低下がなければならない．図5.2によると（出生率と死亡率の比較の結果から）平均余命が65年を超える国では TFR は相対的に低くなっており，社会経済条件には依存しない，ある種の出生制限が行われている結果といえる．

　また，育児にかかる「相対費用」の上昇も出生率低下の要因といえる．これは，たとえば女性の就学率が上がり，家事や育児のために賃金稼得可能な就業機会を諦めなくなることの結果かもしれない．その他の要因としては，義務教育化によって子ども自身の労働生活が遅れること，福祉の全体的向上と，それに伴って子どもへの投資促進要因が大きくなったこともあげられる．社会保護の仕組みを制度として確立することで，親が老年期に子どもに経済的援助を求める必要がなくなり，結果として高い出生率を維持する理由もなくなるのである．出生率の低下を促す他の要素としては，産児制限の法的障害の除去，家族計画を積極的に支援する政策，避妊知識とその手段の普及に加えて，避妊手段

---

30) World Bank, *World Development Report 1984*, p. 52 [『世界開発報告　1984年版』50頁].

31) M. Cain, "Risk and Insurance: Perspectives on Fertility and Agrarian Change in India and Bangladesh," *Population and Development Review* 7：3 (1981). 親が年をとってから自分の子どもからの援助に期待する問題は，A.I. Hermalin and Li-Shou Yang, "Levels of Support from Children in Taiwan: Expectations Versus Reality," *Population and Development Review* 30：3 (2004) を参照．

が安価で心理的にも許容されるようになることがあげられよう．

　こういった要因はどれも単独で出生率を高水準から低水準に転換させるものではなく，また対象となる社会のさまざまな特性に応じた組合わせを特定することもむずかしい．これらには，医学および保健診療の改善，経済発展，そして社会変革（価値観の変化，女性の自由，行動規範の世俗化）を伴う――社会発展のすべての側面に関わるのである．どれひとつとして単独では変化をもたらすことはできず，したがってどの国も自らに合った適切な配合割合を考えるべきなのである．

　ただし，単純かつ抵抗感の小さいがために政策として実行しやすい介入策はある．たとえば1950年代以降では家族計画の促進が好まれてきたが，一般的にいってサービスを提供するネットワークが十分に普及していないかぎり出生率の低下にはつながらない．[32] 今日ではこの種の介入策への政治的反発はないと当然のように仮定されているが，つねにそうであったわけではない．1950年代と60年代には家族計画プログラム――多くの場合，不用意かつ粗雑なかたちで導入されたが――は貧困世界の多くの地域で反発にあった．たとえば社会主義的な政治体制や思想を取り入れた国では，経済発展によって必然的に出生率が制御されると主張されていた．他の国では，国家主義的な支配者たちが産児制限政策を数字上の国力増強を脅かすものとみなしたり，宗教的原理主義の影響が強い国ではその規範的観点からこうした政策が反発に遭ったりした．これらのプログラムに対する富裕国の支援――とくにアメリカによる――は，しばしば動機が不純であったこともあり，資本主義世界による帝国主義の一形態とみなされた．1974年時点でもブカレストで行われた国連世界人口会議（この会議は各国の公式代表団のみの参加となっていた）[33] では，中国，アルジェリア，ブラジル，アルゼンチン主導の多数派が形成され，人口成長率引下げを目的とした政策に反対した．一方，インド亜大陸を中心としたアジアの多くの国はそ

---

32) これはもちろん実際には途上国にかぎった話である．西側諸国ではほぼ性交中絶などの伝統的な手段のみで出生力転換を達成した．現にほとんどの西側諸国では，第２次世界大戦以降まで産児制限法を普及・宣伝することが法律で禁じられていた．

33) United Nations, *Report of the United Nations World Population Conference* (New York, 1975).

うした政策に賛成であった．この会議では「成長が最善の避妊手段」という記憶に残る標語が生まれた．10年後にメキシコシティで開催された国連会議[34]では反対意見は聞かれなくなり，すべての国が，他の成長政策とは必ずしも関連しない別個の政策でもって人口成長を抑制することに同意した．この点は，1994年にカイロで開かれた人口と開発に関する国連会議でも再確認され，すべての国が署名した．[35]

それでは，(家族計画プログラムに限定された) 人口政策の成果はどうだったのであろうか．(ここでは政治的強制力が例外的に強い中国の事例を除いて論じよう．) この問いへの答えは，出生率引下げと人口成長の緩和を意図する今後の政策に対して重要な意味をもってくる．従来の見解では，貧困国の出生率にみられる変異の大部分は，出生制限を希望する女性の多くが避妊手段を知らないか利用できない，あるいは (場合によっては費用という制約によって) 利用機会が制約されているために希望どおりにできていないという事情で説明できるとされている．そこで避妊が簡単に行えるようにすること——あるいは，よくいわれるように避妊への「未充足ニーズ」を充たすこと——で出生率低下を加速することになる．この需要を充たすことは人口政策の到達点であり，各国が過去数十年間なんらかの方法で達成しようとしてきたものである．[36]「未充足ニーズ」の存在は妊娠の一定の割合が望まないものであることやタイミングを誤った (つまりその時点では望まない) ものであること，そして避妊を行わない女性のうち一定の割合が妊娠を避けたり遅らせたりすることを望んでいることからも実証されている．[37] 図5.8を用いて，家族計画政策の初期の先駆

---

34) United Nations, *Report of the International Conference on Population, 1984* (New York, 1984).
35) United Nations, International Conference on Population and Development, Programme of Action, Cairo, 1994. 1994年以降の国際的アクションについては，United Nations, *Review and Appraisal of the Progress made in Achieving the Goals and Objectives of the Programme of Action of the International Conference on Population and Development: The 2004 Report* (New York, 2004); UNFPA, *Looking Back, Moving Forward: ICPS-at-15 Process* (New York. 2010).
36) J. Bongaarts, *The Role of Family Planning Programmes in Contemporary Fertility Transition*, Policy Research Division Working Paper, no. 71 (Population Council, New York, 1995).

図 5.8 発展水準(1985年)と家族計画プログラム充実度(1982-89年)に対応する合計出生率の減少幅:1960-65年から1990年

発展指標	プログラムの充実度			
	高い	中程度	低い	非常に低い/皆無
高い	5 ●●●• (−3.5)	7 ●●● (−2.9)	5 ●● (−2.9)	2 ●●• (−2.3)
やや高い	4 ●●●• (−3.1)	8 ●●● (−2.6)	10 ●● (−2.0)	2 • (−0.3)
やや低い	1 ●• (−1.6)	2 ●●• (−2.1)	15 • (−0.5)	6 • (−0.6)
低い		2 • (−0.7)	13 (0)	7 (0)

● = 1 出生   • = 0.1出生

(註) 各セルにおいて上段の数字は国の数を,下段の括弧内の数字は1960-65年から1990年にかけての *TFR*(女性1人当たり子ども数)の減少幅を指す.

的局面をみてみよう.この図は貧困国88カ国を,1960-65年から1990年の間における出生率(*TFR*)の減少幅によって分類したものである.*TFR* は,次の二つの変数,すなわち(1)発展指標(1985年時点の教育,死亡率,所得水準,職業構成および都市化指標を総合したもの),(2)1982-89年の家族計画プログラム充実度の指標(出生抑制手段の供給にかんする政策,物的資源,「お膳立て」サービス,情報管理および利用可能性の諸要因)の関数である.[38] 結果

---

37) 未充足ニーズについては次の論文を参照.J. Bongaarts and J. Bruce, *The Causes of Unmet Need for Contraception and the Social Content of Services*, Policy Research Division Working Paper, no. 69 (Population Council, New York, 1994); C. F. Westoff and A. Bankole, *Unmet Need: 1990-94*, DHS Comparative Studies, no. 16 (Macro International, Calverton, MD, 1995).

はほぼ予想どおりで，出生率の減少幅が最大なのは，これらの指標がともに中位から高位の水準にある国である．それとは反対に，出生率が高い水準にとどまっているのは，発展水準が低くプログラムも存在しないか充実度が低い国である．その一方でやや予想に反するのは，比較的発展しているものの家族計画プログラムが相応に整っていない国では減少幅が小さい，という結果である．したがって，発展があっても，プログラムの充実がなければ出生率低下は滞り，両者の組合わせが低下速度を上げるということがわかる．ただ，出生率低下に対する家族計画プログラムの「純ネット」（つまり発展の効果を差し引いた）貢献度については解釈がむずかしく，結果もほとんどゼロから減少幅の半分近くまでさまざまである．[39]

旧説を深く考えもせず支持するひとは，その根拠を避妊率（再生産年齢の女性の中で現在避妊している女性の比率）の低い地域では出生率が高く，その逆も成立することに求めるが，その2変数に密接な相関があることは図5.9cに示されている（2005年から2009年にかけて行われたDHS調査結果による）．[40] 避妊の普及を促進する政策をとれば避妊率を高め，出生率も相応に低下するというのである．しかしこの類の議論は，学校の数を増やせば初等教育が普及すると説き，親が子どもを学校に送りたがらない現実や教師の数が足りない事実を見落とすようなものである．出生率についていえば，避妊は願望と目標とを実現する手段にすぎないのである．

従来のこうした「供給側」の視点での議論と対をなすものとして「需要」，すなわち親が実質的に求める子ども数に焦点を当てた接近法もある．[41] 簡潔にいえば，この理論は，出生率は女性およびカップルの欲求に影響されるという

---

38) P. W. Mauldin and J. A. Ross, "Family Planning Programs: Efforts and Results, 1982-1989" *Studies in Family Planning* 22：6 (1991).
39) J. Bongaarts, "The Fertility Impact of Family Planning Programs," Policy Research Division Working Paper, no. 47 (Population Council, New York, 1993), p. 4.
40) 46カ国のうち22カ国がサハラ以南のアフリカ諸国，10カ国がアジアおよび北アフリカ諸国，10カ国がラテンアメリカ諸国，そして4カ国がヨーロッパ諸国となっている．
41) 従来の見解に対する的確な批判と需要側に焦点を当てた議論については次を参照．L. H. Pritchett, "Desired Fertility and the Impact of Population Policies," *Population and Development Review* 20：1 (1994).

図5.9 40カ国における女性1人当たり平均子ども数（*TFR*）と希望および非希望出生率と避妊との関係：2005-09年

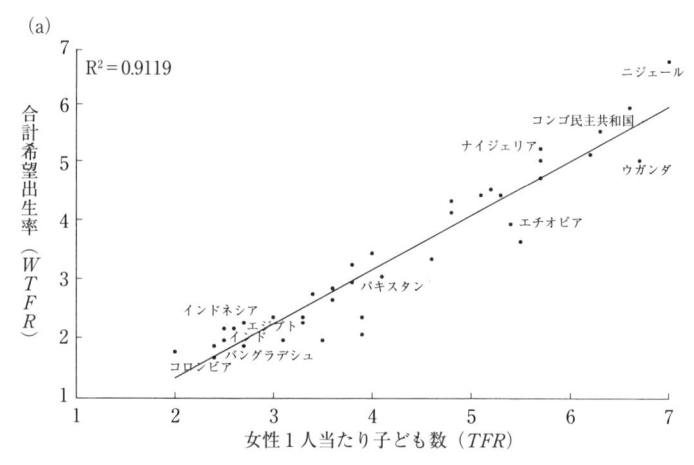

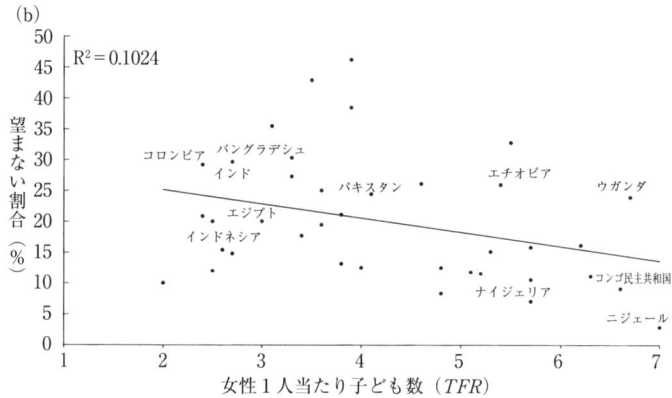

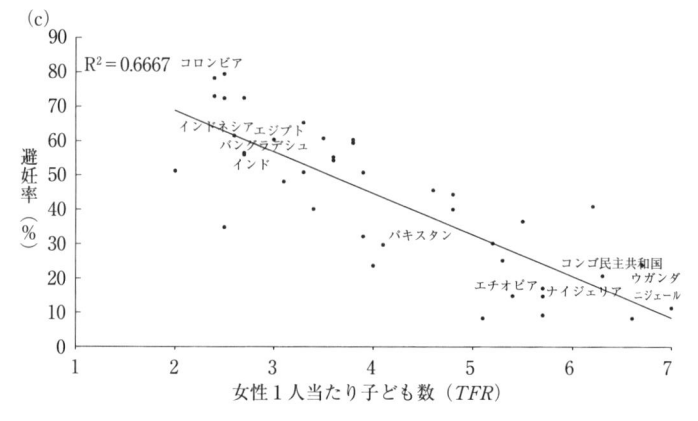

(d)

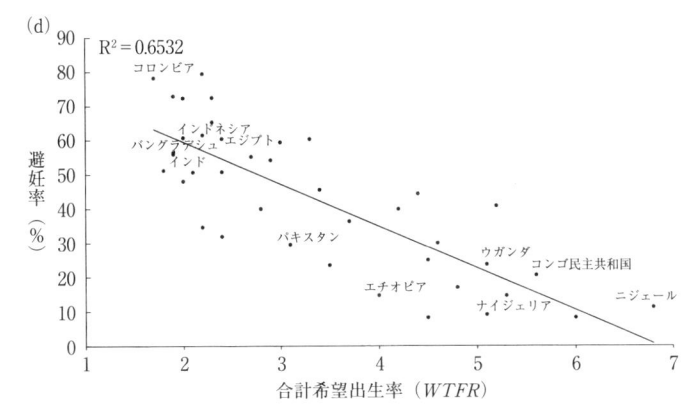

避妊率（％）、縦軸 0–90、横軸 合計希望出生率（WTFR）1–7

R² = 0.6532

ラベル：コロンビア、インドネシア、バングラデシュ、エジプト、インド、パキスタン、エチオピア、ウガンダ、コンゴ民主共和国、ナイジェリア、ニジェール

(e)

避妊率（％）、縦軸 0–90、横軸 望まない割合（％）0–50

R² = 0.129

ラベル：コロンビア、エジプト、インドネシア、バングラデシュ、インド、パキスタン、ウガンダ、ナイジェリア、コンゴ民主共和国、エチオピア、ニジェール

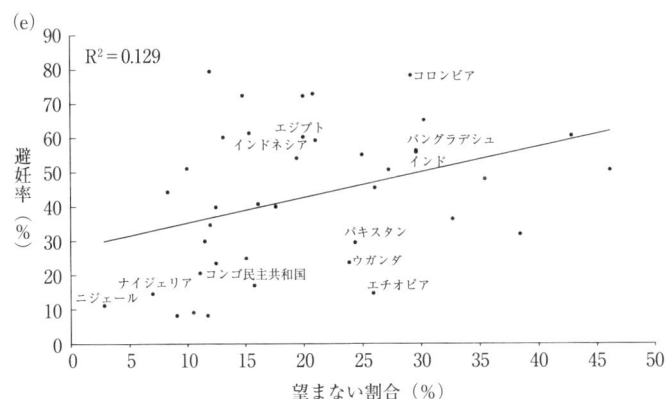

(註) アフリカ諸国：ベニン，コンゴ民主共和国，コンゴ，エチオピア，ガーナ，ギニア，ケニア，リベリア，マダガスカル，モルディブ，マリ，ナミビア，ニジェール，ナイジェリア，ルワンダ，セネガル，シエラレオネ，スワジランド，ウガンダ，ザンビア，ジンバブエ

アジアおよびアラブ諸国： アゼルバイジャン，バングラデシュ，カンボジア，エジプト，インド，インドネシア，ヨルダン，ネパール，パキスタン，フィリピン

ラテンアメリカ諸国： ボリビア，コロンビア，ドミニカ共和国，エルサルバドル，グアテマラ，ハイチ，ホンデュラス，パラグアイ

TFR＝合計出生率
WTFR＝合計希望出生率
避妊率＝15歳から49歳の女性のうち避妊を行っている割合
望まない割合＝TFRとWTFRの差をTFRで割った値

ものである．これに従えば，出生率の高い人口においては子どもへの需要が多いということになる．仮にそこで家族計画推進のためのサービスが十分に供給されて効率的に運用されたとしても，そのサービスはほとんど活用されず，出生率も高止まりしたままであろう．こうした状況は，サハラ以南のアフリカ諸国や多くのイスラム諸国でとりわけ顕著である．反対に，家族計画プログラムが存在しなかったとしても，子どもへの需要が少なければ出生率も低くなる．実際，西側諸国の出生率が低下したのは20世紀の最初の3分の2の期間であったが，当時，法律は家族計画に冷たく，避妊具の供給も限定されていた（避妊具の宣伝は多くの国で1950年代から60年代まで違法であった）．この場合には，出生率の水準は動機づけと期待，および欲求とによって決まることになる．これらが変われば出生率も変動する．図5.9ではこの見解に沿った結果も示されている．実際，図5.9c において——すでにみたように——出生率と避妊率の強い逆相関が見られる一方，同様の関係が希望出生率と避妊率との間にも観察される（図5.9d）．[42] 二つの図の類似性から実際の出生率と希望出生率との間には密接な関係があることが読み取れ，そのことは実際に図5.9aに示されているとおりである．換言すれば，現実の出生率の変動は希望出生率によってはとんど説明できるということである．出生率が高いところでは希望出生率も高

---

[42] ここでは避妊率は調査時点で結婚している15歳から49歳の女性のうちなんらかの避妊手段を用いている女性の割合で定義されている．合計希望出生率（wanted fertility, WTFR）は「願望出生率」（desired fertility, DFTR）という概念と似ているが同一ではない．この指標は DHS 調査の次の質問への回答にもとづいて評価したものである．「もしあなたが子どものいない時期に戻って，生涯に産む子どもの数を決めることができるとしたら何人にするか．」実際の出生数からこの数と実際の数との差を差し引いて願望としての合計出生率（DTFR）が算出される．願望出生率についての質問への回答は，当然ながら母親自身の過去の行為に対する正当化によって影響される．これに代わって，希望出生率が将来の希望出産数についての質問への回答から間接的に推計されている．この回答は過去ではなく将来についてのものであるから事後的な正当化による歪みはない．過去の出生数については，追加出産を希望する女性のものにかんして必要出生と分類し，さらなる調整のうえ，合計希望出生率（WTFR）という指標が推計される．願望出生率については C. Westoff, *Reproductive Preferences: A Comparative View*, DHS Comparative Studies, no. 3 (IRD/Macro Systems, Columbia, MD, 1991) を参照．希望出生率にかんしては J. Bongaarts, "The Measurement of Wanted Fertility," *Population and Development Review*, 16：3 (1990) 参照．また，さまざまな指標についての議論は前出の Pritchett, "Desired Fertility" をみよ．

い．図5.9bと図5.9eの結果はさらに興味深い．図5.9bでは実際の出生率と望まない出生の割合との対応関係を示している．[43] 図からわかるように，二つの変数にはなんの相関関係もなく，小家族という規範の浸透とともに出生率が低下しても，希望出生率に同様の低下はみられない．むしろ，望まない出生の割合は出生力転換の過渡期においては上昇するようにもみえる．同様の結果が希望しない出生率と避妊率とを図示した図5.9eについても得られる．直観的には避妊率の上昇に伴って希望しない出生の割合は低下すると予想されるが，実際にはそうなっていない．最近の研究によると，各国間の出生率の分布の度合いのうち避妊率で説明できる部分はわずか（1〜2％）でしかないという．[44]

まとめると，（1）出生率は動機と欲求とによって変動し，（2）避妊は出生制限には必要不可欠な手段であるが，その供給は——他の条件を一定とすれば——出生率にはほとんど影響を与えないばかりか，望まない出生の割合を減らすこともなく，それゆえに（3）出生率を引き下げるための政策は「需要」重視でなければならず，夫婦の出生性向，欲求および動機を決定する要因に作用するように努めるべきである．

以上の議論は政策決定のためのより良い指針を提供してくれるものであった．小さな家族という規範は社会と密接に関わるものであるために，いかによく練られ，強気な家族計画プログラムをもってしても，それだけでは浸透させることはできない．ポール・デメニーは出生力転換を決定づける重要な要素として次の四つをあげている．(a) 親が子育てと子どもの教育のために負担すべき費用，(b) 親にとっての子どもの機会費用（つまり夫婦——通常は女性——が子どものために犠牲にする稼得分），(c) 家族の所得における児童労働の貢献割合，そして (d) 老年期における他の社会保障と比べたときの子どもからの経済的援助の相対的貢献度である．[45] したがって，教育や健康保全に要する費

---

43) $(TFR-WTFR)/TFR \times 100$ で定義される．
44) L. H. Pritchett, "Desired Fertility," p. 15. これに対立する見解については，B. Feyisetan and J. B. Casterline, "Fertility Preferences and Contraceptive Change in Developing Countries," Policy Research Division Working Paper, no. 130 (Population Council, New York, 1999) を参照．
45) P. Demeny, "Policies Seeking a Reduction of High Fertility," in United Nations, *Population Policies and Programmes* (New York, 1993).

用負担も含めた子育てにおける親の責任を明確化する政策,女性の社会進出を奨励する政策,子どもの義務教育課程導入政策,児童労働禁止政策,および老年期の個人および公的年金制度拡充政策が,出生率の低下に貢献するものとなる.これらの政策を家族計画と出産に関わる健康とを推進するバランスのとれたプログラム——避妊手段の供給と費用低廉化,および妊娠中絶依存度の削減——と組み合わせることによって,低出生率への速やかな転換を実現することができるであろう.

5 インドと中国

1980年代半ばまでに世界のほとんどすべての国の政府が家族計画について一定の支持を表明した.国連の発表ではその数は127カ国で,世界人口の94％に相当する.[46] しかし,こうした励みとなる数字とは裏腹に,現実には成功例だけでなく部分的あるいは完全な失敗例も存在する.インドと中国の事例はそれらの代表例であり,両国の人口規模だけからみても特筆に値する.両国の人口は合わせて発展途上国の全人口の約半分を占めているのである.

両国の人口指標は表5.5に示されており,解説は要らないであろう.1950年代前半から21世紀初頭にかけて中国の出生率は4分の3も引き下げられ,これに対するインドの出生率は半分に低下した.1960年代の中国における出生時平均余命はインドと同水準であったが,いまや9年ほど長い.今日では中国の出生率は人口置換水準を下回っており,したがって,その状態が続くと人口はいずれ減少に転じることになる.対照的にインドの出生率——女性1人当たり子ども数が中国より1.1人多い——は,急速な人口増加が今後も続く水準にある.

両者の間に大きな差が生じた理由については,それぞれがとった人口政策とその帰結について考える必要がある.1952年以来,インド政府は人口成長の緩和を目指してきた.最初の二つの5カ年計画(1951-56年と1956-61年)には家族計画推進のための拠点形成が盛り込まれ,第5次計画(1971-76年)では

---

46) "Laws and Policies Affecting Fertility: A Decade of Change," *Population Reports*, series E (November 1984), p. E-117.

表5.5　インドと中国の人口指標：1950-2010年

年	人口 (100万人)		15歳以下人口の割合 (%)		期間	年成長率 (%)		女性1人当たり子ども数 (TFR)		出生時平均余命 (e_0)	
	インド	中国	インド	中国		インド	中国	インド	中国	インド	中国
1950	372	551	38.9	33.6							
1955	406	608	39.0	37.1	1950-5	1.75	1.97	5.97	6.11	37.9	44.6
1960	448	658	39.8	38.9	1955-60	1.97	1.58	5.92	5.48	40.9	45.8
1965	496	710	40.4	40.2	1960-5	2.04	1.52	5.81	5.61	44.1	44.0
1970	554	815	40.4	39.7	1965-70	2.21	2.76	5.69	5.94	47.5	59.4
1975	622	915	39.8	39.5	1970-5	2.32	2.31	5.26	4.77	50.8	64.6
1980	700	983	38.5	36.5	1975-80	2.36	1.43	4.89	2.93	54.2	66.3
1985	784	1057	37.5	30.3	1980-5	2.27	1.45	4.47	2.61	56.2	67.7
1990	874	1145	38.0	28.0	1985-90	2.17	1.60	4.11	2.63	57.7	68.9
1995	964	1214	36.6	27.3	1990-5	1.96	1.17	3.72	2.01	59.0	69.9
2000	1054	1269	34.7	25.4	1995-2000	1.79	0.89	3.31	1.80	60.7	70.8
2005	1140	1308	32.5	21.9	2000-5	1.57	0.61	2.96	1.70	62.5	71.6
2010	1225	1341	30.6	20.0	2005-10	1.44	0.50	2.73	1.64	64.2	72.7
2010 (1950年=100)	329	243	79	60	2005-10 (1950-5=100)	82	25	46	27	169	163

(出所) United Nations, *World Population Prospects: The 2010 Revision*, New York, 2011 [『国際連合　世界人口予測：1960→2060』]

1984年までに普通出生率を1,000分の25に削減することが決定された（1980-85年の出生率がこれより10ポイント高かったので，この目標は明らかに達成されなかった）.[47] 成果は乏しく，出生率の低下も最小限に止まり，1970年時点においても産児制限を行っている夫婦（再生産年齢の女性）の割合は非常に低かった（14％）．男女とも最もよく用いた方法は不妊手術であった.[48] 成功がみられたのはわずかな数の州と上流階級，および都市人口に限られていた．このように成果のあがらない現状――投資が不十分であることに加えて，政策継続性の欠如と多様な言語，宗教，慣習からなる国でプログラムを施行することのむずかしさによる――に直面して，1976年インディラ・ガンジー政権はプログラムの強化を決定した．同年4月16日の宣言をもって政府は一連の対策（既存プログラムの強化および参加者へのさらなる経済的な動機づけ等）を実行に移

---

47) A. Mitra, "National Population Policy in Relation to National Planning in India," *Population and Development Review* 3：3 (1977); A. J. Coale, "Population Trends in China and India," *Proceedings of the National Academy of Science* 80 (1983), p. 1759.
48) Mauldin and Segal, "Prevalence of Contraceptive Use," table A. 3.

し，各州議会に第3子の出生をもって不妊手術を義務化する法律を制定するように促した（実際にそのような法律を可決したのはマハーラーシュトラ州のみで，そこでも実施はされていない）.[49] この強硬策は激しい抗議運動を招き，それが一因となって1977年3月の議会選挙でガンジーの与党は敗北し,[50] その結果，インドのプログラムは大きく後戻りすることとなった．1980年にインディラ・ガンジーがふたたび政権を取り戻すと，翌81年の国勢調査の予期せぬ結果（人口は予想を大きく上回っていた）を受けて人口政策の刷新に着手した．1986-90年の第7次5カ年計画では，2000年までに人口置換出生率を達成することが盛り込まれた．これには1970年代に中国で起きたのと同程度の大幅な出生率低下が不可欠であったが，当時の中国の置かれた状況はおそらく今後も例をみないような特異なものであったから，この目標は非現実的なものであった．インドの計画は，家族計画プログラムへの投資や参加者への経済的動機づけ，不妊手術と子宮内避妊具をはじめとする産児制限手段の普及，そして家族計画のためのサービスを母子健康増進のサービスと組み合わせることを強調したものであった．[51]

「家族計画に対して（30年間も）公的支援を行ってきたにもかかわらず，インド政府は人口の大部分に対して定期的かつ十分な人的サービスを盛り込んだ産児制限プログラムを作り出すことはできなかった．時代が変われば所轄の中央機関は……奨励する避妊法を変え，普及のための組織戦略も変わった．当初は近代的な避妊法がまだ世界のどの地域でも広く普及していなかったので，ガンジー主義的な排卵周期に合わせた禁欲（自然受胎調節法）でもってインドの出生率は低下するという期待もあったが，それはまもなく裏切られた．その後は主に子宮内器具に依存していくが，保健および家族計画のためのネットワークが発達していなかったために，挿入に際しての技術的な問題点および事後経過観察とカウンセリングの態勢の整備という課題を十分に克服できず，結果と

---

49) "National Population Policy: A Statement of the Government of India," *Population and Development Review* 2 (1976).
50) Mitra, "National Population Policy in India," p. 207.
51) United Nations, *Population Policy Briefs: The Current Situation in Developing Countries, 1985* (New York, 1986).

して器具の危険を誇張する報告が相次いで患者の副作用に対する不安をあおり，ついに器具装着率を継続的に高く維持するに至ることはなかった．また，さまざまな事情からインドでは経口避妊薬はこれまで認可されてこなかった.」これはインドの人口問題の専門家でもあったアンスリー・コールが下した厳しい評価である.[52] 一方，プログラムの中で唯一ある程度の成功をみた不妊手術については，その件数が1976-77年に劇的に増加した（それ以前に年間200万件であったものがこの2年間で800万件となった）．しかし，ガンジー政権は選挙で敗北し，不妊化プログラムは突如終了，ごく最近になって回復の兆しがまた現れている．

1980年代にやるべきであったのは，家族計画のみに偏らず，出生率低下に働きかける社会および経済発展にも注意を向ける新しい戦略に舵を切ることであった．すなわち，晩婚化，女性の地位および識字率の向上，子どもの生存率の改善，貧困の削減および老年期の社会保障制度の確立である.[53] しかしこれらは，意図はよくても実際にうまくいくことはほとんどなかった．1980年代には，投入資源が増える一方，「家族計画と健康増進プログラムの質が急激に劣化」しており，背後には専門家の意見に反発する官僚の権限が強くなったという事情がある.[54] ラジブ・ガンジーは首相としての任期の終わりに，インドの人口政策の失敗について，行き過ぎた官僚的な中央集権によってプログラムが柔軟性を欠き，国内の非常に異なるニーズに応えることがほとんどできなかったと痛烈に批判している.[55] 近年では政府の対応はより多様化しており，夫婦には

---

52) Coale, "Population Trends," p. 1760.
53) United Nations, *Review of Recent National Demographic Target-Setting* (New York, 1989), pp. 96-108
54) D. Banerji, "Population Policies and Programmes in India during the Last Ten Years," in *Population Transition in India*, vol. 1, edited by S. N. Singh, M. K. Premi, P. S. Bhatia, and A. Bose (B. R. Publishing, New Delhi, 1989), p. 49.
55) 1989年9月20日にニューデリーで行われた国際人口学連合（IUSSP）第21回大会での基調講演で，ラジブ・ガンジーは次のように述べた．「しかしながら，大体において，わが国の家族計画プログラムはかなり均一であった．人口成長率の高い地域にも低い地域にも実質的に同じパッケージが適用されていたが，……望ましい家族規模についての夫婦の考え，とりわけ女性の考えは……地域共同体や近隣社会の願望や風潮に影響されている．この状況下では，プログラムを中央機関が画一的に決めて実行してもうまくいくはずがない.」

さまざまな家族計画の方法について情報が提供され，多くの地区で設定されていた家族計画目標は強制に対する反発を招かないように廃止された．2005-06年の全国家族保健調査（NFHS）にもとづく推計結果によると，合計出生率は全インドで（前回1998-99年調査の3.4人および1992-93年の2.9人から）2.7人となった．また，女性の56％が避妊を行っており，その主な手段は不妊手術であった．さらに，避妊手段のうち全体の5分の4が公的機関から提供されたものであった．つまり，政府の役割が曖昧な中でも問題解決に向かって新たな歩みが始まっているのである．いまや都市人口は人口置換水準にあり，南部では置換水準以下のところも生じている．けれども，ウッタル・プラデーシュ，マディヤ・プラデーシュ，ビハール，ラジャスタンという人口稠密な州──合わせて4億5,000万人に達する──の合計出生率はまだ3人を超え，産児制限の普及が遅れている．2011年の国勢調査では人口12億1,000万人，増加率1.6％，2021年には世界で最大の人口を擁する国となるインドの政府として，一国の人口の将来については慎重である．国家人口政策が2000年に策定され，2045年までに人口を安定させるという目標を掲げた（しかし国連の最新予測では，その達成は2061年で，人口は17億1,900万人である）．政府は強圧的政策に対する国民の反発を考慮して，新しい人口政策は強制と押しつけを退け，「インフォームド・コンセントと民主的原則」に則って実行されると明言する．[56] 新政策は地方自治体の積極的な関与，男性の家族計画への参加を求め，晩婚化と二人っ子を定着させるための誘因を探る．より正確にいえば，貧困層の夫婦は結婚を法定年齢である21歳まで延期すること，子ども数を2人以上にしないか2人目の後に不妊手術を受けるかのどちらかを選ぶことを求めているのである．最後に，この国の最近の人口動向には心配な面がみられる．新生児の男児比率が多くの州で急速に高まっているのである．とくにハリヤーナ，パンジャブ，グジ

---

56) 次の諸論文を参照．*Populi* 22：4 (1995), p. 2; East-West Center, "New Survey Finds Fertility Decline in India," *Asia-Pacific Population and Policy* 32 (Jan.-Feb. 1995); International Institute for Population Studies and ORC Macro, *National Health Family Survey* (*NFHS-2*), *India, 1998-99* (IIPS, Mumbai, 2000), *National Health Family Survey* (*NFHS-3*), *India, 2005-06*, 2 vols (IIPS, Mumbai, 2007), "India Considers Adopting Family Planning Incentives," *Populine* 22 (Mar.-Apr. 2000).

ャラートといった生活水準が高いところでそうなのである．これは，中国でも東南アジアでも拡がっている，夫婦の男児選好にもとづく選択的人工流産の結果で，この歪み現象の急速的な悪化は同国の多くの地域で人口性比の不均衡を拡大させている．それは男性の，とくに最貧層男性のかなりの割合が結婚から排除され，その望ましくない帰結は複雑なかたちをとって現れることを意味し，この危険な傾向を是正するために，インドでも他の国でもさまざまな施策が試みられてはいる．

中国政府による家族計画プログラムの歴史はインドのそれとは大きく異なる．[57] 1949年に毛沢東は，「中国の膨大な人口は財産として肯定すべきものである．今後何倍になろうとも，そこから生じる問題はすべて人口の財産としての正の側面によって解決されるだろう．鍵となるのは生産であり……生産様式の革命によって人口増加に伴う食糧問題は解決できる」と宣言した．[58] しかし，共産主義革命が進展する一方で，1953年の国勢調査の結果が明らかになると，人口問題に対する懸念も浮上した．1956年の第8回党大会での演説で，周恩来は次のようにも述べていた．「産児制限の振興策をとるのが望ましいという点でわれわれの意見は一致するが，それは女性と子どもの保護のためだけでなく，国家の健全な繁栄を担う若い世代の育成と教育を保証するためのものでもあるからである」．[59] この最初の産児制限プログラムは，支援のためのネットワークづくりと避妊具生産を強化し，人民にこれらの人的および物的サービスの両方の利用を促すものであった．しかしこの人口再生産上の節制は，1958-59年に野心的な社会経済プログラム——大躍進——が実施され，そのとてつもない生産目標の達成に向かって人民が邁進したために定着することはなかった．結果としてプログラムは突如打ち切られたが，大躍進の失敗による凶作と飢饉の

---

57) 中国の人口政策については，M. Aglietti, "La Politica di Pianificazione Familiare in Cina dalla Fondazione della Repubblica a Oggi," degree thesis in demography, Political Science Faculty, University of Florence, 1986-87を参考にした．また次の論文も参照．"Population and Birth Planning in the People's Republic of China," *Population Reports*, series J (Jan.-Feb. 1982); J. Banister, *China's Changing Population* (Stanford University Press, Stanford, CA, 1987).
58) Aglietti, "La politica," p. 20.
59) Aglietti, "La politica," p. 28.

ために1959-61年に死亡率が上昇すると,家族計画局が設置され,2度目の振興策が開始された.この第2次プログラムでは子宮内器具の導入と結婚の遅延がとくに強調されたが,これもまた文化大革命によって事実上中断されてしまった.1971年に革命が収まると第3次プログラムが始まったが,今度は晩婚,出生間隔の延伸,および出生数の引下げを三原則として強調した.具体的には,女性の結婚年齢を農村部で23歳以上,都市部で25歳以上とし,第1子と第2子の出産間隔を4年,および子ども数を都市部で2人以内,農村部では3人以内と定めた.1977年には,出生数の上限については都市,農村とも2人に引き下げられている.この70年代のプログラムは確かな成功を収めたが,その理由は出生数割当システムが確立したことにある.「このシステムでは,まず中央政府が目標とする人口の自然増加率の数値目標を省ごとに提示し……この率を各省の当局が出生数の割当として管内の県や市区に課した.この手続きが下部組織へと繰り返され,割当は人民公社内や都市部の同様の組織内の作業部隊単位にまで行き渡った」.[60] これらの集団内部では,出産を考えている夫婦たちが組織のリーダーとともに誰に翌年の出産の権利を与えるかを話し合って決めていた.当時,産児制限を行っていた夫婦の約半数が子宮内器具を使い,およそ3分の1が不妊手術を行い,そして残りが他の方法を利用していたが,そのうちのかなりの割合がステロイドを用いていた.[61] 妊娠中絶も広く普及し,容易に,それも無料で受けることができ,さらに夫の同意を必要としなかった.

　毛沢東が亡くなり四人組が失脚すると,人口政策の目標は以前にも増して明示的で野心的なものとなった.1979年の第5期全国人民代表大会第2回会議で華国鋒は,人口成長の大幅な抑制が「四つの近代化」(農業,国防,工業,および科学技術)を成功させる必要不可欠の条件と位置づけた.当初の目標は,自然増加率を1985年に0.5％,そして2000年に0％へと引き下げるというものであった.1980年9月にはこれらの目標が改訂され,2000年の人口が12億人を超えないことと定められた.1979年,目標達成のために,少数民族と国境地帯居住者,また特別な事情のある夫婦を例外として,夫婦1組当たり子ども数を

---

60) Aglietti, "La politica," pp. 152-53.
61) "Population and Birth Planning in China," p. 590.

1人とする規制が確立された．このむずかしい目標を達成するためにさまざまな利益と不利益の供与による動機づけが行われてきた．そのために地方当局によって一人っ子証書が交付され，夫婦とその子どもがその状態を維持するかぎりにおいて種々の便益を受けられるというものである．具体的には賃金と年金の増額，より広い住居の提供，医療費の無料化，そして学校教育における優遇である．これに対して，政策への協力を拒み第2子，あるいは第3子までも出産した夫婦は賃金削減や上述の優遇措置の取り消し，およびその他の不利益を被るというものである．[62]

中国の一人っ子政策の実施には波があった．1983年までは，この大規模で過酷な施策の範囲と強制力が強まった．結果として社会の不満は高まり，抗議運動も起きて，政策を取り巻く環境は不確実さを増した．一方では，壊滅的な結果を残した大躍進時の高出生率の年に生まれた女性が次々と再生産年齢を迎え，その数が増加する状況（1983年から93年にかけて，21歳から30歳の女性の人口は8,000万人から1億2,500万人へと増加した）を目の当たりにして，政策の継続を訴える声もあれば，[63] 他方では，基本的人権の侵害として政策の緩和を求める抗議や反対運動も続いた．1990年の国勢調査で人口が11億3,400万人に達すると，政府目標の達成が容易ではないことが明らかとなり，その後は，1985年までは維持されていた2000年時に12億人を超えないという目標が弾力的となり，上限は「およそ12億人」とされ，実質的には12億5,000万人へと引き上げられた．さらに後になると，正式に13億人へと改められた．同年の国勢調査結果12億6,500万を上回る数字となったのである．[64] 基本的人権を否定された国民の不満は，強制策の緩和へ向かった．実際，1980年代には一人っ子政策が緩和された事例がいくつかみられる．農村では段階的に緩和され，第1子が女子であった場合，特別な事由があるときにはおそらく自由裁量によって，あるい

---

62) Aglietti, "La politica," p. 217.
63) K. Hardee-Cleaveland and J. Banister, "Fertility Policy and Implementation in China, 1986-88" *Population and Development Review* 14：2 (1988), p. 247.
64) "China's Experience in Population Matters: An Official Statement," *Population and Development Review* 20:2 (1994), および1994年3月28日の第27回国連人口部会での彭中国代表の報告を参照．後者は中国政府の人口政策のガイドラインにも言及している．

は辺境地区の居住とか特殊な状況にある家族に対して,第2子出産の許可が与えられるようになった.[65] 出生率の低下は1980年代初期には収まり,1985年から87年にかけてはむしろ上昇した(TFRは2.3から2.5に上昇した).これまで家族計画政策の実行において中心的役割を果たしていた社会主義的集団組織が解体したことにより,「中央の指導力が弱まり,政策強制力の源となっていた経済的な利益および不利益による動機づけシステムが崩壊した」のである.[66] さらに,経済の自由化に伴い,公権力が個人の行動を次第に制御できなくなり,政策の完全な実施のうえでの妨げとなった.それでも1990年代初頭には,中国の指導部は一人っ子政策の継続を再確認し,規制内容を変えずに実施強化を図った.1992年の全国的な出生力調査では合計出生率が1.9となり,1980年代の平均を大幅に下回った.この党主導の政策遂行は,責任体制を整備して家族計画をすべての段階において確実に実行させ,経済的便益と罰則とによる動機づけを強化し,そして老年期の社会保障制度の導入等を通じて確かな成功を収めた.[67] また,高度経済成長が続き,それに伴って社会が変容し,再生産の規範や価値観も変化しており,結果として政策遂行が容易になったという面もある.現在,多くの省において兄弟姉妹のいない若い世代に対して一人っ子政策の実施が免除され,彼ら一人っ子同士が結婚する場合には,子ども数は2人まで許されることになっている.現在の法律によると,一人っ子政策は,農村戸籍をもつ全国の夫婦に加えて,二つの大きな省(四川省と江蘇省)の全人口を対象に厳密に施行されており,それは国の総人口の35%にあたる.また,第1子が女子の場合に第2子出産が許可される規定は,人口の54%に適用されている.そして残りの11%が,子供を2人ないしは3人もつことが許されている少数民

---

65) Jiali Li, "China's Family Planning Program: How, and How Well, Did It Work?" Policy Research Division Working Paper no. 65 (Population Council, New York, 1994). 1983-88年に河北省の農村部で第2子あるいはそれ以上の出産許可が与えられたサンプルのうち,33%は第1子が死亡したか障害児であった場合,7%が再婚によるもの,25%が夫婦が辺境地区居住か特殊な事情(少数民族出身,稼得者の1人が鉱山労働者,あるいは家族に障害者がいる等)を有する場合,14%が「特例」によるもの,そして21%が家系存続のために男子を必要とする場合であった.

66) S. Greenhalgh, Z. Chuzhu, and L. Nan, "Restraining Population Growth in Three Chinese Villages, 1988-93" *Population and Development Review* 20:2 (1994), p. 366.

67) Greenhalgh *et al.*, "Restraining Population Growth," pp. 382-89.

族と国境地帯の居住者で構成されている．もし実際にこれらの規制がそれぞれの当該人口に対して厳しく実施されているとすれば，中国の TFR は1.5となるはずである．現行政策は廃止か段階的に終了すべきだというのが多くの人の意見であるが，その理由は次の三つにある．一つは，低出生に対する選好が夫婦の行動選択において十分に定着している一方で，強制的政策が今後若い世代の願望や生活様式と齟齬を起こすであろうという点である．農村に住み第2子をもつことを認められている夫婦の多くが，その権利を放棄しているといわれ，多くの研究が示しているように，一人っ子政策をやめても一国の出生率に与える影響は小さいであろう．二つ目は，一人っ子政策と，家系継承者としての男子をもちたいという根強い選好とが相まって出生性比に大きく影響し，結果として120近くにまで上昇したという点である（自然出生性比は105から106であり，中国でも1982年時点ではまだ108であった）．これは性選択的な妊娠中絶の拡がりとともに，さまざまな形態をとっての育児放棄や差別によって女子の乳幼児死亡率が男子よりも高いためである．たしかに，それは一人っ子政策が実行されていない東南アジア諸国（およびインド）でも典型的にみられる歪みであるが，中国でのそれは記録的な水準に達してしまったのである．三つ目は，きわめて低位の出生率によって年齢構造が変化し，高齢化が加速して老年人口を支える体制が弱体化する点である．2010年代から20年代にかけて中国は高齢社会を迎えることになろうが，その頃に1950年代から60年代に生まれた世代が老年期を迎えるのである（その結果，2000年には7％であった65歳以上人口は，予測によれば2050年までに3～4倍となるという）．年金制度が十分に発達しておらず，また伝統的な扶養者——つまり男子後継者——も老齢の両親を置いて移住してしまっているかもしれず，高齢者の社会的扶養体制が揺らぎ，結果として今後数十年には重大な社会問題が起きるであろう．[68]

ただ多大な困難を伴いながらも，中国の人口政策は明らかにアジアのもう一つの大国がきちんと取り組むことさえできなかった目標を達成した．この成功の理由は多岐にわたるが，次の4点にまとめることができよう．

1. 中国においては社会変化がより速く進み，その効果が公衆衛生面でいっそう強く現れた．結果として，死亡率はインドよりも早く低下し，出生率の低下

を促すこととなった.
2. 中国の政治体制では,共産党指導部の権威が行政機構のすべての段階に及び,生産部隊の単位にまで行き渡っている.このシステムによって人口政策を迅速に実施することができ,さらに効果的な宣伝と教化によって成果をあげることができた.[68]
3. 効率的な普及と支援のネットワークが確立され,妊娠中絶を含むさまざまな産児制限の方法がとられた.
4. 中国社会が出生制限に対してより寛容である可能性がある.中国とある程度関係の深い他の東アジア社会も,直面した社会経済状況は異なるけれども同様の急速な出生率低下を経験した.すなわち日本,台湾,韓国,シンガポール,そして香港である.[70]

図5.10aと図5.10bは,中国とインドの1950年と2025年のそれぞれの年齢構造を比較している(2025年の数字は国連の予測値.ちなみにそれは,中国の人口目標が完全には実現しそうにないことを示している).1950年において,両国の年齢構造は似ており,人口は中国がいずれの年齢階層でも多くなっている.総人口は,中国の5億5,100万人に対しインドは3億7,200万人であった.48.1%も大きかったのである.2025年になると,中国の人口は1970年以降の急

---

68) 最近の中国人口および政策動向のサーヴェイは以下をみよ.Wang Feng, "Can China Afford to Continue Its One-Child Policy?," *AsiaPacific Issues* 77 (March, 2005); T. Scharping, *Birth Control in China, 1949-2000: Population Policy and Demographic Development* (Routledge Curzon, London and New York, 2003); Zeng Yi, "Options for Fertility Policy Transition in China," *Population and Development Review* 33:2 (2007); Gu Baochang, Wang Feng, Guo Zhizang, and Zhang Erli, "China's Local and National Fertility Policies at the End of the Twentieth Century," *Population and Development Review* 33:1 (2007); S.P. Morgan, Guo Zhigang, and S.R. Hayford, "China's Below Replacement Fertility: Recent Trends and Future Prospects," *Population and Development Review* 35:3 (2009); Y. Cai, F. Wang, Z. Zheng, and B. Gu, "Fertility Intention and Fertility Behavior: Why Stop at One?," paper presented at the Population Association of America Annual Meeting, Dallas, TX, April 15-17, 2010.
69) R. D. Retherford, M. K. Choe, J. Chen, X. Li, and H. Cui, "How Far Has Fertility in China Really Declined?," *Population and Development Review* 31:1 (2005); N. Riley and R.W. Gardner, *China's Population: A Review of the Literature* (Bowdoin College, Harvard University School of Public Health, Cambridge, MA, Mar. 1997).
70) Coale, "Population Trends," p. 1761.

図 5.10 中国とインドの年齢構造：(a) 1950年，(b) 2025年

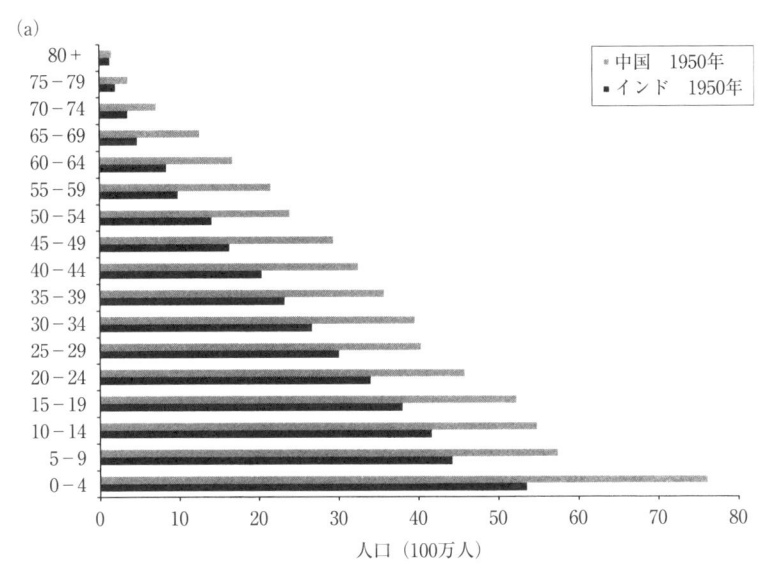

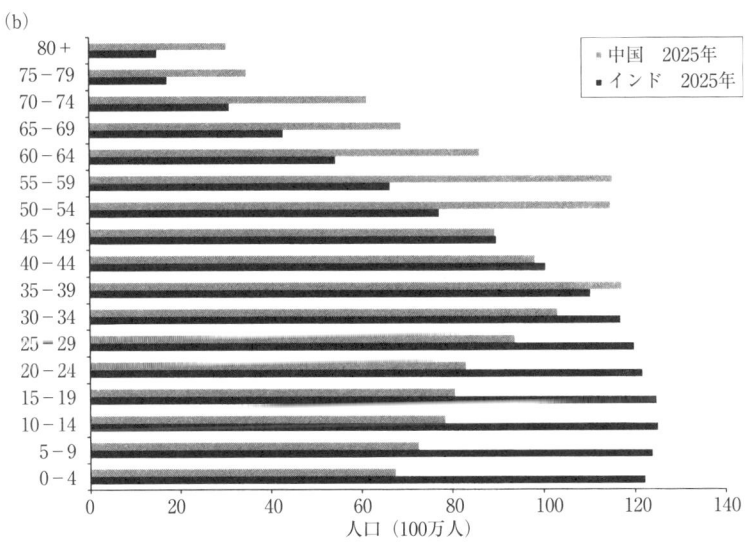

(a) 中国 1950年／インド 1950年

(b) 中国 2025年／インド 2025年

人口（100万人）

速な出生率低下を反映して，35歳までの各年齢階層でインドよりも少なくなる（総人口では，中国が13億9,500万人でインドは14億5,600万人）．高年齢層でのみ，中国の人口がインドを凌駕しているであろう．1950年から2025年にかけて，中国の人口が2.5倍となるのに対し，インドの人口は4倍近くにもなるとされ，2021年にはインドが人口規模で中国を追い抜くと予測されている．

このアジアの二大国で起きつつある変化は，人口成長経路の歴史的評価を下すことができないほどに速いものである．中国の急激な人口減速は，おそらくは1970年代以降のめざましい経済発展の要因となったのであろうが，その強硬策の代償として今後数十年の間に急速な高齢化と向き合い，その強圧的政策体系の遺産をやわらげる準備をしなければならない．他方，インドで持続する人口増加は近代化への障害であろうし，多くの社会問題を悪化させることになろう．ただ，経済成長の足かせとなってはおらず，年齢構造の劇的変化によって起きる衝撃は免れることができそうである．この二国のうちどちらがより良い途をたどるかは議論の的であるけれども，それには——人口要因に加えて——複雑な倫理的，政治的，そして経済的論議が必要だということは確かであろう．

6　ファティリアとステリリア

「巨大な大陸の熱帯地域には二つの国境を接する多産国ファティリアと不妊国ステリリアがあり，ともに温帯気候の高地での農業が経済の根幹を成している．ステリリアには海洋に面した地域があり，そこに中心都市が存在する．その街は数世紀にわたって海上交易の拠点であり，近隣の国のみならず，旧宗主国を含む遠方の国々ともつながっていた．ステリリアの人口は主にこの沿岸地域に集中し，同地域へのたび重なる海外からの移民により民族構成も多様である．一方，ファティリアは内陸国で，大陸内部に向かって後背地を有し，単一民族によって構成され，伝統的な文化を維持している．政治上は大土地所有者からなる上流階級が支配し，外界との交流も最小限である．植民地時代の終焉は両国で同時に訪れたが，当時の人口はほぼ同じ規模で人口動態も似通っていた．出生率は高く意図的な制限もなく，死亡率は西洋の基準では高いものの，植民地時代のペニシリン導入とDDT散布によるマラリア撲滅によってかなり

低下していた．したがって，両国の人口成長率は2〜3％と高い水準にあった．独立に伴い，ファティリアでは大土地所有者による連合政権が誕生し，ステリリアでは商人階級が覇権を握った．貿易の自由化とともにステリリアが最初にとった政策の一つは，積極的な家族計画プログラムの導入であった．それは国内通信網の整備に加え，海外からの投資によって隅々まで行き渡ることとなる．スタッフの養成とともに，コンサルタントを巡回させるネットワーク整備も迅速に行われた．他にも妊娠中絶と不妊手術への規制解除，避妊具への助成，およびプログラム参加を促すさまざまな誘因が盛り込まれた．果たしてこのプログラムが実際に出産行動を変化させた直接の要因となったかどうかは判断できないが，いずれにせよ，すでに兆候が現れていた出生力転換は加速度的に進むことになった．出生率は急速に低下し，まもなく人口置換水準に達した．対照的にファティリア政府は，宗教原理主義者の影響に加えて，国内人口が貿易も含め外部とほとんど接触することがなかったために，より伝統に忠実な姿勢をとり続け，すべてのカップルが子ども数を自分で決める権利を尊重せよという国連通達も形式的に受け入れただけであった．同国の経済援助にかなり力を入れてきた旧宗主国からの圧力にもかかわらず，家族計画政策はまったく実施されず，しかも民間団体によって進められていた同様のプログラムは政府によって停止に追い込まれた．産児制限の普及速度は遅く，独立から30年が経過した時点でファティリアの女性1人当たり出生数はステリリアより平均2人も多いという状況にあった．」

「両国の異なる人口政策は，人口成長と経済発展にも異なった影響を与えた．人口には増加率や年齢構造などで違いが生じている．独立（ステリリアでは「革命」と呼ばれていた）当初は同程度の人口であったが，30年後にはその比が1.4対1となり（もちろん多いのはファティリア），60年後にはそれが2対1にまで開いた．ステリリアの15歳未満人口は革命時では総人口の42％を占めていたが，30年後には27％へ，60年後には21％へと低下した（そして，人口成長率はほぼ0となった）．他方ファティリアでは，独立当時ステリリアと等しかった15歳未満比率（42％）の低下はゆっくりとしたもので，30年後に38％，60年後でも30％であった．この時点でも人口は成長をしていて，いまだ年率1.5％であった．対照的に，革命後60年たったステリリアの65歳以上人口比率

（12%）はファティリアの倍に達していた.」

「経済発展についても，両者の違いは同じように顕著であった．ファティリアの場合，高い人口成長率の結果として生産年齢人口が4倍になり，農業部門における不完全就業状態が深刻な水準に達した．首都への流入者の勢いが止まらなくなり，メガロポリスは際限なく拡がって多くの貧民であふれ返った．平均子ども数はいまだ多く，それゆえにファティリア人のわずかな収入は生活必需品の購入で費やされ，貯蓄にはほとんど回らなかった．これは投資の阻害要因であり，結果として投資水準は人口の増加分を補うのがやっとであった．政府の財政基盤は脆弱でインフラ整備と公共サービスを拡大するのには不十分であった．とりわけ教育の普及が遅れていた．出生率が（緩慢ながらも）低下している一方で，5〜15歳の学齢人口は60年間で3倍となった．農業成長率が低い一方で都市化率は高く，その結果，この国は熱帯産品の輸出国から食糧輸入超過の国となってしまった．投資がないために貧弱な製造業は一向に成長せず，国は巨額の対外債務を抱え込むこととなった．1人当たり所得の向上もわずかで，限界的貧困者で読み書きできない人口は（比率では上昇していないにしても）劇的に増加した．」

「ステリリアの現代史はファティリアとは大きく異なる．出生制限の結果，革命後60年にわたってステリリアの学齢人口は（ファティリアで3倍の増加であったのとは対照的に）一定で，そのおかげで公的資金を教育システムの大幅な拡大と改善に回すことができた．結果として，労働市場に参入する後続世代はファティリアと比べて数も少なく，よく訓練されていた．労働生産性は急速に向上し，経済の伝統的部門および近代部門双方の発展に貢献した．出生制限によって家族規模は小さくなり，女性の解放がいっそう速やかに進むとともに，最低限の生活維持に資力を使い切らずに貯蓄に回す余裕も生まれた．貯蓄の拡大によって投資の増加速度は人口成長のそれを上回り，インフラの近代化，農業生産の増大，そして経済の多様化を可能にした．さらに，年齢構造の変化によって従属人口比率——生産年齢層100人当たりの非生産年齢層（老齢人口と年少人口）——が低下し，これも経済発展の一助となった．この過程はファティリアでははるかに緩慢であった．人口増加率と都市化率が低いことに加え，農業生産性が改善されたことによってステリリアは食糧の輸出超過状態を維持

することができ，その結果，製造業発展のための機械類購入に資金を回すことができたのである．ステリリアの1人当たり所得は急速に増加し，革命後60年のいま，人口はファティリアの半分ながら国民総生産はより大きく，生活水準も隣国の羨望の対象となるほどの高さにある．」

上の一節は著者の創作で，純粋に架空の話であるが，異なる成長経路をとる二つの国の現代史についての，歴史家の叙述と解釈から引用したといってもおかしくないであろう．[71] この種の分析は第2次世界大戦後の数十年にわたって盛んになされた．その時代の発展途上国で人口成長率が急上昇し，人口増加が一大関心事となったからである．ファティリアとステリリアの対比は，貧困国がこの数十年間に経験した，そして今後辿るであろう経路を解説するためのものである．しかし，上述の分析は論理的一貫性があり，かなり説得力をもつものの，前提とされている基礎条件についてはそうとはいえない．

その前提の第1は，急成長する人口は必然的に労働および他の生産要素にかんする収穫逓減に直面し，それゆえ資本の劣化を招き，他の条件を一定とすれば貧困がより深刻になるというものである．この図式ではステリリアの低い人口成長率は明らかに利点となる．第2の前提は，家族の小規模化は貯蓄を生み出し投資を増やすというもので，これもステリリアに当てはまるものであった．第3は，人口成長の鈍化が労働生産性の向上につながり全体として生産性が上昇するということ，そして第4は，人口にかんする規模の経済はここではほとんど働かず，したがって人口の急成長に利点はなく，同様に，技術の進歩においても人口増加に正の効果はないといという点である．要するに，人口成長をうまく抑えることが経済発展の決定要因というわけである．そうすると，1960年代ないしは70年代以降の人口増加と経済発展とは逆相関の関係となるはずであろう．

---

71) この着想およびファティリアとステリリアの名称については，高名な学者ミード（J. E. Meade）の "Population Explosion, the Standard of Living and Social Conflict," *Economic Journal* 77 (1967) に負うところが大きい．この論文の pp. 239-42にファティリアとステリリアという二島が例として登場し，人口成長と経済発展の関係についての鋭い観察力に裏打ちされた叙述がある．著者は剽窃とみられるのを避けるためにファティリアとステリリアに代わる名称を考えたが，うまくいかなかった．

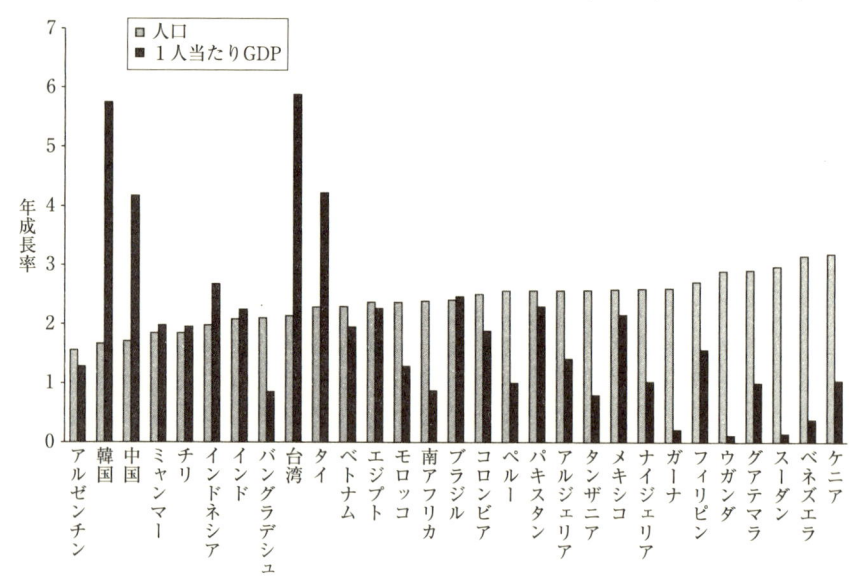

図5.11 低開発国28カ国の1人当たりGDPと人口の年成長率：1950-2000年

最後の点は，上記すべてのまとめとなっており，線形近似によってテストできる．かなり粗い方法ではあるが，第4章第7節で西側諸国について行ったものと類似のもので，ここでは貧困国28カ国について人口成長率と1人当たり所得の比較で行う．72) この作業の注意点については前章ですでに述べたとおりである．

図5.11は，1950-2000年の人口成長率を1人当たりGDP成長率に対比させたもので，2変数間に比較的はっきりとした逆相関があるといえないことはない．しかしおそらく，人口成長と発展の関係は，種々の要因が互いに相殺される結果，ぼやかされている．人口増加は必ずしも豊かさの追求と相容れない阻害要因ではないといえよう．現実には多様で複雑な事情が存在するため，ここ数十年では，ファティリアとステリリアについて想定されたように諸要因が作用したわけではなかった．73) この問題については以下でみてゆくことにしよう．

---

72) 対象国の一覧は註2をみよ．

第5章　貧困国の人口　225

7　パラドクスの解明

人口成長と経済発展について，ファティリアとステリリアのモデルから想定されたような関係を実証するのは困難だという事実にはかなりの議論がある．その結果，研究者はモデルの基礎となっている理論的枠組みの妥当性について検証したり，無関係の理由について説明を試みたりしてきた．[74] 1980年代のことであったが，世界各国は人口成長を制御すべきものだと——1984年にメキシコで開催された国連会議で——確認した．出生制限もそれ自体が目的であって他の目的に従属するものではないとされたのである．しかし，人口と経済の成

---

73) 人口と発展の関係について，ロバート・カッセンは次のように総括している．「単純な経済モデルからは，全体として人口成長の速い国は長期的に1人当たり所得が低くなるという結果になる……しかし理論や計量経済学をもってしても，こうした関係を疑問の余地なく実証することはこれまでのところできていない．」R. Cassen, "Overview," in *Population and Development: Old Debates, New Conclusions*, edited by R. Cassen (Transaction Publishers, New Brunswick, NJ, 1994), pp. 10-11参照．他方アンスリー・コールによると，人口と経済成長の間に関係が見出せないのは，人口成長率が（移動を別として）出生率と死亡率の差であって，出生率と死亡率ともに開発の程度と強い逆相関にあるという基本的事実を見落としているからだという．結果として，人口成長率が同じであっても開発の水準は異なる場合があり，経済成長のスピードとなんらかの関係があってもぼやかされてしまうというのである．A. Coale, "Population Trends and Economic Development," in J. Menken, ed., *World Population and U. S. Policy: The Choices Ahead* (W. W. Norton, New York, 1986).

74) この問題には相当数の文献がある．ここでは幅広い視点で効果的な分析を行っているものを列挙しておく．World Bank, *World Development Report 1984*, esp. chs. 5 and 6 [『世界開発報告　1984年版』第5，第6章]; G. McNicoll, "Consequences of Rapid Population Growth: An Overview and Assessment," *Population and Development Review* 10：2 (1984), pp. 177-740; E. Hammel et al., *Population Growth and Economic Development: Policy Questions* (National Academy Press, Washington, DC, 1986); A. C. Kelly, "Economic Consequences of Population Change in the Third World," *Journal of Economic Literature* 26 (1988); Cassen, *Population and Development*; A.C. Kelley and R. M. Schmidt, "Economic and Demographic Change: A Synthesis of Models, Findings and Perspectives," in N. Birdsall, A.C. Kelly, and S.W. Sinding, eds., *Population Matters* (Oxford University Press, New York, 2001); D.D. Headey and A. Hodge, "The Effect of Population Growth on Economic Growth," *Population and Development Review* 35：2 (2009). 以上のうち近年の著者たちの文献整理によれば，人口成長と経済発展の間の負の関係は1980年以降に顕著だという．

長に関して明白な関係が存在するかという疑問もそのときから提起されていた．もちろんこれは，人口増加の抑制というものがそれ自体で価値ある目標とされ，実証とは別のことであったため，驚くことではないかもしれない．

問題の核心に立ち返ると，人口の急成長——ステリリアと対比されたファティリア——が経済成長を阻害すると考えられる理由はいくつかある．要約すると以下のようになる．

1. 労働者１人当たりの物的資本（すなわち，器具機械類，インフラ，建物などの資本財）が新たな人口の参入によって減少，あるいは「希薄化」する．その結果，１人当たり生産量も減少する．[75] ファティリアはステリリアよりも急速に人口が増加したためにこの問題に直面したが，投資率（GDPのうち投資に振り向けられる割合）も同時に上昇していれば克服できたのである．ただし，この率は所得から消費に回す割合を減らさないかぎり上昇せず，消費は生活水準に関わる指標なのである．表5.6は，いくつかの国について2009年から10年における総投資額とその対GDP比，および労働者を１人増やす場合に要する投資額をまとめたものである．１人当たり投資額（「基金」）は，20〜65歳人口が急増する——20％から40％も——であろうアフリカ諸国，バングラデシュ，ボリビアの場合，せいぜい数百ドルにすぎない．タイ，韓国，中国の１人当たり基金はもっと大きく，実際のところ経済活動人口に増加はみられない．メキシコとブラジルの基金額と労働人口予測増加率は適度で，中間的といえる．ここにアメリカ合衆国が入っているのは比較のためである．貧困国にとっての問題は（とくに自然増加率の高さゆえに），次の数十年間に労働力人口が富裕国よりも急速に拡大するために，差を詰めるには富裕国よりも高い割合で投資を続けなければならない点にある．ただし，労働力人口の変動に関しては，低開発国の間でも将来の見通しはかなり異なっている．図5.12は，アジアとサハラ以南のアフリカ諸国について1965-95年の労働力人口の年増加率を1995-2025年のそれと比較したものである．アジアの大部分（グラフ(a)）では将来の増加率が過去よりも低下しているが，サハラ以南のアフリカ諸国では約半数の国において逆に過去よりも高くなっている．しか

---

75) ここで列挙する点については次の古典的名著を参照．A. J. Coale and E. M. Hoover, *Population Growth and Economic Development in Low-Income Countries* (Princeton University Press, Princeton, NJ, 1958), pp. 19-20.

表5.6 総投資額と生産年齢人口：2009-10年

国名	国内総生産 （10億ドル）	国内総投資 （2009年，10億ドル）	生産年齢人口 （2010年，100万人）	生産年齢人口変化率 （2010-20年，％）	生産年齢人口1人当たりの潜在総投資額 （2010年，ドル）
中国	3,543.4	1,633.2	812.1	3.1	2,011
インド	1,141.2	404.7	627.4	18.7	645
バングラデシュ	73.6	17.9	86.8	30.2	206
韓国	957.3	230.4	29.6	-1.5	7,779
タイ	194.8	44	40.3	0.7	1,091
ナイジェリア	148.8	14.5	66.5	29.8	218
エチオピア	18.5	4.8	34.4	38.7	140
エジプト	124	23.8	43.0	20.2	554
ブラジル	1,020.9	179.8	109.3	10.4	1,645
メキシコ	870.6	193.5	58.9	13.6	3,284
ボリビア	11.5	1.9	4.6	26.0	409
アメリカ合衆国	12,898.8	1,812.1	173.2	3.9	10,461

（註）　生産年齢人口は20歳から65歳.
（出所）　GDPと投資額データは http://data.un.org/Explorer.aspx ［2011年4月16日検索］

　　も，労働力の平均増加率はアフリカのほうがアジアよりもずっと高率である．これらの相違は，間違いなく将来の経済発展に少なからぬ影響を及ぼすであろう．[76]

2.　自然資源——とりわけ土地とその生産力にとって必要な水——が稀少で高価な場合，過度の人口成長が制約要因となり，すでに詳述したように，収穫逓減の法則に直面する（第3章第1節）．2000-10年の10年間で農業部門における生産年齢人口は，すでに高農業人口密度で，土地なし農民や小規模農家の割合も高いアジア諸国の多くの国々において上昇し続けるといわれている．農村人口の増加に伴い，「将来の見通しは暗い．農民1人当たりの可耕地はさらに減少し，労働生産性と所得は低下し，農村の貧困化と不平等の拡大を助長することになるだろう．」[77]

3.　人口の物的・技術的効率性として表現される人的資本も，物的資本と同様の法則に直面する．ファティリアとステリリアの例をみよう．人口転換開始時

---

[76]　R. Eastwood and M. Lipton, "Demographic Transition in Sub-Saharan Africa: How Big Will the Economic Dividend Be?" *Population Studies* 65：1（2011）.

[77]　J. Bauer, "Demographic Change and Asian Labor Markets in the 1990s," *Population and Development Review* 16（1990）, p. 631.

図 5.12 労働力人口成長の過去と未来：アジア(a)とサハラ以南アフリカ(b)

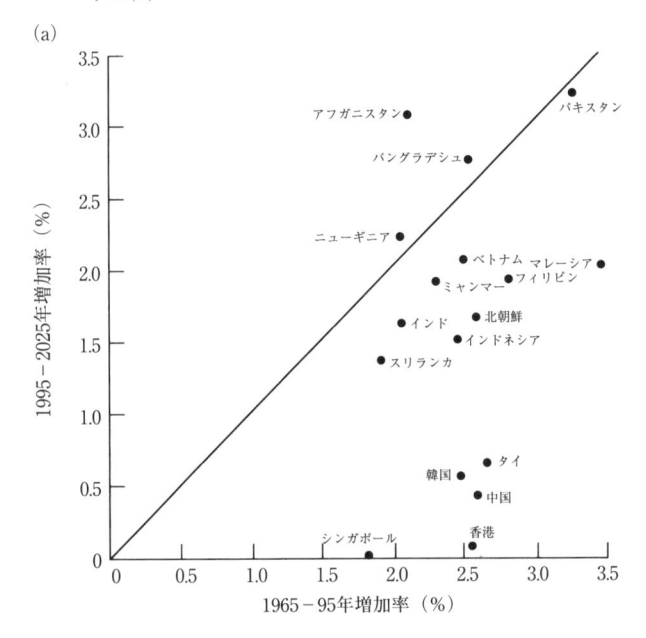

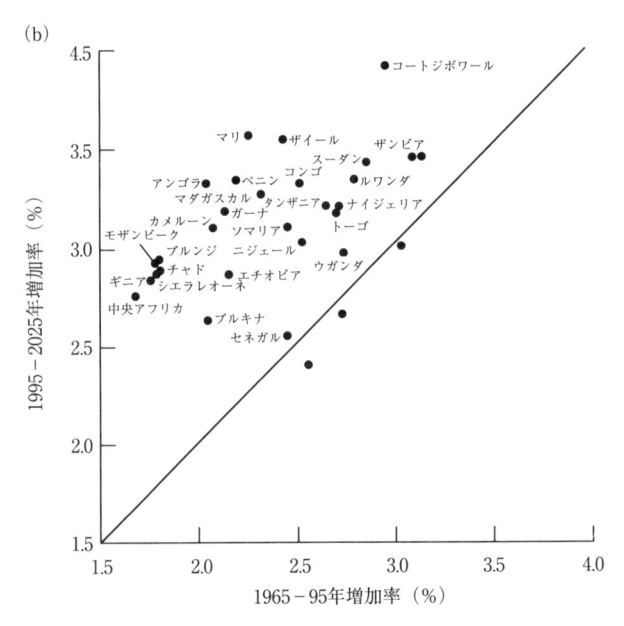

に公共プログラム（教育だけでなく健康増進をも含む）への投資を対 GDP 比で等しくしても，その後の両国における学齢人口規模の差が拡がるにつれて，ステリリアは投資比率を変えずに教育の普及と改善を行えるのに対し，ファティリアが同じことをするには投資比率を高めなければならなくなる（その代償として他部門への投資や消費を削らなければならない）.[78] 教育の向上は経済発展に利するものであり，その効果は低識字率の状態から初等教育が普及していく過程でとくに強く現れる.[79]

4. 急激な成長は公共支出のバランス全体を崩しかねない．一般的に識字率の向上と公衆衛生が優先事項とされる中で人口が急速に増えると，予算全体に占めるそれらの支出割合は低人口成長の場合よりも大きくなる.[80] 短・中期的には収益率がより高いといわれている固定資本投資に回す財源が少なくなり，結果として経済成長も遅れることになる.

5. 急激な人口増加はさらに家計貯蓄の障害ともなる．この貯蓄は民間貯蓄の大きな割合を占め，投資財源を決定するものとなる.[81] 急速な人口増加は高い出生率と大きな家族規模を意味する．その結果，家計収入は主に最低限の生活維持のために使い切られ，貯蓄にはごくわずかしか回らなくなる．1家族当たりの子ども数が減少することで，家計のより多くの割合が貯蓄に回り，ひいては投資へと振り向けられる．こうして経済は成長することができるのである．

6. 上述のいくつかの点から，人口増加（経済の絶対規模の拡大）が規模の経済という利点にはつながらないことがわかる．換言すれば，人口が増えても生産要素（自然資源，資本，労働）の活用のうえでの条件の改善には至らないということである.[82]

上記の点（はるかに複雑な理論を単純化したものだが）を検証するには，過

---

78) Coale and Hoover, *Population Growth*, p. 25.
79) 一群の発展途上国を対象にした研究は，労働人口の平均教育年数が一年上昇するとGDP が 9 % も上昇することを示している．ただし，この改善率は教育課程の最初の 3 年間についてのみで，それ以降は一年の上昇につき約 4 % となっている．World Bank, *World Development Report 1991* (Oxford University Press, New York, 1991), p. 43 [『世界開発報告　1991年版』43頁].
80) Coale and Hoover, *Population Growth*, p. 285.
81) Coale and Hoover, *Population Growth*, p. 25.
82) 製造業において必要な最低規模については，National Research Council, *Population Growth*, p. 52を参照．

去数十年の人口成長と経済発展の間に負の関係があったことを確かめる必要がある．それができないのであれば，貧困国の多様な実情と，その政治・経済・社会の，しばしば激動のと形容せざるを得ない歴史とが，多くの場合予期せぬかたちで，上述のメカニズムを変えたとみるべきであろう．

貧困国の発展のうえで重要な役割を果たす固定資本への投資を考えてみよう．1960年からの30年間，産出高成長の約3分の2が資本投入の増加によるもので，それは貢献度が4分の1であった労働投入と7分の1にすぎなかった全要素生産性の向上（技術進歩に相当する）とを上回っている．同時期の先進国では固定資本の貢献度ははるかに低く，推計では全成長の4分の1から3分の1を占める程度である．[83)] すべての条件を一定とすると，原則として増加率の高い人口においては労働者1人当たりの資本の浅化も進むはずである．[84)] そこで最貧国をはじめとする多くの国が投資の対GDP比を増やしてきたのである．世界銀行の推計によると，低所得国は1970年から1993年にかけてこの比率を20%から30%へと上昇させた．インドと南アフリカでは，投資・GDP比率を1990年から2009年までに8～9ポイント高めた．[85)] こうして人口の急成長による資本の「浅化効果」は，少なくとも部分的には緩和されてきた．

土地をはじめとする固定自然資源にかんしては，発展途上国は総じて新たな土地の耕作よりも単位面積当たりの収量の改善（「緑の革命」）によって，人口増加率以上の割合で農業生産を拡大させてきた．[86)] 現に緑の革命をもたらす新技術を多くの地域で導入することができたのは，人口密度の高さゆえにインフ

---

83) World Bank, *World Development Report 1991*, p. 45 [『世界開発報告　1991年版』45頁]．また E. F. Denison, *Trends in American Economic Growth, 1929-1982* (Brookings Institution, Washington, DC, 1985) では，1929年から82年におけるアメリカの GDP 成長に対する資本蓄積の寄与率が5分の1以下と推計されている．A. Maddison, *Phases of Capitalist Development* (Oxford University Press, Oxford, 1982), pp. 23-24 [関西大学西洋経済史研究会訳『経済発展の新しい見方——主要先進国の軌跡』嵯峨野書院，1988年，24-25頁]; A. C. Kelley, "Economic Consequences of Population Change," pp. 1704-05も参照．

84) National Research Council, *Population Growth*, pp. 40-46.

85) World Bank, *World Development Report 1995* (Oxford University Press, New York, 1995), table 9 [『世界開発報告　1995年版』付表9]．インド，南アフリカ，その他の国々については，http://dara.un.org/Data.aspx?．

ラ整備や技術移転がうまく進んだためであった.[87] その一方で,土地が十分に足りず費用もかさむために導入が進まなかった地域もあった.[88]

近年の研究では,急速な人口成長によって公共支出のバランスが崩れ,教育など「社会投資」に重点が置かれ,固定資本への投資が阻害されるという考え方にも疑問が投げかけられている.そのいくつかによれば,貧困国での人口成長率は識字率や教育水準の向上に影響せず,固定資本への投資が阻害されるような公共支出の歪みにもつながっていない.限られた資源をより経済的に活用する(たとえば教員の給料制限によって)ことで,高まる人口圧力にもかかわらず目標を達成してきたという.[89] 1980年代以降,多くの国で教育へ振り向けられる財源の割合は上昇している.[90]

貯蓄形成については,急速な人口成長による家族規模の拡大に伴って必然的に貯蓄率は低下するという仮定が,理論と実証の両面から見直しを迫られている.いくつか他のメカニズムが働いていた可能性があり,その効果が薄められているのである.第1に,労働強度がつねに一定であることはなく,家族規模に応じて変化するという点である.従属人口である子ども数が増えれば(とりわけ農村では)生産活動は強化され,収益が増え,したがって貯蓄も増えるか

---

86) Y. Hayami and V. W. Ruttan, "The Green Revolution: Inducement and Distribution," *Pakistan Development Review* 23 (1984). また,耕地面積と単位収量の変化が穀物生産に与える影響の地域別推計は,World Bank, *World Development Report 1992*, p. 135 [『世界開発報告 1992年版』134頁] を参照.

87) P. L. Pingali and P. R. Binswangern, "Population Density and Agricultural Intensification: A Study of the Evolution of Technologies in Tropical Agriculture," in D. G. Johnson and R. D. Lee, eds., *Population Growth and Economic Development* (University of Wisconsin Press, Madison, 1987).

88) Kelley, "Economic Consequences of Population Change," pp. 1712-15.

89) T. P. Schultz, "School Expenditures and Enrollments, 1960-1980: The Effects of Income, Prices and Population Growth," in Johnson and Lee, *Population Growth*. J. G. Williamson, "Human Capital Deepening, Inequality, and Demographic Events along the Asia-Pacific Rim," in N. Ogawa, G. W. Jones, and J. G. Williamson, eds., *Human Resources in Development along the Asia-Pacific Rim* (Oxford University Press, Singapore, 1993); N. Crook, *Principles of Population and Development: With Illustrations from Asia and Africa*, ed. I. Timaeus (Oxford University Press, Oxford, 1997), pp. 203-05も参照.

90) A. Cammelli, "La Qualità del Capitale Umano," in M. Livi-Bacci and F. Veronesi Martuzzi, eds., *Le Risorse umane del Mediterraneo* (Il Mulino, Bologna, 1990).

もしれない.[91] チャヤノフはその古典的小農経済論の中で，帝政時代ロシアで農家労働者1人当たり従属人口数と労働強度との間に明確な関係があることを指摘している．家族規模が大きくなるにつれて労働強度は上昇し，逆に規模が小さくなると強度も低下するのである.[92] 第2に，増加率が高い人口では（貯蓄をする）若い労働者の（貯蓄を取り崩す）壮年および引退した労働者に対する比率が上昇し，その効果が年少の従属人口の拡大による貯蓄への負の効果と相殺される傾向がある.[93] 最後に，貧困国では家計部門の貯蓄の多くはごく一部の富裕層によるもので，家族規模とはほとんど関係ないということがあげられる．貯蓄率と人口成長（それに年齢構造や従属人口比率など）との関係については多くの検証が行われてきたが，現状では有意な結果は得られていない．相反する方向に作用する要因が互いに相殺されたり，データの不備や不足によって決定的な結論が得られなかったりするのであろう.[94]

最後の点は，前に述べた規模の経済（第3章第5節参照）の働く可能性が問題となる．人口成長と経済発展には負の相関関係があるという仮説を支持するひとは，この法則は存在しないか少なくともここでは無関係だと信じている．他方で，人口成長と人口密度の上昇とが経済発展に必要な（通信網や輸送手段をはじめとした）インフラ整備を促すという主張も存在する.[95] 上述のように，多くの国で農業発展と緑の革命は，人口密度の上昇によって阻害されるよりもむしろ促進されているようにみえ，それゆえ，広い意味での規模の拡大が良い効果をもたらしていると考えられる．またその国の地理的条件，気候や環境病

---

91) 人口成長と貯蓄の関係については次の各論文に詳しい．A. Mason, "Saving, Economic Growth, and Demographic Change," *Population and Development Review* 14 (1988), Kelley, "Economic Consequences of Population Change," pp. 1706-08; World Bank, *World Development Report 1984*, pp. 82-84 [『世界開発報告　1984年版』80-81頁].
92) A. V. Chayanov, *The Theory of Peasant Economy* (Irwin, Homewood, Illinois, 1966) [磯辺秀俊・杉野忠夫訳『小農経済の原理』増訂版，大明堂，1957年．ドイツ語版からの翻訳].より体系化された新たな理論については，J. Simon, *The Economics of Population Growth* (Princeton University Press, Princeton, NJ. 1977), pp. 185-95を参照.
93) National Research Council, *Population Growth*, p. 43.
94) National Research Council, pp. 43-45; Kelley, "Economic Consequences of Population Change," pp. 1706-07.
95) Simon, *Economics of Population Growth*, pp. 262-77.

理学的条件，近隣諸国との距離や国土の形状，自然資源の賦存状況，これらが人口・経済の特性と相互に深く関わっているという点も忘れてはならない．[96]

　人口と経済の関係を考察する場合には複雑な問題が生じ，互いの相関や因果関係が安定的でなく十分にわかっていない変数をいくつも扱うことになる．これまでの議論から，ここ数十年で人口と経済の関係が深化し，単純な理論枠組みでは処理できなくなった理由を理解できるであろう．人間行動は人口および経済の外生的制約に直面したとき並はずれた適応力をみせるものである．その行動を，分析を容易にするために単純な定式に置き換えようとするのではむずかしく，しかも螺旋階段をのぼるような技術進歩は，しばしば当然のものとされてきた関係を曖昧なものとしたり，拡張させたり，狂わせたりするのである．

　それにもかかわらず，人口成長と経済発展の間に明確で直截な関係がいまだ確立されていないからといって，そのような関係が存在しないとか絶対に測定不能だということではない．この問題を深く掘り下げて研究した A. C. ケリーも次のように結論している．「多くの発展途上国において人口増加がもっとゆるやかであったならば，（1人当たり生産高で計測されるような）経済成長はより急速だったであろうが，現実には多くの国で人口の影響は無視できるほど小さかったか，場合によってはプラスに働いた可能性さえある．人口規模のマイナスの影響が顕著だったのは，可耕地や水がとくに稀少で高価な場合，土地や自然資源の所有権が十分に確立されていない場合，豊富な生産要素——労働——をことさらに無視する政策をとった場合である．人口のプラスの影響が明瞭であったのは，自然資源が豊富である場合，規模の経済が発揮される条件が十分にある場合，市場や他の（政府をはじめとする）諸制度によって時空を通じた資源配分が効率的であった場合なのである」．[97]

---

96) これらは当然と思えるが，しばしば忘れられる点である．以下を参照．J. Sachs, *Tropical Underdevelopment*, NBER Working Paper, no. 8119 (Cambridge, MA, 2001); J. Sachs, *The End of Poverty: How We Can Make It Happen in Our Lifetime* (Penguin, London, 2005) [鈴木主税・野中邦子訳『貧困の終焉』早川書房，2006年].

97) Kelley, "Economic Consequences of Population Change," p. 1715. また A. C. Kelley and W. P. McGreevey, "Population and Development in Historical Perspective," in Cassen, *Population and Development*. 持続的発展のために必要な人口目標については，United Nations, *Population Challenges and Development Goals* (New York, 2005) を参照．

したがって，ファティリアとステリリアがたどった人口成長経路ならば，たいていの場合ステリリアの経路が選択されるであろうが，この選択が必ずしも成功につながるとはかぎらないという点に留意すべきであろう．

参 考 文 献

J. Banister, *China's Changing Population* (Stanford University Press, Stanford, CA, 1987).

R. A. Bulatao and R. D. Lee eds., *Determinants of Fertility in Developing Countries*, 2 vols. (Academic Press, New York, 1983).

J. Casterline, "The Pace of Fertility Transition: National Patterns in the Second Half of the Twentieth Century," *Population and Development Review* (Supplement to vol. 27, 2001).

A. J. Coale and E. A. Hoover, *Population Growth and Economic Development in Low-Income Countries* (Princeton University Press, Princeton, NJ, 1958).

K. Davis, *The Population of India and Pakistan* (Russell & Russell, New York, 1968 [1951]).

R. D. Lee and D. S. Reher, eds., "Demographic Transition and Its Consequences," *Population and Development Review* (Supplement to vol. 37, 2011).

M. R. Montgomery and B. Cohen, eds., *From Death to Birth: Mortality Decline and Reproductive Change* (National Academy Press, Washington, DC, 1998).

A. Sen, *Poverty and Famines* (Clarendon Press, Oxford, 1981) ［黒崎卓・山崎幸治訳『貧困と飢饉』岩波書店，2000年］．

WHO, *World Health Report 2010* (Geneva, 2010).

Xizhe Peng, ed., *The Changing Population of China* (Blackwell, Oxford, 2000).

第6章

将　来　展　望

1　人口と自己制御

　2世紀前，より高次の人口水準と効率性を獲得する中で，人類の人口は空前の成長期へと入った．そしてこのサイクルが富裕国では終わりを迎えつつある一方，貧困国はいまだにその真只中にある．世界の人口は，蒸気機関が交通革命をもたらし始めたころに10億人を突破し，第1次世界大戦が終結し飛行機がより身近な交通手段となった時代に20億人を超え，宇宙航空時代の幕開けとともに30億人に達した．40億人と50億人という数字は同様の革命的変化を待たずして，それぞれ1974年と1987年に突破し，60億人に到達したのは1998年，70億人は2012年であった．いま多くの人口学者が確信をもって，80億人の突破を2025年ころと予想している．現在の人口の若年齢構造と高出生率を考えれば，これらの数字の達成はその程度の時間範囲に確実に収まるだろう．より長期の予測となると一気に不確定性が高まり，実質的に純粋数学上の問題となってしまう．しかし，不確定性が高いからといって，21世紀を通じた人口成長の可能性について考察できないということはないはずである．

　この成長過程をこれまで類をみないほど強く圧縮されたバネに例え，それゆえにひとたび何らかの衝撃が加えられると蓄積された力の放出によって壊滅的な結果に至るという意見が多数存在する．経済学的な観点からは収穫逓減の法則によって遅かれ早かれ生活水準は低下することになるが，それというのも土地，水，大気，そして天然資源のいずれもが固定され量が限られた資源であって，代替できても一部にとどまり，それゆえに成長の制約となるからである．人口成長と環境破壊の関係も，工業化による汚染と，農業，工業，住宅開発など人間活動の活発化による生態系の破壊とにみられるように，いまや自明のように思える．そして人口成長もまた，食糧生産の拡大に限りがあって生活水準の向上をめぐる個人，集団および国家同士の競合と対立が避けられないことか

ら，人間の健康や社会秩序にとって脅威になるという．

　一方，人口の規模拡大を可能とした適応能力に全面的な信頼を置く主張もみられる．それによると，技術進歩によって天然資源の代替が可能となり，農業生産は拡大する．加えて，エネルギーおよび天然資源と食糧の価格は物価水準を考慮すれば歴史的低水準にあり，仮にこれらの供給が不足するような事態になれば市場原理によって価格が上昇し，結果として技術革新が促され，生産性が向上し，資源の代替が可能となる．生産の無制限な拡大の代償は，現在，環境劣化というかたちで現れているが，楽観論者たちは「内部化」が可能だという——すなわち，環境劣化を招いた当事者がその代償を支払うということになる．最後に，世界人口が享受する物的および経済的豊かさは科学と経済の進歩によってたえず向上しており，この状況が変わる心配をする理由はないともいう．

　このように将来予想には相反する二つの立場があるわけだが，どちらをとるかは，不可能ではないもののむずかしい問題である．いま一度マルサス流のモデルを想い起こせば，上述の議論は，かつての破滅論者と楽観論者の対立のいっそう極端なかたちでの再燃である．しかし，おそらくは論争そのものが肝心な点を見落としていて，現在直面する問題を理解するにも，前章までに取り上げた別の接近法をとるのがよいであろう．人口の歴史が制約と選択の間の妥協の連続であったことはすでに述べた．制約要因となるのは過酷な環境や疾病，食糧確保上の制約，資源，加えて現在では危機に直面した環境である．選択の要素となるのは結婚と出産，流動と移動と移住，そして病気からの自己保全で，これらを柔軟かつ戦略的に調整することができる．制約と選択との相互作用によって人口の均衡点はたえず変化し，成長と停滞および減退を繰り返す長いサイクルをたどることになった．均衡に到達するまでのたえ間ない変動を，困難や損失を最小限に抑える自己制御の仕組みが備わっているためと解釈するのではなく，むしろ適応のむずかしさゆえに，柔軟に適応できた人口が恩恵を受け，適応できなかったり適応が遅れたりした人口が高い代償を支払い，死亡率の上昇や人口減少，そして場合によっては消滅の憂き目をみたのだと捉えるべきであろう．さらにそれ以外では，危機に直面したときに選択を誤り，人口の自己保全の力が損なわれて脆弱になった人口例もある．[1]

第6章 将来展望

　将来を見据えるにあたっては，来たる数十年間の数値上の成長（およびより長期の成長にかんする推測）だけでなく，人類がとり得る選択のメカニズム，および外部制約に直面した際にそのメカニズムが十分に，かつ過去と比較して多少なりとも効率的に機能するかどうかについても，考慮する必要があろう．

2　将来の人口

　すでに述べたように，今日の人口変動は（年齢構造を通じた）モメンタムによる部分が大きいため，次の2,30年の人口推計はかなりもっともらしいものとなる．たとえば，2030年時点で20歳以上の人口は2010年以前出生の世代で，すでに生まれかつカウント済の世代から構成されることになる．あとは死亡率を考慮して差し引けばよいだけであるが，死亡率は時間を通じてかなり安定している．他方で，20歳未満の人口は2010年から2030年の間に生まれるので未知数であるが，それを決定するのは次の二つの変数である．第1は再生産年齢人口で，これは未知どころか，次の20年間に再生産年齢に達する人口のほとんどはすでに誕生している．第2はこの人口の出産動向で，未知数であるがゆえに推測の域を出ない．予測は，たとえ洗練され見た目に美しい方法論によっていても，長期にわたればわたるほど不確かとなり，未来への実態探査的な意味よりは「シナリオ」例示的な役割を果たすのみとなる．そうはいっても，今世紀末

---

1)　20世紀にもこのような例は存在した．1958-62年における中国の大躍進政策下で集団労働体制の強制が招いた壊滅的結果（4年間の死者が通常年より3,000万人も多かった）や，1932-33年にソ連で起きた，やはり農村地帯における集団農場化が被害を拡大させた同様の危機が代表的な例である．以下を参照．D. Ashton et al., "Famine in China 1956-81," Population and Development Review 10 (1984); A. Blum, "Redécouverte de l'histoire de l'URSS (1930-45)," Population et Société 253 (January 1991); A. Graziosi, ed., Lettere da Kharkov (Einaudi, Torino, 1991); M. Livi-Bacci, "On the Human Costs of Collectivization in the USSR," Population and Development Review 19：4 (1993), S. Adamets, "Famine in 19th and 20th Century Russia: Mortality by Cause, Age and Gender," in C. Ó Gráda and T. Dyson, eds., Famine Demography: Perspectives from the Past and Present (Oxford University Press, Oxford, 2002); E. Dikötter, Mao's Great Famine: The History of China's Most Devastating Catastrophe, 1958-62 (Walker, New York, 2010)［中川治子訳『毛沢東の大飢饉──史上最も悲惨で破壊的な人災 1958-1962』草思社，2011年］．

までの3世代について予測結果をみてみるのは具体像を描くうえで意味のないことではない．その予測とは，いまだ生まれていない女性（および男性）の，彼らの子どもの，さらに彼らの子どもの再生産行動——彼らは，それぞれ30年，60年，90年後の社会的文脈の中で意思決定をするのである——についての仮説にもとづくものである．

　現在から2,30年という時間軸であれば，人口変動にはかなりの慣性が働くので，予測は容易となる．その慣性（あるいはモメンタム）を測るにはいくつかの方法がある．[2] その一つは，現時点からの出生率が人口置換水準になり（その後も維持され），それゆえやがて安定人口（成長率ゼロ）となると想定し，他方，死亡率は一定，人口流入と流出の差が等しくなる状態を仮定するという方法である．ただし，当該人口が（多くの発展途上国のように）最近まで高い出生率を維持し若年人口が相対的に多い場合には，人口はその後もしばらくの間増え続けることになる．その後数十年で再生産年齢を迎える若い世代は数が多く，仮にその一人ひとりが産む子どもの数が少なくても，全体として出生数は多くなるであろう．その数は同時期の死亡数をはるかに凌ぐことになるが，それというのも死亡者の多くは老齢者であり，その世代は総人口が今よりもはるかに少なかった数十年前に生まれたために規模が小さいからである．出生力転換後に生まれた世代が再生産年齢に達するにつれ，出生数は徐々に少なくなり，最終的には死亡数とほぼ等しくなる．たとえば国連推計（2010年版中位値）によれば，世界人口は2010年から2050年にかけて69億人から93億人にまで増えると予想されているが，仮に2010年からの出生率が人口置換水準であったとしても，2050年には81億人へと増加するという．この12億人もの増分——推計値の24億人には及ばないが——は，現在人口の年齢構造が若年に偏っていることに由来する，あるいは，慣性ないしモメンタム効果といってもよい．

　来たるべき数十年間，人口モメンタムだけで多くの地域の人口が相当程度増加する．数年前になされた計算によれば，人口変動のうち「モメンタム」で説明できる増分は——2000年から2050年において——北アメリカで10%，東アジ

---

2) National Research Council, *Beyond Six Billion: Forecasting the World Population* (National Academy Press, Washington, DC, 2000).

アで23％，ラテンアメリカと南アジアで42％，アフリカでは50％にも達する．他方ヨーロッパでは，年齢構造が老齢に偏るためにモメンタムは減少に向かって作用する．このモメンタムを抑えるために中国では一人っ子政策——すなわち出生率を人口置換水準以下に抑える——がとられてきた．しかし周知のように，大部分の国では出生率が置換水準を大きく超えているために，高出生率に起因する力をモメンタムに合算して考える必要がある．国連では，これまで世界の人口変動について精度の高い推計を行い，定期的に改訂し公表してきた．[3] 表6.1に，遡及推計と西暦2050年への将来予測（いわゆる中位推計）が示されている．子ども数は後者では出生率と死亡率のもっともありそうな変遷を採用しており，それによると低開発国の出生率は減少し続けて2010-15年の女性1人当たり2.6人から2045-50年の2.2人になると想定され，出生時平均余命は逆に同時期に67歳から74歳に上昇するとされる．先進国については，出生率は緩やかに回復（1.7人から2人へ），平均余命はさらに上昇する（78歳から83歳へ）とされている．

この推計の，とくに興味深い結果は次のとおりである．

1. 世界人口は2025年に80億人に，2043年に90億人に達する．[4]
2. 世界の人口増加率は2010-15年の1.1％から徐々に低下し，2045-50年には0.4％にまで下がる．
3. しかし，このように逓減した増加率も増え続ける人口に適用されるため，年

---

3) United Nations, *World Population Prospects: The 2010 Revision* (New York, 2011)〔原書房編集部訳『国際連合 世界人口予測：1960→2060（2010年改訂版）』原書房，2011年〕．オンライン・データは下記より得られる．http://esa.un.org/unpd/wpp/unpp/panel_population.htm

4) 2100年への一連の確率論的予測は次においてなされている．W. Lutz, W.C. Sanderson, and S. Scherbov, eds., *The End of World Population Growth in the 21st Century: New Challenges for Human Capital Formation and Sustainable Development* (Earthscan, London and Sterling, VA, 2004)．この著者たちは13の世界地域について，出生率と生存関数のいくつもの可能な組合わせをもとに2000もの予測値を算出した．世界人口にかんするかぎり，全ケースの60％において2100年の人口が100億人を下回り，86％において2100年以前に最高値に到達する．2300年までの世界人口の将来過程も調べられているが，出生率と死亡率の長期的趨勢にかんする予測不可能性を考えればそれほど興味あるものではない．United Nations, *World Population to 2300* (New York, 2004) をみよ．

表6.1 世界と大陸地域別の人口――国連推計と予測：1950-2050年

地域	1950年	1975年	2000年	2025年	2050年
人口（100万人）					
全世界	2,532	4,076	6,123	8,003	9,306
先進国	811	1,046	1,189	1,287	1,312
発展途上国	1,721	3,030	4,934	6,716	7,994
アフリカ	230	420	811	1,417	2,192
北アメリカ	172	242	313	383	447
ラテンアメリカとカリブ海諸国	167	323	521	669	751
アジア	1,403	2,393	3,719	4,667	5,142
ヨーロッパ	547	676	727	744	719
オセアニア	13	21	31	44	55
シェア（%）					
全世界	100	100	100	100	100
先進国	32.0	25.7	19.4	16.1	14.1
発展途上国	68.0	74.3	80.6	83.9	85.9
アフリカ	9.1	10.3	13.2	17.7	23.6
北アメリカ	6.8	5.9	5.1	4.8	4.8
ラテンアメリカとカリブ海諸国	6.6	7.9	8.5	8.4	8.1
アジア	55.4	58.7	60.7	58.3	55.3
ヨーロッパ	21.6	16.6	11.9	9.3	7.7
オセアニア	0.5	0.5	0.5	0.5	0.6
年増加率（%）					
全世界		1.90	1.63	1.07	0.60
先進国		1.02	0.51	0.32	0.08
発展途上国		2.26	1.95	1.23	0.70
アフリカ		2.41	2.63	2.23	1.75
北アメリカ		1.37	1.03	0.81	0.62
ラテンアメリカとカリブ海諸国		2.64	1.91	1.00	0.46
アジア		2.14	1.76	0.91	0.39
ヨーロッパ		0.85	0.29	0.09	-0.14
オセアニア		1.92	1.56	1.40	0.89

（註）　2025年，2050年とも中位推計．
（出所）　United Nations, *World Population Prospects: The 2010 Revision* (New York, 2011)［原書房編集部訳『国際連合　世界人口予測：1960→2060（2010年改訂版），原書房，2011年）』］．

　　　間増加絶対数は2010-15年にはまだ7,800万人あり，それが2045-50年に向けて徐々に減少して4,000万人となる．
4．2050年に93億人という達成目標は予測出生率が低下するためで，それによると――世界全体で――TFRは2010-15年の2.4から2045-50年の予測値2.1にまで落ち込むことになっている．このTFRの値が2.1を0.1でも上下すると，2050年の人口にはおよそ2億7,000万人もの差が生じることになる．

表6.2 世界の人口大国上位10カ国：1950年, 2000年, 2050年, 2100年

(単位：100万人)

順位	1950年		2000年		2050年		2100年	
	国名	人口	国名	人口	国名	人口	国名	人口
1	中国	551	中国	1,269	インド	1,692	インド	1,551
2	インド	372	インド	1,054	中国	1,296	中国	941
3	アメリカ	158	アメリカ	282	アメリカ	403	ナイジェリア	730
4	ロシア	103	インドネシア	213	ナイジェリア	390	アメリカ	478
5	日本	82	ブラジル	174	インドネシア	293	タンザニア	316
6	インドネシア	75	ロシア	147	パキスタン	278	パキスタン	261
7	ドイツ	68	パキスタン	145	ブラジル	223	インドネシア	254
8	ブラジル	54	バングラデシュ	130	バングラデシュ	194	コンゴ民主共和国	212
9	イギリス	51	日本	126	コンゴ民主共和国	149	ブラジル	177
10	イタリア	46	ナイジェリア	124	エチオピア	145	ウガンダ	171
上位10カ国合計		1,560		3,664		5,063		5,091
全世界		2,532		6,123		9,306		10,125
上位10カ国の対世界比率(％)		61.6		59.8		54.4		50.3

(註) 2050年, 2100年とも中位推計．現在の国境による人口数である．
(出所) United Nations, *World Population Prospects: The 2010 Revision* (New York, 2011) [『国際連合世界人口予測：1960→2060』]．

5. 2010-50年の世界人口増加分のほぼすべてが発展途上国によるものである．
6. 人口の地理上の変化は相当なものとなる．2010年から2050年には，先進国の世界人口に占める割合は17.9％から14.1％に低下する．ヨーロッパのそれはさらに急速に低下し，10.7％から7.7％となる．貧困国の増加も一様ではなく，アフリカのシェアは14.8％から23.6％へと上昇する．
7. 最新の国連推計は，大胆にも世紀末まで延長されている．世界人口は2083年に100億人の水準に達し，2100年には101億2,000万人となり，その年にほぼ成長率ゼロの静止人口となるという．2100年の世界人口の3分の1以上（35.3％）はアフリカで，現在の割合の2.5倍となっているであろう．

1950年代以降の人口成長も劇的で変化に富むが，続く数十年間とつなげてみると，世界の人口大国の番付に大きな変化が生じるのがわかる（表6.2）．1950年には上位10カ国にヨーロッパ4カ国が，他にもアメリカと日本の二大先進国

が入っていた．このうち2050年にも番付入りすると予想されるのはアメリカだけで，西側世界の「人口地勢」上の衰退がはっきりと映し出されている．一方1950年には一つも番付入りしていなかったアフリカから，ナイジェリア，コンゴ民主共和国，エチオピアが2050年表に加わる．また，1950年に13位であったパキスタンは2050年に6位となり，その年にはインドが中国に代わって世界一の人口大国となる．

各国の異なる動態の結果として，伝統的に敵対関係にある二国，あるいは長い交流の歴史をもつ二国の人口比も変わってくる．国家間の関係は主として政治・文化・経済的な要因によって規定されるものの，当該国の相対的人口規模に大きな変化が生じた場合には当然影響が出てくる．[5] リオグランデ川で隔てられた豊かな北アメリカと貧しいメキシコ・中央アメリカをみてみよう．両地域の人口比は1950年には4.6対1であったが，2050年には2.1対1となる．これで何も起こらないわけがないであろう．地中海世界でも，1950年には北岸の富裕国が人口でも南岸および東岸の貧困国の2.1倍であった．2050年までにこの比率は0.4対1となる．この逆転の結果，何が変わったとしても驚きはないであろう．実際，現在進行中の紛争は人口逆転の帰結なのである．トルコとギリシア，ブラジルとアルゼンチン，イスラエルと近隣アラブ諸国（あるいは国内のアラブ人口），それにいうまでもなく中国とインド——これら伝統的に競合ないしは対立状態にあった国々の関係は，増加率の違いによって人口比が変わった結果どのような変化を迎えるのであろうか．

別の種類の推計——ボンガーツとブラタオによる——から，出生，死亡，移動，年齢構造それぞれが21世紀の人口増加にどのような影響を及ぼすかをみてみよう．[6] このもととなった世界銀行による世界人口の将来推計では，2000年の61億人から2100年の100億人に増えるという．この推計上の仮定は先にみた既出の国連中位推計（2050年までに限定）とほぼ同じである．出生率が人口置

---

5) G. McNicoll, "Population Weights in the International Order," Policy Research Division Working Paper, no. 126 (Population Council, New York, 1999); J. A. Goldstone, "The New Population Bomb," *Foreign Affairs* 89：1 (2010).

6) J. Bongaarts and R. Bulatao, "Completing the Demographic Transition," Policy Research Division Working Paper, no. 125 (Population Council, New York, 1999).

表6.3 2000年と2100年の地域別人口と移動・出生・死亡・モメンタムの成長寄与率

地域	人口（10億人）			乗数効果				乗数の積
	2000年	2100年	2000-2100年の増分	移動	出生	死亡	モメンタム	
全世界	6.07	9.96	3.89	1.00	1.09	1.15	1.31	1.64
富裕国	1.18	1.11	0.07	1.02	0.84	1.10	1.00	0.94
貧困国	4.89	8.86	3.97	1.00	1.13	1.15	1.39	1.81
東アジア	2.04	2.70	0.66	1.00	0.94	1.14	1.25	1.34
南アジア	1.48	2.69	1.21	1.00	1.10	1.15	1.44	1.82
中東と北アフリカ	0.33	0.73	0.40	1.00	1.28	1.14	1.50	2.19
サハラ以南アフリカ	0.67	1.98	1.31	1.00	1.64	1.21	1.50	2.98
ラテンアメリカとカリブ海諸国	0.52	0.88	0.36	0.99	1.04	1.14	1.45	1.70
北アメリカ	0.31	0.37	0.06	1.03	0.99	1.08	1.11	1.22
ヨーロッパ	0.73	0.61	0.12	1.01	0.78	1.12	0.96	0.85

（出所） J. Bongaarts and R. A. Bulatao, "Completing the Demographic Transition," Policy Research Division Working Paper, no. 125 (Population Council, New York, 1999). Population Council の許可を得て転載.

換水準となり，平均余命も十分に長くなった後，世界人口の増加は2100年までにほぼ収束するという．人口成長が今世紀も続く（世界銀行によると増分は合計39億人となる）のは次の4点による．（1）すでにみたとおり，初期の年齢構造が途上国世界ではいまだにかなり若く，（2）出生率がまだ置換水準よりも高く，（3）死亡率がさらに低下をし，そして（4）人口移動が世界全体ではゼロだからである．表6.3には，人口変動の諸要因がもたらす効果が乗数の推計値として示されている．世界全体の人口をみよう．2100年の人口（99億6,000万人：国連推計の101億2,000万に近似している）と2000年の人口（60億7,000万人）の比は1.64である（「総乗数効果」，つまり64％の上昇）．しかしこの乗数は，「移動乗数」1（移出入の差0）と「出生乗数」1.09，「死亡乗数」1.15，および（初期の年齢構造による）「モメンタム乗数」1.31の積となっている．ここから，将来成長に対する出生の最終的寄与率は死亡率改善によるものよりも小さく，後者もモメンタムの寄与率よりははるかに小さいことがわかる．貧困世界の内部でも，東アジア（中国の影響が圧倒的で，今世紀を通じて34％増加）とサハラ以南のアフリカ諸国（3倍の人口増加）のように両極端な状況が併存しており，両者の乗数効果の違いも興味深い．東アジアでは出生効果が（置換水準を下回っているため）マイナスであり（乗数が1より小さい），

今後の増加は主としてモメンタムによるものである．一方のサハラ以南のアフリカ諸国では，出生率の高さが将来成長の主要因（乗数は1.64）で，モメンタム（1.50），死亡（1.21）と続くが，死亡率の改善はエイズ感染の拡大によって危ぶまれている．

3 　南北格差と国際人口移動

第1次世界大戦に先立つ半世紀間のグローバル化過程は，経済だけではなく人口の問題でもあった．資金の流れと商品の交易には1,000万単位の人口移動が随伴していた．ヨーロッパという労働力が豊富で土地不足の大陸から，土地は豊富で人的資源の乏しい地域への海を越えた移動であった．この過程の終了時点には（第4章第4節を参照），ヨーロッパとアメリカ地域は近くなり，差が縮まり，ともに豊かとなった．[7] これはゼロサム・ゲームではなかった．その過程の初期にはとくに，費用は移住者という本人負担であったにもかかわらず，である．現代のグローバル化は，1世紀前と異なった特質を有する．国同士の経済統合が急速に進み，1950年には国際市場での財の取引価額合計が世界のGDPに占める割合は約10分の1であったのが，現在では4分の1である．けれども，国，地域，大陸間のヒトの移動は——相対的な量としてみると——以前のグローバル化局面よりも少なくなっている．現在，貧困国で明らかに高まりつつある移動圧力，すなわち移住者数の絶対的な増加と，それをなんとか抑制しようと富裕国側でなされている努力を想うと，それは驚くべきことかもしれない．富裕国と貧困国との間の純移動は1960年代に年平均700万人であったのが，1970〜80年代には約2倍の1,300万人となり，1990年代に2,600万人，そして今世紀の最初の十年には3,400万人へと膨れ上がった（表6.4）．[8] これはたしかに急速な成長であるけれども，世界人口もまた同期間に倍増した．20世

---

[7]　D. J. Hatton and J. Williamson, *The Age of Mass Migration: Causes and Economic Impact* (Oxford University Press, Oxford, 1998).

[8]　United Nations, *World Population Prospects: The 2010 Revision* [『世界人口予測：1960-2060』]．国際移動の広範囲な調査としては United Nations, *World Economic and Social Survey 2004: International Migration* (New York, 2004) を参照．

第6章 将来展望

表6.4 世界の10年当たりの地域別純移動：1950-2010年

(単位：100万人)

期間	先進国	発展途上国	後発発展途上国	アフリカ	アジア	ヨーロッパ	ラテンアメリカおよびカリブ海諸国	北アメリカ	オセアニア
1950-59	-0.1	-1.0	0.9	-1.3	1.6	-4.9	-0.5	4.2	0.9
1960-69	7.1	-1.5	-5.6	-2.2	0.0	1.0	-3.8	4.0	1.1
1970-79	12.2	-9.2	-3.0	-3.4	-4.1	3.9	-4.2	7.1	0.6
1980-89	13.1	-9.3	-3.8	-3.5	-2.9	4.0	-7.0	8.3	1.0
1990-99	25.7	-0.5	-25.2	-4.1	-13.2	9.9	-7.8	14.3	0.8
2000-09	34.0	-8.9	-25.1	-6.2	-16.0	18.4	-11.2	13.3	1.8

(出所) United Nations, *World Population Prospects: The 2010 Revision* (New York, 2011) [『国際連合世界人口予測：1960→2060』].

紀初めには1億人に達しない住民しかいなかったアメリカ合衆国は，第1次世界大戦前の5年間に毎年100万人を超える移民を受け入れていたのである．もう一つ考慮しなければならないことがある．貧困国から富裕国への人口「移転」が構造的特質となってきた点である．いかなる人口も，その再生は新生児の加入（生物学的再生）と移民の流入（社会的再生）とによっている．ここ十年の間，富裕国の出生数は1億3,600万人で（送還と差引での）移民者数3,400万人，計1億7,000万人の「新入」が社会の世代交代を担っている．言い換えれば，移動は富裕国の再生にかなりの（ここ十年間では5分の1の）貢献をしている．表6.5は，諸大陸における移民ストックの推計値を1960年，1990年，2010年についてみている．ある国の移民ストックとは，その国の居住者で他国生まれか，外国の市民権を有する者（二つのうちでどちらかが当てはまる者）の数と定義され，この国ごとの値を足し上げれば世界の総ストックとなる．移民の定義は国によって異なり，この推計の典拠であるセンサスは移民の調査としては不確かなので，これはストックの概数でしかない．その推計によれば，1960年から2010年にかけて世界の移民ストックは（7,600万人から2億1,400万人へと）3倍になった．しかし，同期間における人口増加も急速であったので，100人当たり移動者数の上昇はわずかである（1960年2.5％，2010年3.1％）．貧困国における移動の減速（2.1％から1.5％）が富裕国における激増（3.4％から10.3％）をある程度相殺した．オセアニアでは100人当たり17人の移動者，北アメリカは14人，ヨーロッパは9人なのに対して，中国ではゼロなのである．

表6.5　世界の移民ストック：1960-2010年

地域区分	移民ストック（1,000人）			人口100人当たり移民数			移民ストックの年変化率（％）		
	1960年	1990年	2010年	1960年	1990年	2010年	1960-90年	1990-2010年	1960-2010年
全世界	75,901	155,518	213,944	2.5	2.9	3.1	2.4	1.6	2.1
富裕国	32,085	82,355	127,711	3.4	7.2	10.3	3.1	2.2	2.8
貧困国	43,816	73,163	86,232	2.1	1.8	1.5	1.7	0.8	1.4
アフリカ	8,977	15,973	19,263	3.2	2.5	1.9	1.9	0.9	1.5
アジア	29,281	50,876	61,323	1.8	1.6	1.5	1.8	0.9	1.5
中国	248	376	686	0.0	0.0	0.0	1.4	3.0	2.0
インド	9,411	7,493	5,436	2.1	0.9	0.4	-0.8	-1.6	-1.1
ヨーロッパ	16,957	49,401	69,819	3.3	6.9	9.5	3.6	1.7	2.8
ラテンアメリカとカリブ海諸国	6,039	7,130	7,480	2.8	1.6	1.3	0.6	0.2	0.4
北アメリカ	12,513	27,774	50,042	6.1	9.8	14.2	2.7	2.9	2.8
オセアニア	2,134	4,365	6,014	13.4	16.2	16.8	2.4	1.6	2.1

（出所）United Nations, Population Division, 2011. http://esa.un.org/migration/ ［2011年4月11日検索］

　移動現象はこのように複雑なので，モデルや理論図式はそのメカニズムの一部しか補捉しえない．結果として，予測は非常にむずかしい．移動の流れやストックは，人口増加率の差，生活水準の収斂，移民者の流れと構成に影響する規制と法令，近接関係，および距離――すなわち人口学的，経済的，政治的，地理的要因の相互作用によって決定されるからである．ただ，来たるべき数十年にかんするかぎり，現在効いている動因は将来の移動の流れを大きく左右するであろうから，それはある程度予測できる．この点は，まとめの際に論ずることにしよう．

人　口　格　差

　この点についてはすでに述べた．生産年齢人口の増加率は，富裕国と貧困国では大きく異なるということを想起しよう．富裕国では，過去3，40年間における極端に低い出生率が増加を抑え，若年層の減少をもたらし，ある場合には急激な縮小を招いた．他方，貧困国の出生率の低下は最近のことで，大量の若年層がまだしばらくは労働力に参入し続ける．2010年から30年にかけて20〜60歳の人口は，貧困国では26％の増加，富裕国では7％の低下をする．サハラ以南のアフリカ諸国ではその増加が著しく（60〜70％の水準），日本，ドイツ，イ

タリア，スペインといった大国での低下は大幅となろう（30％かそれ以上）．

経 済 格 差

過去数十年間の趨勢が将来への手がかりとなるならば，発展途上諸国と先進諸国の懸隔はさらに拡がるであろう．1950年から2000年にかけて，1人当たりGDP（1990年国際ドル表示）の西洋（ヨーロッパと北アメリカ）とアジア・アフリカ・中南米との差は拡大した．1950年，ヨーロッパと北アメリカにおける1人当たり所得は他の三大陸のどれよりも5,000ドル〜6,000ドル高かった．それが2000年には格差がさらに開き，1万4,000ドル〜1万9,000ドルの差となった．さらに驚くべきことは，ここでみている半世紀間に絶対的な格差だけではなく，相対的な差もまた増加したことである．西洋とアフリカの1人当たりGDP比が1950年の8倍から2000年の16倍に拡大し，ラテンアメリカについての比は3倍から5倍に増加した．ただアジアのみが差を縮めたが（比は9倍から7倍に低下），それは主として日本の実績に負うものである．[9]

これが趨勢だとすると，格差は将来拡がることになるのであろうか．現在の成長は技術革新によって支えられており，生産と技術の保持にかんするかぎり，南半球と北半球の間には大きな不均衡がある．科学的知識と技術革新の点で進んでいる国はまた，典型的な連鎖反応によってさらなる革新とノウハウとを産み出すうえで有利な状況にあるが，他の国々は遅れたままとなるであろう．科学技術の累積的革新の進み方が——20世紀の初めに起きたように——緩慢になってはじめて，技術拡散が加速し収斂への勢いが生ずる．ただ，それには時間がかかる．それまでは，ここ数十年そうであったように，国と国の間の不平等は拡大し続けるであろう．

---

9) M. Livi-Bacci, "Riflessioni su Integrazione, Disuguaglianze e Migrazioni Internazionali," in A. Quadrio Curzio, ed., *La Globalizzazione e i Rapporti Nord-Est-Sud* (Il Mulino, Bologna, 2004); M. Livi-Bacci, *In Cammino: Breve Storia delle Migrazioni* (Il Mulino, Bologna, 2010), pp. 87-88 [English edn: *A Short History of Migration*, Polity, Cambridge, 2012, pp. 92-93].

移 民 政 策

移民をめぐる政策はたえず進化をしてきたが，方向の変更も生じた．最初の傾向は，1990年代半ばには1,400万人（2009年には1億400万人である）に達した難民の移動を厳しく制限することであった．亡命権はどの国でも厳格に運用され，リベラルな伝統を誇るところですらそうであった．第2は，不法移民へのより効果のあるかたちで障壁を設ける方策への模索である．国境は簡単に通過できなくなり，不法移民への取締りが強化された．家族の合流は容易でなくなり，移住者の選抜は職業的技能など，受入国側が設定した基準によって行われることが日増しに多くなっている．いうなれば，政策は管理・制限・選抜の強化に向かっているといえるであろう．[10]

移動者ストックの増加にもかかわらず，経済的統合は人間の交流以上の速さで進んでいる．事実，経済のグローバル化は自由貿易と低関税をよしとする文化的意思と政治的方策によって進められ，世界貿易機関（WTO）のように強力な監視組織も設立された．この間，移動への障壁は高められ，グローバル化への勢いは頓挫し，抑制されている．共通善についての合意はなく，国際的ガバナンスどころか，協力への呼びかけも弱い．国際労働機関（ILO）の移民労働者にかんする二つの条約（1949年の第97号，1975年の第143号）を批准した国は少なく，国連のすべての移住労働者とその家族の権利保護にかんする条約が発効するまでには13年かかり，2010年時点でこれを批准しているのが43カ国（ヨーロッパでは1国のみ）にすぎないという事実は，現在の状況を直截に物語っている．利害の対立はあまりにも強く，移民の声はあまりにもか細く，長期にわたる共同の利益を見通す力はあまりにも弱いのである．

国連のコフィ・アナン事務総長によって2003年に立ち上げられた「国際移動と開発にかんする世界委員会」は，2年間の意見聴取と討議の結果，2005年にいささか力強さに欠ける提案を行った．「人身売買，移動・亡命ネクサス，送金問題を含む国際移動の開発政策上の含意といった，諸機関の設置目的を横断

---

10) Livi-Bacci, *In Cammino*, pp. 106-7 [*Short History of Migration*, pp. 111-13]. OECD, *International Migration Outlook: SOPEMI 2010* (Paris, 2010).

する問題領域における政策立案上の調整と統合を行う」目的で,「国際移動にかんする諸機関連携機構」(IGMF：Inter-Agency Global Migration Facility)を創設しようというものである.[11] すなわち,IGMF は諸機関が担ってきた(今後も担うであろう)さまざまな職務の調整をしなければならない.国連の諸機関——たとえば UNHCR（国連難民高等弁務官）や ILO——もあれば国連以外の IOM（国際移住機構）や WTO などもある.IGMF がその力を試される領域には,組織能力の育成もあれば,政策立案や分析,開発,データ収集,そして地域諸団体・NGO との協議もある.しかし報告書から 4 年たっても,ばらばらだった立場や職務の調整を目指すというこの控えめな提案さえ無視されている.「既存の国連機関および他の諸機関がもつ異なった移民関連の諸機能を一つの組織」のもとに集約するという点は,報告書のなかでは「長期のアプローチ」とされており,実際はずっと先の,漠とした将来への延期といっているに等しい.

最低限の勧告が棚上げされているのだとすると,WTO の性格にみられるような超国家的組織を徐々に増強するという構想はどうだろうか.各国政府は移民関連分野における主権の一部（最初は最低限のであろうが）をそこに譲り渡すかもしれない.国際討議の場では,この種の提案は評判がよくなく,率先して声をあげても孤立しがちである.「世界が大いに必要としているのは開明的移民政策であり,その最良の方策が拡まって,それが成文化されることである.『世界移民機関』のような組織であれば,各国の移民——合法・非合法,経済的・政治的,熟練・非熟練を問わず——にかんする入出国および居住政策と並行してそれを始動させることができよう.このような企画努力は政策担当者の中心課題に据えるに値する」.ジャグディーシュ・バグワティは何年か前にこう書いた.[12] だが,その問題提起を受けて議論しようという動きはほとんど起きていない.

---

11) Global Commission on International Migration, *Migration in an Interconnected World: New Directions for Action-Report of the Global Commission on International Migration* (Geneva, 2005), p. 77.

12) J. Bhagwati, "Borders beyond Control," *Foreign Affairs* 82：1 (2003).

移動システムの地理学

　グローバル化の急速な進展と移民数の増加にもかかわらず，移動「システム」はここ何十年と変わっていない．この「システム」とは，地理上の特定地域から移動の流れが向かう求心力の働く地域のことである．[13] システムのうち三つ四つは特定できる．ラテンアメリカから多くの人びとを集める北アメリカ，地中海南岸および西岸諸国に求心力が働くヨーロッパ・システム，そして第3のシステムは中東の人びとを集めるペルシャ湾石油産出諸国である．第4は，急成長をとげる東南アジア経済の中心に形成されつつある．けれども，アフリカ，アジア，ラテンアメリカの巨大な地域はさまざまな理由によって移動プロセスの外側に位置する．ソ連とその政治経済体制崩壊が生み出した衝撃は，1992年に予言されたような何百万という人びとの東西間移動を引き起こしたわけではなかった．移動システムが影響力を及ぼす地域を拡げてはいないという事実は，出身国と移動先の国を結びつけている慣性の粘着力の結果でもある．それは，政治的，経済的，社会的な関係がたえず形成され，時間とともに強化され，移動先で大規模に形成される外国人コミュニティの存在によって補強され，したがって「システム」への参入はいっそうむずかしくなる．さらに，システムへの集中度も高まっている．1960年においてアメリカ合衆国とヨーロッパの移動者ストックは世界の39％であったが，2000年にはそのシェアが56％にまで増加したのである．

　深刻な人口格差と拡大する経済格差が移民をめぐる緊張と圧力を生み，それを管理・抑制しようという移民政策の硬直度をさらに高めている．これらの力が国際移動の流量にどう影響するのかは，多くの先進国における人口不足が移民需要を増加させているにもかかわらず，不明瞭である．2008-10年の危機はたしかに南北間の移動圧力を低減させた．しかし，経済がひとたび回復すれば歴史的な力がふたたび作動し始めるであろう．

---

13)　G. Tapinos and D. Delaunay, "Can One Really Talk of Globalization of Migration Flows?" in OECD, *Globalization, Migration and Development* (Paris, 2000).

4 寿命延伸の持続性

これまでみてきた将来推計の結果は,この分野の専門家の多くが共有する仮定に依存したものである.控えめで現実的な立場をとる専門家であっても,平均寿命が老年死亡率の継続的な低下によって次の一,二世代にわたりさらに伸びるということは疑うことなく支持をしている.すなわち,その傾向が大きく変わる可能性は低く,健康増進のおかげで改善された今世紀初めの生存率水準が脅かされることはなく,そして富裕国人口と貧困国人口の間の差は急激に縮小するだろうということである.[14] たとえば国連推計(中位値)によると,先進国の(男女計の)平均余命は2010年の77歳からさらに伸びて2050年には83歳となり,低開発国では67歳から75歳へと進歩をとげる.日本のような人口大国では容易に,平均寿命が21世紀半ばまでに88歳となろうし,他の先進人口大国もその頃には85歳に迫るであろう.現に西側世界では20世紀を通じて生存率が継続的に改善されてきており,貧困国でも第2次世界大戦後に同様のことが起きた.科学の知見は飛躍的に向上し,病気を抑制する技術も同様に発達した.生活環境の基礎的条件はすべての地域で改善された.したがって,将来予測においても楽観的な見方が許されるように思われる.現在の傾向の持続性に疑問が差し挟まれることもほとんどない.今世紀初頭に生まれた嬰児が女児であれば,次の世紀まで生き伸び,平均寿命が100歳となることは非常にむずかしいことではなさそうである.しかし将来について論じる場合,現実的な予測であってもある程度の不確定性は存在し,現在の傾向が持続するかどうかは生物学的,政治的,あるいは経済的として括られる複数の要因に依存するということを忘れてはならないであろう.[15]

---

14) National Research Council, *Beyond Six Billion*.
15) ヒトの寿命という複雑なトピックについては下記を参照. K.W. Wachter and C.E. Finch, eds., *Between Zeus and the Salmon: The Biodemography of Longevity* (National Academy Press, Washington, DC, 1997); B. Carnes and S.J. Olshansky, "A Realistic View of Aging, Mortality and Future Longevity," *Population and Development Review* 33:2 (2007).

生物学的持続性

　生物学の世界ではいかなるものも固定されておらず，そこにはヒト（本書の分析対象），病原菌（細菌，ウイルス，原生動物，螺旋状菌，リケッチアなど），および動物（病原菌の宿主または媒体）からなる主体同士の連続的な影響関係と相互適応とが存在する．歴史上，ヒトと病原菌の関係は変化し，新たな病気が発生し，ある種は変化し他は絶滅するといった数多くの証拠がある．ペスト，発疹チフス，天然痘，梅毒，結核，マラリア――どれもこれまでの主要災禍である――の往き来があった．ある地域で消滅しては別の地域で再発し，発生頻度と致死性も変化していった．「DNA［デオキシリボ核酸］ないしは RNA［リボ核酸］の量が比較的に少なく，また増殖率が高く数も多いために，病原菌は非常に速い速度で進化および適応することができる．その進化のメカニズムによって新たな寄生対象となる細胞や種を見つけては順応し，『新たな』毒を生み出し，発熱や免疫による反応を回避または抑制し，そして薬や抗体への抵抗力をつけることができる．また適応能力は，いかなる微生物にとっても競争で生き残り進化するのに欠かせない．とりわけ，寄生対象の自己防衛と微生物間の競合とに対処しなければならない病原菌にとっては決定的に重要なのである」．[16]

　相互作用と行動上および環境上の修正とによって全体像はつねに変化している．1950年代と1960年代は――抗生物質や他の薬剤の成功を受けて――感染病根絶の可能性への希望に満ちあふれていた．しかし多くの病気が，猛威を振るった後にいったん姿を消し，ふたたび発生するのは，病原菌や微生物の生物学的進化，動物とヒトとの相互関係，孤立環境への侵入，あるいは人間社会の側の活動または放任といったことの結果である．インフルエンザ，黄熱病，脳炎，エイズ，デング熱，野兎病，ライム病，ラッサ熱，エボラ出血熱，および鳥インフルエンザはいずれも上述のパターンに当てはまる．1950年代と1960年代に消滅したと思われていた他の病気――たとえば結核，マラリア，コレラ――に

---

16) J. Lederberg, R. E. Shope and S. C. Oaks, eds., *Emerging Infections* (National Academy Press, Washington, DC, 1992), p. 84.

ついても環境条件が悪化すれば必ず再発するわけで，実際に都市のスラム街や農村でも困窮地域では起こりうる状態にある．[17]

エイズの流行：富裕国の持続可能性と貧困国の持続不可能性

HIVエイズは1981年に発見され，翌年，その特性が解明されて命名されたが，1970年代にはアフリカ中部ですでに感染の流行が始まっており，コンゴでは1959年という早い時期に発生していたことを示す証拠がある．どのような過程でヒトに感染するようになったのかはいまだに明確に証明はされていないが，サル起源とする説が有力である．感染者は性交や（輸血，注射針の共有といった）血液を通じて健康な者にウイルスを媒介し，妊娠中の女性は胎児，母乳哺育中の母親は乳児を感染させる．ひとたび感染すれば最大10年の後にエイズを発症し，発症すれば（感染者は最終的に皆発症するともいわれている）死は避けられず，多くの場合，最初の症状が現れてから4年以内だという．[18] 抗エイズ薬が最近になって開発されるまではこのような状態であった．

HIVエイズは新しい疾病であるが，世界中に拡まり，若者やセックス好きの者が標的となってきた．その恐怖は過去の災厄を想起させる．ペストのように致死率が高く，梅毒のように性的接触を通じて感染し，天然痘のように子どもや若者を標的にし，結核のように長い潜伏期間をもつ．ワクチンがいまだ開発されていない一方で，新たに高価な抗エイズ薬（ART）が登場し，陽性反応を示すひとについては感染の確率を下げたりエイズの発症を遅らせたりして，寿命の延伸に貢献するようになった．

図6.1は，HIVエイズ感染の拡散を地図上に示したものである．その震源地は赤道付近のアフリカ中部（ルワンダ，ウガンダ，ザンビア，コンゴ）で，そこから旧宗主国であるベルギーとフランスに移民を通じて感染が拡がった．1960年代の非植民地化の後に仕事の関係でザイールに移住したハイチ人のうち，

---

17) J. Lederberg *et al.*, *Emerging Infections*; WHO, *World Health Report 1998: Life in the 21st Century* (Geneva, 1998); G. Rezza, *Epidemie: Origini ed Evoluzione* (Carocci, Rome, 2010), pp. 61-82.
18) UNAIDS, *Trends in HIV Incidence and Prevalence* (Geneva, 1999); Rezza, *Epidemie*, pp. 83-90.

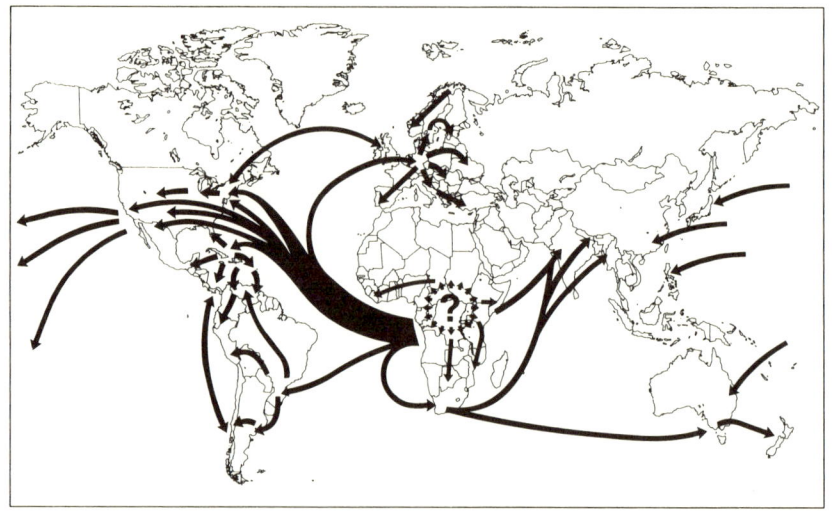

図 6.1 1970-80年代におけるエイズの拡散

(出所) G. W. Shannon and G. F. Pyle, "The Origin and Diffusion of AIDS: A View from Medical Geography," *Annals of the Association of American Geographers* 79：1 (1989), p. 12.

後にハイチに帰国したりアメリカ合衆国へ移住したりした者の中に感染者がいたために，病気は北アメリカにも伝わった．北アメリカ，ハイチおよび西インド諸島からは，中米とブラジルを通じてラテンアメリカ全体に広がった．アフリカ中部からは，戦争や国際貿易およびトラック輸送を通じて大陸南部にも拡散し，南アフリカの場合には，アンゴラ内戦からの引揚げ兵士を介して伝わった．そして人口の国際移動や海外旅行によって接触回路が網目状にめぐらされ，病気は全世界へと拡大した．[19)]

ある人口における HIV エイズの流行疫学はいくつかの要因によるが，とりわけ重要なのが性行動のパターン，感染者の性交および交際相手の数，感染可能性のある人口の健康状態（とくに性病の頻度と生殖器の皮膚損傷の有無）である．また「性労働者」の感染も——男女を問わず——拡散を加速させる脅威

---

19) R. C. H. Shell, *Halfway to the Holocaust: The Rapidity of the HIV/AIDS Pandemic in South Africa and its Social, Economic and Demographic Consequences*, Proceedings of the Third African Population Conference, Vol. 1, Durban, 1999.

第6章 将来展望

表6.6 2009年の HIV エイズ感染状況

地域	感染開始時期	HIVエイズ感染者(1,000人)	成人1,000人当たり感染者数	2009年の新たな感染者数(1,000人)	2009年の死亡者数(1,000人)	感染者1,000人当たり死亡者数	主な感染経路
サハラ以南アフリカ	1970年代後半	22,500	50	1,800	1,300	58	異性
北アフリカと中東	1980年代後半	460	2	75	24	52	IDU, 異性
南・東南アジア	1980年代後半	4,100	3	270	260	63	異性
東アジア・太平洋	1980年代後半	770	1	82	36	47	IDU, 異性, MSM
ラテンアメリカ	1970年代後半	1,400	5	92	58	41	MSM, IDU, 異性
カリブ海諸国	1970年代後半	240	103	17	12	50	異性, MSM
東欧・中央アジア	1990年代前半	1,400	8	130	76	54	IDU, MSM
西欧	1970年代後半	820	2	31	9	11	MSM, IDU
北アメリカ	1970年代後半	1,500	5	70	26	17	MSM, IDU, 異性
オーストラリア・ニュージーランド	1970年代後半	57	3	4	1	18	MSM, IDU
合計		33,247	8	2,571	1,802	54	

(註) 成人とは15歳から49歳をいう.
　　感染経路：MSM は男性同士の性交による感染, IDU は薬物注射による感染, 異性は異性との性交を通じた感染を指す.
(出所) UNAIDS, *Report on the Global Aids Epidemic* (Washington, DC, 2010).

となる．農村出身の男性が都市に移住し，そこですでに感染している売春婦と性的接触を繰り返し，定期的に出身地の村を訪れるようなことがあれば——実際アフリカでそうなったように——拡散率は高くなる．[20] 性行為を通じた感染が主に同性愛者間の場合には感染者の男女比は高くなり，異性間の伝達が中心であれば比率は——アフリカのように——1に近くなる．また女性感染者の割合が高ければ，子どもの感染者の割合も高くなる．[21]

表6.6は，公的機関の推計により，2009年時点での HIV エイズ感染状況についていくつかの特徴を示したものである．全世界で3,300万人が感染していると考えられ，その3分の2がサハラ以南のアフリカ諸国に集中している．成人人口における感染率は全体では1％未満であるが，カリブ海諸国では10％強に，そしてサハラ以南アフリカでは5％に達する．後者のうち，新千年紀初めの南

---

[20] T. Dyson, "HIV/AIDS and Urbanization," *Population and Development Review* 29：3 (2003).
[21] UNAIDS, *Aids Epidemic Update: December 1999* (Geneva, 1999); UNAIDS, *Report on the Global HIV/AIDS Epidemic* (Geneva, 1998).

アフリカでは感染率が20％以上で，ジンバブエとボツワナでは30％を超える．1999年に，南アフリカでは2003年までにエイズ関連死亡数が他のすべての要因による死亡数の合計を上回る，という予測が報じられて大きなニュースとなった．[22] 同じ研究は，1990年代前半に63歳に達していた出生時平均余命が2009年には40歳へと低下すると予測していた．その後に有効な新薬の開発とそのコストの低減によって現状は予測されたほどに悲惨なものとはならなかったが，それでも平均余命は2005-10年には51歳にまで低下していた．ボツワナの例はより極端で，成人人口の３分の１がHIVに感染していると推定され，平均余命は1985-90年の64歳から暦年ごとに１歳余も下がり続け，2000-05年には48歳となっている．それでもこれらの国々で数年前よりも状況が少し改善しているのは，新療法の導入とともに，感染伝達の基本的なメカニズムへの理解が進み，徐々に生活習慣が改善し，サハラ以南の地域について過去に類を見ないほどの悲惨な結末を印象づけた予測を受け，それまでは大流行の影響を認めるのを躊躇していた政府が積極的に対策を講ずるようになったからである．この災禍の影響は人口学だけで叙述することは不可能である．文化，社会，そして経済への影響も大きい．増え続ける孤児のことを考えてみよう．親類がその養育負担を負うか，捨てられて自分で生きていかねばならない．発症したひとは働けないために家族にとって重い負担となり，社会にとっては病気の存在が生産力消失と医療費の増大とをもたらす大きな負担となる．数年前の推計では，仮にこの地域の感染者すべてに余命を伸ばす新薬を投与した場合，現在の費用だと，その合計が地域全体のGDP値を上回るとされる．[23] 有効なワクチンが開発されるまでは，国際社会が手段を講じて新療法の開発と費用負担の軽減を促す必要があるであろう．

政治的持続可能性

第２の課題は，寿命延伸の「政治的」持続可能性に関連する．ここでは，政治的という言葉でもって社会の広範にわたる制度的環境を指している．寿命を

---

22) Shell, *Halfway to Holocaust*, pp. 164-65.
23) Shell, *Halfway to Holocaust*, p. 151.

延ばすことはけっして単純な過程ではなく,科学的知見のたえ間ない蓄積,正しい生活行動の実践,安全な環境の確保,物的資源の獲得,そして社会活動の効率化によって成しとげられるものである.この過程には時間がかかり,その達成は周知のように20世紀に入ってからの進歩に負うところが大きい.事実,19世紀末の多くのヨーロッパ諸国や20世紀半ばの発展途上国の大半で,生存水準は1,000年前とほとんど変わらなかった.富裕国では,2度の世界大戦による一時的な後退を別として,20世紀を通じて寿命は伸び続けた.

　この弛(たゆ)まない進歩が次の一,二世代にわたっても続くためには,20世紀に達成された進歩の基盤が大きく揺らぐことなく維持されなければならない.しかし歴史が示しているのは,これが不可能だったことである.実際,旧ソ連ではそれが誰の目にもみえるかたちで起きた.現在のロシアは1960年代前半にすでに69歳もの平均余命(男女計)を達成し,西側諸国の水準にかなり近づいていた.しかしその後は停滞,さらに大きく低下して,1990年代半ばまでに減少幅は4歳となり,同時期の西側諸国は7歳もの伸びを経験していたにもかかわらず,平均余命は65歳にまで下がった.[24] 減少幅は男性のほうが大きく,平均余命は2000-05年までに59歳へと落ち込み,その半世紀ほど前の水準となっていた.政治体制の機能不全とそれに続く崩壊が生存に関する危機の根本的な原因で,それによって栄養状態の悪化,アルコール摂取の増加,製品の質の低下,薬剤および高度医療の費用上昇に伴う医療保健部門への公共支出の減少,総世帯の4分の1近くに及ぶ極度の貧困化,社会的ストレス症候群の発生,アルコール中毒,暴力,自殺の急増を招いた.[25] 政治体制の崩壊によって死亡率は上昇し,とりわけ成人男性に心臓血管や気管支の病気,アルコール関連の病気,

---

24) United Nations, *World Population Prospects: The 1998 Revision* (New York, 1999).
25) M. V. Shkolnikov and G. A. Cornia, "Population Crisis and Rising Mortality in Transitional Russia," in G. A. Cornia and R. Paniccià, eds., *The Mortality Crisis in Transitional Economies* (Oxford University Press, Oxford, 2000); G. A. Cornia and R. Paniccià, "The Transition's Population Crisis: Nuptiality, Fertility, and Mortality Changes in Severely Distressed Economies," in M. Livi-Bacci and G. De Santis, eds., *Population and Poverty in Developing Countries* (Oxford University Press, Oxford, 2000); A. Andreev et al., "Réaction d'une Population Hétérogène à une Perturbation. Un Modèle d'Interprétation des Évolutions de Mortalité en Russie," *Population* 52 (1997).

暴力などによる死亡者の数が増えた．ここまで極端ではないにせよ，同様のことが中欧および東欧の旧社会主義国でも起きた．[26] また発展途上国でも似たような事例がある．ナイジェリアでは，1960年代から1970年代初頭の産油ブーム後に政情不安による深刻な貧困化を経験し，保健制度が劣化した．旧ソ連で起きたのと類似の大規模な体制崩壊が，将来，富裕国で起こるとは現実には考えにくいかもしれない．しかしそれでも，50年先についての控えめな推計でも仮定されているような寿命延伸を揺るがす危機と停滞の時期が訪れないと言い切れるだろうか．

経済的持続可能性

第3の課題は，寿命延伸の経済的持続可能性に関連する．近年の研究によると，ヨーロッパ先進国人口の平均寿命は全体ではアメリカ人口のそれよりも長いものの，「超高齢者」についてはアメリカ人の死亡率のほうが低いという結果が出ている．[27] 老年死亡率にかんするこの「逆転現象」の原因は複雑で，健康維持手段の豊富さやその技術的な水準と関係しているのかもしれない．先進技術医療の継続的な利用――そして生物学，遺伝学，薬理学のさらなる進歩――が寿命のさらなる延伸を可能にする重要な要素なのであろう．しかし，いまや死亡率の低下は人口の高齢化の第1の原因ともなっている．人口の高齢化に伴って健康の維持管理に対する需要が高まり，その技術的内容も充実し，加えて健康産業全体が物価水準以上に成長すると，健康に対する経済的負担がさらに増える可能性がある．この状況は，社会における公共支出対象の優先順位を変えかねないという点で「持続可能」ではないかもしれない．公的資金が限られている中で，健康は教育や環境問題，あるいは犯罪抑止等と競合する可能性がある．したがって，健康投資の増加が高齢化を招く一方で，高齢化の結果として健康に対する需要が高まり，それが高度医療と密接に結びついているために経済的負担の増加となり，社会的に支持できないところまでいってしまう

---

26) G. A. Cornia and R. Paniccià, *The Mortality Crises;* United Nations, *World Population Monitoring 1998: Health and Mortality. Selected Aspects* (New York, 2000), pp. 16-17.

27) N. G. Bennett and S. J. Olshansky, "Forecasting US Age Structure and the Future of Social Security," *Population and Development Review* 22：4 (1996), p. 708.

かもしれない.[28]

　先進国における65歳以上人口の比率は，2010年に総人口の16％程度であるが，2050年にはほぼ倍増すると予測されている．老年人口の中でも超高齢者の割合が急速に高まるであろう．これは健康関連の支出にも大きく関わってくる．1990年から2009年における健康関連支出の対 GDP 比は——OECD 加盟の経済大国6カ国（アメリカ合衆国，日本，ドイツ，フランス，イギリス，イタリア）で——8％から10％に上昇した．アメリカでは同期間に12.2％から16％に増加した.[29] 健康関連支出の増加は性格の異なるいくつかの要因による．一つは高齢者の割合が大きくなること，もう一つは先端医療の費用負担が物価水準よりも速く上昇することである．三つ目の要因は，障害発生率が死亡率と同様に低下せず，したがって疾病で「失われる」年数の相対頻度——60歳あるいは70歳以降の平均余命に対する比——を高める可能性があるというものである．現に医学の進歩によって健康を害しやすい生命力の弱い人間の長寿が可能となるために，老年期の障害発生率が全体として高くなるという見方が主流である．この分野の研究はまだ始まったばかりで，国際比較や時間的な比較もかなりむずかしいため，傾向にかんする十分な情報がない．疾病によって失われる寿命（あるいは健康が害される年数）の比率はフランスでは（一定の年齢以降では）減少，アメリカでは停滞，オーストラリアでは逆に上昇する傾向にあるようである．しかし健康障害の傾向は健康関連の支出の見通しを立てるうえで重要となる.[30] 図6.2には興味深い問題がいくつか示されている．図は1人当たり医療費と平均寿命について富裕国と貧困国を比較したものである．ここから，医療費が一定の水準以上であれば平均寿命は多少なりとも同様の水準に保たれることがわかり，これまでに述べてきた点を確認することができる．すなわち，人間の生存のためには金銭に換算できない要素——知識，組織，最良慣行，行

---

28)　健康関連支出の増加（対 GDP 比）は，公的部門から私的支出への移行を促す可能性がある．それは医療介護施設とサービス利用における不平等を拡大させ，生存への負の効果をもつかもしれない．
29)　OECD, *Factbook 2005* (Paris, 2005).
30)　J. Dupâquier, ed., *L'Espérance de Vie sans Incapacité* (PUF, Paris, 1997); V. Egidi, "Health Status of Older People," *Genus* 59：1 (2003).

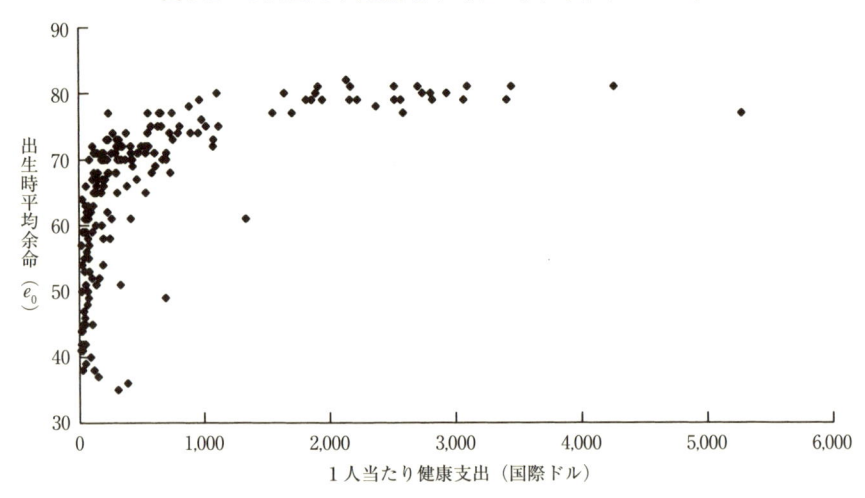

図 6.2 　1 人当たり健康支出と出生時平均余命：2002年

縦軸：出生時平均余命（e_0）、横軸：1 人当たり健康支出（国際ドル）

動様式——も重要になってくるという点である．それでは，健康支出が増加し続けるとどうなるであろうか．先端医療が健康保険の適用範囲外になると何が起きるのだろうか．老年死亡率は低下し続けるのだろうか．

　人間に永遠の命は与えられていないが，仮に寿命を限りなく延ばすことのできる薬が発見され，そのうえで世界の人口を現在の70億人の水準に維持しようとするならば——それでも多すぎて密度も高すぎるという見方が強いが——地球上でこれ以上の出生は許されなくなる．寿命の延伸は，人口および社会の秩序と相容れないものであってはならず，生物界を制御・監視することによって維持される必要があり，政治体制が一定の安定度を有し，必要な変革を過去に多くの社会で経験されたような痛みを伴わずに遂行することで保証される．そして，研究，予防，治療に必要な資源が継続的に得られることも条件となる．世界の人口が平均寿命を20世紀には毎年 4 カ月の割合で延ばすことができたのだとすると，このような離れ業は21世紀には不可能であり，そこで達成すべきものはもっと地味で，これまでに成し遂げられた状態の維持，それを貧困世界に拡大し，逆に状態の悪化を防ぎ，寿命の質を改善することになるであろう．[31]

5 変化する限界点

　21世紀後半には，世界人口は現在よりも60％ほど増えているであろう．しかし，この類の成長が経済と社会の進歩にとって脅威となるかどうかを判断するのはむずかしい．それは何度も述べたように，人口が「独立変数」ではなく，その後の成長見込みに対して反応し適応するからである．ここ数世紀にわたって学者たちの多くが，地球には「収容力」とでもいうべき持続可能な人口の限界があるとする考えを堅持してきた．それは，空間と技術の制約から，人間の生活の質を維持しつつ環境劣化を防ぐ必要性から決定されるというのである．[32] 生活の質の問題について論じるのは当然である．というのも，技術進歩のあり様によっては，ジィアマリア・オルテスが述べたように，「人類が呼吸できないほどの数に膨れあがるばかりか，地上に収まりきらずに低い谷間の底から高い山の上に至るまで，乾燥したニシンを樽に詰めたように混雑極まりない状態になる」[33] かもしれず，それでは困るからである．

　「収容力」には概念上多くの困難があり，捉え方によっては実際上役立たないものになってしまう恐れがある．これは元来は生物学や動物生態学の概念で，特定の環境が動物の生態を維持させることができる可能性を測るために考案されたものである．ただヒトにかんしては，技術進歩，生活の質という概念自体の弾力性，複雑で単純にモデル化できない動学的な社会体系の中で適応することや相互に作用する能力についても考慮に入れる必要がある．それでも，人類の居住空間は有限であり，人口と資源とが釣り合わなくなる限界点をどこに設

---

31) 多くの学者は，平均寿命は将来も伸び続け，今世紀末に100歳になるという．筆者には同意できない楽観論である．

32) 「収容力」という表現にも表れている定義や概念に関する網羅的なまとめについては，J. E. Cohen, *How Many People Can the Earth Support?* (Norton, New York, 1995), pp. 419-25 [重定南奈子ほか訳『新「人口論」：生態学的アプローチ』農文協，1998年，544-55頁] を参照．この本はすべて「収容力」概念についての分析と議論にあてられている．

33) G. Ortes, "Riflessioni sulla Popolazione delle Nazioni per Rapporto all' Economia Nazionale" (1790), in *Scrittori Classici Italiani di Economia Politica* (G. G. Destefanis, Milan, 1804), vol. 24, p. 28.

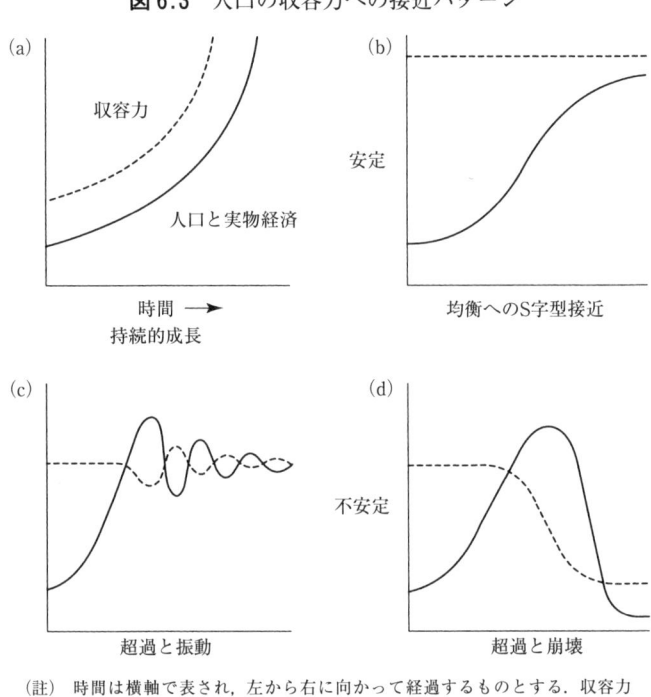

図 6.3　人口の収容力への接近パターン

(a) 収容力／人口と実物経済／時間 →／持続的成長

(b) 安定／均衡へのS字型接近

(c) 超過と振動

(d) 不安定／超過と崩壊

(註)　時間は横軸で表され，左から右に向かって経過するものとする．収容力（点線）および人口と実物経済の組合せ（実線）は縦軸で計測され，ともに上に向かって増加する．(a) は指数関数的な増加を，(b) はロジスティック曲線に沿った増加を，(c) は減速振動を，そして (d) は超過と崩壊を表す．
(出所)　D. H. Meadows, D. L. Meadows, and J. Randers, *Beyond the Limits: Global Collapse or a Sustainable Future?* (Earthscan, London, 1992), p. 108 [茅陽一監訳『限界を超えて――生きるための選択』ダイヤモンド社，1992年，138頁].

定するかは重要な問題である．図6.3は，『成長の限界』の著者による最近の研究から引用したもので，人口と「収容力」の相互関係に関する四通りの形態を表している．[34] 最初の二つ（図6.3a，図6.3b）は二つの力の衝突を仮定しない楽観的な見方を表現している．第1のモデルでは，技術進歩によって人口とともに収容力（CP）も上昇し，二つの曲線が交わることはない．2番目のもの

---

34)　D. H. Meadows, D. L. Meadows, and J. Randers, *Beyond the Limits: Global Collapse or a Sustainable Future* (Earthscan, London, 1992) [『限界を超えて』]．論争のサーベイは，V. Smil, "Limits to Growth Revosited: A Review Essay," *Population and Development Review* 31：1 (2005).

ではCPは一定であるが，人口成長がそれに近づくにつれ，限りある環境の制約を受けて次第に鈍化する．他方，残りの二つ（図6.3c，図6.3d）では両者の衝突が想定されている．一つ目（超過と振動）は連続的な調整過程を表現している．二つ目（超過と崩壊）では，人口増加が環境破壊を招き，資源の減少とともに人口の壊滅的な減少へとつながる．これらのどれが将来の姿に当てはまるのであろうか．衝突はなく拡大が無制限に続くのか（図6.3a）．衝突は避けられず，多少なりとも劇的で痛みを伴う衰退を余儀なくされるのか（図6.3cないしは図6.3d）．あるいは，人口が環境限界点に近づくと適応能力が発揮され，成長が制限されるのであろうか（図6.3b）．

地球の収容力を推計する試みは3世紀以上にわたる歴史を有する．これまでの推計値の根拠は実に多様で，数字そのものに意味はない質的で価値観によるものから，数学を応用して曲線を描き算出したもの，さらには実際に観察される人口密度を地上全体に当てはめたものまで，さまざまである．他にも，食糧など資源の制約から達成可能な最大人口を計算したもの，それに，たとえば水の量を加えるなど制約条件をさらに増やして計算したものもある．とくに複雑なものになると，多様な要因の相互連関をシミュレーションしたり，それらの持続可能性を吟味したり，生活習慣の適応を考慮したりして推計されている．1995年にジョエル・コーエンによってこれまでの著名な収容力推計の試みを批判的に網羅した本が刊行され，[35] オランダのレーウェンフック（1679年）やイギリス人のグレゴリー・キング（1695年），ドイツ人のペーター・ジュースミルヒ（1741年および1765年）らによる最初期のもの——いずれも40億人から139億人まで比較的狭い範囲に収まっている——から最新の推計までが取り上げられている．コーエンが対象とした93の推計値のうち17が50億人以下の収容力を提示し，28が50億人から100億人の間に収まり，16が100億人から150億人，8が150億人から250億人，13が250億人から500億人，さらに11が500億人以上となっている．[36] 中位値は100億人前後で，表6.3の将来推計によれば2100年までに到達する水準である．推計値の差は手法と仮説の違いによる．しかし，意外

---

35) Cohen, *How Many People*, pp. 216-21 ［『新「人口論」』269-76頁］．
36) Cohen, *How Many People*, pp. 402-25 ［『新「人口論」』514-55頁］．

にもこの「天井」は古い推計から新しい推計になっても上昇せず，変わるのは推計値のばらつきが大きくなる点である．ただし，これらの数字は統計学の統計数値にすぎず，興味はそそられるものの，地球の真の収容力水準を明確に導き出してくれるものではない．

今日という地点から未来を見据えた場合，技術の変化や生活様式を考慮し，現在の状況にもとづいた仮定にあまり頼らない，より最近の推計値のほうに興味を覚える．いくつかはここで検討する価値があろう．とくに高い収容力を提示したデ・ウィットの研究（1967年）では，制約要因は光合成の過程であって水や天然資源ではないと想定されている．[37] また，世界のさまざまな気候帯における可耕地1ha当たりの炭水化物の潜在生産力の推計値を1人当たり消費カロリーで割り，その値を1ha当たり収容力とし，すべての可耕地が農業生産に充てられていると仮定して最大人口を求めた（居住，労働，通勤通学，娯楽などに充てられる1人当たり空間面積は最初に控除されている）．こうして得られた最大値は1,460億人で，その場合，食糧生産以外に充てられる土地面積は1人当たり750㎡であるが，その仮定を倍の1,500㎡に緩めると730億人となる．コリン・クラーク（1967年および1977年）も同様の結果を得ているが，その手法は異なる．1人当たりの基本的生活水準を満たすのに必要な土地面積を推計することで，（当時の）日本の消費水準を当てはめた場合の最大値が1,570億人，北アメリカの水準を仮定すると最小値の470億人という結果を得た．[38] 一方ロジャー・レヴェルは，可耕地面積（熱帯雨林や食糧生産以外に充てられる土地は除く）に灌漑と現代の先進技術で実現可能な生産性を乗じることで推計し，さらに低い400億人という収容力を得ている．[39]

上述の推計値はいずれも高目のもので，前提とする条件には難がある（すべての可耕地が先進技術で耕作されるという仮定のように）．より現実的な仮説

---

[37] C. T. De Wit, "Photosynthesis: Its Relation to Overpopulation," in A. San Pietro, F. A. Greer, and T. J. Army, eds., *Harvesting the Sun: Photosynthesis in Plant Life* (Academic Press, New York, 1967), pp. 315-20.

[38] C. Clark, *Population Growth and Land Use* (Macmillan, London, 1977)［杉崎真一訳『人口増加と土地利用』農政調査委員会，1969年（初版からの訳）］．

[39] R. Revelle, "The Resources Available for Agriculture," *Scientific American* (September 1976).

を立てた場合には推計値は一気に小さくなる．たとえば，ジランド（1983年）はレヴェルと同様の手法を用いて，可耕地面積と生産性についてはそれほど楽観的でない推計値を当てはめ，ゆとりのある消費水準で75億人というはるかに低い値を算出している．[40] FAO と IIASA の共同研究（1983年）はこれとは異なる方法をとる．FAO の土壌分類地図（中国を除くすべての発展途上国を含む）にもとづき各気候帯の生産力を15の基本作物について調べ，三つの異なる仮説それぞれに対して潜在生産力の推計値が計算されている．[41] 低位値となる仮説は，同一農地で肥料や殺虫剤および機械類を使用せずに伝統的な農法をとる場合で，高位値を導く仮説では，完全な機械化と殺虫剤と肥料の使用といった緑の革命の技術導入の全行程が完了した場合が想定されている．これらに対して中位推計の仮説はより現実的である．その結果，1975年時点で総人口が約20億人（2000年までに約35億人に増加）であったこの地域の収容力は，低位推計で40億人，中位推計で137億人，高位推計では328億人となった．最後に，比較的新しくバランスのとれたものとしてスミルの推計（1994年）を例にとると，生産・配分・消費の体系に存在する非効率性や不合理性，そして無駄が現実的な割合で削減された場合には，現在の消費水準で25億人から30億人が追加的に生存可能となり，生産投入を増やせば——バイオテクノロジー分野で革命的な進歩が起きればもちろんのこと——さらに20億人から25億人が暮らせるようになるという．[42] こうみると，21世紀には地球全体で100億人から110億人が暮ら

---

40) B, Gilland, "Considerations on World Population and Food Supply," *Population and Development Review* 9 (1983). 同じ著者による最近の見解は下記をみよ．"World Population and Food Supply. Can Food Production Keep Pace with Population Growth in the Next Half Century?" *Food Policy* 27 (2002); *Population and Overpopulation* (Copenhagen, 2011).

41) FAO は Food and Agriculture Organization の略で国連食糧農業機関，IIASA は International Institute for Applied Systems Analysis の略で国際応用システム分析研究所のことである．Cohen, *How Many People*, pp.196-209 ［『新「人口論」』247-62頁］を参照．

42) V. Smil, "How Many People Can the Earth Feed?" *Population and Development Review* 20：2 (1994); FAO, *World Agriculture: Towards 2015-2030* (Rome, 2002) ［国際食糧農業協会訳『FAO 世界農業予測：2015-2030年』前後編，国際食糧農業協会，2003年］．

せるようになると考えるのが現実的であろう．

　もちろん，さらに強い制約を加えた仮説も存在し，より高い消費水準と厳格な環境の保護管理政策とを盛り込んだ結果，算出された収容力が現在の人口以下となった例もある．しかしながら，そうした限界点が実質価格の下落と健康水準および平均余命の向上とによってすでに突破されていることから，そのような仮説には疑問符が付く．さらに，1970年から2000年にかけて低開発国における1人当たり食糧供給は27％上昇しており，実質食糧価格の水準（固定ドルで評価）も同期間に50％下落した（図6.4）.[43] こうした鋏のような形状の傾向は，もし世界の食糧生産体制が強い逼迫状態にあるとしたら観察されないはずである．ということは，これらの結果は（各国間および社会集団間の配分問題を別とすれば）地球の収容力は現在の人口水準よりはるかに高く，経済システムは数十年にわたって世界の食糧供給を現在よりも高い水準で維持できるということを，観念的ではあるが示しているのである．

　したがって，近い将来において食糧供給が人口の制約要因とはなることはない．そこで他の要因に目を向ける必要があるのだが，例として生産や生活水準維持に必要な再生不可能資源についてみてみよう（すでに19世紀の経済学者ジェヴォンズが，石炭の枯渇によって世界の工業生産が減退すると危惧していたことを想いおこそう）．この点でも，すぐに限界に突き当たることはないと考えられるが，その理由として三つの関連した事情がある．第1に，埋蔵量（潜在量ではなく時価で利益を生む範囲で採掘可能な量）と産出量の比（可採年数と呼ばれる指標）は，主要な天然資源にかんしては低下傾向を示していない.[44] 第2に，図6.5の天然資源の実質価格と人口との比較からわかるように，

---

43) FAOの推計によれば，1967-71年から1999-2001年にかけて途上国における1人1日当たりカロリー供給量は2,111から2,654に増加した．同じ期間，サハラ以南アフリカ諸国では2,100から2,207へと控えめな増加であった．FAO, *World Agriculture: Towards 2030-2050* (Rome, 2006), p.8; FAO, *The State of Food and Agriculture 2010-11* (Rome, 2011). 1990年代までの食糧生産については，T. Dyson, "Population Growth and Food Production: Recent Global and Regional Trends," *Population and Development Review* 20: 2 (1994) を参照．人口増加がいまだ急速な諸国では食糧確保に困難を抱えており，食糧不足が深刻である．N. Alexandratos, "Countries with Rapid Population Growth and Resource Constraints: Issues of Food, Agriculture and Development," *Population and Development Review* 31：2 (2005).

第6章 将来展望　267

図 6.4 食糧価格指数（1990年＝100）：1961-2010年

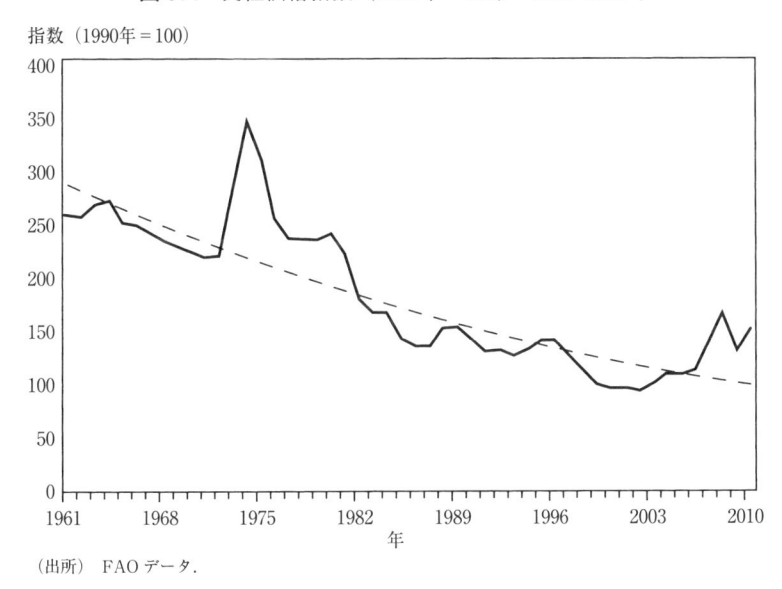

(出所)　FAO データ．

これらの価格は人口と産出量の増加にもかかわらず下落してきた．そして第3に，技術の進歩によって再生不能資源からの代替が高度化することが十分に予想される．ある天然資源が稀少となれば，その価格が上昇し，この類の代替を可能にする新技術の開発が促されるのである．

こうした事情は世界規模での話で，とりわけ地球全体としての現状である．開発や天然資源，政治体制，そして天災および人災の発生についての違いから，

---

44)　World Resources Institute, *World Resources 1994-95* (Oxford University Press, Oxford and New York), pp. 5-6 [『世界の資源と環境　1994-95』中央法規出版，5-6頁]．埋蔵量対年間産出量の比は，従来からの資源である石油については，1970年代後半の30年以下から1990年代半ばには40年以上に上昇している．天然ガスについても50年以下から70年以上に伸びている．最近のデータによれば，石油にかんする比は54年に高まり（2010年），天然ガスは60年に低下した（2008年）．N. Nakićenović, A. Gruber, and A. McDonald, eds., *Global Energy Perspectives* (Cambridge University Press, Cambridge, 1998), p. 54; Oil Reserves, "Wikipedia," http://en.wikipedia.org/wiki/Oil_reserves [2011年6月22日検索]; Natural Gas by Country, in "Wikipedia," http://en.wikipedia.org/wiki/Natural_gas_by_country [2011年6月22日検索]．こういった推計はあっという間に変化する．

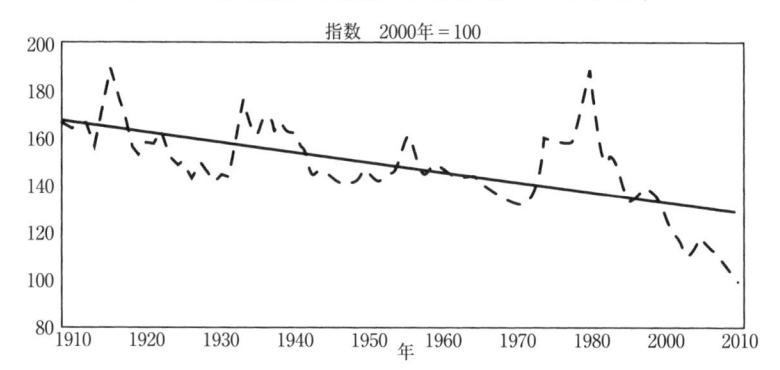

図 6.5 総合資源価格指数（固定価格）：1900-2010年

（出所） UNEP, *Decoupling Natural Resource Use and Environmental Impacts from Economic Growth* (UNEP, 2011), Figure 2.4, p. 13.

同じ議論を地域や大陸ごとに当てはめることはできない．

6 忍び寄る限界

　地球の収容力にかんするさまざまな推計結果と人口成長の潜在的制限要因——食糧生産および天然資源の利用可能量——について簡潔にみてきたように，現時点ではそれらの限界点ははるか先で，限界に近づいたときに現れる主な兆候である資源埋蔵量の減少や価格の上昇はまったく生じていない．ここで考察の対象を背景要因に拡げ，物質的な財の1人当たり利用可能量だけでなく，生活様式，環境の質，空間容積など，時代や文化的背景によって高く評価されているすべてをも考慮に入れた場合，問題ははるかに複雑になる．これは事実上解くことのできない問題で，それというのも，たとえば，できるだけ多くの空間と静寂とを欲するひとがいる一方で多くの人口が集住する環境での生活を好むひともおり，人びとの価値観は必然的に異なり，その溝を埋めることはけっしてできないからである．それでも，そのような感情的なものを数値化する試みと一切考察の対象としない方法とが併存する一方で，両者の中間をいく途も存在する．21世紀を通じ，人口増加によって人間の生活様式には，いまだ漠としているが重要な変化が訪れることになるだろう．なかでも環境への影響が大きいが，ここでは，複雑なそれらの要素間の関係について，少なくとも全体的

な性質だけでも把握しておきたい．

まずはエーリックが考案した次の恒等式からみていこう．[45]

$I = P \times A \times T$

この式から，環境への影響（I）は人口規模（P）の関数に1人当たりの財流通量（A）――1人当たり消費あるいは所得で代用――および技術水準を表す係数（T）――生産1単位の容量をエネルギーや商品，所要空間容積などからなる物的資源の投入量で測った指標――を乗じたものとなっているのがわかる．もし環境への負荷（I）を安定させるか削減しながら，豊かさないしは生活水準（A）を維持向上させたいのであれば，人口（P）と技術（T）を調整しなければならないことが明白である．ここで，本書のここまでの議論とは相いれないが，右辺の変数間には相互作用がない（たとえば人口の変化がAやTには影響せず，その逆もまた当てはまる）と仮定しよう．式の中で唯一明確に定義されているのはPで，その大きさについては高い精度で把握できるうえに，場所，性別，年齢，活動などにかんしても情報がある．また，Pについては比較的高い確率で将来の変動を予測することもできる．しかし豊かさAはどうであろうか．たとえば，2万ドルの値がつけられたモーターバイクを取得するほうが，2,000ドルの性能の良い自転車や200ドルの高品質の靴を手に入れるよりもはるかに豊かさが増すように思える．しかし，モーターバイクの運転は，危険で公害のひどい，交通量の多い都会の道路に限られ，他方で自転車の走路が舗装された安全な道路網で，また歩行者用の道が心地よい緑に囲まれた環境を通るものであれば，計算はそう単純ではない．したがってAという豊かさの変数は，経済や物質資源，社会組織のみが問題ではなく，物質的には表現できない生活様式や，さらには価値観をも含めた，時と場所とに依存するという要素も重要になるのである．これに技術Tを加えると事態はさらに複雑になる．豊かさにかんしては，特定の仮定を設けて数学的に近似すれば金銭的価値で測定できるが，技術とその変化の数値化に当たっては信頼性の高

---

45) P. R. Ehrlich and J. P. Holdren, "Impact of Population Growth," *Science* 171（March 26, 1971）.

い尺度は存在せず，食糧やエネルギーの生産，多品目の商品生産，サービスの実績といった，異なる複数の過程すべてに当てはめるとなるとお手上げなのである．

　エーリックの恒等式は，発展のある種の側面を解釈するうえでよい手がかりを与える．イタリアとインドという二つの国を取り上げ，今後40年間 (2010-50年) 環境効果 (I) は変わらないと考えよう．さらに，イタリアでは人口は静止状態を保ち（移民が出生の不足を補うので，2050年の P が 1 となる），A（1人当たり所得）は年率1.7%で増加するとする（2010-50年に倍増し，2050年の指標 A は 2 となる）．二つの指標の積 $P \times A$ はしたがって 2 である．他方インドの人口は，国連の予測によれば40年にわたって38%増加する．1人当たり所得の上昇を（直近10年間よりもやや低い）年 5 %と仮定すれば，2050年の A は7.4となり，$P \times A$ は10.2（$=1.38 \times 7.4$）となる．イタリアの場合，I が固定的ということは技術の効果は物的資源投入量の半分でなければならない（$T=0.5$，したがって $1 \times 2 \times 0.5 = 1$）．この展開は，可能な範囲内に収まっているといってよい．インドでは，同じ結果を得るためには技術の注入は極端に効率的でなければならないであろう．実際，物的資源の2050年における投入は2010年の10分の 1 とならなければならないが（$T=0.098$，したがって $1.38 \times 10.2 \times 0.098 = 1$），これが起こるとは考えにくい．というのは，今後2,30年におけるインドの発展は，生産を増加させ，貧困から脱出するために必要とされる物的資源（エネルギー，鉱物，繊維等）の高度使用的な財——食料，機械器具，衣服，燃料，住宅——の消費を増やすであろうからである．このまったく抽象的な事例は他の富裕国や貧困国に適用できるが，環境への影響 (I) は一，二世代にわたって急速に高まるというのが一般的結論である．将来必然的に生ずる人口成長と，いまや何十億となる，貧困状態にある人びとが必要としている基礎的ニーズを充たさねばならないという至上命令とがあるからである．

　ここで人口と環境の関係を別の角度から捉え，次の 4 点からみてみよう．第 1 は，来たる数十年間は再生不可能な資源の消費増大が不可避であり，それゆえに発展が多少なりとも長期に及ぶと持続可能ではなくなる点である．第 2 に，人口成長による食糧需要と生産，そして環境への影響である．第 3 の点は，空

間配分が変化し続け，とりわけ脆弱な自然環境へのヒトの進出が進むことである．そして第4点は，人口成長による大気汚染とそれに伴う地球の温暖化の可能性である．この四つの点には共通の要素が存在する．現在の貧困人口には現実の若年齢構造に備わる「モメンタム」があるため，次の2世代にわたって人口が増加するのは避けられないということである．現に国連による2050年に至る中位将来推計では，同年までに約60％もの増加が予測されている（低開発国の総人口は56億6,000万人から79億9,400万人に増加する）．人口の増加は――豊かさの上昇を伴うと――人間活動のさらなる活発化につながり，その効果が技術進歩で相殺されないかぎり，環境への負荷が大きくなるのである．

7 忍び寄る限界：再生不能資源と食糧

まず第1の点について検証しよう．商品およびエネルギーの1人当たり消費量が富裕国では貧困国の何倍にも達するのは周知のとおりである．両者の比にかんする1990年代の推計からいくつかを示せば，アルミニウムの消費量では20倍，銅では17倍，鉄鉱石で10倍，化石燃料で9倍，丸太材では3倍となっている.[46] 総合指標は，鉱石や工業原料，燃料およびエネルギー・キャリアー，建設用鉱物，バイオマスなど，物的資源の採集率推計である（人・年当たりのメートルトン［＝1,000kg］表示）．先進国では，2000年における総採集率は1人当たり20トン，途上国の3倍以上であった.[47] つまり，富裕国は相対的に高い割合で資源埋蔵量の減少を引き起こしているのである．しかしながら，現在の状況に比べて将来の見通しはさほど暗くなく，資源の代替や再利用，消費パターンの変化によって，富裕国の総生産を1ドル増やすごとに必要なエネルギーと中間生産物の投入量は減少しつつある.[48] さらに富裕国の今後数十年の人口

---

[46] World Resources Institute, *World Resources 1994-95*, pp. 8-11 ［『世界の資源と環境 1994-95』8-11頁］．
[47] UNEP, Decoupling Natural Resource and Environmental Impacts from Economic Growth (UNEP, 2011), Table 2.1.
[48] World Resources Institute, *World Resources 1994-95*, p. 6 ［『世界の資源と環境 1994-95』6頁］．

成長は緩慢で，まったく増えない可能性もある．こうした点を根拠に，富裕国の基本資源の消費は長期的には安定するか減少するとさえ見込まれる．一方，貧困国についての将来の見通しは異なる．世界銀行の2008年推計によると，[49] 貧困国（ここでは「低」所得国および「中」所得国と定義し，世界人口の85％に相当する）の1人当たりGDPは2,789ドルで，対する富裕国（「高」所得国）は3万9,345ドルであった．両者の豊かさの比を縮める（絶対的な差ではないにせよ）とすれば，次の数十年で貧困国の成長が先進国のそれを上回る必要がある．次世代にわたって1人当たりGDPは2倍か3倍，あるいはそれ以上増加しなければならず，機器道具類に必要な鉄や鉱物，衣服のための繊維，建築用の材木，栄養摂取源の食糧，居住のための空間，これらの活動すべてに必要なエネルギー資源の消費量は必然的に増加する．貧困国の生活水準は非常に低いため，1人当たりの商品の流通量を増やすのに必要なエネルギー，中間財，空間の投入量は，生産高1ドル当たりで多くなる．もちろん彼らはより多くの食糧，生活品，衣料，家屋，燃料を求めている．次の二，三世代で貧困国の人口が倍増し，商品の1人当たり流通量が数倍となるのが必然であれば，この成長が超長期的には持続不可能であるのは明らかである．[50] これは，いわゆる「環境クズネッツ曲線」（サイモン・クズネッツが1950年代に提起した仮説にもとづく）の論理で，それによれば所得の増加とともに生産高1単位当たりのエネルギー・鉱物消費量は増えるが，その増加率は逓減し，転換点に到達した以降はマイナスの増加率となり，生産のための物的消費は減少に転ずるという．曲線の形状は山型となる．長期的にみれば今日の貧困国も，高所得国で（少なくともいくつかの工業製品については）生じているように，同じ山型の曲線上を動き，生産と消費1単位当たりの物的含有量を減らすことになろう．[51] ただ，それは漸進的で緩慢な変容過程で，基礎資源の生産と消費総量に歯止めがかかるのには——世界人口が静止状態に達するのとともに——何世代

---

49) World Bank, *World Development Report 2010* (Washington, DC, 2010)［田村勝省・小林由紀子訳『世界開発報告 2010年版』一灯舎，2011年］．
50) P. Demeny, "Population and Development," in IUSSP, *Distinguished Lecture Series on Population and Development*, International Conference on Population and Development, Cairo, 1994.

図 6.6 穀物生産，肥料投入，耕作地（1961年＝100）：1960-2010年

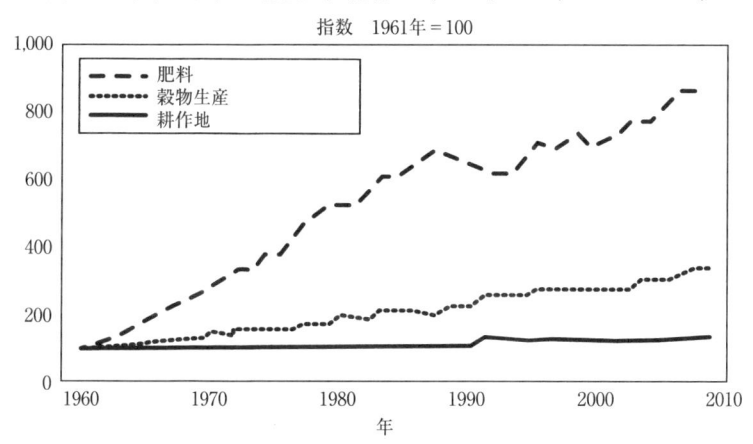

指数　1961年＝100

凡例：
- 肥料
- 穀物生産
- 耕作地

（出所）UNEP, *Decoupling Natural Resource Use and Environmental Impacts from Economic Growth* (Paris, 2011), Figure 2.9, p. 21.

もかかることになる．

　第2の点は，農業と食糧需要についてである．次の40年間（2010-50年）に世界の人口は3分の1以上増加する．この成長には食糧生産も比例して増加する必要があるが，全体の生活水準が改善され，食糧確保が容易となり，さらに現在（2010年）9億2,000万人に達する栄養失調人口が削減されるべきだとしたら，より高い比率での増産がなされなければならない．[52)] 食糧消費の約5分の4は穀物であり，穀物需要の増大は（他の食糧，繊維，燃料への需要とともに）「自然資源への大きな圧力となろう――農地だけではなく，水資源，漁業および木材資源に対しても同様である．自然資源には慎重な制御が必要である．貧困や人口圧力，無知や不正などによる管理不行届状態は避けなりればならない．天然林，湿地，海岸線，草原地帯――これらはいずれも高い生態学的価値を有する――は人間による乱用と破壊から守られねばならない」．[53)] これは世界銀行の評価報告である．過去の傾向から将来の可能性を探るとするとどうな

---

51) D. I. Stern, "The Environmental Kuznets Curve," International Soceity for Ecological Economics, *Internet Encyclopaedia of Ecological Economics* (June 2003). この曲線は，物的投入量の関数である排ガスのパターンをモデル化している．

52) FAO, *The State of Food Insecurity in the World 2010* (Rome, 2010).

るであろうか．1961年から90年にかけて，貧困国では人口が93％増加したのに対し，穀物生産は118％上昇，1人当たり生産高は大幅に増えた．この増加分のうち92％が単位収量の増加によるもので，耕地面積の拡大による効果は8％にすぎない．これは前世紀の趨勢についての図6.6をみても確認でき，穀類（3倍以上）および肥料投入（9倍）と耕地面積（不変）とが対比されている．もちろん，同様の選択肢は未来にも開かれていて，穀物生産は農地のさらなる拡大によるか，既存の耕地における集約化のどちらかによっても増やすことができる．いずれの選択肢も環境に影響を与えるものの，その内容は異なる．ふたたび世界銀行の言葉を借りれば「既存耕地での増産が可能になれば，農地拡大の圧力は弱められ，残された自然を保護することができる……しかし集約化には問題もある．収量を増やすために化学肥料の使用を増やし，より多くの水を灌漑に使い，土地利用までも変えると，他での問題を誘発する．肥料や家畜の糞が垂れ流されると，藻類の繁殖と湖や河口沿岸，陸地に囲まれた海における富栄養化現象とを引き起こす恐れがある．こうした外部不経済は西欧と北アメリカでより顕著であるが，東欧や他の途上国世界でも次第に増加してきた．インドとパキスタンにまたがるパンジャブ地方やインドネシアのジャワ島では化学肥料の投入が先進国並みになっている」．[54] 集約化に代わる増産方法は耕地の拡大（外延的拡大）であるが，マルサスの言を引くまでもなく，この過程は永久には続かない．現にいくつかの国——たとえばバングラデシュ——ではすでに限界に達している．ここ十数年ほどでバイオテクノロジーの登場によって，肥料投入を増やさずに収量を増やすことが可能となり，集約化と外延的拡大のジレンマを打ち破る新たな選択肢が生まれた（実際には「新しく」なく，ある種のバイオテクノロジーは農耕が開始されたときから作物の質と収量および種類を増やす手段としてずっと存在してきた）．バイオテクノロジーの応用については異論もあり，「確かな豊かさと災いをともに国際社会にもたらす」——これは，農業の未来はこの新遺伝子工学革命にあるという見解の支持者の

---

53) World Bank, *World Development Report 1992* (Oxford University Press, Oxford, 1992), p.134 ［『世界開発報告　1992年版』133頁］．
54) World Bank, *World Development Report 1992*, p.134 ［『世界開発報告　1992年版』133頁］．

言葉である．「農業と林業において，バイオテクノロジーは農作物，家畜，魚および樹木の生物としての潜在能力の新たな利用，改善の方法を提供し，害虫や病原菌の発見と抑制の方法を改善する．災いは倫理的問題に深く関わることがらで，この強力な新技術を制御できるのか，そして実際に応用する際に問題となるヒトの健康および環境への危険を厳正に評価し，管理していけるのかが鍵となる」．[55] 人口増加が減速すれば，この政治的とならざるをえない問題（現に，ヨーロッパ連合とアメリカ合衆国はこの件をめぐって対立している）を緩和することにつながるであろう．

世界の1人当たりカロリー消費は増大しているが，地域，国，社会レベルでの偏差は大きい．2000年前後のサハラ以南アフリカ諸国における1人1日当たりカロリー消費が2,200であるのに対して北アフリカと中東は3,000，インド亜大陸が2,400なのに対して東アジアは2,900である．インドのように経済成長率が年10％の国が，いまだに異常な水準の栄養失調・栄養不足に悩まされているというのは驚きである．進んだ原子力産業と先端情報技術セクターがあるというのに，インドにおける標準体重以下の児童割合は48％で，低体重児は43％——後進国エチオピアと同水準——である（前掲表5.3）．栄養失調は多くの病原への抵抗力弱化，身体的効率性の低下，学習障害をもたらす．また，カロリー消費が十分でも，人口の少なからぬ部分が微量栄養素（鉄，亜鉛，ナトリウム，ビタミン類）不足の国も多い．結局，発展はしばしば，人口の栄養水準を十分に改善させることなく進むものなのである．

貧困国における食糧事情でもう一つ心配なのは，「栄養緊急事態」の頻度が高まっていることである．旱魃や洪水といった自然災害による場合もあるが，戦争や経済社会的危機といった人災によることもある．FAOによれば，緊急事態発生国の数と外部からの介入と援助が必要となった緊急事態の数は1980年代以降変わっていない．[56] 食糧緊急事態は，過去十年間に北朝鮮で繰り返し起きた場合や，現在（2011年）ソマリア半島で生じている状況——前者は人災で，

---

55) I. Serageldin and G. J. Persley, *Promethean Science: Agricultural Biotechnology, the Environment, and the Poor* (CGIAR, Washington, DC, 2000).
56) FAO, *The State of Food Insecurity*, p. 12.

後者は長期にわたる旱魃の結果である——からわかるように，人びとの健康に悲劇的結末をもたらす．

最後に，主要な基礎食糧価格の高騰について触れ，締めくくろう．2008-10年の経済危機の影響もあって，世界の栄養不良削減トレンドを逆転させたからである．FAO の食糧価格指数は2000年に90であったが，2004年112,2008年危機のときには200のピークに達し，2009年に157へ低下したあと，2011年中葉には230へと上昇している．[57] 中国やインドなど大国における食糧需要の急上昇，気象変化，大規模農業における食糧生産からエタノール志向の耕作への転換などが，この低所得国人口にとっては危険な，看過できない趨勢の要因としてあげられている．FAO の推計によれば，2005-07年には8億4,800万人であった栄養失調人口は，2008年9億2,000万人，2009年10億230万人と増加し，2010年になって9億2,500万人に減少した．[58] 食糧の生産・価格・消費間にみられる相互作用は多様で複雑で，いま述べたような傾向が続くとすれば，健康と生存における向上という目標は困難に直面することになるであろう．

8 忍び寄る限界：空間と環境

第3点は第2点に起因する．食糧需要の高まりは農業の外延的拡大につながり，土地利用のあり方を変え，すでに平衡状態が危うくなっている環境を危機的状態に追い込む恐れがある．もちろん生態環境の改変は人類史において何も目新しいことではない．ヨーロッパの風景は中世以降の森林の開拓と耕地化で大きく変わった．世界全体でも，1700年から1980年の間に耕地は6倍に増えたと推計されているが，この増加分は人口成長に比べると小さい．[59] 1989-91年の世界陸地面積1億3,040万km²の内訳は次のようであった．1,440万km² (11.0%) が耕地，3,360万km² (25.8%) が恒久的な牧草地，3,900万km²

---

[57] FAO, FAO Food Price Index [www.fap.org/worldfoodsituation/wfs-home/foodpriceindex/en/], 2011年6月18日検索．
[58] FAO, *The State of Food Insecurity*, p. 8.
[59] G. K. Heilig, "Neglected Dimensions of Global Land-Use Change: Reflections and Data," *Population and Development Review* 20：4 (1994), p. 833, table 1.

(29.9％) が森林および樹木帯，そして4,340万km² (33.3％) が「その他」(荒地，牧草地以外の草原，湿地，市街地など) であった．60) 森林面積に影響する構造的改変は世界の生物自然均衡にとって影響が甚大である．アマゾン盆地の森林破壊はおそらくもっとも深刻な変化で，激しい論争の的であろう．1940年代に始まった現象で，15～20％と推計されている森林消滅は，人口増加に起因する食糧需要の拡大が引き金となった耕地と牧草地の開墾，石油鉱物資源の見込開拓と採掘，インフラ整備，移民定住地の開発など，幾多の原因による．61) しかし，森林破壊は世界の他地域でも生じており，地表面を大きく改変している．FAO の推計によれば，62) 世界の森林伐採は1990-2000年に年率0.2％，2000-10年に0.1％の速度で進んだ．しかし，アフリカ，ラテンアメリカ，カリブ海地域ではこれよりも高率で伐採が進み，ヨーロッパと東アジアでは逆に林地が増えているのである．

人口変動の影響は森林のような脆弱な環境に対してとくに顕著である．森林伐採率については論議の的であるが，破壊の主な原因が農業目的の土地開墾——とりわけアフリカとラテンアメリカ——で，これが森林破壊全体の3分の2を占める要因であるという点では衆目の一致するところである．63) この類の開墾は直接的には食糧および薪需要の帰結であるが，間接的には人口増加によるものである．国レベルでみると，人口成長率と森林伐採率が比例するというある種の根拠はたしかに存在するものの，64) その関係は，集約化の可能性，人口密度，政府規制や制度など他の媒介要因がある場合には相対的に弱くなる．

---

60) World Resources Institute, *World Resources 1994-95*, p. 284, table 17.1 [『世界の資源と環境 1994-95』300頁，表17.1].
61) World Resources Institute, *World Resources, 1994-95* [『世界の資源と環境 1994-95』].
62) FAO, *State of the World's Forests 2011* (Rome, 2011).
63) World Bank, *World Development Report 1992*, pp. 57-58 [『世界開発報告 1992年版』56-57頁].
64) S. Preston, "Population and Environment from Rio to Cairo," in IUSSP, *Distinguished Lecture Series on Population and Development* (International Conference on Population and Development, Cairo, 1994), p. 8; R. E. Bilsborrow, "Population, Development and Deforestation: Some Recent Evidence," in United Nations, *Population, Environment and Development* (New York, 1994).

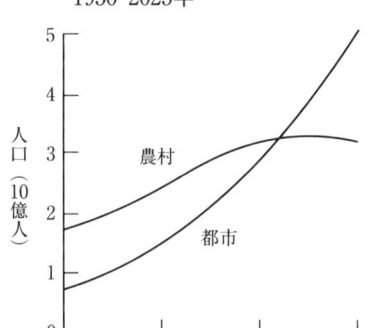

図6.7 世界の農村人口と都市人口：
1950-2025年

(グラフ：縦軸 人口（10億人）0〜5、横軸 年 1950-2025、曲線「農村」と「都市」)

一方で個々の国の事例研究からは，森林破壊が人口圧力によって進行する事態が明らかに読み取れ，フィリピン——人口稠密な低地帯から内陸山岳地帯への人口移動によって急速に森林破壊が進んだ——からグアテマラ，スーダン，タイまで，状況の異なるさまざまな国々でみられる.[65] 一般に，高い人口成長，貧困，土地の劣化の間には相互増幅関係が存在する．貧困は，子どもの存在が——健康保険と年金制度がない場合には——困窮化に対する保険となるために高出生率と関連し，資本と水や薪材などの基礎資源がなければ，必要な労働と収入とを子どもに補ってもらうために出生率は低下しない．そして高出生率によって人口成長率は上昇し，これらを共有地に依存している場合には環境資源の劣化がさらに顕著となる.[66]

住宅建設や工業，商業，観光開発，通信網整備やその他の目的による市街地化の進行は，人口変動の圧力による土地利用の変化のもう一つの側面である．この点では急速な都市化が原動力である．国連の推計と将来予測によると（図6.7），都市人口は，1950年における総人口の28.8％から2010年の50.5％まで上昇した．先進国では，人口の4分の3が都市に住み，途上国では2020年までに

---

65) Bilsborrow, "Population, Development and Deforestation," pp. 129-31.
66) N. Cuffaro, "Population Growth and Agriculture in Poor Countries: A Review of Theoretical Issues and Empirical Evidence," *World Development* 25：7 (1997), p. 1158; P. Dasgupta, *An Inquiry into Well-being and Destitution* (Clarendon Press, Oxford, 1993).

図6.8 ヨーロッパの人口密度と住居・公共施設・商工業用地割合：2009年

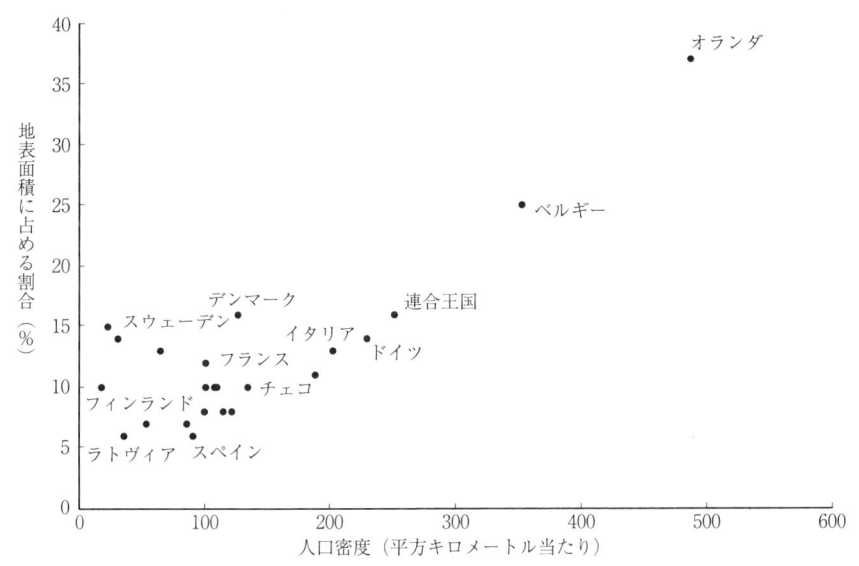

(出所) EUROSTAT, *Eurostat NewsRelease*, no. 145, 2010.

都市住民が半分以上となることが予想されている．500万人以上の人口を擁する都市集積地域に住むひとの割合は上昇し，アメリカ大陸では5人に1人，アジアでは6人に1人，アフリカでは12人に1人である．[67] ヨーロッパ諸国のデータからは——予想どおり——人口密度と市街地面積の比率には直接の関係がみられる．最小はラトヴィア（総地表面積の6％が住居・公共施設・商工業用地で，人口密度は1㎢当たり36人），最大はオランダ（地表面積の37％で，人口密度487人）である（図6.8参照）．

人口増加の沿岸地域への集中は別の問題につながる．現在，世界人口の約3分の2が沿岸から60km以内に住んでいると推計されるが，「その結果，沿岸の土地および海水——沿岸域全体——への環境負荷が，急速な市街地化，汚染と

---

67) United Nations Population Division, *Urban Agglomerations 2007* (New York, 2008). 近代都市化の多くの側面にかんしては，下記の一連の論文をみよ．G. Martine, G. McGranahan, M. Montgomery, and R. Fernández-Castilla, eds., *The New Global Frontier: Urbanization, Poverty and Environment in the 21st Century* (Earthscan, London, 2008).

浅瀬化，漁業資源の流出と枯渇によって以前にも増して大きくなっている……沿岸域の環境的な脆さは，近年，バングラデシュをはじめとする南アジアや東南アジア諸国の人口密集デルタ地帯が自然災害（台風，津波等）によって頻繁に被害を受けていることに現れており，環境管理の問題点を突きつける結果となっている」．[68]

最後に，人口成長と大気汚染と気候変動の相互関連について，その複雑な技術的問題には立ち入らないにしても，一瞥したい．人間活動の量的な拡大，とりわけ化石燃料の燃焼増加によって，大気中に存在する「温室効果ガス」の量が増加した．このガスは，地表からの赤外線放射を妨げることで温暖化の原因となり，環境や人間の活動にさまざまな影響を及ぼす．温室効果ガス（4分の3は二酸化炭素）の排出は1985年から2004年までに，すべての人間活動（エネルギー生産，交通運輸，工業・農業・商業・居住活動）の複合的結果として80％増加したと推計されている．[69] エーリックの恒等式を援用すれば，温室効果ガスの環境効果は人口・所得・技術変化の複合作用の結果とみることができる．20年前ボンガーツは，1985年から2025年における温室効果ガス増加の約半分は人口成長の効果と推計していたのである．[70]

IPCC（気候変動政府間パネル）の人口・経済成長・排出傾向にかんするシミュレーションによれば，地球の温暖化は今世紀を通して続き，2090-99年の地球上の平均気温は20世紀末（1980-99年）よりも（仮定の組合わせによるが）摂氏1.8度から4度も高いだろうという．[71] 人口成長が地球温暖化に影響するならば，反対に，地球温暖化は人口現象にどのような帰結をもたらすのであろ

---

68) B. Zaba and J. I. Clarke, "Introduction: Current Directions in Population-Environment Research," in B. Zaba and J. I. Clarke, eds., *Environment and Population Change* (Ordina, Liège, n. d. [1994]), p. 24.

69) Intergovernmental Panel on Climate Change (IPCC), *Climate Change 2007: Synthesis Report* (Geneva, 2007). 最近の予測によれば，低開発国における二酸化炭素排出量が先進国のそれを2020年までに追い抜くという．A. Lanza, *Il Controllo del Clima: Aspettative e Ruolo per le Economie Energenti* (Fondazione Eni Enrico Mattei, Rome, 2005).

70) J. Bongaarts, "Population Growth and Global Warming," Policy Research Division Working Paper, no. 37 (Population Council, New York, 1992).

71) IPCC, *Climate*, p.45.

うか.まず考えられるのは,旧石器時代以来,人類は気候に対して驚くべき適応力を示してきた事実——技術または数千年紀にわたる経験の蓄積がなくとも,緯度にかかわらず,また極端な環境にもかかわらず適応してきたことであろう.今日,シベリア・イルクーツク市の人口100万人は年間平均気温マイナス1度(1月の平均気温マイナス20度)の中で生活をしている.イルクーツクと同規模で,緯度にして29度も南にあるオマーンの首都マスカットの人びとは年間平均気温30度近くの中で暮らしているので,世紀を通じて2,3度の上昇はたいした影響をもたらさなかったのではないかと思うかもしれない.しかし,こう結論することは,いくつかの地球温暖化の負の側面を見過ごしている過度の単純化である.第1に,気候変動は地球上の異なった地域には異なった影響を与えるが,限界的で脆弱な地域にはどこでも相応の打撃が及ぶ.具体的にいえば,海岸地域は洪水の被害を受けやすくなり,人口稠密の場合はとくに住民への負の影響が大きい.第2に,低緯度の大きな地域では乾燥化が進み,穀物および他の作物にとって肥沃度の喪失となる.第3に,病原体の地理的分布が変わるかもしれない.とくに温暖化の影響が著しいところでは,感染性の疾病と栄養不良とが増加し,熱波と洪水と旱魃の結果,健康と生存リスクが生じる可能性があろう.[72]

　上記および前項での議論からわかるように,人口成長と環境の関係は複雑である.居住人口の大きさと人間活動の量および質とが影響を及ぼす仕方は多重である.今世紀前半に生じた不可避的な人口増加と豊かさの向上によって,商品,食糧,空間への需要は高まっている.その結果,いくつかの固定資源は枯渇し,再生可能資源にかかる圧力も増大しよう.技術の力で資源代替が進んだり汚染が軽減されたりして,多くの望ましくない効果が相殺される可能性はある.制度も同様で,土地や資源利用等に規制をかけることで成果をあげることができるだろう.一方,文化変容は消費パターンや行動様式の変化を通じてこの面で貢献できるかもしれない.結局のところ,人口成長の負の効果は——少なくとも21世紀については——やわらげられ,成長の限界が押し上げられることになるかもしれない.しかし次の3点には留意しなければならない.第1に

---

72)　IPCC, *Climate*, p.51.

人口成長は中立要因でないこと，第2に成長の減速で多くの問題が解決しやすくなること，第3に地球の生態系を脅かす人間の脅威はかつてないほどに強まっていること，である．危機の蓋然性を減らそうとするのは賢明な態度である．人口増加の抑制はこの目的に貢献するのである．[73]

9　数値計算と価値観

　本書の結論は，楽観論者と破局論者のいずれにも属さない．代わりに，成長の制御を認知された制約条件の関数と捉えて，人口に与えられた「選択」のメカニズムが過去と比較して弱まっているのか，あるいは強くなっているのかを探ることはできる．制約の認知と選択および制御のメカニズム機能とに関連させてこの問題を考えて，しめくくりとしたい．

　制約要因の認知の問題は複雑である．人口増加の勢いを考えた場合，趨勢変化――たとえば出生数の変化――に気づくのはかなり時間を経てからである．それに，「危険な」兆候の中には認知するまでに時間のかかるものもある．たとえば環境破壊は，実際に被害が生じるまでは完全には認識できない．流域の森林伐採がゆっくりと進んだ結果として川の氾濫が起きても，それは破壊過程が始まってからずっと後のことである．二酸化炭素などが空気中に蓄積されて「温室効果」が生まれても，それを実際に感じるようになるのは数十年も後のことかもしれないし，温暖化初期には誤って事態の改善とさえ解釈されることもありえる．

　伝統的な農耕社会においては，人口増加がもたらした問題に対しておそらく現代社会の場合よりも早く気づいたことであろう．人口がすでに飽和状態に達した場所に新しい集落ができた場合，村や流域や地域の住民は直接悪影響を受けることになり，規制メカニズムも，今日より効率的ではないにせよ，必要な調整を徐々に進めるように働くことができた．市場の拡大と統合，交易の発展

---

73)　「次の二世代で持続可能性に向けてうまく転換できる可能性がある．転換は，技術の奇跡的な革新や人間社会の劇的変革がなくとも可能である」との，やや楽観的な見解を参照. National Research Council, *Our Common Journey: A Transition towards Sustainability* (National Academy Press, Washington, DC, 1999), p. 160.

によって，自然資源（たとえば土地）と消費財との関係が知覚される機会は失われていった．香港は，アメリカ合衆国やアルゼンチンから農産物を輸入することで，その空間的制約を超えて成長することができ，消費する穀物や牛肉とそれらが生産される環境との関係を意識する必要はまったくなくなった．このような分離は経済発展の必然的帰結であるが，結果的に人口選択の主役（個々人）と制約因子の生成系（環境）との結びつきも失われてしまったことに気づくべきであろう．この結びつきは，環境現象が地球規模での問題で相互依存関係にあることを認識している個人や集団，政府が，現在は少数であっても増えてきているため，徐々に再形成されつつある．

　もっと気づきやすい，経済次元での「危険」の兆候となるのは価格変動である．それは主要生産物の逼迫を周知させ，供給の増加が技術的にも不可能となった場合には需要を低下させる（長期的には人口に影響するかもしれない）ことで事態を改善するよう迫る．しかし，価格体系はつねに正確な信号を送り続けるとはかぎらず，補助金政策によってこの過程に歪みが生じることもある．よく問題となるのは発展途上国の人為的な低食糧価格政策の（人口への）逆効果で，農業部門の利益を減らし，すでに肥大化した都市への人口流出をさらに加速させる悪循環となる．一般的にいえば，生産に伴う環境劣化の代償が価格に盛り込まれないことで，価格が発するはずの「信号」に深刻な狂いが生じるのである．

　本書では人口の選択と成長制御メカニズムについて論じてきたが（第4～5章を参照），それは人為的な避妊法によって明らかに大幅に補強されることとなった．これらの比較的新しく強力な抑制方法は急速に普及しつつあり，社会は直面する制約にいっそう柔軟に対応できるようになる．とはいえ，反対の符号をもつ問題も生じつつある．出生率が——ヨーロッパでそうであるように——低すぎる水準で停滞をしている．急速な高齢化や世代間の規模における大きな不均衡といった多くの外部不経済を生んでいるにもかかわらず，である．さらに，マルサスのいう予防的制限——出産へのアクセス，すなわち結婚を制限すること——さえも作動しているようで，実際に過去2,30年，貧困国の平均結婚年齢は上昇している．死亡率の低下についてもみてきた．過去2世紀にわたる改善はここ数十年も続いており，平均余命はすでに高水準に達した地域で

もさらに伸長している．ただ，これ以上の死亡率改善は寿命の人工的な延伸に要する費用の上昇から，望めなくなる可能性も否定できない．そこには医療技術と介護の経済的負担だけでなく，残りの人生にわたる治療への依存状態や無力な終末医療における苦しみ，さらには孤独状態ともかかわる道徳的な負担も含まれる．さらに，新たな病気（エイズ）の出現も考慮しなければならないが，これは人間の新たな行動様式やウイルスの時間を通じて変形する能力とも関係している．また一方で，既存のガンのような苦痛も相変わらずあり，人間自身による環境や食生活の改変と結びついているために撲滅がむずかしいということも忘れてはならない．そして新しく捉え難いかたちの環境制約（たとえばストレス）もますます重要となっており，さまざまな悪影響をもたらしていることにも留意したい．

　現代社会が死亡や出生の制御において過去の社会よりも多くの手段を備えている一方で，もう一つの選択肢である人口移動にかんしてはそうとはいえない．世界がヒトによって満たされるようになったのは移動と定住とにより，その分布は既存あるいは潜在的資源に依存してきた．移住はつねに貧困と窮乏から脱出する道でもあった．[74] この定住の「自由」によって，近代では温暖なアメリカとオーストラリアのヨーロッパ化が進んだが，今日ではその自由度は大きく低下している．各国は主に政治的な配慮から移住を周縁的な事項として扱い，かなり厳格な枠内でわずかな数にかぎり認めているだけである．国家間で賃金や資産の水準に非常に大きな差がある一方，移動そのものが比較的容易であることを考えれば，このような状況になることは避けられなかったのかもしれない．しかし他方で，人口過剰の捌け口となり人間と動植物とで植民できるような開かれた土地はもはや存在しないのも事実である．[75] 加えて，経済統合（たとえば，生産に対する国際貿易の相対的重要性の増大）の拡大に伴って人種や民族の分離が進み，新たな国家の創設によってしばしば人為的な境界が引かれ，

---

74)　J. K. Galbraith, *The Nature of Mass Poverty* (Penguin, Harmondsworth, 1979)［都留重人監訳『大衆的貧困の本質』ティビーエス・ブリタニカ，1979年］．

75)　A. W. Crosby, *Ecological Imperialism: The Biological Expansion of Europe, 900-1900* (Cambridge University Press, Cambridge, 1986)［佐々木昭夫訳『ヨーロッパ帝国主義の謎——エコロジーからみた10-20世紀』岩波書店，1998年］．

以前は混住していた人種が明確に定められた政治単位ごとに再配分され，さらに集団同士の隔離が同一国の中でも多くみられるようになっている．つまり，「選択」のための重要な手段であった移動は，過去の時代と比べて有効ではなくなってきたのである．

とすれば，人類の貸借対照表には貸方と借方双方に数字が入っていることになり，最終的な損益を計算するのは容易ではないが，出生制限の能力については，全世界に普及した暁には成長抑制の決定的な要因となるであろう．

人口増加の抑制がプラスの価値をもつものとしてより多くの人びとに受容されるにつれて，その価値を強調し実証する必要はなくなる．すべてを勘案すると，そのような状況が訪れることこそ人口学者の望むところであり，あれこれ何が望ましいかを示す仕事からも解放されることになるだろう．地球環境はその限界を繰り返し先送りできたとしても間違いなく有限であり，無制限な成長を続ければ必ず危機の可能性は高まる．こうした観点からも，人類が人口成長を緩和する，あるいは状況に応じて反転させるための覚悟が必要で，それには長い期間を要することが理解できるはずである．

留意すべきもう一つは，ある限界を超えた人口増加は規模の不経済を生み出し，人類の歴史の大半にわたった増加傾向の反転につながるということである．貧困国の巨大都市の無制限な成長について考えてみよう．[76] 1970年時点では人口が1,000万を超えた都市は三つにすぎなかったが，2007年には19となり，さらに2025年には27になるとされている（その合計人口は4億4,700万人，世界人口の5.7％となる）．この成長に伴う社会問題や衛生問題，環境問題は対処がむずかしく，その深刻化は総人口についてよりも急激となろう．規模の不経済に直面する他の分野としては，貧困，栄養，識字率があげられる．全体として経済的な進歩がみられる状況でも，人口が急増すると——社会問題となる事象が全体として（対総人口比で）減少するにもかかわらず——貧困や栄養失調に苦しみ，読み書きのできない人口の絶対数は増える．世界銀行によると，発展

---

76) United Nations, *World Urbanization Prospects: The 2009 Revision* http://esa.un.org/unpd/wup/index.htm; United Nations Human Settlements Programme, *The Challenge of Slum: Global Report on Human Settlements* (Earthscan, London, 2003); "Meeting the Urban Challenges," *Population Reports*, Series M (2002).

途上国における「貧困」人口（1人当たり1日1.25ドル以下で生活する人口と定義）の比率は低下してきているが，絶対数はほとんど固定したままである．サハラ以南のアフリカ諸国では，貧困発生率は1990年の58％から2005年の51％に低下したものの，その絶対数は1億人も増加した（2億9,500万人から3億8,700万人へ）．[77] 人口が少なかった頃の問題に対処するために設計されたプログラムは，人口増加によってその増加率以上の深刻化に直面することになる．栄養失調と教育についても状況は同様で，飢えに苦しみ，読み書きのできない人口は以前よりも多くなる．[78] 栄養不良者の総数（1990-92年に8億2,500万人であった）を半減させるという大胆な国際目標は，2009年で10億人を超えたという推計をみるかぎり，間違いなくねらいを大きく外れることになろう．他方，洪水や旱魃，2004年末にインドネシアやインドやタイ沿岸部を襲い，2011年には日本を襲った津波のような天災あるいは人災，それらが人口稠密地域で発生すると救済プログラムが必要となるが，対象となる人口が多いために，組織・管理上困難な問題が生ずる．多くの場合，問題の解決は関係する人口が増えるにつれていっそうむずかしくなる．これは規模の不経済である．

したがって，人類史はいま新たな歴史的局面――その長さは計りしれない――に入りつつあり，人口成長が規模の経済を生まなくなり，多大な不経済をもたらすようになるかもしれない．それゆえ人口成長の抑制は正当化され，その制御が地球規模での生存戦略の要素として定着するにつれ，それは数値計算の問題ではなくなり，ますます価値観の問題となっていくのである．

これは共通認識といってよいと思うが，現在の人口増加は危険な道路を疾走する車のようなものである．道路は有限と考えられる資源の例えである（限界は実際に存在するが，それは非常に弾力的でもある）．道路の終点には峡谷があるとしよう．人類の乗っている車は道路を驚異的な速度で走り，峡谷に向か

---

77) World Bank, *Global Economic Prospects* (Washington, DC, 2005). 人口と貧困の関係については以下も参照．World Bank, *World Development Report 1999/2000* (Oxford University Press, New York, 2000), p. 25［小浜裕久監訳『世界開発報告　1999/2000年版』東洋経済新報社，2000年，39頁］; Livi-Bacci and De Santis, eds., *Population and Poverty in Developing Countries*.

78) 分析の詳細は次のウェブサイトを参照: www.worldhunger.com.

って突き進んでいる．そこでの事故は必然と想定されるため，その直面する問題に対して二つのチームが対処しようとしている．一つは道路を何とかしようとしていて，迂回路を造成するか橋を架けようと考えている――すなわち人間の工夫の才に頼って資源の経済性を高めたり，他資源との代替を進めたり，まったく新しいものを作り出そうというのである．もう一方のチームは車の改良に取り組むが，意見がまとまらない．ある者は馬力や速度を落とすことで峡谷に至るまでの時間稼ぎをしようとするが，別の者はハンドルやブレーキ，サスペンションを改良し，ドライバーが道路の特徴に合わせて加速や減速，あるいは必要に応じて停止するなど安全に運転できるようにしようとしている．これこそが最良の乗り物であろう．回り道をしたり，より安全な行路を選ぶことができるようになり，責任感あるドライバーが危険信号に注意しながら運転することができるようになるからである．

参 考 文 献

S. Castles and M. J. Miller, *The Age of Migration* (Guilford Press, New York, 1998)［関根政美・関根薫監訳『国際移民の時代』名古屋大学出版会，2011年］.

J. E. Cohen, *How Many People Can the Earth Support?* (Norton, New York, 1995)［重定南奈子・瀬野裕美・高須夫悟訳『新「人口論」――生態学的アプローチ』農山漁村文化協会，1998年］.

P. Demeny and G. McNicoll, eds., "Political Economy of Global Population Change," *Population and Development Review* (Supplement to vol. 32, 2006).

L. T. Evans, *Feeding the Ten Billion: Plants and Population Growth* (Cambridge University Press, Cambridge, 1998)［日向康吉訳『100億人への食糧――人口増加と食糧生産の知恵』学会出版センター，2006年］.

W. Lutz, W. C. Sanderson, and S. Scherbov, eds., *The End of World Population Growth in the 21st Century: New Challenges for Human Capital Formation and Sustainable Development* (Earthscan, London and Sterling, VA, 2004).

National Research Council, *Between Zeus and the Salmon: the Biodemography of Longevity* (National Academy Press, Washington, DC, 1997).

National Research Council, *Beyond Six Billion: Forecasting the World's Population* (National Academy Press, Washington, DC, 2000).

OECD, *International Migration Outlook* (Paris, 2010).

UNAIDS, *Trends in HIV Incidence and Prevalence: Natural Course of the Epidemic or Results of Behavioural Change?* (Geneva, 1999).

United Nations, *World Population to 2300* (New York, 2004).

United Nations, *World Economic and Social Survey 2004: International Migration* (New York, 2004).

United Nations, *World Population Prospects: The 2010 Revision* (New York, 2011)［原書房編集部訳『国際連合　世界人口予測：1960→2060』(2010年改訂版), 原書房, 2011年］.

World Bank, *World Development Report 1992: Development and Environment* (Oxford University Press, New York, 1992)［世界銀行東京事務所訳『世界開発報告　1992年版』世界銀行東京事務所, 1992年］.

人口論関係の主要学術雑誌

Ageing & Society
http://journals.cambridge.org/action/displayJournal?jid=ASO

Demographic Research
http://www.demographic-research.org

Demography
http://muse.jhu.edu/journals/dem/

European Journal of Population
http://www.springer.com/social+sciences/population+studies/journal/10680

Genus
http://scistat.cilea.it/index.php/genus

International Migration
http://onlinelibrary.wiley.com/journal/10.1111/(ISSN)1468-2435

International Migration Review
http://onlinelibrary.wiley.com/journal/10.1111/(ISSN)1747-7379

Journal of Population Economics
http://www.popecon.org/index.php

Journal of Population Research
http://www.springer.com/social+sciences/population+studies/journal/12546

Population
http://www.ined.fr/en/publications/population/

Population and Development Review
http://onlinelibrary.wiley.com/journal/10.1111/(ISSN)1728-4457

Population Studies
http://www.tandfonline.com/toc/rpst20/current

訳者あとがき

　近年，自然科学畑の作家による斬新な世界史叙述に注目が集まっている．有史以前から説き起こすことが多いので，世界史というよりも人類史といったほうが適当な場合もある．とりわけジャレド・ダイアモンドの著作は発売されるたびに話題を呼んできた．これらの作品には人口が柱の一つとなっている場合もある．人類の発展を超長期の物語として捉えれば，人口の増加とそのテンポの増減がダイナミズムの一部となっていたことが明らかだからである．当然ながら，自然科学に立脚した研究者は人口の生物学的，病理学的ないしは生理学的な側面についての叙述がしっかりしている．私たちが住む現代社会への洞察と教訓も語られていて刺激的である．けれども，人口現象そのものの内的メカニズム——それが人口学の領域である——について語られることは意外と少ない．人口学的なメカニズムが詳述されている場合でも狩猟採集の段階にある人口を対象としていることが多く，中世や近世，近代の初期局面といった，歴史家の守備範囲である時代への言及はあまりない．歴史好きの読者にとって，これはいささか残念なことであろう．

　本書は，人口学と歴史人口学の泰斗であるマッシモ・リヴィ-バッチ教授による人口の世界史である．ここでも，進化生物学者や考古学者の研究に言及しながら，新石器革命と人口の関係について刺激的な解釈が提示され，また黒死病の時代から近代直前までの世界史を彩った諸文明の遭遇と衝突，それに伴って生じた感染症の流行，その病理学的側面の解明，社会的および経済的なインパクトにかんしても興味深い分析が提示される．その意味で，本書もまた自然科学畑の研究者による世界史叙述と共通の視角を有している．
　けれども，本書の著者の関心はそれにとどまらない．何よりも，歴史的に，また地政学的に異なった状況下にあった人口学的メカニズムの，それぞれの実態に応じた解明が基本にあり，その意味で優れた人口史への入門書なのである．

第2章から第4章までが歴史人口学的な意味で核となる部分で，そこには研究の進んだ近世ヨーロッパの事例はもとより，黒死病のインパクト，新大陸の「発見」後に起きた悲劇，奴隷貿易の衝撃，さらにはカナダのフランス系入植者の成功物語，アイルランド・日本・中国の歴史人口学，そして人口史上における近代の幕あけとなった人口転換過程の分析など，さまざまな研究分野——「生物学から経済学まで」——におけるこれまでの成果に支えられた考察が盛り込まれている．いずれも，「すでに明らかにされたこと」と「解明さるべき課題として残っていること」がきちんと整理されているという意味で信頼感のある，深く，しかし簡潔で興味深い叙述である（原書の第4版では，最新の成果を入れた大幅な改訂がなされた）．

　それに加え，近現代の考察にも手を抜かないのが本書のもう一つの特色である．著者の「はしがき」にもあるように，人口と資源の関係というマルサスが提起した問題関心が本書全体を貫くモティーフであるが，著者は狭義のマルサス学説にはこだわらない．第5～6章が近現代と近い将来の人口を扱っていて，そこでは，発展途上国における出生と死亡をめぐる実態分析から移民問題の政治人口学，そしてエネルギー問題の将来まで，幅広い角度から現代の諸問題，そして近未来の人口のゆくえが経済学の実証研究にも広く目配りしつつ論じられている（原書第5版においてなされた加筆・改訂は，この二つの章に集中している）．

　要するに本書は，日本の読者が初めて手にするタイプの人口の世界史である．学問的に堅実なだけではなく，読者の知的好奇心を十分に充たすことができ，なおかつ喫緊の諸問題への指針をも与えてくれる，人口史と人口問題への入門書だといってよいであろう．

　著者マッシモ・リヴィ-バッチは，1936年イタリアのフィレンツェに生まれた．ヨーロッパ文化の揺籃の地で育った彼は，深い文化的教養を自然と身につけ，アメリカ・ブラウン大学で学位を取り人口統計学者として出発し，1970年代には，プリンストン大学のコール教授が主宰する「ヨーロッパ出生率低下研究プロジェクト」にヨーロッパ側の共同研究者の一人として参加された．彼は，出生率低下が長い歴史をもち，階層・文化・宗教・言語といった人類のもつ複

雑性の表出によって異なることを見出している（それは，本書第4章の註15に掲げられた文献によく表れている）．そこにみられるように，リヴィ-バッチ教授の人口学は，数字や数式が並んだだけのものではなく，歴史や文化を取り入れ，現代をも歴史の一つとして取り扱うという特徴をもっている．1985年，イタリア学士院の会員に推挙されるという栄誉に浴したのも，また1989年に国際人口学研究連合（IUSSP）の会長に選出され，1993年までその要職にあったのも当然のことであった．

　訳者の一人（速水）が，「ユーラシア人口・家族史研究プロジェクト」（1995-2000年）を立ち上げ，すぐれた歴史資料をもつイタリアからの参加者を探していたとき，研究者を紹介して下さったばかりか，プロジェクトの国際評価委員を引き受けて下さり，何度か日本に来ていただき，貴重なコメントを頂戴している．その縁もあり，本書英語版の第3版（2001年）を頂戴し，これを翻訳しようと考えスタートしたものの遅延をしていた．そのうちに原著は版を改め，ようやく第5版で追いつき，ここに刊行が可能となった．本書は，いきなりゲーテの『イタリア紀行』が出てきたり，そうかと思うと，大動物と小動物の個体数や生存維持方法の差異といった異次元の世界の話が出てきたり，型にはまった人口史の概説書ではなく，身近にある現象から説き起こし，それらに人口学の生命を吹き込むという手法で始まる．次に何が出て来るのかわからないという一種の「楽しみ」というか期待をもって読み進むことが可能な著作であり，読者はそこにフィレンツェの芸術を垣間見ることさえできる．まずは訳書刊行延引のお詫びをリヴィ-バッチ教授には申し上げなければならないが，怪我の功名というべきか，教授は改版のたびに内容を補筆されているので，第5版による翻訳には最新の資料による最新のお考えを添えることができた．

　翻訳にあたっては多くの方の援助をいただいた．ここでは，一部の章の下訳をしていただいた阿保祐樹氏と谷脇洋平氏，原著諸版の異同調査および文献チェックという，手間暇のかかる，しかしスキルを要する作業を担当していただいた藤原幹夫氏のお名前をあげるにとどめさせていただく．この間，東洋経済新報社の編集担当者，高井史之氏に始まり，茅根恭子氏，そして同社OBの黒

野幸春氏には訳業が遅延してすっかりご迷惑をおかけしたが，辛抱強く対応していただき，立派な本に仕上げていただいた．これらの方々に深謝の意を表したい．

  2013年12月

速水　融
斎藤　修

索　引

ア　行

アイルランド　　74-79,75表,81,152
アジア
　　インド　　→インドの項をみよ
　　HIVエイズ　　255表
　　疾病負荷と死亡率　　191表
　　出生率　　192-195,243
　　人口移動　　119,245表,246表,250
　　人口指標　　180表
　　人口数　　31表,243表
　　人口予測　　238-239,240表,243表
　　中国　　→中国の項をみよ
　　乳児／幼児死亡率　　183,185表
　　労働力人口の増加　　226,228図
アフリカ
　　HIVエイズ　　253-255,255表,256
　　疾病負荷と死亡率　　191,191表
　　出産（出生）制限　　194-195
　　出生率　　192-195
　　食糧供給　　275
　　人口移動　　245表,246表
　　人口指標　　180表
　　人口数　　31表,243表
　　人口予測　　240表,241,243-244
　　森林伐採　　277
　　奴隷貿易　　63-68,65表
　　乳児／幼児死亡率と健康　　183,185表
　　1人当たりGDP　　247
　　貧困　　286
　　労働力人口の増加　　228図
アメリカ合衆国
　　アフリカ人奴隷貿易　　64-65,65表
　　移民　　119,152,244,250
　　エネルギー消費　　163
　　経済と人口サイクル　　169表,171-172,173図,175,227表
　　女性1人当たり子ども数　　148表
　　人口予測　　241表,242

1790年センサス　　29-30
平均寿命　　138表,139
アメリカ大陸
　　アフリカ人奴隷貿易　　63-68,65表
　　北アメリカ　　→北アメリカの項をみよ
　　疾病負荷と死亡率　　191表
　　人口指標　　180表
　　人口数　　31表,33
　　南アメリカ　　57-59,151
　　ヨーロッパからの移民　　70,84,118,119-120,151,152：フランス系カナダ人　　68-73,71表,73表
　　ヨーロッパに征服された先住民　　54-63,58表
　　ラテンアメリカ　　→ラテンアメリカの項をみよ
アンドレオーニ（Andreoni, Giovanni Antonio）　　67
イギリス（連合王国，United Kingdom）
　　イングランド　　→イングランドの項をみよ
　　経済と人口指標　　151-152,168,168表,169表,171図
　　人口数　　241表
イタリア　　48,88,116,117
　　産業社会への転換　　133表
　　女性1人当たり子ども数　　148表
　　人口移動　　152,153
　　人口減少　　97,98図
　　人口指標　　158-161,159表
　　人口数　　241表
　　人口成長／増加（1600-1850年）　　85表
　　平均寿命　　138,138表
イングランド　　84-85,102
　　移民　　70,119
　　経済と人口サイクル　　99-102,100図,101図
　　人口成長／増加（1600-1850年）　　85表
　　――とウェールズ　　7：女性1人当たり

子ども数　148-149, 148表；平均寿命、138, 138表
インド　126
　栄養不良　275
　経済と人口動態　227表, 230
　人口移動　246表
　人口指標　179, 180表, 209表, 219図, 217-219
　人口政策　208-213
　人口予測　241表, 242
　乳児／幼児死亡率　185表
ウェールズ　→イングランドとウェールズの項をみよ
HIV エイズ　253-256, 254図, 255表
栄養状態　27, 29, 86-88, 275, 285-286
　旧石器時代対新石器時代　41-47, 108-109
エーリック（Ehlich, P. R.）　269, 270
エネルギー消費　24, 26-29, 33, 163, 271
オーストラリア　6
　アボリジニの降水への依存　24, 25図
　HIV エイズ　255表
　疾病負荷と死亡率　259
　女性1人当たり子ども数　148表
　人口移動　153
　平均寿命　138表
　ヨーロッパの征服の影響　59
オセアニア
　人口移動　113, 151, 245, 245表, 246表
　人口指標　180表
　人口数　31表
　人口予測　240表
オランダ
　移民　119
　干拓　116-117
　女性1人当たり子ども数　148-149, 148図
　人口成長／増加（1600-1850年）　85表
　平均寿命　138表, 139
オルテス（Ortes, Giammaria）　261

カ 行

家族計画　200-203, 208
　インド　208-213

中国　213-218
カナダ　59, 69, 153
　フランス系カナダ人の人口動態　9-10, 10図, 68-73, 71表, 73表
カリブ海諸島
　アフリカ人奴隷貿易　64-66, 65表
　移民　119, 245表, 246表
　HIV エイズ　254-255, 255表
　出生率　194, 195
　人口指標　180表, 243表
　人口予測　240表
環境破壊　236-237, 276-281, 279図, 282-283
気候変動　280-281
北アメリカ　64-65
　移民　68-69, 118-120, 152, 245, 245表, 246表, 250
　HIV エイズ　255表
　人口指標　180表
　人口予測　238, 240表, 243表
　ヨーロッパの征服の影響　59
規模の不経済　123, 285-286
旧石器（狩猟採集）時代　1, 22, 28, 30, 31表, 39, 40図, 43-44
空間　112-115
　将来予測　276-281
　制約への適応：人口移動　113-114；対外膨張　117-120；土地の改変と開墾　116-117；無主あるいは人口希薄な土地の占有　115-116
クズネッツ（Kuznets, Simon）　124, 125, 166, 170, 172
クラーク（Clark, Colin）　264
グリッグ（Grigg, D.）　115, 155
クン・サン族の研究　44-45
経済と人口サイクル　99-102, 100図, 101図
　新しい知識の創造　124-125
　関係　171-172, 173図
　規模の経済　122-124
　健康支出　258-260, 260図
　産業社会　161-164：規模の要因　165-166；人口学的要因　164-165；知識と技術　166-167
　時間軸　125-126

索引 297

収穫逓減　91-96,95図,125-126
事例：イングランド　99-102,100図,101
　　図；シエナ　97,98図；16～17世紀の
　　ヨーロッパ　99-102,100図；フランス
　　102
人口指標（イギリス）　168,168表
人口指標（各国）　168,169表,170,171図
新定住地に必要とされる労働者　151-
　　153
生存の危機　96-99,98図
分業　121-122
マルサス・モデル　93-96,95図
経済と人口成長／増加　91,103-107,125
　-126,225-234,227表,228図
ケインズ（Keynes, J. M.）　166,172
ゲーテ（Goethe, J. W.）　1
結婚性向／結婚率　102,143-146,144図,
　158-159
アイルランド人　74-75,77
貧困国　193-194
フランス系カナダ人　70
──と生活水準　97-102,172
結婚年齢　13,14,70,142-143,143図,158
　-159,193-196
ケリー（Kelley, A. C.）　233
健康障害　190-191,259-260
コーエン，ジョエル（Cohen, Joel）　263
コーエン，マーク（Cohen, Mark）　108,
　109
黒死病　47-54,49図
国勢調査（センサス）　29-30,66,211,212,
　215
コロンブス（Columbus, Christopher）　54,
　61
コンネル（Connell, K. H.）　74-77

サ 行

再生産　11-12
出産（出生）頻度　12-13
出生率　→出生率の項をみよ
出生力モデル　13-15,14図,16図
妊娠期間　12-15
再生産の成功　20
パトリアルキ家の例　9

ビッキ家の例　8-9
フランス系カナダ人の例　9-10,10図
産業社会　27-29,32
経済と人口成長／増加　161-166
──への転換　129-134,131図,132図,
　133表,158-161,159表
シエナ　97,98図
自己制御　236
自然資源　24,92-93,170,227,230-231,273
疾病
新たに感染した人口集団への影響　55,
　60-61
HIV エイズ　253-256,254図,255表
健康支出　258-260,260図
黒死病　47-54,49図
18～19世紀のヨーロッパにおける減少
　86
将来予測　252-253
新石器時代への移行期における　41-43
死亡率　7-8,15-20
アイルランド　77
近年の低下　131-134,132図,164-165：
　──と経済発展　140-142,141図；平
　均寿命の変化　137表,137-140,138表
黒死病猖獗期間における──　50-53
将来展望　283-284
新世界におけるアフリカ人奴隷　65
振幅の弱まり　135-136,136図,137表,
　138表
生存関数　15,17-19,18図
生存モデル　19,19図
中国　82-83
日本　80
農業の影響　22,39-43
貧困国　182
フランス系カナダ人　70,71
ヨーロッパ　84-88
ヨーロッパに征服された新大陸の人々
　57,62
──と農業の進展　39-43
出産（出生）
将来予測　238-239
総数　31表,32
頻度　12-13

出産（出生）制限　15, 23
　中国　213-218
　貧困国　192-195, 198-199, 209-211
　ヨーロッパ　143-146
出生率　7-8, 131
　アイルランド　77
　アジア　192-195, 243
　アフリカ　191-195
　カリブ海諸島　194, 195
　近年の低下　131-134, 132図, 142-151, 143図, 144図, 148表, 150図：転換点　146-148, 147図
　将来予測　240
　女性1人当たり子ども数（合計出生率）（TFR）　11-15：意図した／せざる妊娠　204図, 205図；インド　209表；出生力モデル　14図, 16図；中国　209表；──と生活水準　99-102, 101図, 150図；──と平均寿命　22図, 160図, 181図；富裕国と貧困国の差異　179-181；ヨーロッパ（1750-1965年）　148-149, 148図
　新世界におけるアフリカ人奴隷　65, 67
　中国　82-83, 193
　日本　80
　貧困国　181図, 182：近年の変化　180表, 191-197, 196図；──と1人当たりGDP　197図
　フランス系カナダ人　10, 70-72
　モデル　13-15, 14図, 16図
　ヨーロッパ　84
　ヨーロッパに征服された新大陸の人々　56, 62
　ラテンアメリカ　192-195
　──と農業の進展　22, 39-47
将来展望
　数値計算と価値観：規模の不経済　285-286；死亡率　283-284；人口移動　284-285；制約の認識　282-283；選択と調節　283-284
　自己調節　236
　持続可能性　251：経済的──　258-260, 260図；政治的──　256-258；生物学的──　252-256, 254図, 255表

忍び寄る限界　268-271：空間と環境　276-281, 278図, 279図；再生不能資源と食糧　271-276, 273図
　人口地理上の変化　241-242, 241表
　人口予測　237-244, 240表, 241表, 243表
　選択と制約　236
　増加し続ける人口の影響　236-237
　南北格差と国際人口移動　244-246, 245表, 246表：移民政策　248-249；経済格差　247；人口の不均等　246-247；地理と人口移動システム　250
　変化する限界　261-267, 262図, 267図, 268図
　ボンガーツとブラタオの予測（Bongaarts and Bulatao projections）　242-243, 243表
食糧価格　95図, 266, 267図, 276
食糧供給　36, 264-266, 272-276, 273図
ジランド（Gilland, B.）　265
人口移動　113-114, 174-175, 244-250, 245表, 246表, 284-285
　均衡回復メカニズム　37, 117-120
　人口成長／増加への影響　243表
　新世界へのアフリカ人奴隷　64-65
　フランス系カナダ人　68-73, 71表, 73表
　ヨーロッパからの──　70, 78, 151-158, 154図, 171
人口減少
　事例：16～17世紀のシエナ　97, 98図；新世界におけるアフリカ人奴隷　63-68, 65表；ヨーロッパにおける黒死病　47-54, 49図；ヨーロッパに征服された新大陸の人々　54-63, 58表
　生存の危機　96-99, 98図, 100図
　死亡率　→死亡率の項もみよ
人口サイクル　6, 29図, 33, 97-102
人口成長／増加
　計算　7
　産業社会　27-28
　集団間の相違　6-7
　狩猟採集社会　24, 26
　事例：18～19世紀の中国　81-83；18～19世紀のヨーロッパ　84-88, 85表；フランス系カナダ人　68-73, 71表,

索　引　299

73表
制約　→制約の項をみよ
潜在力　11
農業社会　26-27
メカニズム　11
歴史データ　19-23,22図,29-33,31表：
　人口数，総出生数，総生存年数　31
　表；大陸別人口数　31表
——と資源　74-81,75表
人口転換　35,179図
　産業社会における——　129-134,132図，
　　133表,158-161,159表
　新石器時代における——　26-27,37-47,
　　40図,46図,107-109
人口密度　26
　イノベーションの促進　104-106,107図，
　　230
　市街地　278-279,279図
　資源をめぐる競合　91
　狩猟採集社会　26表
　——と環境要因　24,25図,26,26表
　——と疾病　42-43,86
新石器時代　1,22,26,28-30,31表,32-33
　——への移行　26-27,37-47,40図,46図，
　　107-109,113
スウェーデン
　産業社会への転換　132,133表
　死亡率　136図,137表
　女性1人当たり子ども数　148表
　人口移動　152
　平均寿命　86,137表,139
スペイン
　1787年センサス　29
　女性1人当たり子ども数　148表
　人口移動　152
　人口成長／増加（1600-1850年）　85表
　征服のアメリカ先住民への影響：タイノー
　　族　56-57；南アメリカ先住民　57
　　-59；メキシコ先住民　57-58,58表
スミス（Smith, Adam）　69,71,121-122
スミル（Smil, V.）　265
スリッヘル・ファン・バート（Slicher van
　　Bath, B. H.）　99
生活水準　93-102,101図,269

——と人口移動　152,171-172
生存　11-12,15-20
　生存関数　15,17-19,18図
　戦略　2-5,4図
　モデル　19,19図
　制約　35-36
　環境上の——　23-29,25図,26表,35-36，
　　276-282,278図,279図
　忍び寄る限界　268-271：空間と環境
　　276-282,278図,279図；再生不能資源と
　　食糧　271-276,273図
　将来展望　236
　将来予測　261-268,262図
　——の認識　270-283
　——への適応　36-37,82,113-120,233
　　-234,261
世代間隔　3,4図,5図
選択　36-37,133-134,283-284
腺ペスト　47-54,49図
ソ連　→ロシアの項をみよ

タ　行

大飢饉（アイルランド）　78-79
タイノー族　54-57
大陸別人口数　31表
堕胎　37,196,196図,213-214,221
地球の「収容力」　261-267,262図
チポラ（Cipolla, Carlo）　24,27
中央アメリカ　242
中国　179
　産業社会への転換　133表
　18〜19世紀における人口成長／増加
　　81-83
　出生率　192
　人口移動　245,246表
　人口指標　180表,209表,219図,218-219
　人口政策　208,213-218,239
　人口予測　241表
　2010年国勢調査（センサス）　29
　乳児／幼児死亡率　183
　平均寿命と女性1人当たり子ども数
　　181図
デ・ウィット（De Wit, C. T.）　264
適応　114

危機終結後の―― 53
人口上の制約に対する―― 36-37, 82, 113-120, 233-234, 261
生物学的―― 41, 44-45
病原体と宿主の間の―― 53, 60, 86, 252-253
ドイツ
産業社会への転換 133表
女性1人当たり子ども数 148-149, 148表
人口移動 152
人口数 241表
人口成長／増加（1600-1850年） 85表
平均寿命 138表
都市化 88-89, 123-124, 223, 278-279, 279図
奴隷制
アフリカ人奴隷貿易 63-68, 65表
新世界征服の中の―― 55-57, 61-62

ナ 行

日本 74, 75表, 79-81, 138表, 149, 241表
ニュージーランド 59, 153, 255表
妊孕力 12-15
農業
死亡率への影響 22, 39-43
出生率への影響 22, 39-47
将来展望 272-275, 273図
人口成長／増加への影響 38-42, 46図, 88
人口成長／増加への対応 104-107, 107図；新石器時代への移行 107-109；中世の作付システム 110；転換と開墾 116-117；無主あるいは人口希薄な土地の占有 115-116；労働の必要量 111-112
農業雇用対製造業雇用 156-157, 157図
――の伝播 113-114
――への移行 26-27, 37-39, 107-109

ハ 行

繁栄 1-2, 68, 120-125
避妊 195-196, 196図, 202-204, 202図, 204図, 205図, 206, 208

インド 209-211
貧困国
出生率：近年の変化 180表, 192-197, 196図；――と1人当たりGDP 197図
出生率低下の条件／展望 208；家族計画 200-203, 202図, 204図, 205図；高出生率の原因 198-199；子どもに対する「需要」 198-199, 203-208；養育費用 199
人口拡大局面 177
生存条件 182-183；健康教育と変化 187-190, 188図；疾病負荷と死亡率 190-191, 191表；政府の介入／イニシアティブ 186図, 189-190；乳児／幼児死亡率の削減 183-187, 185表, 186図
貧困国間の比較：人口指標 181-182, 181図；人口と1人当たりGDP 224, 224図；ファティリアとステリリアの事例 220-224
富裕国との比較：人口 178表；人口指標 179, 180表；人口転換 177-178, 179図
不妊手術 209-213, 221
ブラジル 61, 62, 153, 181図, 193, 226
アフリカ人奴隷貿易 64-68, 65表
人口予測 241表
フランス
移民 9-10
経済と人口サイクル 102
女性1人当たり子ども数 148表
人口成長／増加（1600-1850年） 85表
平均寿命 138表
フランス系カナダ人 9-10, 10図, 68-73, 71表, 73表
平均寿命 11, 20-23, 22図, 31表, 180表
インド 209表
産業社会への転換期における―― 130, 131図, 137-140, 138表
将来予測 239, 251
生存関数における―― 15, 17-19, 18図
中国 208, 209表
奴隷 66
貧困国 179, 181-182, 181図, 183, 186図,

索　　引　301

　　187-190
　——と女性1人当たり子ども数　160図
　——と生活水準　99-102,101図,140-142,
　　141図
　——と健康支出　258-260,260図
　——の延伸　86,178,183
ペティ（Petty, William）　121,125
ボースルプ（Boserup, Ester）　104,106,
　　108,110,124
ホワイト（White, Gilbert）　6

マ　行

マーシャル（Marshall, Alfred）　163
間引き　37,82-83
マルサス（Malthus, Thomas）　92-96
マルサス・モデル　93-96,95図
南アメリカ　57-59,151
メキシコ　27,133表,226,227表
　スペインの征服の影響　57-58,58表,63
メルヴィル（Melville, H.）　54

ヤ　行

ヨーロッパ　114
　HIVエイズ　255表
　環境破壊　278-279,279図
　経済と人口成長／増加　161-175,168表,
　　169表,171図,173図
　疾病負荷と死亡率　191表
　死亡率の低下　135-136,136図,137-142,
　　137表,138表
　18〜19世紀における人口成長／増加　84
　　-88,85表
　出生率の低下　142-151,143図,144図,
　　147図,148表,150図
　人口移動　151-158,154図,244-246,245
　　表,246表
　人口減少　47-54,49図

人口サイクル　33：近代の——
　　130-134,131図,132図,133表,159表,
　　158-161,172-175
人口指標　180表
人口数　31表,243表
人口成長／増加への対応：無主あるいは人
　　口希薄な土地の占有　115-116；転換
　　と開墾　116-117
人口密度　26
人口予測　240表,241
製造業雇用対農業雇用　155-157,157図
生存の危機　96-102,98図,100図,101図
対外膨張　54,117-120
平均寿命　138表,140-141

ラ，ワ　行

ラス・カサス（Las Casas）　54-56,61
ラテンアメリカ　106
　移民　119,152,245表,246表,250
　HIVエイズ　255表
　出生率　192-195
　人口指標　180表
　人口数　243表
　人口予測　239,240表,243表
　森林伐採　277
　乳児／幼児死亡率　183,185表
リー（Lee, R. B.）　44
ルロワ・ラデュリ（Le Roy Ladurie,
　　Emmanuel）　102
レヴェル（Revelle, Roger）　264,265
ロシア
　産業社会への転換　133表
　人口移動　118,120,152
　人口数　241表
　平均寿命　138表,257
ロビンソン（Robinson, E. A. G.）　166
ワット（Watt, James）　129,134

【訳者紹介】
速水　融（はやみ　あきら）
日本学士院会員．慶應義塾大学名誉教授，国際日本文化研究センター名誉教授，麗澤大学名誉教授．1929年生まれ．慶應義塾大学経済学部卒業．経済学博士．
専攻は，日本経済史・歴史人口学．
主著に，『近世農村の歴史人口学的研究』『近世日本の経済社会』『江戸農民の暮らしと人生』『近世濃尾地方の人口・経済・社会』『歴史人口学の世界』『歴史人口学研究』など．

斎藤　修（さいとう　おさむ）
一橋大学名誉教授．1946年生まれ．慶應義塾大学経済学部卒業．経済学博士．
専攻は，比較経済史・歴史人口学．
主著に，『プロト工業化の時代』『商家の世界・裏店の世界』『比較史の遠近法』『賃金と労働と生活水準』『比較経済発展論』など．

人口の世界史
2014年3月13日発行

訳　者────速水　融／斎藤　修
発行者────山縣裕一郎
発行所────東洋経済新報社
　　　　　〒103-8345　東京都中央区日本橋本石町 1-2-1
　　　　　電話＝東洋経済コールセンター　03(5605)7021
　　　　　http://www.toyokeizai.net/

装　丁…………吉住郷司
印刷・製本……丸井工文社
Printed in Japan　　ISBN 978-4-492-37116-9

本書のコピー，スキャン，デジタル化等の無断複製は，著作権法上での例外である私的利用を除き禁じられています．本書を代行業者等の第三者に依頼してコピー，スキャンやデジタル化することは，たとえ個人や家庭内での利用であっても一切認められておりません．

落丁・乱丁本はお取替えいたします．